U0495836

20 世纪中国古代文化经典域外传播研究书系

张西平　　总主编

20 世纪中国古代文化经典在韩国的传播编年

苗春梅　周晓蕾　王光明　编著

中原出版传媒集团
大地传媒

大象出版社
·郑州·

图书在版编目(CIP)数据

20世纪中国古代文化经典在韩国的传播编年 / 苗春梅, 周晓蕾, 王光明编著. — 郑州：大象出版社, 2019.2
(20世纪中国古代文化经典域外传播研究书系)
ISBN 978-7-5347-9458-2

Ⅰ.①2… Ⅱ.①苗… ②周… ③王… Ⅲ.①中华文化—文化传播—研究—韩国—20世纪 Ⅳ.①G125

中国版本图书馆CIP数据核字(2017)第192114号

20世纪中国古代文化经典域外传播研究书系
20世纪中国古代文化经典在韩国的传播编年
20 SHIJI ZHONGGUO GUDAI WENHUA JINGDIAN ZAI HANGUO DE CHUANBO BIANNIAN
苗春梅　周晓蕾　王光明　编著

出 版 人	王刘纯
项目统筹	张前进　刘东蓬
责任编辑	徐清淇
责任校对	毛　路　李婧慧　牛志远　裴红燕
装帧设计	张　帆

出版发行	大象出版社(郑州市金水东路39号河南出版产业园C座2层　邮政编码450016)
	发行科　0371-63863551　总编室　0371-65597936
网　　址	www.daxiang.cn
印　　刷	郑州市毛庄印刷厂
经　　销	各地新华书店经销
开　　本	787mm×1092mm　1/16
印　　张	32
字　　数	485千字
版　　次	2019年2月第1版　2019年2月第1次印刷
定　　价	128.00元

若发现印、装质量问题，影响阅读，请与承印厂联系调换。
印厂地址　郑州市惠济区清华园路毛庄工业园
邮政编码　450044　　　　电话　0371-63784396

新英汉汉英词典

唐文辞书编委会 编

新 版

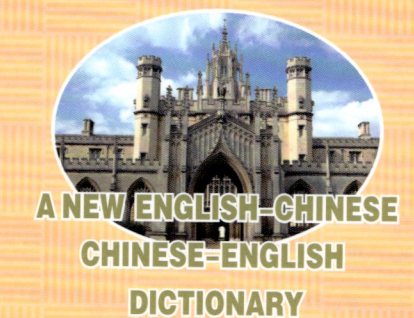

A NEW ENGLISH-CHINESE CHINESE-ENGLISH DICTIONARY

湖南教育出版社

唐文 新英汉汉英词典 新版 湖南教育出版社

新版 新英汉汉英词典

- 以中小学生为读者对象，以英语教材为基础，以英语课程标准为指导收词立目。
- 英汉和汉英两部分，英汉收录单词5000条，汉字分收录汉字单词余个，词条00条。
- 常用单词下设置"常用短语"，是学生学习单词用法、拓展词汇量的好帮手。
- 16面插页内容丰富，知识性强，英语单词分类记忆，轻松掌握。

ISBN 978-7-5539-5012-9

读者服务热线：0355-5882268
定价：12.50元

唐文辞书官网：
www.tangwen100.com
唐文图书专营店：
tangwens.tmall.com

特别感谢高丽大学崔溶澈教授对本书稿的修改、审阅。

总 序

张西平[1]

呈现在读者面前的这套"20世纪中国古代文化经典域外传播研究书系"是我2007年所申请的教育部哲学社会科学研究重大课题攻关项目的成果。

这套丛书的基本设计是：导论1卷，编年8卷，中国古代文化域外传播专题研究10卷，共计19卷。

中国古代文化经典在域外的传播和影响是一个崭新的研究领域，之前中外学术界从未对此进行过系统研究。它突破了以往将中国古代文化经典的研究局限于中国本土的研究方法，将研究视野扩展到世界主要国家，研究中国古代文化经典在那里的传播和影响，以此说明中国文化的世界性意义。

我在申请本课题时，曾在申请表上如此写道：

> 研究20世纪中国古代文化经典在域外的传播和影响，可以使我们走出"东方与西方""现代与传统"的二元思维，在世界文化的范围内考察中国文化的价值，以一种全球视角来重新审视中国古代文化的影响和现代价值，揭示中国文化的普世性意义。这样的研究对于消除当前中国学术界、文化界所存在的对待中国古代文化的焦虑和彷徨，对于整个社会文化转型中的中国重新

---

[1] 北京外国语大学中国海外汉学研究中心(现在已经更名为"国际中国文化研究院")原主任，中国文化走出去协同创新中心原副主任。

确立对自己传统文化的自信,树立文化自觉,都具有极其重要的思想文化意义。

通过了解20世纪中国古代文化经典在域外的传播与接受,我们也可以进一步了解世界各国的中国观,了解中国古代文化如何经过"变异",融合到世界各国的文化之中。通过对20世纪中国古代文化经典在域外传播和影响的研究,我们可以总结出中国文化向外部世界传播的基本规律、基本经验、基本方法,为国家制定全球文化战略做好前期的学术准备,为国家对外传播中国文化宏观政策的制定提供学术支持。

中国文化在海外的传播,域外汉学的形成和发展,昭示着中国文化的学术研究已经成为一个全球的学术事业。本课题的设立将打破国内学术界和域外汉学界的分隔与疏离,促进双方的学术互动。对中国学术来说,课题的重要意义在于:使国内学术界了解域外汉学界对中国古代文化研究的进展,以"它山之石"攻玉。通过本课题的研究,国内学术界了解了域外汉学界在20世纪关于中国古代文化经典的研究成果和方法,从而在观念上认识到:对中国古代文化经典的研究已经不再仅仅属于中国学术界本身,而应以更加开阔的学术视野展开对中国古代文化经典的研究与探索。

这样一个想法,在我们这项研究中基本实现了。但我们应该看到,对中国古代文化经典在域外的传播与影响的研究绝非我们这样一个课题就可以完成的。这是一个崭新的学术方向和领域,需要学术界长期关注与研究。基于这样的考虑,在课题设计的布局上我们的原则是:立足基础,面向未来,着眼长远。我们希望本课题的研究为今后学术的进一步发展打下坚实的基础。为此,在导论中,我们初步勾勒出中国古代文化经典在西方传播的轨迹,并从理论和文献两个角度对这个研究领域的方法论做了初步的探讨。在编年系列部分,我们从文献目录入手,系统整理出20世纪以来中国古代文化经典在世界主要国家的传播编年。编年体是中国传统记史的一个重要体裁,这样大规模的中国文化域外传播的编年研究在世界上是首次。专题研究则是从不同的角度对这个主题的深化。

为完成这个课题,30余位国内外学者奋斗了7年,到出版时几乎是用了10年时间。尽管我们取得了一定的成绩,这个研究还是刚刚开始,待继续努力的方向还很多。如:这里的中国古代文化经典主要侧重于以汉文化为主体,但中国古代文化是一个"多元一体"的文化,在其长期发展中,少数民族的古代文化经典已经逐步融合到汉文化的主干之中,成为中华文化充满活力、不断发展的动力和原因之一。由于时间和知识的限制,在本丛书中对中国古代少数民族的经典在域外的传播研究尚未全面展开,只是在个别卷中有所涉猎。在语言的广度上也待扩展,如在欧洲语言中尚未把西班牙语、瑞典语、荷兰语等包括进去,在亚洲语言中尚未把印地语、孟加拉语、僧伽罗语、乌尔都语、波斯语等包括进去。因此,我们只是迈开了第一步,我们希望在今后几年继续完成中国古代文化在使用以上语言的国家中传播的编年研究工作。希望在第二版时,我们能把编年卷做得更好,使其成为方便学术界使用的工具书。

中国文化是全球性的文化,它不仅在东亚文化圈、欧美文化圈产生过重要影响,在东南亚、南亚、阿拉伯世界也都产生过重要影响。因此,本丛书尽力将中国古代文化经典在多种文化区域传播的图景展现出来。或许这些研究仍待深化,但这样一个图景会使读者对中国文化的影响力有一个更为全面的认识。

中国古代文化经典的域外传播研究近年来逐步受到学术界的重视,据初步统计,目前出版的相关专著已经有十几本之多,相关博士论文已经有几十篇,国家社科基金课题及教育部课题中与此相关的也有十余个。随着国家"一带一路"倡议的提出,中国文化"走出去"战略也开始更加关注这个方向。应该说,这个领域的研究进步很大,成果显著。但由于这是一个跨学科的崭新研究领域,尚有不少问题需要我们深入思考。例如,如何更加深入地展开这一领域的研究?如何从知识和学科上把握这个研究领域?通过什么样的路径和方法展开这个领域的研究?这个领域的研究在学术上的价值和意义何在?对这些问题笔者在这里进行初步的探讨。

一、历史:展开中国典籍外译研究的基础

根据目前研究,中国古代文化典籍第一次被翻译为欧洲语言是在 1592 年,由来自西班牙的传教士高母羡(Juan Cobo,1546—1592)[①]第一次将元末明初的中国

[①] "'Juan Cobo',是他在 1590 年寄给危地马拉会友信末的落款签名,也是同时代的欧洲作家对他的称呼;'高母羡',是 1593 年马尼拉出版的中文著作《辩正教真传实录》一书扉页上的作者;'羡高茂',是 1592 年他在翻译菲律宾总督致丰臣秀吉的回信中使用的署名。"蒋薇:《1592 年高母羡(Fr.Juan Cobo)出使日本之行再议》,硕士论文抽样本,北京:北京外国语大学;方豪:《中国天主教史人物传》(上),北京:中华书局,1988 年,第 83—89 页。

文人范立本所编著的收录中国文化先贤格言的蒙学教材《明心宝鉴》翻译成西班牙文。《明心宝鉴》收入了孔子、孟子、庄子、老子、朱熹等先哲的格言,于洪武二十六年(1393)刊行。如此算来,欧洲人对中国古代文化典籍的翻译至今已有424年的历史。要想展开相关研究,对研究者最基本的要求就是熟知西方汉学的历史。

仅仅拿着一个译本,做单独的文本研究是远远不够的。这些译本是谁翻译的?他的身份是什么?他是哪个时期的汉学家?他翻译时的中国助手是谁?他所用的中文底本是哪个时代的刻本?……这些都涉及对汉学史及中国文化史的了解。例如,如果对《明心宝鉴》的西班牙译本进行研究,就要知道高母羡的身份,他是道明会的传教士,在菲律宾完成此书的翻译,此书当时为生活在菲律宾的道明会传教士学习汉语所用。他为何选择了《明心宝鉴》而不是其他儒家经典呢?因为这个本子是他从当时来到菲律宾的中国渔民那里得到的,这些侨民只是粗通文墨,不可能带有很经典的儒家本子,而《菜根谭》和《明心宝鉴》是晚明时期民间流传最为广泛的儒家伦理格言书籍。由于这是以闽南话为基础的西班牙译本,因此书名、人名及部分难以意译的地方,均采取音译方式,其所注字音当然也是闽南语音。我们对这个译本进行研究就必须熟悉闽南语。同时,由于译者是天主教传教士,因此研究者只有对欧洲天主教的历史发展和天主教神学思想有一定的了解,才能深入其文本的翻译研究之中。

又如,法国第一位专业汉学家雷慕沙(Jean Pierre Abel Rémusat,1788—1832)的博士论文是关于中医研究的《论中医舌苔诊病》(*Dissertatio de glossosemeiotice sive de signis morborum quae è linguâ sumuntur*,*praesertim apud sinenses*,1813,Thése,Paris)。论文中翻译了中医的一些基本文献,这是中医传向西方的一个重要环节。如果做雷慕沙这篇文献的研究,就必须熟悉西方汉学史,因为雷慕沙并未来过中国,他关于中医的知识是从哪里得来的呢?这些知识是从波兰传教士卜弥格(Michel Boym,1612—1659)那里得来的。卜弥格的《中国植物志》"是西方研究中国动植物的第一部科学著作,曾于1656年在维也纳出版,还保存了原著中介绍的每一种动植物的中文名称和卜弥格为它们绘制的二十七幅图像。后来因为这部著作受到欧洲读者极大的欢迎,在1664年,又发表了它的法文译本,名为《耶稣会士卜弥格神父写的一篇论特别是来自中国的花、水果、植物和个别动物的论文》。……

荷兰东印度公司一位首席大夫阿德列亚斯·克莱耶尔(Andreas Clayer)……1682年在德国出版的一部《中医指南》中,便将他所得到的卜弥格的《中医处方大全》《通过舌头的颜色和外部状况诊断疾病》《一篇论脉的文章》和《医学的钥匙》的部分章节以他的名义发表了"①。这就是雷慕沙研究中医的基本材料的来源。如果对卜弥格没有研究,那就无法展开对雷慕沙的研究,更谈不上对中医西传的研究和翻译时的历史性把握。

这说明研究者要熟悉从传教士汉学到专业汉学的发展历史,只有如此才能展开研究。西方汉学如果从游记汉学算起已经有七百多年的历史,如果从传教士汉学算起已经有四百多年的历史,如果从专业汉学算起也有近二百年的历史。在西方东方学的历史中,汉学作为一个独立学科存在的时间并不长,但学术的传统和人脉一直在延续。正像中国学者做研究必须熟悉本国学术史一样,做中国文化典籍在域外的传播研究首先也要熟悉域外各国的汉学史,因为绝大多数的中国古代文化典籍的译介是由汉学家们完成的。不熟悉汉学家的师承、流派和学术背景,自然就很难做好中国文化的海外传播研究。

上面这两个例子还说明,虽然西方汉学从属于东方学,但它是在中西文化交流的历史中产生的。这就要求研究者不仅要熟悉西方汉学史,也要熟悉中西文化交流史。例如,如果不熟悉元代的中西文化交流史,那就无法读懂《马可·波罗游记》;如果不熟悉明清之际的中西文化交流史,也就无法了解以利玛窦为代表的传教士汉学家们的汉学著作,甚至完全可能如堕烟海,不知从何下手。上面讲的卜弥格是中医西传第一人,在中国古代文化典籍西传方面贡献很大,但他同时又是南明王朝派往梵蒂冈教廷的中国特使,在明清时期中西文化交流史上占有重要的地位。如果不熟悉明清之际的中西文化交流史,那就无法深入展开研究。即使一些没有来过中国的当代汉学家,在其进行中国典籍的翻译时,也会和中国当时的历史与人物发生联系并受到影响。例如20世纪中国古代文化经典最重要的翻译家阿瑟·韦利(Arthur David Waley,1889—1966)与中国作家萧乾、胡适的交往,都对他的翻译活动产生过影响。

历史是进行一切人文学科研究的基础,做中国古代文化经典在域外的传播研

---

① 张振辉:《卜弥格与明清之际中学的西传》,《中国史研究》2011年第3期,第184—185页。

究尤其如此。

中国学术界对西方汉学的典籍翻译的研究起源于清末民初之际。辜鸿铭对西方汉学家的典籍翻译多有微词。那时的中国学术界对西方汉学界已经不陌生，不仅不陌生，实际上晚清时期对中国学问产生影响的西学中也包括汉学。[①] 近代以来，中国学术的发展是西方汉学界与中国学界互动的结果，我们只要提到伯希和、高本汉、葛兰言在民国时的影响就可以知道。[②] 但中国学术界自觉地将西方汉学作为一个学科对象加以研究和分梳的历史并不长，研究者大多是从自己的专业领域对西方汉学发表评论，对西方汉学的学术历史研究甚少。莫东言的《汉学发达史》到1936年才出版，实际上这本书中的绝大多数知识来源于日本学者石田干之助的《欧人之汉学研究》[③]。近30年来中国学术界对西方汉学的研究有了长足进展，个案研究、专书和专人研究及国别史研究都有了重大突破。像徐光华的《国外汉学史》、阎纯德主编的《列国汉学史》等都可以为我们的研究提供初步的线索。但应看到，对国别汉学史的研究才刚刚开始，每一位从事中国典籍外译研究的学者都要注意对汉学史的梳理。我们应承认，至今令学术界满意的中国典籍外译史的专著并不多见，即便是国别体的中国典籍外译的专题历史研究著作都尚未出现。[④] 因为这涉及太多的语言和国家，绝非短期内可以完成。随着国家"一带一路"倡议的提出，了解沿路国家文化与中国文化之间的互动历史是学术研究的题中应有之义。但一旦我们翻阅学术史文献就会感到，在这个领域我们需要做的事情还有很多，尤其需要增强对沿路国家文化与中国文化互动的了解。百年以西为师，我们似乎忘记了家园和邻居，悲矣！学术的发展总是一步步向前的，愿我们沿着季羡林先生开辟的中国东方学之路，由历史而入，拓展中国学术发展的新空间。

---

① 罗志田：《西学冲击下近代中国学术分科的演变》，《社会科学研究》2003年第1期。
② 桑兵：《国学与汉学——近代中外学界交往录》，北京：中国人民大学出版社，2010年；李孝迁：《葛兰言在民国学界的反响》，《华东师范大学学报》（哲学社会科学版）2010年第4期。
③ ［日］石田干之助：《欧人之汉学研究》，朱滋萃译，北京：北平中法大学出版社，1934年。
④ 马祖毅、任荣珍：《汉籍外译史》，武汉：湖北教育出版社，1997年。这本书尽管是汉籍外译研究的开创性著作，但书中的错误颇多，注释方式也不规范，完全分不清资料的来源。关键在于作者对域外汉学史并未深入了解，仅在二手文献基础上展开研究。学术界对这本书提出了批评，见许冬平《〈汉籍外译史〉还是〈汉籍歪译史〉？》，光明网，2011年8月21日。

二、文献：西方汉学文献学亟待建立

张之洞在《书目答问》中开卷就说："诸生好学者来问应读何书,书以何本为善。偏举既嫌挂漏,志趣学业亦各不同,因录此以告初学。"[1]学问由目入,读书自识字始,这是做中国传统学问的基本方法。此法也同样适用于中国文化在域外的传播研究及中国典籍外译研究。因为19世纪以前中国典籍的翻译者以传教士为主,传教士的译本在欧洲呈现出非常复杂的情况。17世纪时传教士的一些译本是拉丁文的,例如柏应理和一些耶稣会士联合翻译的《中国哲学家孔子》,其中包括《论语》《大学》《中庸》。这本书的影响很大,很快就有了各种欧洲语言的译本,有些是节译,有些是改译。如果我们没有西方汉学文献学的知识,就搞不清这些译本之间的关系。

18世纪欧洲的流行语言是法语,会法语是上流社会成员的标志。恰好此时来华的传教士由以意大利籍为主转变为以法国籍的耶稣会士为主。这些法国来华的传教士学问基础好,翻译中国典籍极为勤奋。法国传教士的汉学著作中包含了大量对中国古代文化典籍的介绍和翻译,例如来华耶稣会士李明返回法国后所写的《中国近事报道》(*Nouveaux mémoires sur l'état présent de la Chine*),1696年在巴黎出版。他在书中介绍了中国古代重要的典籍"五经",同时介绍了孔子的生平。李明所介绍的孔子的生平在当时欧洲出版的来华耶稣会士的汉学著作中是最详细的。这本书出版后在四年内竟然重印五次,并有了多种译本。如果我们对法语文本和其他文本之间的关系不了解,就很难做好翻译研究。

进入19世纪后,英语逐步取得霸主地位,英文版的中国典籍译作逐渐增加,版本之间的关系也更加复杂。美国诗人庞德在翻译《论语》时,既参照早年由英国汉学家柯大卫(David Collie)翻译的第一本英文版"四书"[2],也参考理雅各的译本,如果只是从理雅各的译本来研究庞德的翻译肯定不全面。

20世纪以来对中国典籍的翻译一直在继续,翻译的范围不断扩大。学者研

---

[1] 〔清〕张之洞著,范希曾补正:《书目答问补正》,上海:上海古籍出版社,2001年,第3页。
[2] David Collie, *The Four Books*, Malacca: Printed at Mission Press, 1828.

究百年的《论语》译本的数量就很多,《道德经》的译本更是不计其数。有的学者说世界上译本数量极其巨大的文化经典文本有两种,一种是《圣经》,另一种就是《道德经》。

这说明我们在从事文明互鉴的研究时,尤其在从事中国古代文化经典在域外的翻译和传播研究时,一定要从文献学入手,从目录学入手,这样才会保证我们在做翻译研究时能够对版本之间的复杂关系了解清楚,为研究打下坚实的基础。中国学术传统中的"辨章学术,考镜源流"在我们致力于域外汉学研究时同样需要。

目前,国家对汉籍外译项目投入了大量的经费,国内学术界也有相当一批学者投入这项事业中。但我们在开始这项工作时应该摸清世界各国已经做了哪些工作,哪些译本是受欢迎的,哪些译本问题较大,哪些译本是节译,哪些译本是全译。只有清楚了这些以后,我们才能确定恰当的翻译策略。显然,由于目前我们在域外汉学的文献学上做得不够理想,对中国古代文化经典的翻译情况若明若暗。因而,国内现在确立的一些翻译计划不少是重复的,在学术上是一种浪费。即便国内学者对这些典籍重译,也需要以前人的工作为基础。

就西方汉学而言,其基础性书目中最重要的是两本目录,一本是法国汉学家考狄编写的《汉学书目》(*Bibliotheca sinica*),另一本是中国著名学者、中国近代图书馆的奠基人之一袁同礼1958年出版的《西文汉学书目》(*China in Western Literature: a Continuation of Cordier's Bibliotheca Sinica*)①。

从西方最早对中国的记载到1921年西方出版的关于研究中国的书籍,四卷本的考狄书目都收集了,其中包括大量关于中国古代文化典籍的译本目录。袁同礼的《西文汉学书目》则是"接着说",其书名就表明是接着考狄来做的。他编制了1921—1954年期间西方出版的关于中国研究的书目,其中包括数量可观的关于中国古代文化典籍的译本目录。袁同礼之后,西方再没有编出一本类似的书目。究其原因,一方面是中国研究的进展速度太快,另一方面是中国研究的范围在快速扩大,在传统的人文学科的思路下已经很难把握快速发展的中国研究。

当然,国外学者近50年来还是编制了一些非常重要的专科性汉学研究文献

---

① 书名翻译为《西方文学作品里的中国书目——续考狄之汉学书目》更为准确,《西文汉学书目》简洁些。

目录,特别是关于中国古代文化经典的翻译也有了专题性书目。例如,美国学者编写的《中国古典小说研究与欣赏论文书目指南》①是一本很重要的专题性书目,对于展开中国古典文学在西方的传播研究奠定了基础。日本学者所编的《东洋学文献类目》是当代较权威的中国研究书目,收录了部分亚洲研究的文献目录,但涵盖语言数量有限。当然中国学术界也同样取得了较大的进步,台湾学者王尔敏所编的《中国文献西译书目》②无疑是中国学术界较早的西方汉学书目。汪次昕所编的《英译中文诗词曲索引:五代至清末》③、王丽娜的《中国古典小说戏曲名著在国外》④是新时期第一批从目录文献学上研究西方汉学的著作。林舒俐、郭英德所编的《中国古典戏曲研究英文论著目录》⑤,顾钧、杨慧玲在美国汉学家卫三畏研究的基础上编制的《〈中国丛报〉篇名目录及分类索引》,王国强在其《〈中国评论〉(1872—1901)与西方汉学》中所附的《中国评论》目录和《中国评论》文章分类索引等,都代表了域外汉学和中国古代文化外译研究的最新进展。

　　从学术的角度看,无论是海外汉学界还是中国学术界在汉学的文献学和目录学上都仍有继续展开基础性研究和学术建设的极大空间。例如,在17世纪和18世纪"礼仪之争"后来华传教士所写的关于在中国传教的未刊文献至今没有基础性书目,这里主要指出傅圣泽和白晋的有关文献就足以说明问题。⑥ 在罗马传信部档案馆、梵蒂冈档案馆、耶稣会档案馆有着大量未刊的耶稣会士关于"礼仪之争"的文献,这些文献多涉及中国典籍的翻译问题。在巴黎外方传教会、方济各传教会也有大量的"礼仪之争"期间关于中国历史文化研究的未刊文献。这些文献目录未整理出来以前,我们仍很难书写一部完整的中国古代文献西文翻译史。

　　由于中国文化研究已经成为一个国际化的学术事业,无论是美国亚洲学会的

---

① Winston L.Y.Yang, Peter Li and Nathan K.Mao, *Classical Chinese Fiction: A Guide to Its Study and Appreciation—Essays and Bibliographies*, Boston: G.K.Hall & Co., 1978.
② 王尔敏编:《中国文献西译书目》,台北:台湾商务印书馆,1975年。
③ 汪次昕编:《英译中文诗词曲索引:五代至清末》,台北:汉学研究中心,2000年。
④ 王丽娜:《中国古典小说戏曲名著在国外》,上海:学林出版社,1988年。
⑤ 林舒俐、郭英德编:《中国古典戏曲研究英文论著目录》(上),《戏曲研究》2009年第3期;《中国古典戏曲研究英文论著目录》(下),《戏曲研究》2010年第1期。
⑥ [美]魏若望:《耶稣会士傅圣泽神甫传:索隐派思想在中国及欧洲》,吴莉苇译,郑州:大象出版社,2006年;[丹]龙伯格:《清代来华传教士马若瑟研究》,李真、骆洁译,郑州:大象出版社,2009年;[德]柯兰霓:《耶稣会士白晋的生平与著作》,李岩译,郑州:大象出版社,2009年;[法]维吉尔·毕诺:《中国对法国哲学思想形成的影响》,耿昇译,北京:商务印书馆,2000年。

中国学研究网站所编的目录，还是日本学者所编的目录，都已经不能满足学术发展的需要。我们希望了解伊朗的中国历史研究状况，希望了解孟加拉国对中国文学的翻译状况，但目前没有目录能提供这些。袁同礼先生当年主持北平图书馆工作时曾说过，中国国家图书馆应成为世界各国的中国研究文献的中心，编制世界的汉学研究书目应是我们的责任。先生身体力行，晚年依然坚持每天在美国国会图书馆的目录架旁抄录海外中国学研究目录，终于继考狄之后完成了《西文汉学书目》，开启了中国学者对域外中国研究文献学研究的先河。今日的中国国家图书馆的同人和中国文献学的同行们能否继承前辈之遗产，为飞出国门的中国文化研究提供一个新时期的文献学的阶梯，提供一个真正能涵盖多种语言，特别是非通用语的中国文化研究书目呢？我们期待着。正是基于这样的考虑，10年前我承担教育部重大攻关项目"20世纪中国古代文化经典在域外的传播与影响"时，决心接续袁先生的工作做一点尝试。我们中国海外汉学研究中心和北京外国语大学与其他院校学界的同人以10年之力，编写了一套10卷本的中国文化传播编年，它涵盖了22种语言，涉及20余个国家。据我了解，这或许是目前世界上第一次涉及如此多语言的中国文化外传文献编年。

尽管这些编年略显幼稚，多有不足，但中国的学者们是第一次把自己的语言能力与中国学术的基础性建设有机地结合起来。我们总算在袁同礼先生的事业上前进了一步。

学术界对于加强海外汉学文献学研究的呼声很高。李学勤当年主编的《国际汉学著作提要》就是希望从基础文献入手加强对西方汉学名著的了解。程章灿更是提出了十分具体的方案，他认为如果把欧美汉学作为学术资源，应该从以下四方面着手："第一，从学术文献整理的角度，分学科、系统编纂中外文对照的专业论著索引。就欧美学者的中国文学研究而言，这一工作显得相当迫切。这些论著至少应该包括汉学专著、汉籍外译本及其附论（尤其是其前言、后记）、各种教材（包括文学史与作品选）、期刊论文、学位论文等几大项。其中，汉籍外译本与学位论文这两项比较容易被人忽略。这些论著中提出或涉及的学术问题林林总总，如果并没有广为中国学术界所知，当然也就谈不上批判或吸收。第二，从学术史角度清理学术积累，编纂重要论著的书目提要。从汉学史上已出版的研究中国文学的专著中，选取有价值的、有影响的，特别是有学术史意义的著作，每种写一篇两三千字的书目提要,述其内容大要、方法特点,并对其作学术史之源流梳理。对这些海外汉学文献的整理,就是学术史的建设,其道理与第一点是一样的。第三,从学术术语与话语沟通的角度,编纂一册中英文术语对照词典。就中国文学研究而言,目前在世界范围内,英语与汉语是两种最重要的工作语言。但是,对于同一个中国文学专有名词,往往有多种不同的英语表达法,国内学界英译中国文学术语时,词不达意、生拉硬扯的现象时或可见,极不利于中外学者的沟通和中外学术的交流。如有一册较好的中英文中国文学术语词典,不仅对于中国研究者,而且对于学习中国文学的外国人,都有很大的实用价值。第四,在系统清理研判的基础上,编写一部国际汉学史略。"[1]

历史期待着我们这一代学人,从基础做起,从文献做起,构建起国际中国文化研究的学术大厦。

三、语言：中译外翻译理论与实践有待探索

翻译研究是做中国古代文化对外传播研究的重要环节,没有这个环节,整个研究就不能建立在坚实的学术基础之上。在翻译研究中如何创造出切实可行的中译外理论是一个亟待解决的问题。如果翻译理论、翻译的指导观念不发生变革,一味依赖西方的理论,并将其套用在中译外的实践中,那么中国典籍的外译将不会有更大的发展。

外译中和中译外是两种翻译实践活动。前者说的是将外部世界的文化经典翻译成中文,后者说的是将中国古代文化的经典翻译成外文。几乎每一种有影响的文化都会面临这两方面的问题。

中国文化史告诉我们,我们有着悠久的外译中的历史,例如从汉代以来中国对佛经的翻译和近百年来中国对西学和日本学术著作的翻译。中国典籍的外译最早可以追溯到玄奘译老子的《道德经》,但真正形成规模则始于明清之际来华的传教士,即上面所讲的高母羡、利玛窦等人。中国人独立开展这项工作则应从晚清时期的陈季同和辜鸿铭算起。外译中和中译外作为不同语言之间的转换有

---

[1] 程章灿:《作为学术文献资源的欧美汉学研究》,《文学遗产》2012年第2期,第134—135页。

共同性,这是毋庸置疑的。但二者的区别也很明显,目的语和源语言在外译中和中译外中都发生了根本性置换,这种目的语和源语言的差别对译者提出了完全不同的要求。因此,将中译外作为一个独立的翻译实践来展开研究是必要的,正如刘宓庆所说:"实际上东方学术著作的外译如何解决文化问题还是一块丰腴的亟待开发的处女地。"①

由于在翻译目的、译本选择、语言转换等方面的不同,在研究中译外时完全照搬西方的翻译理论是有问题的。当然,并不是说西方的翻译理论不可用,而是这些理论的创造者的翻译实践大都是建立在西方语言之间的互译之上。在此基础上产生的翻译理论面对东方文化时,特别是面对以汉字为基础的汉语文化时会产生一些问题。潘文国认为,至今为止,西方的翻译理论基本上是对印欧语系内部翻译实践的总结和提升,那套理论是"西西互译"的结果,用到"中西互译"是有问题的,"西西互译"多在"均质印欧语"中发生,而"中西互译"则是在相距遥远的语言之间发生。因此他认为"只有把'西西互译'与'中西互译'看作是两种不同性质的翻译,因而需要不同的理论,才能以更为主动的态度来致力于中国译论的创新"②。

语言是存在的家园。语言具有本体论作用,而不仅仅是外在表达。刘勰在《文心雕龙·原道》中写道:"文之为德也大矣,与天地并生者何哉?夫玄黄色杂,方圆体分,日月叠璧,以垂丽天之象;山川焕绮,以铺理地之形:此盖道之文也。仰观吐曜,俯察含章,高卑定位,故两仪既生矣。惟人参之,性灵所钟,是谓三才。为五行之秀,实天地之心。心生而言立,言立而文明,自然之道也。傍及万品,动植皆文:龙凤以藻绘呈瑞,虎豹以炳蔚凝姿;云霞雕色,有逾画工之妙;草木贲华,无待锦匠之奇。夫岂外饰,盖自然耳。至于林籁结响,调如竽瑟;泉石激韵,和若球锽:故形立则章成矣,声发则文生矣。夫以无识之物,郁然有彩,有心之器,其无文欤?"③刘勰这段对语言和文字功能的论述绝不亚于海德格尔关于语言性质的论述,他强调"文"的本体意义和内涵。

---

① 刘宓庆:《中西翻译思想比较研究》,北京:中国对外翻译出版公司,2005年,第272页。
② 潘文国:《中籍外译,此其时也——关于中译外问题的宏观思考》,《杭州师范学院学报》(社会科学版)2007年第6期。
③ 〔南朝梁〕刘勰著,周振甫译注:《文心雕龙选译》,北京:中华书局,1980年,第19—20页。

中西两种语言,对应两种思维、两种逻辑。外译中是将抽象概念具象化的过程,将逻辑思维转换成伦理思维的过程;中译外是将具象思维的概念抽象化,将伦理思维转换成逻辑思维的过程。当代美国著名汉学家安乐哲(Roger T. Ames)与其合作者也有这样的思路:在中国典籍的翻译上反对用一般的西方哲学思想概念来表达中国的思想概念。因此,他在翻译中国典籍时着力揭示中国思想异于西方思想的特质。

语言是世界的边界,不同的思维方式、不同的语言特点决定了外译中和中译外具有不同的规律,由此,在翻译过程中就要注意其各自的特点。基于语言和哲学思维的不同所形成的中外互译是两种不同的翻译实践,我们应该重视对中译外理论的总结,现在流行的用"西西互译"的翻译理论来解释"中西互译"是有问题的,来解释中译外问题更大。这对中国翻译界来说应是一个新课题,因为在"中西互译"中,我们留下的学术遗产主要是外译中。尽管我们也有辜鸿铭、林语堂、陈季同、吴经熊、杨宪益、许渊冲等前辈的可贵实践,但中国学术界的翻译实践并未留下多少中译外的经验。所以,认真总结这些前辈的翻译实践经验,提炼中译外的理论是一个亟待努力开展的工作。同时,在比较语言学和比较哲学的研究上也应着力,以此为中译外的翻译理论打下坚实的基础。

在此意义上,许渊冲在翻译理论及实践方面的探索尤其值得我国学术界关注。许渊冲在20世纪中国翻译史上是一个奇迹,他在中译外和外译中两方面均有很深造诣,这十分少见。而且,在中国典籍外译过程中,他在英、法两个语种上同时展开,更是难能可贵。"书销中外五十本,诗译英法唯一人"的确是他的真实写照。从陈季同、辜鸿铭、林语堂等开始,中国学者在中译外道路上不断探索,到许渊冲这里达到一个高峰。他的中译外的翻译数量在中国学者中居于领先地位,在古典诗词的翻译水平上,更是成就卓著,即便和西方汉学家(例如英国汉学家韦利)相比也毫不逊色。他的翻译水平也得到了西方读者的认可,译著先后被英国和美国的出版社出版,这是目前中国学者中译外作品直接进入西方阅读市场最多的一位译者。

特别值得一提的是,许渊冲从中国文化本身出发总结出一套完整的翻译理论。这套理论目前是中国翻译界较为系统并获得翻译实践支撑的理论。面对铺天盖地而来的西方翻译理论,他坚持从中国翻译的实践出发,坚持走自己的学术道路,自成体系,面对指责和批评,他不为所动。他这种坚持文化本位的精神,这种坚持从实践出发探讨理论的风格,值得我们学习和发扬。

许渊冲把自己的翻译理论概括为"美化之艺术,创优似竞赛"。"实际上,这十个字是拆分开来解释的。'美'是许渊冲翻译理论的'三美'论,诗歌翻译应做到译文的'意美、音美和形美',这是许渊冲诗歌翻译的本体论;'化'是翻译诗歌时,可以采用'等化、浅化、深化'的具体方法,这是许氏诗歌翻译的方法论;'之'是许氏诗歌翻译的意图或最终想要达成的结果,使读者对译文能够'知之、乐之并好之',这是许氏译论的目的论;'艺术'是认识论,许渊冲认为文学翻译,尤其是诗词翻译是一种艺术,是一种研究'美'的艺术。'创'是许渊冲的'创造论',译文是译者在原诗规定范围内对原诗的再创造;'优'指的是翻译的'信达优'标准和许氏译论的'三势'(优势、劣势和均势)说,在诗歌翻译中应发挥译语优势,用最好的译语表达方式来翻译;'似'是'神似'说,许渊冲认为忠实并不等于形似,更重要的是神似;'竞赛'指文学翻译是原文和译文两种语言与两种文化的竞赛。"①

许渊冲的翻译理论不去套用当下时髦的西方语汇,而是从中国文化本身汲取智慧,并努力使理论的表述通俗化、汉语化和民族化。例如他的"三美"之说就来源于鲁迅,鲁迅在《汉文学史纲要》中指出:"诵习一字,当识形音义三:口诵耳闻其音,目察其形,心通其义,三识并用,一字之功乃全。其在文章,则写山曰崚嶒嵯峨,状水曰汪洋澎湃,蔽芾葱茏,恍逢丰木,鳟鲂鳗鲤,如见多鱼。故其所函,遂具三美:意美以感心,一也;音美以感耳,二也;形美以感目,三也。"②许渊冲的"三之"理论,即在翻译中做到"知之、乐之并好之",则来自孔子《论语·雍也》中的"知之者不如好之者,好之者不如乐之者"。他套用《道德经》中的语句所总结的翻译理论精练而完备,是近百年来中国学者对翻译理论最精彩的总结:

  译可译,非常译。
  忘其形,得其意。
  得意,理解之始;
  忘形,表达之母。

---

① 张进:《许渊冲唐诗英译研究》,硕士论文抽样本,西安:西北大学,2011年,第19页;张智中:《许渊冲与翻译艺术》,武汉:湖北教育出版社,2006年。
② 鲁迅:《鲁迅全集》(第九卷),北京:人民文学出版社,2005年,第354—355页。

> 故应得意,以求其同;
> 故可忘形,以存其异。
> 两者同出,异名同理。
> 得意忘形,求同存异;
> 翻译之道。

2014年,在第二十二届世界翻译大会上,由中国翻译学会推荐,许渊冲获得了国际译学界的最高奖项"北极光"杰出文学翻译奖。他也是该奖项自1999年设立以来,第一个获此殊荣的亚洲翻译家。许渊冲为我们奠定了新时期中译外翻译理论与实践的坚实学术基础,这个事业有待后学发扬光大。

四、知识:跨学科的知识结构是对研究者的基本要求

中国古代文化经典在域外的翻译与传播研究属于跨学科研究领域,语言能力只是进入这个研究领域的一张门票,但能否坐在前排,能否登台演出则是另一回事。因为很显然,语言能力尽管重要,但它只是展开研究的基础条件,而非全部条件。

研究者还应该具备中国传统文化知识与修养。我们面对的研究对象是整个海外汉学界,汉学家们所翻译的中国典籍内容十分丰富,除了我们熟知的经、史、子、集,还有许多关于中国的专业知识。例如,俄罗斯汉学家阿列克谢耶夫对宋代历史文学极其关注,翻译宋代文学作品数量之大令人吃惊。如果研究他,仅仅俄语专业毕业是不够的,研究者还必须通晓中国古代文学,尤其是宋代文学。清中前期,来华的法国耶稣会士已经将中国的法医学著作《洗冤集录》翻译成法文,至今尚未有一个中国学者研究这个译本,因为这要求译者不仅要懂宋代历史,还要具备中国古代法医学知识。

中国典籍的外译相当大一部分产生于中外文化交流的历史之中,如果缺乏中西文化交流史的知识,常识性错误就会出现。研究18世纪的中国典籍外译要熟悉明末清初的中西文化交流史,研究19世纪的中国典籍外译要熟悉晚清时期的中西文化交流史,研究东亚之间文学交流要精通中日、中韩文化交流史。

同时,由于某些译者有国外学术背景,想对译者和文本展开研究就必须熟悉

译者国家的历史与文化、学术与传承,那么,知识面的扩展、知识储备的丰富必不可少。

目前,绝大多数中国古代文化外译的研究者是外语专业出身,这些学者的语言能力使其成为这个领域的主力军,但由于目前教育分科严重细化,全国外语类大学缺乏系统的中国历史文化的教育训练,因此目前的翻译及其研究在广度和深度上尚难以展开。有些译本作为国内外语系的阅读材料尚可,要拿到对象国出版还有很大的难度,因为这些译本大都无视对象国汉学界译本的存在。的确,研究中国文化在域外的传播和发展是一个崭新的领域,是青年学者成长的天堂。但同时,这也是一个有难度的跨学科研究领域,它对研究者的知识结构提出了新挑战。研究者必须走出单一学科的知识结构,全面了解中国文化的历史与文献,唯此才能对中国古代文化经典的域外传播和中国文化的域外发展进行更深入的研究。当然,术业有专攻,在当下的知识分工条件下,研究者已经不太可能系统地掌握中国全部传统文化知识,但掌握其中的一部分,领会其精神仍十分必要。这对中国外语类大学的教学体系改革提出了更高的要求,中国历史文化课程必须进入外语大学的必修课中,否则,未来的学子们很难承担起这一历史重任。

五、方法:比较文化理论是其基本的方法

从本质上讲,中国文化域外传播与发展研究是一种文化间关系的研究,是在跨语言、跨学科、跨文化、跨国别的背景下展开的,这和中国本土的国学研究有区别。关于这一点,严绍璗先生有过十分清楚的论述,他说:"国际中国学(汉学)就其学术研究的客体对象而言,是指中国的人文学术,诸如文学、历史、哲学、艺术、宗教、考古等等,实际上,这一学术研究本身就是中国人文学科在域外的延伸。所以,从这样的意义上说,国际中国学(汉学)的学术成果都可以归入中国的人文学术之中。但是,作为从事于这样的学术的研究者,却又是生活在与中国文化很不相同的文化语境中,他们所受到的教育,包括价值观念、人文意识、美学理念、道德伦理和意识形态等等,和我们中国本土很不相同。他们是以他们的文化为背景而从事中国文化的研究,通过这些研究所表现的价值观念,从根本上说,是他们的'母体文化'观念。所以,从这样的意义上说,国际中国学(汉学)的学术成果,其

实也是他们'母体文化'研究的一种。从这样的视角来考察国际中国学(汉学)，那么，我们可以说，这是一门在国际文化中涉及双边或多边文化关系的近代边缘性的学术，它具有'比较文化研究'的性质。"①严先生的观点对于我们从事中国古代文化典籍外译和传播研究有重要的指导意义。有些学者认为西方汉学家翻译中的误读太多，因此，中国文化经典只有经中国人来翻译才忠实可信。显然，这样的看法缺乏比较文学和跨文化的视角。

"误读"是翻译中的常态，无论是外译中还是中译外，除了由于语言转换过程中知识储备不足产生的误读②，文化理解上的误读也比比皆是。有的译者甚至故意误译，完全按照自己的理解阐释中国典籍，最明显的例子就是美国诗人庞德。1937年他译《论语》时只带着理雅各的译本，没有带词典，由于理雅各的译本有中文原文，他就盯着书中的汉字，从中理解《论语》，并称其为"注视字本身"，看汉字三遍就有了新意，便可开始翻译。例如"《论语·公冶长第五》，'子曰:道不行,乘桴浮于海。从我者,其由与? 子路闻之喜。子曰:由也,好勇过我,无所取材。'最后四字,朱熹注:'不能裁度事理。'理雅各按朱注译。庞德不同意,因为他从'材'字中看到'一棵树加半棵树',马上想到孔子需要一个'桴'。于是庞德译成'Yu like danger better than I do. But he wouldn't bother about getting the logs.'(由比我喜欢危险,但他不屑去取树木。)庞德还指责理雅各译文'失去了林肯式的幽默'。后来他甚至把理雅各译本称为'丢脸'(an infamy)"③。庞德完全按自己的理解来翻译,谈不上忠实,但庞德的译文却在美国和其他西方国家产生了巨大影响。日本比较文学家大塚幸男说:"翻译文学,在对接受国文学的影响中,误解具有异乎寻常的力量。有时拙劣的译文意外地产生极大的影响。"④庞德就是这样的翻译家,他翻译《论语》《中庸》《孟子》《诗经》等中国典籍时,完全借助理雅各的译本,但又能超越理雅各的译本,在此基础上根据自己的想法来翻译。他把《中庸》翻

---

① 严绍璗:《我对国际中国学(汉学)的认识》,《国际汉学》(第五辑),郑州:大象出版社,2000年,第11页。
② 英国著名汉学家阿瑟·韦利在翻译陶渊明的《责子》时将"阿舒已二八"翻译成"A-Shu is eighteen",显然是他不知在中文中"二八"是指16岁,而不是18岁。这样知识性的翻译错误是常有的。
③ 赵毅衡:《诗神远游:中国如何改变了美国现代诗》,成都:四川文艺出版社,2013年,第277—278页。
④ [日]大塚幸男:《比较文学原理》,陈秋峰、杨国华译,西安:陕西人民出版社,1985年,第101页。

译为 Unwobbling Pivot(不动摇的枢纽),将"君子而时中"翻译成"The master man's axis does not wobble"(君子的轴不摇动),这里的关键在于他认为"中"是"一个动作过程,一个某物围绕旋转的轴"①。只有具备比较文学和跨文化理论的视角,我们才能理解庞德这样的翻译。

从比较文学角度来看,文学著作一旦被翻译成不同的语言,它就成为各国文学历史的一部分,"在翻译中,创造性叛逆几乎是不可避免的"②。这种叛逆就是在翻译时对源语言文本的改写,任何译本只有在符合本国文化时,才会获得第二生命。正是在这个意义上,谢天振主张将近代以来的中国学者对外国文学的翻译作为中国近代文学的一部分,使它不再隶属于外国文学,为此,他专门撰写了《中国现代翻译文学史》③。他的观点向我们提供了理解被翻译成西方语言的中国古代文化典籍的新视角。

尽管中国学者也有在中国典籍外译上取得成功的先例,例如林语堂、许渊冲,但这毕竟不是主流。目前国内的许多译本并未在域外产生真正的影响。对此,王宏印指出:"毋庸讳言,虽然我们取得的成就很大,但国内的翻译、出版的组织和质量良莠不齐,加之推广和运作方面的困难,使得外文形式的中国典籍的出版发行多数限于国内,难以进入世界文学的视野和教学研究领域。有些译作甚至成了名副其实的'出口转内销'产品,只供学外语的学生学习外语和翻译技巧,或者作为某些懂外语的人士的业余消遣了。在现有译作精品的评价研究方面,由于信息来源的局限和读者反应调查的费钱费力费时,大大地限制了这一方面的实证研究和有根有据的评论。一个突出的困难就是,很难得知外国读者对于中国典籍及其译本的阅读经验和评价情况,以至于影响了研究和评论的视野和效果,有些译作难免变成译者和学界自作自评和自我欣赏的对象。"④

王宏印这段话揭示了目前国内学术界中国典籍外译的现状。目前由政府各部门主导的中国文化、中国学术外译工程大多建立在依靠中国学者来完成的基本思路上,但此思路存在两个误区。第一,忽视了一个基本的语言学规律:外语再

---

① 赵毅衡:《诗神远游:中国如何改变了美国现代诗》,成都:四川文艺出版社,2013年,第278页。
② [美]乌尔利希·韦斯坦因:《比较文学与文学理论》,刘象愚译,沈阳:辽宁人民出版社,1987年,第36页。
③ 谢天振:《中国现代翻译文学史》,上海:上海外语教育出版社,2004年。
④ 王宏印:《中国文化典籍英译》,北京:外语教学与研究出版社,2009年,第6页。

好,也好不过母语,翻译时没有对象国汉学家的合作,在知识和语言上都会遇到不少问题。应该认识到林语堂、杨宪益、许渊冲毕竟是少数,中国学者不可能成为中国文化外译的主力。第二,这些项目的设计主要面向西方发达国家而忽视了发展中国家。中国"一带一路"倡议涉及60余个国家,其中大多数是发展中国家,非通用语是主要语言形态[1]。此时,如果完全依靠中国非通用语界学者们的努力是很难完成的[2],因此,团结世界各国的汉学家具有重要性与迫切性。

莫言获诺贝尔文学奖后,相关部门开启了中国当代小说的翻译工程,这项工程的重要进步之一就是面向海外汉学家招标,而不是仅寄希望于中国外语界的学者来完成。小说的翻译和中国典籍文化的翻译有着重要区别,前者更多体现了跨文化研究的特点。

以上从历史、文献、语言、知识、方法五个方面探讨了开展中国古代文化典籍域外传播研究必备的学术修养。应该看到,中国文化的域外传播以及海外汉学界的学术研究标示着中国学术与国际学术接轨,这样一种学术形态揭示了中国文化发展的多样性和丰富性。在从事中国文化学术研究时,已经不能无视域外汉学家们的研究成果,我们必须与其对话,或者认同,或者批评,域外汉学已经成为中国学术与文化重建过程中一个不能忽视的对象。

在世界范围内开展中国文化研究,揭示中国典籍外译的世界性意义,并不是要求对象国家完全按照我们的意愿接受中国文化的精神,而是说,中国文化通过典籍翻译进入世界各国文化之中,开启他们对中国的全面认识,这种理解和接受已经构成了他们文化的一部分。尽管中国文化于不同时期在各国文化史中呈现出不同形态,但它们总是和真实的中国发生这样或那样的联系,都说明了中国文化作为他者存在的价值和意义。与此同时,必须承认已经融入世界各国的中国文化和中国自身的文化是两种形态,不能用对中国自身文化的理解来看待被西方塑形的中国文化;反之,也不能以变了形的中国文化作为标准来判断真实发展中的

---

[1] 在非通用语领域也有像林语堂、许渊冲这样的翻译大家,例如北京外国语大学亚非学院的泰语教授邱苏伦,她已经将《大唐西域记》《洛阳伽蓝记》等中国典籍翻译成泰文,受到泰国读者的欢迎,她也因此获得了泰国的最高翻译奖。
[2] 很高兴看到中华外译项目的语种大大扩展了,莫言获诺贝尔文学奖后,中国小说的翻译也开始面向全球招标,这是进步的开始。

中国文化。

　　在当代西方文化理论中,后殖民主义理论从批判的立场说明西方所持有的东方文化观的特点和产生的原因。赛义德的理论有其深刻性和批判性,但他不熟悉西方世界对中国文化理解和接受的全部历史,例如,18世纪的"中国热"实则是从肯定的方面说明中国对欧洲的影响。其实,无论是持批判立场还是持肯定立场,中国作为西方的他者,成为西方文化眼中的变色龙是注定的。这些变化并不能改变中国文化自身的价值和它在世界文化史中的地位,但西方在不同时期对中国持有不同认知这一事实,恰恰说明中国文化已成为塑造西方文化的一个重要外部因素,中国文化的世界性意义因而彰显出来。

　　从中国文化史角度来看,这种远游在外、已经进入世界文化史的中国古代文化并非和中国自身文化完全脱离关系。笔者不认同套用赛义德的"东方主义"的后现代理论对西方汉学和译本的解释,这种解释完全隔断了被误读的中国文化与真实的中国文化之间的精神关联。我们不能跟着后现代殖民主义思潮跑,将这种被误读的中国文化看成纯粹是西方人的幻觉,似乎这种中国形象和真实的中国没有任何关系。笔者认为,被误读的中国文化和真实的中国文化之间的关系,可被比拟为云端飞翔的风筝和牵动着它的放风筝者之间的关系。一只飞出去的风筝随风飘动,但线还在,只是细长的线已经无法解释风筝上下起舞的原因,因为那是风的作用。将风筝的飞翔说成完全是放风筝者的作用是片面的,但将飞翔的风筝说成是不受外力自由翱翔也是荒诞的。

　　正是在这个意义上,笔者对建立在19世纪实证主义哲学基础上的兰克史学理论持一种谨慎的接受态度,同时,对20世纪后现代主义的文化理论更是保持时刻的警觉,因为这两种理论都无法说明中国和世界之间复杂多变的文化关系,都无法说清世界上的中国形象。中国文化在世界的传播和影响及世界对中国文化的接受需要用一种全新的理论加以说明。长期以来,那种套用西方社会科学理论来解释中国与外部世界关系的研究方法应该结束了,中国学术界应该走出对西方学术顶礼膜拜的"学徒"心态,以从容、大度的文化态度吸收外来文化,自觉坚守自身文化立场。这点在当下的跨文化研究领域显得格外重要。

　　学术研究需要不断进步,不断完善。在10年内我们课题组不可能将这样一个丰富的研究领域做得尽善尽美。我们在做好导论研究、编年研究的基础性工作之外,还做了一些专题研究。它们以点的突破、个案的深入分析给我们展示了在跨文化视域下中国文化向外部的传播与发展。这是未来的研究路径,亟待后来者不断丰富与开拓。

这个课题由中外学者共同完成。意大利罗马智慧大学的马西尼教授指导中国青年学者王苏娜主编了《20世纪中国古代文化经典在意大利的传播编年》,法国汉学家何碧玉、安必诺和中国青年学者刘国敏、张明明一起主编了《20世纪中国古代文化经典在法国的传播编年》。他们的参与对于本项目的完成非常重要。对于这些汉学家的参与,作为丛书的主编,我表示十分的感谢。同时,本丛书也是国内学术界老中青学者合作的结果。北京大学的严绍璗先生是中国文化在域外传播和影响这个学术领域的开拓者,他带领弟子王广生完成了《20世纪中国古代文化经典在日本的传播编年》;福建师范大学的葛桂录教授是这个项目的重要参与者,他承担了本项目2卷的写作——《20世纪中国古代文学在英国的传播与影响》和《中国古典文学的英国之旅——英国三大汉学家年谱:翟理斯、韦利、霍克思》。正是由于中外学者的合作,老中青学者的合作,这个项目才得以完成,而且展示了中外学术界在这些研究领域中最新的研究成果。

这个课题也是北京外国语大学近年来第一个教育部社科司的重大攻关项目,学校领导高度重视,北京外国语大学的欧洲语言文化学院、亚非学院、阿拉伯语系、中国语言文学学院、哲学社会科学学院、英语学院、法语系等几十位老师参加了这个项目,使得这个项目的语种多达20余个。其中一些研究具有开创性,特别是关于中国古代文化在亚洲和东欧一些国家的传播研究,在国内更是首次展开。开创性的研究也就意味着需要不断完善,我希望在今后的一个时期,会有更为全面深入的文稿出现,能够体现出本课题作为学术孵化器的推动作用。

北京外国语大学中国海外汉学研究中心(现在已经更名为"国际中国文化研究院")成立已经20年了,从一个人的研究所变成一所大学的重点研究院,它所取得的进步与学校领导的长期支持分不开,也与汉学中心各位同人的精诚合作分不开。一个重大项目的完成,团队的合作是关键,在这里我对参与这个项目的所有学者表示衷心的感谢。20世纪是动荡的世纪,是历史巨变的世纪,是世界大转机的世纪。

20世纪初,美国逐步接替英国坐上西方资本主义世界的头把交椅。苏联社会主义制度在20世纪初的胜利和世纪末苏联的解体成为本世纪最重要的事件，并影响了历史进程。目前，世界体系仍由西方主导，西方的话语权成为其资本与意识形态扩张的重要手段，全球化发展、跨国公司在全球更广泛地扩张和组织生产正是这种形势的真实写照。

20世纪后期，中国的崛起无疑是本世纪最重大的事件。中国不仅作为一个政治大国和经济大国跻身于世界舞台，也必将作为文化大国向世界展示自己的丰富性和多样性，展示中国古代文化的智慧。因此，正像中国的崛起必将改变已有的世界政治格局和经济格局一样，中国文化的海外传播，中国古代文化典籍的外译和传播，必将把中国思想和文化带到世界各地，这将从根本上逐渐改变19世纪以来形成的世界文化格局。

20世纪下半叶，随着中国实施改革开放政策和国力增强，西方汉学界加大了对中国典籍的翻译，其翻译的品种、数量都是前所未有的，中国古代文化的影响力进一步增强[1]。虽然至今我们尚不能将其放在一个学术框架中统一研究与考量，但大势已定，中国文化必将随中国的整体崛起而日益成为具有更大影响的文化，西方文化独霸世界的格局必将被打破。

世界仍在巨变之中，一切尚未清晰，意大利著名经济学家阿锐基从宏观经济与政治的角度对21世纪世界格局的发展做出了略带有悲观色彩的预测。他认为今后世界有三种结局：

第一，旧的中心有可能成功地终止资本主义历史的进程。在过去500多年时间里，资本主义历史的进程是一系列金融扩张。在此过程中，发生了资本主义世界经济制高点上卫士换岗的现象。在当今的金融扩张中，也存在着产生这种结果的倾向。但是，这种倾向被老卫士强大的立国和战争能力抵消了。他们很可能有能力通过武力、计谋或劝说占用积累在新的中心的剩余资本，从而通过组建一个真正全球意义上的世界帝国来结束资本主义历史。

第二，老卫士有可能无力终止资本主义历史的进程，东亚资本有可能渐

---

[1] 李国庆：《美国对中国古典及当代作品翻译概述》，载朱政惠、崔丕主编《北美中国学的历史与现状》，上海：上海辞书出版社，2013年，第126—141页；[美]张海惠主编：《北美中国学：研究概述与文献资源》，北京：中华书局，2010年；[德]马汉茂、[德]汉雅娜、张西平、李雪涛主编：《德国汉学：历史、发展、人物与视角》，郑州：大象出版社，2005年。

渐占据体系资本积累过程中的一个制高点。那样的话,资本主义历史将会继续下去,但是情况会跟自建立现代国际制度以来的情况截然不同。资本主义世界经济制高点上的新卫士可能缺少立国和战争能力,在历史上,这种能力始终跟世界经济的市场表层上面的资本主义表层的扩大再生产很有联系。亚当·斯密和布罗代尔认为,一旦失去这种联系,资本主义就不能存活。如果他们的看法是正确的,那么资本主义历史不会像第一种结果那样由于某个机构的有意识行动而被迫终止,而会由于世界市场形成过程中的无意识结果而自动终止。资本主义(那个"反市场"[anti-market])会跟发迹于当代的国家权力一起消亡,市场经济的底层会回到某种无政府主义状态。

最后,用熊彼特的话来说,人类在地狱般的(或天堂般的)后资本主义的世界帝国或后资本主义的世界市场社会里窒息(或享福)前,很可能会在伴随冷战世界秩序的瓦解而出现的不断升级的暴力恐怖(或荣光)中化为灰烬。如果出现这种情况的话,资本主义历史也会自动终止,不过是以永远回到体系混乱状态的方式来实现的。600年以前,资本主义历史就从这里开始,并且随着每次过渡而在越来越大的范围里获得新生。这将意味着什么?仅仅是资本主义历史的结束,还是整个人类历史的结束?我们无法说得清楚。①

就此而言,中国文化的世界影响力从根本上是与中国崛起后的世界秩序重塑紧密联系在一起的,是与中国的国家命运联系在一起的。国衰文化衰,国强文化强,千古恒理。20世纪已经结束,21世纪刚刚开始,一切尚在进程之中。我们处在"三千年未有之大变局之中",我们期盼一个以传统文化为底蕴的东方大国全面崛起,为多元的世界文化贡献出她的智慧。路曼曼其远矣,吾将上下求索。

张西平

2017年6月6日定稿于游心书屋

---

① [意]杰奥瓦尼·阿锐基:《漫长的20世纪——金钱、权力与我们社会的根源》,姚乃强等译,南京:江苏人民出版社,2001年,第418—419页。

目 录

导言　1

凡例　1

编年正文　1

　　公元1900年（光绪二十六年）　2

　　公元1901年（光绪二十七年）　3

　　公元1902年（光绪二十八年）　4

　　公元1903年（光绪二十九年）　5

　　公元1904年（光绪三十年）　5

　　公元1905年（光绪三十一年）　6

　　公元1906年（光绪三十二年）　8

　　公元1907年（光绪三十三年）　9

　　公元1908年（光绪三十四年）　10

　　公元1909年（宣统元年）　10

　　公元1910年（宣统二年）　11

　　公元1911年（宣统三年）　12

公元 1912 年	13
公元 1913 年	14
公元 1914 年	15
公元 1915 年	16
公元 1916 年	17
公元 1917 年	18
公元 1918 年	18
公元 1919 年	19
公元 1920 年	20
公元 1921 年	21
公元 1922 年	22
公元 1923 年	23
公元 1924 年	24
公元 1925 年	25
公元 1926 年	25
公元 1927 年	27
公元 1928 年	28
公元 1929 年	29
公元 1930 年	30
公元 1931 年	31
公元 1932 年	32
公元 1933 年	33
公元 1934 年	34
公元 1935 年	35
公元 1936 年	36
公元 1937 年	37
公元 1938 年	38
公元 1939 年	38
公元 1940 年	39

公元 1941 年	40
公元 1942 年	41
公元 1943 年	41
公元 1944 年	42
公元 1945 年	43
公元 1946 年	46
公元 1947 年	48
公元 1948 年	50
公元 1949 年	52
公元 1950 年	54
公元 1951 年	55
公元 1952 年	55
公元 1953 年	56
公元 1954 年	57
公元 1955 年	59
公元 1956 年	62
公元 1957 年	63
公元 1958 年	65
公元 1959 年	66
公元 1960 年	68
公元 1961 年	70
公元 1962 年	72
公元 1963 年	74
公元 1964 年	75
公元 1965 年	76
公元 1966 年	79
公元 1967 年	81
公元 1968 年	83
公元 1969 年	85

公元 1970 年	88
公元 1971 年	92
公元 1972 年	95
公元 1973 年	102
公元 1974 年	106
公元 1975 年	113
公元 1976 年	119
公元 1977 年	125
公元 1978 年	131
公元 1979 年	134
公元 1980 年	141
公元 1981 年	146
公元 1982 年	155
公元 1983 年	164
公元 1984 年	173
公元 1985 年	180
公元 1986 年	193
公元 1987 年	204
公元 1988 年	212
公元 1989 年	223
公元 1990 年	237
公元 1991 年	256
公元 1992 年	274
公元 1993 年	292
公元 1994 年	304
公元 1995 年	322
公元 1996 年	335
公元 1997 年	358
公元 1998 年	374

公元 1999 年　　386
公元 2000 年　　394

专名索引（以拼音字母排序）　410

人名索引（以拼音字母排序）　423

参考文献　445

附录　446

后记　447

导 言

一、韩国 20 世纪的历史背景

对于韩国的汉学研究和中国古代文化经典在韩国的传播来说，20 世纪是一个极其重要、极具意义的时代。20 世纪，韩国汉学研究和中国古代文化经典在韩国的传播与发展遭到了几乎致命的打击和伤害，同时也迎来了迅速发展、壮大的动力和机会。

19 世纪末，中日甲午战争爆发，随着中国战败，其明显失去了昔日作为中央帝国的强势地位，作为中国文化的载体和势力的象征，汉字、汉文化的强势地位自然也不复存在。20 世纪初，日本侵占朝鲜半岛，韩国完全沦为日本殖民地 35 年。由于国际形势和政治环境发生了变化，中韩关系开始疏远，出现了裂痕和断代，两国的交往基本处于停滞状态，极其有限的接触和理解都是通过第三国进行。因此，这一时期的韩国汉学研究和中国古代文化经典在韩国的传播非常缓慢，基本处于静止状态，从事汉学研究的学者寥寥无几，研究成果极其有限。这种低靡情形一直持续到 20 世纪中期才得以逐步改善。

20 世纪中期以后，尤以 1988 年汉城奥林匹克运动会为契机，中韩关系得以逐步改善和恢复。进入 80 年代，中国的改革开放促使韩国从事汉学研究的学者数量逐渐增加，研究兴趣逐步提高。特别是 1992 年 8 月中韩正式建交之后，两国关系彻底改善，两国的交流无论是在广度还是在深度上都进入了前所未有的高速发展时期。韩国学者们对汉学研究更加重视，对中国古代文化经典的研究更加广泛和深入，研究成果层出不穷，韩国汉学研究呈现出空前的盛况。

总而言之，20世纪的韩国汉学研究和中国古代文化经典在韩国的传播过程是极其艰难曲折的，经历了从20世纪初期至20世纪70年代中期的极端衰败和停滞期，到20世纪八九十年代后期呈现为迅猛发展甚至狂热期。

本编年考察和整理了20世纪的韩国汉学研究资料，有助于我们了解中国古代文化经典在韩国传播的发展脉络并正确理解韩国汉学研究的特征。

二、20世纪的韩国汉学研究和中国文化传播的概况

中韩两国自古交流频繁，关系密不可分。古代韩国没有自己的文字，很早就从中国接受了汉字、汉文化，并渐渐接纳其融入本国文化，韩国的许多历史记载都是用汉字写成的。特别是在汉文化圈国家中，韩国最早接受了孔子思想和儒家学说[①]，因而受到孔子思想和儒家学说的深远影响，对汉籍的搜集、整理和研究更是有着悠久的历史。韩国历代官府和民间的文人墨客通过各种渠道收集、翻译并保存下来大量古汉籍资料，这些典籍资料又为汉学的普及，特别是儒学的传播，创造了便利的条件。如今这些典籍资料成为中韩两国乃至东亚、世界文化交流和学者研究的重要组成部分。可以说韩国是中国古代文化经典在域外传播最广泛、普及最深入、传承最见效的典范，是保有良好古汉籍的文库。

---

① 关于汉字与汉文化传到朝鲜半岛的时期尚无定论，但可以肯定的是，汉字传到朝鲜半岛的时期最晚不迟于2世纪。公元前后，朝鲜半岛上新罗、高句丽、百济三国鼎立[新罗（前57—935），高句丽（前37—668），百济（前18—660）]。三国积极与中国往来，输入中国的高度文明，这时期中国的儒家与佛教思想陆续传入三国。朝鲜半岛正规的汉语教育始于"三国时期"（前37—668）。古代三国中，高句丽历代王朝十分重视儒家思想教育。"小兽林王二年（372），设立国立教育机构'太学'。而同在汉字文化圈的日本，汉字是在285年（西晋太康六年，日本应神天皇十六年）通过韩国（百济王仁）传入的。据日本史书记载，早在晋武帝太康六年，百济人王仁去日本时就带去《论语》《千字文》，并给应神天皇的太子菟道稚郎子等讲授《论语》。"

1. 汉语教育的兴衰

1392年至1910年，朝鲜王朝经历了从建立到灭亡的过程，此时正值中国的明清两朝。朝鲜王朝与中国一直保持着密切联系，关系友好稳定，这为中国古代文化经典在韩国的传播与发展以及汉语教学提供了良好的政治背景和社会环境。在这个时期，汉语教学和汉学研究作为国家教育的重要组成部分受到极大重视，得到了大力发展，达到一个发展高峰，这一时期可以称为中国古代文化经典在韩国的传播和韩国汉学研究史上的全盛时期。比如：朝鲜时期（1392—1910）已经形成了独特完整的汉语教学体系。朝鲜王朝通过科举考试（译学）选拔汉语人才；国家外语教育机构"司译院"担起汉语教学任务，培养汉语人才；出现了一批从事汉语教学与研究的译学者；还出现了大量的供汉语学习用的教材、工具书和其他参考书。《老乞大谚解》《朴通事谚解》《伍伦全备谚解》《华音启蒙谚解》等均是在这一时期出现的优秀的汉语口语教材。特别是国家对汉语教学的支持和提倡，在世界汉语教学的历史上是少见的。

然而，时至19世纪末，中日甲午战争爆发，中国战败，明显失去了昔日作为中央帝国的强势地位，作为中国文化的载体和势力象征的汉字、汉文化自然也受到波及和负面影响，强势地位不复存在。1894年，朝鲜王朝开始实施名为"甲午更张"的维新改革运动，废除了科举和不平等的身份制度，司译院也在政府机构改革中被撤销，取而代之的是应运而生的官立外国语学校，日语以及英语、俄语、德语等西方语言成为更为迫切的学习需求，一直以来处于主导、支配地位的汉字、汉文化开始被作为一门外语进行教育。这无疑是韩国汉学研究史上的一次重大转折，是对长期以来只知"慕华"的汉语学习者和汉学研究者们感情和心理的一次重大冲击，导致他们在思想意识和价值观上开始对汉文化的价值产生疑惑和忧虑。

（1）殖民统治扼杀了汉语教学

进入20世纪后，1910年8月，日本帝国主义以"韩日合邦"的名义吞并朝鲜半岛，迫使其签订《日韩合并条约》，设立朝鲜总督府，进行殖民统治。直至1945年的35年间，朝鲜半岛完全沦为日本的殖民地，这一段历史也是整个朝鲜半岛一段不堪回首、史无前例的民族创痛史。

殖民期间，日本帝国主义从自己的殖民利益出发，迫不及待地为达到只推广日语以深化殖民统治的目的制定教育政策。日本设置的朝鲜总督府先后共下达过4次《朝鲜教育令》，步步为营地压制和扼杀韩鲜半岛的民族教育。1911年，日语被规定为官方语言，成为政府机构和学校用语；1922年，日语被正式定为"国语"，朝鲜半岛民众以本民族语言为国语的权利被剥夺；1938年，学校被下令禁止使用韩国语；1943年，所有私立学校被关闭。日本不愿意看到，更不愿意提供任何有利条件，让朝鲜半岛民众学习他国语言以分散学习日语的精力，日本殖民主义者的教育思路从1911年11月关闭官立汉城外国语学校，便赤裸裸地体现出来了。日本殖民主义者的卑劣行径，也导致了官立汉城外国语学校的汉语部退出历史舞台，韩国的官方汉语教育随之中断。此后，韩国的汉语教育进入长达15年的空白期。这是自"旧韩"时期以来，韩国的汉语教育和推广从过去一直处于教育的主导、强势地位下滑成为第二外语教学之后，又被废弃的衰败停滞期。这一时期从1912年开始一直持续到1926年。

此后，由于国际形势、政治环境以及战争延绵不断的发生和变化，中韩两国逐渐疏远，关系出现裂痕。到了20世纪50年代中后期，两国交往陷入断代和停滞状态，极其有限的接触和理解都是通过第三国进行。因此，这一时期朝鲜半岛的汉学研究和汉文化的传播速度非常缓慢，基本处于静止状态，从事汉学研究的学者寥寥无几，研究成果极其有限，汉学研究落入低谷，这种低靡情形一直持续到20世纪中期才得以逐步改善。

（2）不确定的语言政策带来的困扰

20世纪初以后，由于反对日本帝国主义的殖民侵略，民族自救意识增强，韩国人才强化了保护民族固有文化的观念，特别是"二战"后，韩国民族主义情绪高涨，于是开始取消、禁用或淡化汉字，特别是一些学者主张以爱国主义来强化韩国，提出专用韩国文字，因而汉文教育更趋淡化，汉学研究随之式微。

1945年8月，随着战争结束，朝鲜半岛一分为二。1949年朝鲜废止了汉字，全部采用拼音文字；1948年韩国在立法中规定，政府公文中不准使用汉字。1968年，韩国进一步以总统令的形式明令禁止使用汉字，1970年开始从小学、初中、高中教科书中废除汉字。虽然1975年时汉字被允许重新出现在初中、高中教科书中，但不是采取韩汉字混用方式，而是采取把汉字放在后面括号里的韩汉字并用方式。从此，韩文的使用场合大量增多，使用频率大幅提高，汉字被极大弱化。不过，汉字并没有被完全淡化掉。

　　进入20世纪90年代后，随着东方文化的复兴，韩国与汉字文化圈各国深层文化交流的需求愈来愈迫切，尤其是1992年中韩建交后，两国全方位的交流和往来急剧增多，韩国又出现了恢复使用汉字的热情，形成了韩国历史上汉字复兴的第三次高潮。1998年11月17日，汉城曾有1500名学者集会，要求恢复汉字的使用地位，反对这些年取消汉字导致年轻人不认识汉字、不了解韩国历史的弊端。金大中政府首先打破了封禁汉字的坚冰，在1999年2月的总统令中批准了文化厅与旅游厅的一项计划，决定在政府公文和道路标牌上采取中、英文并用的标记。韩国政府支持恢复汉字的另一个重要原因是为发展韩国的旅游业，因为到韩国旅游的中国、日本、东南亚诸国和地区的人，大都使用汉字，至少是认识汉字的。正像金大中总统所说的那样："韩国的各种历史古典文章和史料仍以中国汉字书写，如果无视中国汉字，将难以理解我们的古典文化和历史传统，有必要实行韩、汉两种文字同时并用。"

　　2005年2月9日，韩国政府宣布：在所有公务文件和交通标志等领域，全面恢复使用已经消失多年的中国汉字和汉字标记，以适应世界化的时代潮流，并且提出了《推动汉字并用方案》：为了发展韩国的传统文化，促进与东亚汉字文化圈国家的积极交流和推动韩国观光事业的发展，将当时完全使用韩国文字的公务文件改为韩、汉两种文字并用，以解决韩文难以清楚地表明汉字含义的历史难题。

　　2009年，韩国全国汉字教育推进总联合会向青瓦台提交建议书，主张从小学开始教汉字，有20名健在的历任国务总理在该建议书上签名。由此可见，和理念及政治立场无关，所有人都深刻认识到了汉字教育的重要性。

　　时至今日，韩国的语言政策还在不断地变化。从根本上说，恢复汉字有利于韩国在东亚汉字文化圈里加强信息交流和感情沟通，也是面向儒家文化、面向亚洲政治传统的一种回归，更是适应21世纪东方文化时代潮流的一个新举措。

　　（3）中文系的发展壮大

　　1954年前，韩国的大学中只有国立汉城大学[①]开设了中国语文学系。虽然

[①] 现在的韩国国立首尔大学。

早在日本殖民时期该校的前身京城帝国大学开设了支那文学系（지나문학과），是韩国最早研究中国语与中国文学的高等教育机构，但是直到光复前也不过只毕业了9名学生。光复后每年的毕业生也只有1到3名。

截至1971年，韩国也仅有三所大学，即国立汉城大学、韩国外国语大学、成均馆大学开设了中文系，但是各高校中文系名称各不相同，其中，国立汉城大学于1946年开设中国语文学系（중국어중국문학과），韩国外国语大学于1954年开设中国语系（중국어과），成均馆大学于1955年设立中国文学系（중국문학과）。进入20世纪70年代之后，以1972年为起点，韩国开设中文系的大学的数量迅速增加，且名称多统一为中语中文系（중어중문학과）。1972年有高丽大学、檀国大学、延世大学、全南大学，1976年有岭南大学，1979年有釜山大学、庆北大学等。进入20世纪80年代后，开设中文系的大学数量持续增多。

进入20世纪90年代之后，随着中韩正式建交，两国之间的经济贸易合作增多，韩国需要大量的汉语人才，学习汉语的人数也大大增加。韩国的260余所大学中有150多所开设了与中国语有关的系、部，其中几十个系、部开设了硕士和博士课程。1994年中韩《文化合作协定》签署，中韩两国的高等院校之间纷纷建立校际交流与合作关系，在教学、科研以及培养学生、留学等多个领域展开了全面广泛的合作。此外，韩国还有100所以上的初中、高中和小学也开设了中国语课程。随着学汉语的韩国人与日俱增，韩国的"中国热"不断升温。这种社会风潮也给韩国的中国学[①]研究创造了良好的氛围。

总之，随着国际局势的发展变化，从20世纪70年代开始，韩国的中国学研究环境有了很大的改善。尤其进入20世纪70年代中期至20世纪末，韩国各界都加强了对中国的研究力度，韩国的当代中国研究进入较快发展期，学术、教育和科研领域呈现出汉语教育和中国学研究的热潮。这一阶段韩国的汉语教育和中国学研究领域出现了一系列新变化：

第一，汉语教育热不断升温。

进入20世纪70年代，尤以1972年为起点，韩国各大学竞相开设中文系，

---

① 大致从20世纪60年代开始，中国学的名称就已在韩国使用。在使用中，中国学和汉学的称谓并没有分清楚，出现了混用。

数量迅速增加并持续增多。20世纪90年代初中韩建交至20世纪末期，韩国的"中国热"不断升温，这给韩国的汉语教育和汉学研究创造了良好的氛围。

第二，研究机构竞相成立。

仅1981年韩国设立的中国学研究机构就有汉阳大学中苏研究所，建国大学中国问题研究所，淑明女子大学中国文化研究所、中国文学研究会、西江大学东亚研究所，韩国汉文研究会，等等。另外，从20世纪80年代后期到90年代初期，又先后建立了中国人文科学研究会、中国现代文学学会、韩国敦煌学学会、中央大学中国研究所、韩国现代中国研究会、韩国汉诗学会等学术研究机构。韩国各界都加大了对中国的研究力度。

第三，学术交流活跃。

韩国每年召开一次"中国学国际学术大会"，与会者主要来自中国台湾、香港，以及日本和美国。到20世纪90年代初，该项大会已成功举办十多次。韩国中国语言文学研究会自创立以来，每月召开一次学术报告会，每年举行一次学术年会。

第四，重视现当代中国研究。

20世纪80年代以后，由于国家政治环境的重大变化，韩国学者开始转向现当代中国研究。

之前，韩国的中国哲学研究的主要脉络多围绕朱子学，作为没有太大独立性、隶属于或者说服务于韩国哲学研究的韩国中国哲学研究基本上是针对古典哲学。进入20世纪80年代以后，韩国的中国哲学研究已不局限于中国古典哲学研究，中国现代哲学与思想研究也受到了重视。除哲学外，社会、文化、政治、经济等方面的研究都发生了这种转变。

2. 汉学研究的历程

中国和韩鲜半岛文化交流历史源远流长，汉字从中国传到韩国已有近两千年的历史。中韩两国的交流，可分为四大交流期。一是唐、罗（唐朝和新罗之间）交流期；二是元、丽（元朝和高丽之间）交流期；三是明、朝（明朝和朝鲜之间）交流期；四是清、朝（清朝和朝鲜之间）交流期。其汉学研究领域宽泛，内容丰富，比如方言学研究、早期白话语法研究、中国言语政策研究、中国民族言语研究、汉藏语比较言语学研究、中国古代文学史研究、唐宋诗研究、中国唐宋词研究、中国散曲研究、中国戏剧研究、中国文言小说研究、中国古代白话小说研究、中国文学思潮史研究、元曲研究、中国韵文研究、昭明文选研究等。

自从日本吞并朝鲜半岛实施殖民统治后，半岛上的汉学研究就处于停滞状态。当时，既没有专门的研究团体或学会，也没有专门的学术杂志。仅有的一些汉学研究成果，也是以个人研究的形式零散地在报刊上发表的一些短篇论文或介绍性文章而已。如1923年8月26日至9月30日的《朝鲜日报》，前后分五期刊登了介绍胡适写的题为《五十年来之中国文学》的文章，这是韩国历史文献上出现的第一篇关于中国文学的介绍文章。

就韩国而言，虽然早在20世纪初期对"国学"资料的整理和介绍作为殖民地反抗运动的一环已然展开，但是正式的学术研究却始于1945年8月15日以后。

本编年的研究对象为20世纪以来的韩国汉学研究和中国经典文化在韩国的传播，可以认为这与韩国的学术发展基本是同步的。

韩国的近代中国文化学术研究大约始于1945年至1960年之间。但1950年的战争以及"4·19革命"和"5·16军事政变"等韩国现代史上的重大事件，妨碍了学术研究和发展之路。虽然这一阶段的时间较长，可实际的研究成果却是微乎其微。但是，即使在战争年代的恶劣环境下，一些学者仍然凭着对学术研究的不灭热情和责任感、使命感，编写完成了几部中国文学史并出版发行，受到了世人的瞩目。从学术发展史的角度来看，这些作品可以说是非常重要的研究成果。

如：尹永春（윤영춘）的《现代中国文学史》（鸡林社，1949），车相辕（차상원）、车柱环（차주환）、张基槿（장기근）共著的《中国文学史》（东国文化社，1956），以及李家源（이가원）的《中国文学思潮史》（一潮阁，1959）等。

韩国对中国古典文学的研究主要集中于魏晋南北朝时期，早期的研究者主要是日据时期在京城帝国大学学习中国语言文学的少数学者以及20世纪50年代之前完成学业的一些学者。这种现象持续了很长一段时间。20世纪70年代至80年代期间，韩国多所大学的中文系培养出了很多年轻学者，这些学者大都是韩国本土学者，其中有些在国外完成了学业。20世纪70年代至90年代初的二十多年，可以说是韩国研究中国古典文学理论的全盛时期。这一时期取得研究成果十分不易,因其研究资料非常有限(还没有和中国建立外交关系)。

进入20世纪80年代后的研究可以说已经度过了初创期,迎来了大力发展期。这一时期从事研究的学者自身完成学业的经历、毕业的国家或大学院校呈现出多样化趋势,但是他们研究的对象依旧是初期阶段的文论,多数都是古代典籍。从这一点来说这一时期的研究其实和初创期并没有太大的不同。

在把儒学视为国家统治理念的朝鲜王朝,学习《四书集注》和《五经大全》等著作注释也是教育手段之一。这种学习传统得到了延续,在文学的形成与发展的基石中也起到了一定的作用。这种以"经学"为中心的自我确立精神,从朝鲜王朝后期西学流入之时先人的态度中也可以了解到它的价值。[①]20世纪80年代前期也出现了这种精神史潮流的痕迹,到了后期则更为活跃。

韩国的中国文学教学与研究不同于中国的中文教学与研究,韩国不仅没有古代文学、现当代文学、外国文学那样系统的、严格的专业分工,而且研究学者很重视古、现代文学的相互渗透和交叉研究。

比如韩国外国语大学的学者们在比较和对比研究方面就具有独到的学术研究方式。如姜启哲教授研究重点是中国的古代戏曲,同时也研究现代戏剧,发表过《中国新剧论稿》《中国新剧与新月派》《中国新文学与中国新剧运动研究》《中国话剧研究》等论文。李永求教授的研究重点是中国的现当代小说,同时他也写过不少有关古代文学的论文,如《京本通俗小说研究》《嵇康研究》《嵇康之影响》《钟嵘之〈诗品〉》等,还致力于中国现当代文学和韩国文学之间的比较研究。朴宰雨教授在20世纪80年代主要致力于《史记》的文学性研究,1990年完成了博士论文《〈史记〉〈汉书〉传记文比较研究》,与此同时,也已经开始了对中国现代文学的研究,80年代先后发表了《鲁迅的时代体验与文学意识》《巴金的〈家〉和卢新华的〈伤痕〉》《巴金的文学与思想》等论文,20世纪90年代以后更将主要精力转移到韩中文学交流史方面,但对中国古典散文的研究也并未终止。柳晟俊教授是一位颇有影响的唐诗研究专家,同时也兼及新诗,对中国海峡两岸的现代诗歌都有很深入的研究,发表过多篇论文。

---

① 임형택(林荧泽),《19 세기 西學에 대한 經學의 對應》(《朝鮮後期 經學의 展開와 그 性格》),성균관대학교출판부(成均馆大学出版部),1988)참조.

二战后，中国古典文学在韩国的传播和现当代中国古典文学研究的历程可以分为20世纪80年代以前、80年代到90年代初、1992年中韩建交以后三个阶段。

第一阶段是1979年之前，主要是以介绍和普及为主，限于陶渊明、李白、杜甫、白居易、苏轼等中国古典文学代表作家和《诗经》《楚辞》等代表作品。据韩国学者统计，从1950年到1979年，共出版发表此类论著254种，其中20世纪50年代28种，60年代48种，70年代178种。整个20世纪五六十年代，关于汉代作家作品的相关研究论著只有5种，明清共5种，其余皆是上述作家作品。

第二阶段是1980年到1992年，主要以分析研究为主。20世纪70年代中期以后，随着"亚洲四小龙"之一的韩国经济起飞，高等教育得到较快的发展。水涨船高，中国古典文学研究在研究队伍、经费投入上都得到很大的充实和加强，反映到研究成果上则表现为论著数量显著增加，研究领域在拓广，研究深度在加深。十二年间，共产生研究论著1009种，相当于1950年到1979年三十年间研究论著的3.9倍。从研究面来看，唐代文学研究仍为历代之冠，六朝和宋代文学研究则有大幅增长：1950年至1979年研究六朝文学的论著为58种，宋代文学为24种；1980年至1992年六朝文学研究增至119种，为前三十年的2倍多，宋代文学研究增至141种，约为前三十年的5.9倍。研究领域拓展到各个时代的多数作家。据岭南大学的李雄吉统计，1985年到1987年间，明代文学研究的论文就有13篇，其中文论研究1篇，杂剧研究1篇，其余11篇皆是小说研究，诗文研究则付诸阙如。清代文学研究8篇，其中诗文及理论研究3篇，其余为《官场现形记》《儒林外史》《孽海花》和《老残游记》等小说研究。20世纪六七十年代没有触及的元代文学也有所涉及，出现了3篇杂剧方面的研究论文。这个时段，无论是研究者的考察角度还是编辑者的选题方向都考虑到研究手段的多样性和研究层次的拓深。

第三阶段是1992年以后，研究更加理性和深入。1992年8月中韩建交以后，两国文化交流不断深入。在传统文化方面，中国文化在韩国引起人们更大的学习和研究兴趣。据韩国学者统计，1950年至1990年韩国学者发表的有关中国诗歌研究的论文、专著约有1282种，1991年至2004年8月，则为1118种，几乎相当于前四十年的总和。

1992年中韩建交以后，中国古典文学在韩国的传播，带有以下几个明显特征：

一是对中国古典文学的价值认识更加充分也更为理性，更注意两国之间的学术交流和沟通。韩国学者吴台锡就提出中国诗学主导东亚地区人文传统这一观点。韩国学者柳晟俊也认为中韩建交以后韩国人对中国文学的价值观发生了很大的变化，现在"韩国人已经认识到中国文学是一门很有研究价值的学问，又是很有希望的研究领域。这种认识上的变化在二十年前是根本无法想象的"。

二是趋向大型化、系统化，注重从基础工作做起，更带有学术总结性质。

三是比起20世纪80年代，韩国的中国古典文学研究者的学术视野更加开阔，并且注意拓展研究范围，强调接受多种研究思想和研究手段，在实践中也更加自觉地进行尝试。对研究思想和研究方法上的考证训诂等文献学研究方法、知人论世的历史学研究方法、文艺学研究方法，以及比较研究、接受美学、原型批评、结构主义等西方研究思想和研究方法，都有不同程度的运用，其中以比较研究为多。

中韩文化交流历史悠久，尤其是古典文学研究和传统文化研究一直深受韩国汉学者的高度重视，是汉学研究的重点之一。

韩国历来有研究汉学的传统，从古至今汉学家辈出，成就卓著。由于篇幅有限，只能简单介绍几位汉学家。

（1）汉学家介绍

20世纪初期是韩国汉学研究极其艰辛的时期，但还是涌现出许多知识渊博、造诣高深的汉学家，他们也都取得了丰硕的研究成果。如：

①金台俊（김태준）（1905—1950）

其1905年出生于朝鲜平安北道云山，是国文学者、思想家。1928年毕业于京城帝国大学艺术系，1931年毕业于京城帝国大学法文学部中国文学专业，1939年任京城帝国大学讲师。代表作有《朝鲜汉文学史》（1931）和《朝鲜小说史》（1930）。《朝鲜汉文学史》将汉文学和国文学有机结合，对朝鲜文学史重新进行了整理；《朝鲜小说史》是韩国最早从比较文学角度研究国文学的作品。大学期间，他与赵润济（亦著有《朝鲜汉文学史》）、李熙晟、金在喆等一起创办了"朝鲜语文学会"。

②裴宗镐（배종호）（1919—1990）

其为圆光大学哲学系教授，原延世大学文科学院教授。毕业于京城帝国大学哲学系。著有《韩国儒学史》《韩国儒学的课题和展开》。

③黄秉泰（황병태）（1935—　）

他是首任韩国驻中华人民共和国特命全权大使。毕业于国立汉城大学（经济学学士）、美国哈佛大学（公共管理学硕士）、美国加州大学伯克利分校（政治学博士）。著有《儒学与现代化——中韩日儒学比较研究》。

④宋恒龙（송항룡）（1940—　）

其为成均馆大学东洋哲学系教授。毕业于成均馆大学东洋哲学系及成均馆研究生院，哲学博士。著有《老庄中的知的问题》《百济道家哲学思想》。

⑤金吉焕（김길환）（1942—　）

其原为忠南大学哲学系教授。毕业于忠南大学哲学系、忠南大学研究生院及高丽大学研究生院。著有《朝鲜朝儒学思想研究》《韩国阳明学研究》。

⑥琴章泰（금장태）（1944—　）

其为韩国国立汉城大学宗教学系教授。毕业于国立汉城大学宗教学系及成均馆研究生院，哲学博士。著有《儒教和韩国思想》《韩国儒教的再照明》《儒学近百年》。

⑦李家源（이가원）（1917—2000）

其为李朝大朱子哲学家李滉的后裔，成均馆研究生院博士。著有《中国文学思潮史》《中国文学思潮史译解汉字大字典》《汉文新讲》《韩国汉文学思潮研究》《汉文学研究》等60部著作，并翻译了《西厢记》。其中《中国文学思潮史》（一潮阁，1959），从意识形态的角度名实相符地介绍了中国文学的发展脉络，叙述的内容从西周的"北方现实思潮的发达"至清代"写实主义"，全书共分11个章节，明确记载了发行旨在针对当时偏重于考据学方法的学术研究倾向的反思。①这本著述不仅对理解作者的意图及整个中国文学的发展状况具有一定的积极作用，而且还有助于了解文学理论的变迁。

⑧车相辕（차상원）（1910—1990）

其从1956年开始参与文学史的编撰，之后又有《王充文学理论》（1963）、《陆机文学理论》（1964）、《孔门文学理论》（1965）、《〈文心雕龙〉和〈诗

---

①　参考李家源的《中国文学思潮史》"小叙"。

品〉中的文学理论》（1965）和《宋代古文运动和批评》（1967）等著述，说明他从很早就开始从事中国古典文学理论研究了。此后，他依然坚持这一领域的研究，并且硕果累累。如他的博士论文《中国古典文学理论》（国立汉城大学，1967），论文《明人诸派的文学理论与批评（一）（二）》（1968，1969）、《金元两朝文学评论》（1968）和《唐宋两朝诗论》（1969）等。作者的这些成就不仅拓宽了韩国人对中国文学研究的视野，而且给当时还是一片空白的中国文学理论研究指明了前进的方向，因而得到了极高的评价。

⑨车柱环（차주환）（1920—2008）

严格而言，车柱环的译注《诗话与漫录》（民众书馆，1966）并非针对中国文学理论的研究，但该书得到高度评价的原因就在于它是中国古典文学理论研究不断发展的产物。因为这本《诗话与漫录》介绍了从高丽王朝起至朝鲜王朝后期的各种文学理论，受其影响，韩国的汉文学研究领域开始出现多种不同的研究方法，并取得了丰硕的成果。车柱环的研究成果以《钟嵘〈诗品〉校证（文言文）》（1960）、《钟嵘〈诗品〉校证（续完）》（1961）、《钟嵘〈诗品〉校证（校证补）》（1963）、《钟嵘〈诗品〉古诗条疏释》（1963）为代表，包括《刘勰和他的文学观——〈文心雕龙〉论》（载《亚细亚研究》（7-2），1964）、《谢灵运和他的诗——以钟嵘的评论为中心》（载《亚细亚研究》（8-3），1965）、《钟嵘〈诗品〉校证》（国立汉城大学，博士论文，1968）等，揭示了中国初期文学论的特征，重点在于复原文本（校勘原典）。虽然这些研究只是简略地论及有关文学论内容方面的特征，但从另一方面讲，这些成果为中国古典文学理论成果中最为丰富的①"魏晋南北朝"文学理论研究提供了良好的契机。他与车相辕一样受到瞩目，是初期中国古典文学理论研究的开拓者。

⑩李章佑（이장우）（1939— ）

其以1965年发表《韩退之散文研究》（国立汉城大学研究生院，硕士论文）为起点，留下了许多关于唐宋文学的研究成果。他翻译了诸多"唐诗话"，对理解汉诗的原理和特征起了很大的积极作用。他翻译出版的《中国诗学》

---

① 李宇正在论文（1998）第164页中指出从1950年开始，1966年到1996年间共有600多篇研究中国古典文学理论的论著，其中研究魏晋南北朝时代理论的最多，有149篇。

（刘若愚著，泛学图书，1976）和《中国文学理论》（刘若愚著，泛学图书，1978），对拓宽这一领域学者的研究方法极为有益。其译著出现在文论研究十分兴盛的时期，这对奠定中国文学研究方法和视角的多样化起到了很大的积极作用，具有极其重要的意义。原著者虽然出生在中国，但却选择用英语写作，这对韩国以外其他语言圈的研究者来说也有一定的影响。

⑪崔信浩（최신호）（1932—　）

由崔信浩翻译的《文心雕龙》韩国语译版于1975年由玄岩社刊行。早在20世纪60年代，车柱环已经从文学理论和文本层面对《文心雕龙》有所研究，但崔信浩的译本是真正意义上韩国语译本在韩国的首次发行。这本译著收录了原著的全部内容，共50篇（从"原道第一"到"序志第五十"）。《文心雕龙》是魏晋南北朝时期文学理论研究成果中涉猎的研究对象最为广泛的著述[①]，其韩国语译本的刊行引发了十分踊跃的研究活动。因为在当时，一般对《文心雕龙》的研究是断面的，进行整体性质的研究很难。当时只能在中国台湾购买原著，即使买到书籍，由于内容十分深奥以及版本的问题，即便是参考校注本，也很难真正理解。所以，这本韩国语译本的刊行冲破了当时的困境，满足了许多学者的研究需求。

⑫金俊烨（김준엽）（1920—2011）

其是史学家，高丽大学教授，曾任高丽大学校长。他是韩国当代研究中国历史的著名学者，是当代中国研究的首倡者之一，从20世纪50年代中期开始与几位学者发起创建了韩国中国学会；创立了高丽大学亚洲问题研究所；创办了《中国学报》等，为韩国的汉学研究奠定了基础。他著有《中国共产党史》《中国最近世史》《孙文与胡适》《我与中国》《长征》等多部有关中国的著作。北京大学、复旦大学等十多所中国大学都授予他名誉教授称号；2000年，中国教育部为表彰他在中韩文化交流方面的贡献，还授予他"中国语言文化友谊奖"。

⑬许世旭（허세욱）（1934—2010）

其是高丽大学中国语系教授，汉学家、诗人。他是韩国学界最早进行中国

---

① 李宇正在论文（1998）的第168页中指出，以1952年到1996年的研究成果为对象进行统计调查，共发表了62篇相关论著，其中20世纪70年代以后，特别是20世纪80年代和90年代发表了45篇。

文学研究的学者之一，代表作是《中国文学史》。他是用中文写作的作家，他撰写的《韩中诗话渊源考》至今仍是该领域的力作。他著有20多部关于中韩文学方面的专著、100多篇论文，曾荣获"中国文学奖"。2004年，中国现代文学馆为表彰他在中国学研究方面的贡献，专门设立了许世旭文库。

⑭金兴圭（김홍규）（1948— ）

其写作的《朝鲜后期的诗经论和诗意识》（1982）是一部关于汉诗研究方法论的重要著作。当时韩国的大学数量和研究人员突然增加，且在研究数量大增的同时，研究的对象也越来越广泛，导致了经典文学理论研究的起步。

（2）研究社团

韩国学术研究的显著特点就是各种学术研究社团众多，且大多为民间团体，运作灵活；社团由学者们自由组合而成，研究主题专业、具体，学术观点坦诚，成员常相互切磋探讨。这些社团为学术研究提供了宽泛的平台，对研究风尚和学术传承形成良性循环起到了极好的作用。韩国的中国学研究也不例外，有许多专门的科研机构和学术团体。尤其进入20世纪80年代以后，韩国的中国学研究更加普及，出现了许多颇具规模的研究团体，中国学研究有了更多新的发展。如：韩国中国学会，创建于1962年4月，由汉阳大学、国立汉城大学、成均馆大学等20多所韩国著名大学的200多位学者组成，出版有刊物《中国学报》（中文版），1998年创办杂志《国际中国学研究》（中文和英文版），是韩国国内中国学研究的学术团体；韩国中语中文学会，成立于1978年，是韩国研究中国语言和文学的学术团体，每年定期召开学术会议，出版有刊物《中语中文学》；韩国中国语文学会，成立于1969年，现每年举行两次以上学术大会或研讨会，出版有刊物《中国文学》；韩国中国语言学会成立于1983年，主要研究中国语言学，每年都定期召开学术会议，出版有刊物《中国语言研究》；岭南中国语文学会，亦是以研究中国语言文学为主的地方研究社团。

其他涉及中国文学、中国学等研究的学会和学术刊物有：韩国中文学会，其学术刊物是《中国文学研究》；中国学研究会，其学术刊物是《中国学研究》；韩中语言文化研究会，其学术刊物是《韩中语言文化研究》；中国语文论译学会，其学术刊物是《中国语文论译丛刊》；中国语文研究会，其学术刊物是《中国语文学志》；东方汉文学会，其学术刊物是《伏贤汉文学》《东方汉文学》……

3. 古籍的整理研究

众所周知，中国古籍是世界上最重要的文化遗产之一，而同为汉字文化圈的韩国所存域外汉籍，是这一宝贵文化遗产不可或缺的一部分，尤其是在中国早已失传却在韩国得以保存下来的一些汉籍，更是珍贵无比。

韩国所藏古籍有以下特点：

①涉及年代久远。典籍目录涉及的中国典籍，时间最早可以追溯到春秋战国时期；此后延绵不断，基本涵盖所有历史时期。

②涉及面广、量大。汉籍分类涉及中国传统分类法的经、史、子、集、丛书等多个大类，数量多达数十万册。

③涉及汉籍的版本非常丰富：汉籍版本有"木刻本"、"抄写本"、"石印本"、"铅印本"、"木活字本"、"真影本"、"影印本"、"御选本"、"鼎足山本"、"玉山书院"（庆州）、"京城我我录出版社"、"新旧书林"、"翰南书林"、"上海商务印书馆"等数十种。在这些版本中，除从中国直接流传至韩国的版本外，还有韩国本土的汉籍底本以及从日本流入的版本，甚至包括不少私人藏书等。

④汉籍的来源和种类多样。如日本统治韩国时期，不仅有意编辑出版了中国各时期有代表性的中国典籍，而且在1932年，朝鲜总督府以"朝鲜史编修会""朝鲜总督府"的官方名义，有组织、有计划地编辑出版了一套影印的"朝鲜史料丛刊"。据了解，这套丛刊共出版过21辑。目前，高丽大学图书馆的《汉籍目录》中收录了"朝鲜史料丛刊"中的16种汉籍。中国国家图书馆馆藏的只有其中的《高丽史节要》《军门眷录》《制胜方略》《朝鲜赋》和《通文馆志》5种汉籍，其余《海东诸国纪》等11种韩国本汉籍，中国国内各大图书馆均无馆藏。由此可见，韩国所藏汉籍中有些是连中国也失传了的珍贵典籍。

韩国十分重视对所藏汉籍的保管收藏，特别是对古汉籍的整理研究极为重视，尤其是近年来，投入大量人力、物力和财力进行整理和研究，建立数据库，开设网站。现在这些典籍主要分散收藏于韩国国家图书馆和部分大学、地方图书馆，每个图书馆都设有专职研究保管人员和专门机构保存古籍，并用各自不同的方式整理、编辑、出版了典籍目录。如韩国国立中央图书馆的古籍藏书目录有《古书目录》（著录为韩国本）以及《外国古书目录》两种；国立汉城大学东亚文化研究所，1965年印发了《奎章阁图书韩国本总目录》《朝鲜图书解题》和《东洋文库朝鲜本分类目录》；韩国学中央研究院的藏书阁有《藏书阁图书中国版总目录》；高丽大学图书馆自1966年开始出版《高丽大学藏书录丛书》等，为整理传承图书和使读者了解汉籍图书提供了便利。

自1980年起，韩国《新东亚》杂志编辑部还组织知名学者对《论语》等一百部中国古典名著进行了介绍，其中经、史、子、集均有。另外，还在高等院校开设了儒学课程，如延世大学开设有儒家名著选读课。为了从事中国学研究，还建立了成均馆大学大东文化研究院、高丽大学亚细亚问题研究所、汉阳大学中国问题研究所、国立汉城大学韩国中国语文学会等研究机构。这些机构各自发表了许多论文和专著。比如，1993年，韩国的中央研究机构"大韩民国学术院"对韩国的中国文学研究进行整理和回顾，编纂了《韩国的中国文学研究论著解题》，分为"诗歌、批评""词、曲""小说""现代文学"四大类，由14位研究中国文学的专家分类整理出版。1993年9月，韩国新闻界、学术界、文化界的50余人组成"东洋学100卷后援会"，决定从中国和韩国历史典籍中精选100卷东洋学著作出版发行。目前已出版《贞观政要》《诗经》《十八史略》《小学》《大学》《中庸》《论语》等，其中《诗经》《十八史略》《贞观政要》等书印数都超过了1.5万册。1996年，韩国成均馆大学校长丁范镇同他的50多名门生经过4年的努力，完成了中国历史名著《史记》（7卷）的翻译工作。他们认为《史记》已超出史书的范围，囊括哲学、文学、地理、天文、神话传说等，是中国思想和文化的宝库。1996年2月，汉城法仁文化社开设了中国图书大型专卖店，上架的中国图书达1万多种、10万多册，包括中国文学、汉文学、文献学、史学、考古学、哲学、金石学、中医学等。可见，相通的古代文明和文化积淀里蕴藏着中韩文化交流的巨大潜力。

韩国学者李章佑、车柱环等在韩国学术振兴财团的资助下，编撰了"中国文学研究史长编"，这套大型资料汇集了朝鲜半岛自三国时代和高丽王朝以来所有研究中国古典文学的论著以及学者资料、海外研究中国古典文学的动向等，为编写韩国的"中国文学研究史"提供了资料和学术参考。

4．汉籍所藏图书馆等机构介绍

据调查，韩国收藏中国古籍的机构较多，比较重要的有：国立中央图书馆、奎章阁、韩国学中央研究院藏书阁、成均馆大学东亚学术院尊经阁、高丽大学图书馆、延世大学中央图书馆、岭南大学图书馆等。此外，还有国会图书馆、国史编纂委员会、国立汉城大学中央图书馆等处。

①国立中央图书馆

国立中央图书馆创立于1945年，到2000年年底为止，该图书馆存藏古籍约18万册，该馆古籍藏书目录分为《古书目录》（著录为韩国本）以及《外国古书目录》两种。据《外国古书目录》记载，该馆所藏古籍有1930种，约70%为木刻本，以清刊本（尤其是光绪刊本）与民国刊本较多，明刊本也为数不少。

该馆将所藏主要资料数字化，建立了数据库，将目录资料以文字形式、全文资料以影像形式录入。一般读者可通过韩国国家电子图书馆网站进行查询。

②奎章阁

奎章阁原为王室图书馆，收藏历代王室文献。至今收藏颇丰，计有各种古籍图书27万余册（件）。据《奎章阁图书韩国本综合目录》和《奎章阁图书中国本综合目录》合计，中国古籍共有7530种，87，963册。奎章阁所藏书籍中，不乏很有价值亦可填补空白的中国古籍。比如《型世言》11册，四十五回正文，乃海内外孤本。《型世言》是明代崇祯年间刊行的一部话本小说集，全称《峥霄馆评定通俗演义型世言》，在中国早已失传，残文仅见于《幻影》《三刻拍案惊奇》等书。奎章阁藏有一部完整的初刻本，填补了古代白话小说史上的一个空白。此外还有不少珍品藏书。

1910年朝鲜半岛被日本吞并，奎章阁的图书归朝鲜总督府所有；1930年又移入京城帝国大学新建图书馆；1946年京城帝国大学改名国立汉城大学，奎章阁图书也一并归入该校附属中央图书馆。

1873年以来，奎章阁先后数十次编纂所藏书的各类目录。

从1977年起，奎章阁出版了学术年刊《奎章阁》，第1辑至第24辑的原文资料可在其官方网站上查询。1997年，奎章阁完成了所藏图书目录的电子数据库，并一直在进行所有资料的电子化以及全文数据库的开发。奎章阁还开设了网站，向读者提供检索该馆所藏17.5万余种资料的目录。

③韩国学中央研究院藏书阁

韩国学中央研究院的前身是1978年成立的"韩国精神文化研究院",2005年2月改名为"韩国学中央研究院"。藏书阁是该院的图书馆,所藏古书共有108,027册,其中移馆图书82,849册(韩国本42,662册、中国本27,313册、和刻本12,874册),一般古书23,122册,文库本古书2056册。据《藏书阁图书中国版总目录》,藏书阁共收录1200种,25,839册中国古籍,主要是元、明、清刊本,有的在中国失传已久,极具文献价值。在所藏汉籍中,有7种被指定为韩国国家级宝物,包括在11世纪末依据宋板而刊印的《大方广佛华严经疏》残本、高丽刊《药师琉璃光如来本愿功德经》、高丽后期刊《梵网经卢舍那佛说菩萨心地戒品》残本、高丽末刊《大佛顶陀罗尼》等。

④成均馆大学东亚学术院尊经阁

成均馆始建于1398年,是朝鲜太宗七年设立的当时的最高国家教育机构,19世纪末发展成一所现代化大学。1475年(朝鲜成宗六年),成均馆设置了尊经阁,这是朝鲜半岛设立最早的图书馆。二战后,部分藏书归该校中央图书馆所有。2000年,成均馆大学成立东亚学术院,该院专门资料情报中心合并了大学中央图书馆古书室和大东文化研究院资料室的藏书,但仍以尊经阁命名。

尊经阁藏书达25万余册,其中古籍资料大约7万册,所藏中国古籍中不乏珍本秘籍。比如朝鲜刊本《五臣注文选》,存50册朝鲜正德四年(1509)刊本。该本与李善注本及六臣注本不同,而与中国台湾所藏南宋绍兴三十一年(1161)陈八郎刻本一致,但又与陈八郎刻本除文体分类相同之外其他分歧甚多,绝非同一系统。

该馆编纂的《古书目录·第一辑》(1979)、《第二辑》(1981)、《第三辑》(2002),收录了尊经阁所藏全部东装本(即由韩国人、中国人、日本人所撰的印本与写本)。

尊经阁致力于建构电子数据库,读者可在尊经阁网站上查询尊经阁所藏书的1万余条图书目录以及41万余页的古书与古文书的原文资料。

⑤高丽大学图书馆

截至2000年,高丽大学图书馆所藏汉籍书总计98,978册,其中珍贵书籍就达5268册,有3种中国古籍被韩国政府列为国宝,即《龙龛手镜》《洪武正韵译训》和《中庸朱子或问》,说明该馆所藏汉籍的数量与质量颇为可观。该校图书馆自1966年开始,先后编辑出版了该馆所藏中国古籍目录及目录综合索引等。据《汉籍目录综合索引》记载其所藏古籍达10.6万余册。从2001年开始,为纪念建校100周年,该馆分三阶段开发"贵重书Digital(数字)书库",第一阶段已完成汉籍493册、期刊930册的开发工作。

⑥延世大学中央图书馆

延世大学中央图书馆所藏汉籍书达8763种,65,400余册,其中不乏各种古活字本、珍本及贵重写本,许多善本及档案等贵重资料均是其他重要图书馆所没有。据《延世大学中央图书馆古书目录》第二集所载,延世大学中央图书馆收录贵重古籍共949种。该馆所藏汉籍以朝鲜本为最多。

1986年,延世大学许璧教授发表《韩国延世大学中央图书馆所藏中文善本书目》(上、下),虽收录古籍422种,但并不完备。

1977年,《延世大学中央图书馆古书目录·第一集》收录馆藏古籍(韩国本、中国本、和刻本),然未收录2万余件的古书。

1987年出版的第二集收录了第一集遗漏的古书,以及1977年至1986年间搜集的古书5324种,18,892册。

⑦岭南大学图书馆

岭南大学是位于韩国中部重镇大邱市的一所著名私立学府。1967年,时任韩国总统朴正熙亲自决定将大邱大学(1947年成立)和青邱大学(1950年成立)合并,称为岭南大学。1997年9月该校设置"古书室",致力于古书与古文书的搜集和整理,除刊印《古书目录》外,又设立了各种文库17个,以管理搜集到的古书。 截至2000年,该馆共收藏古籍65,573卷,所藏"一般汉籍"有25,000册。值得一提的是,该馆有些古籍是中、韩图书交流研究的宝贵资料,如明刊本《新编古今事文类聚》,每卷首均有明神宗宝印,可见此本为明神宗的御藏本;明刊本《论语》,其中有"徽王之宝",可见此本曾是明徽王的藏本。该馆先后出版了《藏书目录(汉古籍篇)》(1973,收录"东滨文库"藏书)、《藏书目录(续编·汉古书篇)》(1980)等,包含韩国人、中国人、日本人撰写的刊本与写本。刊行年代方面,所谓古书以1910年为其下限,还包括1945年前所刊行汉文、韩文(古语)、日文、蒙古文、满文等各种东方语文的东装本。

⑧国会图书馆

国会图书馆成立于1952年，藏书已达150万卷。2000年7月以后，全国与国会图书馆合作交流的图书馆也可从网上利用该馆所藏约340万件书志资料以及4300万页的原文资料。

1995年，该馆出版《古书目录》，收录1994年以前的线装本古书2387种，13，962卷。

⑨国史编纂委员会

国史编纂委员会始创于1946年，于1983年出版《古书目录》，收录有古书2134种，12，989册，中枢院（以前日本总督府的中枢院）图书1508种，4773册，古籍影印本299种，902册，影写本234种，905册。

⑩东国大学中央图书馆

东国大学中央图书馆旧藏古书在战争时几乎全部散佚。现藏古书均系战后搜集，其中佛教资料尤为完备。1981年，其出版《古书目录》。相关内容现可在该馆网站上查检。1985年，其设立佛教学资料室，藏书已达4万余卷。

⑪国立汉城大学中央图书馆

国立汉城大学中央图书馆本为奎章阁之上级机构。1992年奎章阁独立，该馆汉籍古书的入藏时间遂以此年为上限。该馆古文献资料室藏有资料620册，如（后秦）鸠摩罗什《思益梵天所问经》写本1册、（明）净善《禅林宝训》刊本1册、（明）侯继高《日本风土记》写本1册、（比利时）南怀仁《坤舆全图》清康熙十三年（1674）刊本8册、清高宗命编《御题平定伊犁回部全图》铜版画25册等。

⑫釜山大学图书馆

釜山大学图书馆藏书超过100万卷。截至2004年7月，收藏汉籍古书达16，696册、古文书3932件。

⑬庆尚大学中央图书馆

庆尚大学中央图书馆于2001年设立汉籍资料室文泉阁，管理所藏汉籍28，757册。1996年出版《庆尚大学图书馆汉籍室所藏汉籍目录》，著录达12，633册。

⑭忠南大学中央图书馆

忠南大学中央图书馆藏书110万册。1993年，该馆出版《古书目录》，收录所藏线装书3250种，17,000余册。

除此之外，韩国还有很多地方的、团体的图书馆和藏书机构，以及不少私人藏书，其中也不乏有价值的汉籍藏书。

三、结束语

综观韩国汉学研究和中国文化在韩国的传播历程，成果斐然。

在漫长的中韩交流历史中，韩国吸收了大量的汉文化精髓，并一直传承下来，使中韩文化至今仍有很多相同之处，这是发展两国文化交流关系的深厚基础。

20世纪90年代，以中韩建交为契机，韩国掀起"汉文化热"和"汉语热"，并迅速进入前所未有的鼎盛期，其中最重要的原因之一就是韩国国民从意识和价值观上对中国文化具有认同感和亲近感。

20世纪90年代以后，与韩国的"中国学"一样，中国的"韩国学"也是正在发展中的新兴的学术领域。在韩国，"中国学"已经作为最重要的地域研究领域之一得到巩固。

韩国自古以来具有善于吸收和发展外来文化的优良传统。中国文化从思想、制度到行为以无形和有形的方式渗入了朝鲜半岛。中国文化儒家学说对韩国的政治、思想、伦理、道德、教育起过重要的作用，这些文化精髓从古至今一直形影不离地伴随着韩国国民，韩国文化也成了东亚汉文化圈中最接近中国文化的部分。对韩国中国学研究和中国文化在韩国传播的整理和回顾，有利于中韩两国在文化发展上相互借鉴，为中韩文化的共同繁荣、为中国文化走向世界奠定深厚的基础。

凡 例

韩国编年卷旨在从总体上掌握中国典籍和文化在韩国传播的轨迹，力求尽量较为详细地展现20世纪中国古代文化经典在韩国传播与影响的情况，为进一步展开中国文化域外传播研究奠定学术基础。

具体如下：

1. 本编年卷的时间范围从1900年至2000年，没有内容的年份不显示。
2. 编年部分正文按年度排列，分"大事记""书（文）目录""备注"三大部分：

（1）"大事记"部分说明：

"大事记"部分主要收编与20世纪中国古代文化经典在韩国传播相关的重大或代表性事件、重要人物和相关机构情况等。

（2）"书（文）目录"部分说明：

目录编排序：

中文条目：作者中文译名

　　　　　书（文）中文译名

　　　　　出版社名称、版次、丛书名等中文信息

　　　　　出版时间等

韩文条目（加括号）：韩文作者名（只有编或著的，不再标明著述方式）

书（文）韩文名

韩文出版社名称、版次、丛书名等其余信息

出版时间等

（3）"备注"部分说明：

①备注部分是对大事记或论著内容的补充说明；

②对代表人物的生平、研究成果等的介绍；

③对代表作品的内容以及出版事项等的说明和介绍；

④对社团、学会等的简要介绍。

3. 编年末尾以附录的形式做专名索引、人名索引。

4. 本编年在内容上以韩国有关中国文学、语言、历史、哲学的研究和译著为主编写，同时包括部分宗教、民俗、艺术、政治等研究和译著。

5. 本编年所考察的资料仅限定为韩国学者在韩国国内出版的研究论著，不包括韩国学者在海外的研究成果和韩国国内的外国人士出版的研究成果。有关中国的研究和译著以正式出版的专著、译著为主，兼顾有代表性、开创性的硕士、博士论文，但不包括一般性的论文和译文。

6. 20世纪有关韩国中国学研究和中国古代文化经典在韩国传播的编年资料分布极其不均。1900年至1948年大韩民国成立以前出版的有关汉学研究的资料和译著十分有限，本编年对查找到的有关中国研究的文章和为数不多的论文尽量全部收编，以满足研究者进一步使用之需。1948年至汉城奥运会之间的研究成果数量相对也不是太多，本编年还是将其尽量编入。但是汉城奥运会以后至20世纪末，尤其以中韩建交为契机，有关中国学研究和中国古代文化经典在韩国传播的研究资料极其庞杂，全部编入十分困难，因此仅编入正式出版的论著，其他学术论文、硕士、博士论文均未编入。即便如此，还是会遗漏不少出版的论著，敬请作者谅解。

7. 朝代划分、国家称谓：

由于时代发展和历史变迁，有关朝鲜半岛的朝代划分、国家称谓等比较繁杂，故作以下说明，以免除读者阅读之混乱。

①1392—1897年：朝代为"朝鲜王朝"（也有"李氏朝鲜"或"李朝"的说法，但应称"朝鲜王朝"），国家称谓"朝鲜"。

②1897—1910年：朝代为"大韩帝国"时期，国家称谓"大韩帝国"或"韩国"（也有称"旧韩"的说法）。

③1910—1945年：日本殖民时期，国家称谓"朝鲜"或"朝鲜半岛（国家）"，此时南北尚未分裂建国，应该统称，但是"大韩民国临时政府"应加以说明。

④1945年至今：国家称谓，北半部："朝鲜民主主义共和国"，简称"朝鲜"；南半部："大韩民国"，简称"韩国"。

8. 语言和地名称谓：

语言：1945年以前统称"朝鲜语"或"国语"；1945年以后北半部称为"朝鲜语"，南半部称为"韩国语"。

地名：首尔（韩文：서울；英文：Seoul），韩国的首都，旧称汉城。

1394年，韩鲜王朝太祖李成桂从开京（今开城）迁都至汉阳，并命名为"汉城"。该名称一直延用了近六百年。20世纪初，日本殖民统治时期，把"汉城"改称"京城"。1945年，韩鲜半岛光复后不久即实行南北分治，南部建立大韩民国后，把"京城"改称"서울"。"서울"是韩国语的固有词，原意泛指"首都"，现特指韩国的首都。由于没有对应的汉字，"서울"的汉字名称仍沿用旧称"汉城"。2005年1月，韩国政府宣布"서울"的中文译名正式更改为"首尔"，不再使用"汉城"。

9. 本编年资料主要来源于韩国的国立中央图书馆、国会图书馆、韩国学术信息数据库（KISS）、韩国教育研究信息院（KERIS）和高丽大学、国立首尔大学、成均馆大学等多所大学图书馆的书目检索系统以及部分学术社团组织的网站公开资料和出版物。

编年正文

公元1900年（光绪二十六年）

一、大事记

官立汉城汉语学校[①]与胡文炜签订汉语教学合同。

二、书（文）目录

1. 尹白南：《（新释）水浒传》（下编），博文书馆，1900年。

（윤백남：『（新釋）水滸傳.下編』，박문서관，1900.）

2. 韩龙云：《（佛教教育）佛教汉文读本》（手写本），刊地不详（20世纪初写）。

[한용운：『（佛敎敎育）佛敎漢文讀本』（筆寫本），발행지 미상（1900年代初寫）.]

---

① 是指朝鲜王朝末期为培养译官设立的官立汉语学校。

三、备注

官立汉语学校时期,汉语专业课程为5门:会话、习字、翻译、书取(即文书记录及整理)和作文,再加上本国历史、本国地理、算术和体操等课,每天约有5课时的教学量。学习方法则以强制记忆为主,当时还做不到对汉语语言知识的专业讲解。

官立汉城外国语学校[①]汉语部设立后,以上5门汉语专业课扩展为10门:学语、韩译、汉译、书取、四声、会话、读法、正音、谈论和温习。从课时安排和教科书配置来看,一年级到三年级学语这门课每周固定有5课时,其他课程或只有1至2课时,或到三年级就不再设置,且只有学语这门课有《亚细亚言语集上卷》(一、二年级)、《官话指南》(二、三年级)、《亚细亚言语集下卷》(三年级)、《清语案内》4种固定教材,这说明学语是一门主课,其他9门课程围绕这门课进行分技能训练,且三年级的谈论课有口语语法和书面语语法的教学内容。

公元 1901 年(光绪二十七年)

一、大事记

无。

二、书(文)目录

1. 金圣叹:《增像全图三国演义》(第2、4—7、9、13—15卷),刊地不详,1901年。

[①] 是指1905年日本迫使大韩帝国签订《乙巳条约》,将韩国变为其保护国,实则殖民地,在汉城设立了官厅——韩国统监府。1906年韩国统监府发布"外国语学校令",把已有的6所专科外国语学校进行统合,成立了"官立汉城外国语学校"。

（김성탄：『增像全圖三國演義 . 2, 4-7, 9, 13-15』，발행지 미상，1901.）

2. 杨复：《仪礼图》，刊地不详，1901年。

（楊復：『의례도』，발행지 미상，1901.）

三、备注

无。

公元 1902 年（光绪二十八年）

一、大事记

无。

二、书（文）目录

1. 储欣批评；吴振乾、徐永勋、董南纪校订：《唐宋八大家类选1—12》（卷1—8），翰文堂，1902年。

[저흔 비평；오진건，서영훈，동남기 교정：『唐宋八大家類選 . 1-12』（卷1-8），한문당，1902.]

2. 申江中西书院：《八线备旨》，上海美华书馆，1902年。

（申江中西書院：『八線備旨』，上海美華書館，1902.）

三、备注

无。

公元1903年（光绪二十九年）

一、大事记

无。

二、书（文）目录

1. 编者不详：《大明律讲解》，刊地不详，1903年。
（편자 미상：『대명률강해』，발행지 미상，1903.）
2. 张相文：《蒙学中国地理教科书》，文明书局，1903年。
（장상문：『蒙學中國地理教科書』，문명서국，1903.）

三、备注

官立汉城汉语学校与时任汉语教师胡文炜续约。

公元1904年（光绪三十年）

一、大事记

丁九燮所著《注解西厢记》由博文书馆出版。该书现藏韩国国会图书馆。

二、书（文）目录

1. 丁九燮：《注解西厢记》，博文书馆，1904年。
（정구섭：『註解西廂記』，박문서관，1904.）
2. 张应登：《孔夫子圣迹图》，刊地不详，1904年。
（張應登：『공부자성적도』，발행지 미상，1904.）

三、备注

丁九燮所著《注解西厢记》以金圣叹批本为底本，删去了续和读法，只留下了前四本和序。原书中的每一曲牌先录中文再译韩文，唱词翻译成韩文，序、科白则只录中文不作翻译。每一页的天头随文出注，典故和词语出处，用中文注，一般词语的解释则用韩文注。译本体例是在所有中文句中加悬吐。所谓悬吐，即为了帮助韩国人阅读，在断句、停顿和理解文意时，在中文句子中加入的韩文表示语法关系的助词或连接和终结性词尾。书后附有译者小序一篇。

公元1905年（光绪三十一年）

一、大事记

1.3月，对奎章阁图书进行重新编目，有《奎章阁书目》三册，其中《阅古馆书目》（华本）2530册，《西府书目》（东本）8912册，《文院书目》（御制等）6050册，总计17，492册。

2.官立汉城汉语学校聘任杜房域为汉语教师。

二、书（文）目录

翟雅各注：《旧约申命记注释》（*The Conference Commentary on Deureronomy*），中国圣教书会，1905年。

[翟雅各子：『舊約申命記註釋』（*The Conference Commentary on Deureronomy*），中國聖教書會，1905.]

三、备注

奎章阁之名可追溯到1329年（天历二年），当时京师设的专门聚藏图书、名画、法帖并召集文臣判定考订之处称为奎章阁。元文宗逝世后，奎章阁日渐衰落，至1340年（至元六年）11月，奎章阁改名为宣文阁。

如今的国立首尔大学奎章阁最早创建于朝鲜王朝的正祖朝年间。1592年"壬辰倭乱"之后，许多宝贵藏书被焚毁或被掠夺，王室秘藏焚散殆尽，所剩无几。朝鲜王朝正祖于1776年3月10日即位。即位后第二天，他就下令新建奎章阁作为朝鲜王室的图书馆，该工程于次年9月完成。据1781年（正祖五年）编修的《奎章总目》记载，当时奎章阁藏书3万余册，其中华本（中国书）2万册左右，东本（朝鲜本）1万余册。为了区分藏书，特建"阅古观"和"皆有窝"以藏华本书籍，建"西库"（西序）以藏东本书籍，并编有《西序书目》（已佚）。此外，还建有"奉谟堂""书香阁"和"外奎章阁"（江都外阁），收藏御制、御真、御笔等王室档案。1864年，高宗即位后为强化王权将奎章阁所管的御制、御笔及源谱牒移到宗亲府，次年重建景福宫，又将奎章阁的文院也搬迁到宗亲府，并新编《奎章阁书目》，其规模较前缩小，藏书仅限一般的华本与东本。1895年，开化派政府颁布了宫内府官制，改称奎章阁为奎章院，并把宗亲府所管的御制、御笔等重新归入奎章院，统一管理所有的王室图书。

公元1906年（光绪三十二年）

一、大事记

1.9月，官立汉语学校改称"官立汉城汉语学校"，学制缩短为三年。

2.吴台换编写了《西厢记》，由博文书馆出版。

3.《增补文献备考·艺文考》全书9卷完成，并于1908年以铅活字印刷。

二、书（文）目录

1.李圭晙：《黄帝内经素问大要》，琴川新刊，1906年。

（이규준：『黃帝內經素問大要』，금천신간，1906.）

2.吴台换：《西厢记》，博文书馆，1906年。

（오태환：『서상기』，박문서관，1906.）

三、备注

1.官立汉语学校一共存在了14年时间，但只有1902年3月到1906年8月这段时间是较为正规的四年制教育，设立初期和后期均为三年制，汉语教育水准自然会受到影响。1906年1月，各自独立的官立外国语学校被合并成"官立汉城外国语学校"，下设汉语部。汉语部的学制仍为三年。1910年，日本吞并朝鲜，作为韩国人学习外语的教育机关，官立汉城外国语学校无助于日本维护其殖民统治，于1911年11月被下令关闭。

2.《艺文考》始出于正祖朝李万运修撰本，今本与李本的差别，据凡例称："李本《艺文考》，书籍一以入梓者分类载录，然文字之显晦，不系乎作者之深浅，后人之取舍，未必有一定之公眼。故今无论入梓未入梓，并随宜载录。"

公元1907年（光绪三十三年）

一、大事记

　　11月，为提高奎章阁的地位，扩大其职能，改定宫内府官制，废弘文馆。其负责人也从提学学士升格至大提学，管理图书的范围扩大，数量激增。据说奎章阁藏书最多时达18万册。国宝级的《朝鲜王朝实录》等图书也在此时收藏入奎章阁。

二、书（文）目录

1. 刘义庆：《世说新语》，刊地不详，1907年。
（유의경：『世說新語』，발행지 미상，1907.）
2. 李源兢：《汉文大韩地志》，桂洞玄公廉，1907年。
（이원긍：『漢文大韓地誌』，계동현공렴，1907.）
3. 古城梅溪编译：《医家宝典》（全），中国新书局，1907年。
（고성매계 편역：『醫家寶典．全』，중국신서국，1907.）

三、备注

　　无。

公元1908年（光绪三十四年）

一、大事记

1月，官立汉城外国语学校成立，下设汉语部，学制为三年。

二、书（文）目录

1. 元泳义：《蒙学汉文初级》，中央书馆，1908年。
（원영의：『蒙學漢文初階』，중앙서관，1908.）
2. 徽文馆编辑部：《普通教科汉文读本》，徽文馆，1908年。
（휘문관편집부：『普通教科漢文讀本』，휘문관，1908.）
3. 梁启超著，张志渊译：《中国魂》，石室铺，1908年。
（양계초 저，장지연 역：『中國魂』，석실포，1908.）

三、备注

无。

公元1909年（宣统元年）

一、大事记

1. 官立汉城汉语学校与时任汉语教师杜房域续约。
2. 朝鲜古书刊行会发行《稗官杂记》（鱼叔权）。

二、书（文）目录

1. 杨守敬：《高句丽广开土好太王谈德碑》，刊地不详，1909 年。
 （양수경：『고구려광개토호태왕담덕비』，발행지 미상，1909.）
2. 冶父川老等：《川老金刚经》，刊地不详，1909 年。
 （야부천노 외：『천노금강경』，발행지 미상，1909.）

三、备注

10 月 26 日，韩国爱国志士安重根在哈尔滨车站刺死了伊藤博文。12 月 22 日，李在明伏击了李完用，使李完用身负重伤，险些丧命。

公元 1910 年（宣统二年）

一、大事记

8 月，日本迫使大韩帝国政府与之签订《日韩合并条约》，以"韩日合邦"的名义正式吞并朝鲜半岛，设立朝鲜总督府，进行殖民统治。直至 1945 年的 35 年间，朝鲜完全沦为日本的殖民地。

二、书（文）目录

1. 朴殷植：《高等汉文读本》，刊地不详，1910 年。
 （박은식：『高等漢文讀本』，발행지 미상，1910.）
2. 胡广等纂，郑云复编：《中庸集注：高等学校汉文系学生用》，新文馆，1910 年。
 （호광 외저，정운복 편：『中庸集註：高等學校程度：漢文科學員用』，

신문관，1910.）

三、备注

6月3日，日本内阁通过了《对韩国施政方针》。按照这一方针，日本吞并大韩帝国后设立总督府，"总督直接隶属于天皇"，在朝鲜半岛"有统辖一切政务之权限"，"委总督以大权，有发布有关法律事项、命令之权限"等。寺内正毅又据此拟订《日韩合并条约》，8月22日，总理大臣李完用说明与统监府交涉经过，强调"韩日合邦"不可避免，并宣称全体大臣一致赞成合邦。下午4时，李完用到统监府，提交了纯宗皇帝授予签约的委任状。李完用和寺内正毅在《日韩合并条约》上正式签字。8月29日，《日韩合并条约》生效，大韩帝国灭亡。同年9月30日，日本公布朝鲜总督府官制，任命寺内正毅为第一任总督，10月1日起成立总督府。总督府在朝鲜半岛推行了以"皇化"（奴化）为目的的"日韩一体"的同化政策，以毁灭朝鲜民族。在日本军人总督手下，朝鲜半岛实行军人武装统治，由宪兵司令官担任警务总长，禁止朝鲜半岛人民结社、集会，取消言论和新闻自由。日本对朝鲜半岛的经济命脉也进行全面的控制。

公元1911年（宣统三年）

一、大事记

1. 朝鲜总督府下达《朝鲜教育令》，规定日语为官方语言，成为政府机构和学校用语。日本设置的朝鲜总督府在语言政策上先后下达过4次《朝鲜教育令》，全面压制和扼杀韩鲜的民族教育。

2. 11月，朝鲜总督府下令关闭官立汉城外国语学校，导致该校开设的汉语部也随之关闭。从此，韩国官方开设的汉语专业教学中断，从1912年到1926年的15年间，韩国官方汉语教学处于空白期。

二、书（文）目录

郑元容：《文献撮要》，朝鲜古书刊行会，1911 年。
（정원용：『文獻撮要』，조선고서간행회，1911.）

三、备注

日本侵吞大韩帝国之后，废止了奎章阁，并于本年 2 月将奎章阁图书强行没收，附属于朝鲜总督府藏书，并加盖"朝鲜总督府图书之印"。朝鲜总督府参事官分室对图书进行整理，区分了中国本与朝鲜本，按四部分类作图书卡片与号码，但奎章阁之名不再记入，甚至故意漏落涂改。

公元 1912 年

一、大事记

《绘图西厢记》石印本出版，编者不详，5 卷 4 册，有图。该书现藏韩国东国大学图书馆。

二、书（文）目录

1. 朴建会：《水浒志语录》，刊地不详，1912 年。
（박건회：『水滸誌語錄』，발행지 미상，1912.）
2. 刘义庆：《世说新语》，刊地不详，1912 年。
（유의경：『世說新語』，발행지 미상，1912.）
3. 郑元容：《文献撮要》，朝鲜古书刊行会，1912 年。
（정원용：『文獻撮要』，조선고서간행회，1912.）

4. 编者不详：《绘图西厢记（石印本）》，刊地不详，1912 年。
（편자 미상 : 『繪圖西廂記（석인본）』, 발행지 미상, 1912.）

三、备注

无。

公元 1913 年

一、大事记

朴建会翻译了《待月西厢记》，由博文书馆出版。

二、书（文）目录

1. 吴承恩著，朴建会译：《西游记前集》（第 2 卷），朝鲜书馆，1913 年。
（오승은 저, 박건회 역 : 『西遊記 : 前集 . 第 2 卷』, 조선서관, 1913.）
2. 朴建会译：《中庸章句》，朝鲜书馆，1913 年。
（박건회 역 : 『中庸章句』, 조선서관, 1913.）
3. 朴建会译：《孔夫子言行录》，朝鲜书馆，1913 年。
（박건회 역 : 『孔夫子言行錄』, 조선서관, 1913.）
4. 朴建会译：《待月西厢记》，博文书馆，1913 年。
（박건회 역 : 『待月西廂記』, 박문서관, 1913.）
5. 施耐庵著，译者不详：《忠义水浒传》，朝鲜书馆，1913 年。
（시내암 저, 역자 미상 : 『충의수호지』, 조선서관, 1913.）
6. 韩致奫：《海东绎史》，朝鲜光文会，1913 年。
（한치윤 : 『海東繹史』, 조선광문회, 1913.）

7. 朝鲜总督府：《高等朝鲜语及汉文读本》，总务局，1913年。
（조선총독부：『高等朝鮮語及漢文讀本』，총무국，1913.）

8. 南宫濬：《正本集注周易》，京城唯一书馆，1913年。
（남궁예：『정본집주주역』，경성유일서관，1913.）

三、备注

朴建会翻译的《待月西厢记》以金圣叹批本为底本，五本全译，但读法只译了61到68段。序文是汉文全录，句中加悬吐，并在每行汉字的右侧注韩语读音。读法及正文部分直接译出韩文，在每行的人名、地名和重要词语的右侧随文注上中文。科白唱词全部译出韩文，把曲牌名删去。译者在金圣叹序之后加入一篇汉语序文。该书现藏韩国中央图书馆。

公元 1914 年

一、大事记

李钟麟出版中文戏剧《满江红》（汇东书馆）。该戏剧被译成韩文戏曲《映山红》（诚文社，1914）。

二、书（文）目录

1. 朝鲜图书株式会社：《集注孝经》，朝鲜图书株式会社，1914年。
（조선도서주식회서：『集註孝經』，조선도서주식회서，1914.）

2. 朴建会译：《昭君怨》（上编），朝鲜书馆，1914年。
（박건회 역：『昭君怨．上編』，조선서관，1914.）

3. 洪应明：《菜根谭》，刊地不详，1914年。

（홍응명：『菜根譚』，발행지 미상，1914.）

4. 朴建会译：《（增补注解）明心宝鉴》，朝鲜书馆，1914年。

（박건회 역：『（增補註解）明心寶鑑』，조선서관，1914.）

5. 李钟麟：《满江红》，汇东书馆，1914年。

（이종린：『만강홍』，회동서관，1914.）

三、备注

中文戏剧《满江红》译成韩文，即《映山红》戏曲。这是一部唱者不限于一人的传奇形式的白话体作品。

公元 1915 年

一、大事记

无。

二、书（文）目录

1. 姜健秀：《松沙志》，刊地不详，1915年。

（강건수：『松沙誌』，발행지 미상，1915.）

2. 韩龙云译：《（精选讲义）菜根谭》，东洋书院，1915年。

（한용운 역：『（精選講義）菜根譚』，동양서원，1915.）

3. 译者不详：《增像全图三国演义》，刊地不详，1915年。

（역자 미상：『증상전도 삼국연의』，발행지 미상，1915.）

4. 汪东亭著，钟至诚评点：《三教一贯》，文明书局，1915年。

（왕동정 저，종지성 평가：『三教一貫』，문명서국，1915.）

三、备注

无。

公元 1916 年

一、大事记

李敬庵注译了《(悬吐注解)西厢记》,由京城唯一书馆出版。

二、书(文)目录

1. 李敬庵注译:《(悬吐注解)西厢记》(全),京城唯一书馆,1916 年。
(이경암 주역 :『(懸吐註解)西廂記.全』,경성유일서관,1916.)
2. 朴建会:《秦始皇实记》,汉城书馆,1916 年。
(박건회 :『秦始皇實記』,한성서관,1916.)
3. 南宫濬:《汉文谚吐九云梦》,新旧书林,1916。
(남궁예 :『漢文諺吐九雲夢』,신구서림,1916.)
4. 王梦阮、沈瓶庵:《红楼梦索隐》(卷 1—24),上海中华书局,1916 年。
(왕몽완,심병안 :『紅樓夢索隱.卷1-24』,상해中華書局,1916.)

三、备注

李敬庵注译的《(悬吐注解)西厢记》以金圣叹的批本为底本,译到第五本,中缺第三、第四本,删掉了《会真记》。此书体例是在每一句中文之下加悬吐,正文每段之后有注解,间有点评,注也是中文加悬吐,所注内容多为词语注释。

公元 1917 年

一、大事记

无。

二、书（文）目录

1. 鲜于日：《集注孝经：悬吐具解》，京城唯一书馆，1917 年。
（선우일：『集註孝經：懸吐具解』，경성유일서관，1917.）
2. 韩龙云译：《（精选讲义）菜根谭》，新文馆，1917 年。
（한용운 역：『（精選講義）菜根譚』，신문관，1917.）
3. 俞喆镇：《（悬吐）汉文春香传》，东昌书屋，1917 年。
（유철진：『（懸吐）漢文春香傳』，동창서옥，1917.）

三、备注

无。

公元 1918 年

一、大事记

无。

二、书（文）目录

1. 朴建会译：《王昭君塞昭君传》，光东书局，1918年。
   （박건회 역：『王昭君賽昭君傳』，광동서국，1918.）
2. 白斗镛：《西游记语录》，翰南书林，1918年。
   （백두용：『西遊記語錄』，한남서림，1918.）
3. 朱熹：《（悬吐具解）集注孝经》，京城唯一书馆，1918年。
   （주희：『（懸吐具解）集註孝經』，경성유일서관，1918.）
4. 柳廷烈：《独习汉语指南（修订版）》，京城唯一书馆，1918年。
   （유정열：『獨習漢語指南（修訂版）』，경성유일서관，1918.）
5. 高敬相：《玉麟梦（汉文悬吐）》（上、下），广益书馆，1918年。
   （고경상：『玉麟夢：漢文懸吐.上，下』，광익서관，1918.）

三、备注

无。

公元1919年

一、大事记

1. 3月1日，因日本禁止在学校内使用朝鲜民族语言，朝鲜半岛展开大规模反抗活动。柳宽顺等青年学子在今日首尔钟路区的塔洞公园发表"三一独立宣言"，独立宣言传遍全国。这些独立活动引导了民众的反抗，民众还冲击各地的日本警察机关，继而引发日本警察的暴力镇压，史称"三一运动"。

2. 白斗镛编《注解语录总览》由翰南书林出版。

二、书（文）目录

1．陈士斌释：《增像全图加批西游记：绘图加批西游记》，锦章图书局，1919 年。

（진사무 해석：『增像全圖加批西遊記：繪圖加批西遊記』，금장도서국，1919．）

2．朴建会译：《（增补注解）明心宝鉴》，汇东书馆，1919 年。

（박건회 역：『（增補註解）明心寶鑑』，회동서관，1919．）

3．白斗镛：《注解语录总览》，翰南书林，1919 年。

（백두용：『註解語錄總覽』，한남서림，1919．）

三、备注

白斗镛编《注解语录总览》是一部解释汉语词汇的工具书，其中收录了《西厢记》《水浒志》《三国志》《吏文语录》等书的词汇。每个词条下一般都有注音、释义，有的还注出词语的功能。

公元 1920 年

一、大事记

11 月，梁白华发表《以胡适为中心的中国文学革命》的文章。

二、书（文）目录

1．梁白华：《以胡适为中心的中国文学革命》，《开辟》，1920 年。

（양백화：「호적씨를 중심으로 한 중국의 문학혁명」，『개벽』，1920．）

2. 鲜于日：《（悬吐具解）集注孝经》，朝鲜图书株式会社，1920 年。
（선우일：『（縣吐具解）集註孝經』，조선도서주식회서，1920.）
3. 吕不韦编，译者不详：《吕氏春秋》，有朋堂书店，1920 年。
（여불위 편，역자 미상：『呂氏春秋』，유봉당서점，1920.）

三、备注

　　梁白华是最先把中国现代文学发展的动向介绍到韩国的人。他把日本人青木正儿的文章翻译成韩文，并以《以胡适为中心的中国文学革命》为题刊登在 1920 年 11 月的刊物《开辟》上。

公元 1921 年

一、大事记

无。

二、书（文）目录

1. 金应鸣：《翠竹堂先生逸稿》（卷 1—2），刊地不详，1921 年。
（김응명：『翠竹堂先生逸稿．卷 1-2』，발행지 미상，1921.）
2. 朴建会译：《西游记前集》（卷 2），博文书馆，1921 年。
（박건회 역：『西遊記：前集．卷 2』，박문서관，1921.）

三、备注

无。

公元 1922 年

一、大事记

1. 朝鲜总督府下达《朝鲜教育令》，把日语正式定为韩国的"国语"，剥夺了朝鲜人民以自己本民族语言为国语的权利。

2. 梁白华于 8 月 22 日至 9 月 4 日在韩国的《东亚日报》上以《中国的思想革命和文学革命》为题目，介绍中国的文学革命。

二、书（文）目录

1. 编者不详：《（国译）汉文大成：文学部（第 14 卷）·红楼梦》（上），国民文库，1922 年。

（편자 미상：『（國譯）漢文大成：文學部.第 14 卷：紅樓夢.上』，국민서고，1922.）

2. 朴建会译：《（增补注解）明心宝鉴》，汇东书馆，1922 年。

（박건회 역：『（增補註解）明心寶鑑』，회동서관，1922.）

3. 译者不详：《西游记》，博文书馆，1922 年。

（역자 미상：『西遊記』，박문서관，1922.）

4. 梁白华：《中国的思想革命和文学革命》，《东亚日报》1 版，1922 年 8 月 22 日—9 月 4 日。

（양맥화，「中國의 思想革命과 文學革命」，『동아일보』1 면，1922.8.22—9.4.）

5. 宋宪奭：《速修汉语自通》，博文书馆，1922 年。

（송헌석：『速修漢語自通』，박문서관，1922.）

三、备注

无。

公元 1923 年

一、大事记

1. 李允宰在《东明》杂志上以《胡适建设性的文学革命论》为题目翻译介绍胡适的思想。

2.《朝鲜日报》翻译介绍了胡适写的《五十年来之中国文学》。

二、书（文）目录

1. 译者不详：《待月西厢记》，新旧书林，1923 年。

（역자 미상：『대월서상기』, 신구서림, 1923.）

2. 李允宰：《胡适建设性的文学革命论》，《东明》，1923 年。

（이윤재：「호적（胡適）씨의 건설적 문학 혁명론」, 『동명』, 1923.）

3. 郑烈模：《介绍中国文学史和哲学史》，《朝鲜日报》，1923 年 5 月 6 日—5 月 26 日。

（정렬모：「中國文學史와 哲學史를 紹介함」, 『조선일보』, 1923.5.6—5.26.）

4. 胡适著，李陆史译：《五十年来之中国文学》，《朝鲜日报》，1923 年 8 月 26 日—9 月 30 日。

（호적 저, 이육사 역：「중국 문학의 50년사」, 『조선일보』, 1923.8.26—9.30.）

三、备注

1. 李允宰（1888—1943），庆尚南道金海市出生，韩国语研究者，朝鲜语学会成员，曾赴北京大学留学，他一生为韩国国语工作做了大量贡献。

2. 1922年9月3日创刊的《东明》，于1923年6月3日停刊。它是一本综合性的周刊，最初的口号是"一致民族自助"。

3. 自1923年8月26日至9月30日，《朝鲜日报》分前后五期，由李陆史翻译介绍了胡适写的《五十年来之中国文学》一文，这是韩国文献史上出现的第一篇关于中国现代文学的文章。

公元1924年

一、大事记

本年，京城帝国大学创立，它是现在韩国的最高学府——国立首尔大学的前身，是当时朝鲜半岛唯一一所高等学府。其建成标志着韩国近代高等教育的开始。

二、书（文）目录

金？东：《中国历代真像帖》（全），博文书馆，1924年。
（김？동：『中國歷代眞像帖.全』，박문서관，1924.）

三、备注

无。

公元 1925 年

一、大事记

无。

二、书（文）目录

周文公：《（悬吐具解）集注孝经》，朝鲜图书株式会社，1925 年。（주문공：『（懸吐具解）集註孝經』，조선도서주식회서，1925.）

三、备注

无。

公元 1926 年

一、大事记

本年，京城帝国大学开设法文学部。

二、书（文）目录

玄公廉：《（怀中新案）谚文简牍》，大昌书院，1926年。
（현공렴：『（懷中新案）諺文簡牘』，대창서원，1926.）

三、备注

京城帝国大学中国语系的历史可以追溯到1926年。京城帝国大学法文学部下设法律、政治、哲学、史学、文学等五个系，其中文学系内设立了支那文学（中国文学）、支那哲学（中国哲学）专业，当时被命名为"支那语专业（中国语专业）"，教授主要是日本人。[①] 自此，曾被中断的韩国官方汉语教学才重新开始。不过，此时的中国语文学不再属于韩国文化的一部分，而是作为外国语文学进行教学。此后十年间，韩国仅此大学设有中国语文学专业。到1945年为止，该专业虽然成立了很长时间，但是韩国毕业生却很少，比较著名的依次为崔昌圭、梁白华、丁来东、金台俊、车相辕、李明善等，他们毕业后多活跃在学术界与教育界。其中，金台俊可以说是一代俊杰，才华过人。他留下来的著作有《朝鲜汉文学史》《朝鲜歌谣集成》《青丘永言》《高丽歌谣》等。另外哲学系虽然也设有中国哲学专业，但韩国毕业生寥寥无几。

[①] 这里"支那""支那语"是日本在殖民统治时期分别对中国、汉语的指称。日本由于战争频频得手而傲视亚洲，对"中国"一词似乎隐含的以中国为中心的亚洲秩序不认同也不接受，因此按照西方语言的发音将中国称为"支那"，将汉语称为"支那语"，反映了其不可一世、自作主张、不以中国为亚洲中心之国的意思。

公元 1927 年

一、大事记

1. 3月底，北京大学助教魏建功先生被韩国京城帝国大学聘请赴韩执教，讲授现代汉语，成为京城帝国大学从北京大学聘请的首位汉语教师。现代汉语作为第二语言教学在韩国拉开了序幕。

2. 8月，柳基石翻译了鲁迅的《狂人日记》，以"青园"为笔名，在期刊《东光》上连载。

3. 金泽荣在南通逝世，葬于狼山南坡，与上海隔江相望。

二、书（文）目录

1. 柳基石译：《狂人日记》，《东光》，1927年。
（유기석 역：「광인일기」，『동광』，1927.）

2. 丁福保：《老子道德经笺注》，上海医学书局，1927年。
（정복보：『老子道德經箋注』，上海醫學書局，1927.）

三、备注

1. 1926年4月至1927年7月，京城帝国大学的校长由日本东京帝国大学教授服部宇之吉兼任。服部宇之吉研究专业是中国哲学，对中国相当了解。他委托当时在北京游学的日本人今村完道向北京大学文学系的张凤举教授提出招聘中国教员的要求，张凤举教授与沈尹默商定推荐当时在北京大学任助教的魏建功赴韩执教，由此魏建功成了京城帝国大学从北京大学聘请的首位懂得文字音韵的汉语教师。时年26岁的魏建功，在京城帝国大学法文学部为中国语专业和中国哲学专业的学生教授汉语约16个月（1927年3月底到1928年8月）。后因1928年日本帝国主义在中国山东制造震惊中外的"济南惨案"，魏建功愤然弃职，不再在韩国执教。

2. 金泽荣是一位盛名远誉的诗人，也是一位在中韩文化交流史上占有重要地位的学者。

公元 1928 年

一、大事记

无。

二、书（文）目录

1. 卢谥焕：《（原本）孝经集注》（全），新旧书林，1928 年。
（노익환：『（原本）孝經集註．全』，신구서림，1928．）
2. 丁来东：《现代中国文学的新方向》，《新民》，1928 年。
（정래동：「현대중국문학의 신방향」，『신민』，1928．）

三、备注

无。

公元 1929 年

一、大事记

无。

二、书（文）目录

1. 梁白华译：《中国短篇小说集》，开辟社，1929 年。
   （양백화 역：『중국단편소설집』，개벽사，1929.）
2. 丁来东：《中国现代文坛概观》（共 12 回），《朝鲜日报》，1929 年。
   （정래동：「중국 현대문단 개관．12 회」，『조선일보』，1929.）
3. 杨立诚、金步瀛：《中国藏书家考略》，浙江杭州大方伯省立图书馆四库目略发行处，1929 年。
   （양입성，김보영：『中國藏書家考略』，절강항주대방백성립도서관사고목략발행처，1929.）
4. 梁启超：《中国近三百年学术史》，上海民志书店，1929 年。
   （양계초：『中國近三百年學術史』，上海民志書店，1929.）

三、备注

无。

公元 1930 年

一、大事记

1. 金台俊受中国新文学运动启发，在《朝鲜日报》上连载发表《朝鲜小说史》。

2. 京城帝国大学新建的附属图书馆竣工，朝鲜总督府分三次将奎章阁图书移入京城帝国大学新建图书馆。

二、书（文）目录

1. 丁来东：《中国现代文坛概观》，《朝鲜日报》，1930 年 1 月 1 日。
（정래동：「중국 현대문단 개관」，『조선일보』，1930.1.1.）
2. 编者不详：《朝汉双文西厢记》，刊地不详，1930 年。
（편자 미상：『鮮漢雙文西廂記』，발행지 미상，1930.）
3. 吴乘权、吴大职编，译者不详：《古文观止》，归章图局，1930 年。
（오승권, 오대직 편，역자 미상：『古文觀止』，귀장도국，1930.）
4. 汇东书馆：《朝汉双文西厢记》，汇东书馆，1930 年。
（회동서관：『鮮漢雙文西廂記』，회동서관，1930.）
5. 天台山人（金台俊）：《文学革命后的中国文艺观》，《东亚日报》4 版，1930 年 11 月 12 日。
［天台山人（김대준）：「文學革命後의 中國文藝觀」，『동아일보』4 면，1930.11.12.］
6. 梁白华：《中国文学从文学革命到革命文学》，《东亚日报》，1930 年 4 月 1 日。
（양백화：「中國文學 文學革命에서 革命文學」，『동아일보』，1930.4.1.）

三、备注

1. 《朝鲜小说史》是韩国学者从比较文学的角度研究本民族文学的开山之作。
2. 京城帝国大学从朝鲜总督府第一、第二次移交的图书中，把中国本单独抽出，编类成"一般东洋图书"，把其余的书编入奎章阁图书，并对奎章阁的图书加盖了"京城帝国大学图书章"的藏书印。

公元 1931 年

一、大事记

1. 金台俊大学时代与金在喆、赵润济和李熙晟等人一同创立朝鲜语文学会。
2. 9月，九一八事变爆发。

二、书（文）目录

1. 奇宇万：《松沙先生文集》，刊地不详，1931年。
（기우만：『송사집』，발행지 미상，1931.）
2. 金台俊：《朝鲜汉文学史》，朝鲜语文学会，1931年。
（김대준：『조선한문학사』，조선어문학회，1931.）
3. 金光洲：《中国新文学运动概论》，《朝鲜日报》，1931年5月12日。
（김광주：「중국신문학운동개론」，『조선일보』，1931.5.12.）
4. 丁来东：《现代中国戏剧》，《东亚日报》，1931年。
（정래동：「현대중국연극」，『동아일보』，1931.）
5. 丁来东：《新近变化中的中国文坛》，《朝鲜日报》，1931年。
（정래동：「움직이는 중국문단의 최근상」，『조선일보』，1931.）

三、备注

1. 韩鲜语文学会的创立对韩国文学来说是值得铭记的功绩。

2. 金在喆任明伦专科学校教授，1949年以智异山游击队员身份被捕，并被判处死刑。

3. 赵润济主要论文有《过去十四年间文学革命后的中国文艺观》（《朝鲜日报》1930年11月12日到12月8日连载18期）、《朝鲜歌谣中的数字游戏》（《朝鲜之光》1932年1月）、《朝鲜民谣的概念》（《朝鲜日报》1934年7月24日）、《沈滞飞跃的前兆：相比于他人批判的自我清算》（《朝鲜日报》1934年9月21日）、《论外国文学专业》（《东亚日报》1939年11月10日）、《延安行》（《文学》（第1-3号）1946年8月到1947年4月）等约百篇。

公元1932年

一、大事记

朝鲜总督府开始有组织、有计划系统地编辑出版发行一套以官方名义，即"朝鲜史编修会"编纂的朝鲜总督府影印的朝鲜史料丛刊。

二、书（文）目录

1. 李范圭：《言解四书》，文言社，1932年。
（이범규：『言解四書』，문언사，1932.）

2. 郑柱轩：《松沙懿迹》，刊地不详，1932年。
（정주헌：『松沙懿蹟』，발행지 미상，1932.）

三、备注

据已掌握的资料,"朝鲜史料丛刊"共出版过 21 辑。而高丽大学的《汉籍目录》中有记载的共 16 种。经查,这 16 种汉籍,中国内地只藏有《高丽史节要》《军门謄录》《制胜方略》《朝鲜赋》《通文馆志》。从版本目录学的角度分析,此套丛刊所收汉籍,是很有学术价值的。

公元 1933 年

一、大事记

本年,朝鲜语文学会发表《韩文标准统一案》(『한글 마춤법 통일안』),利用汉字音表记汉语外来词。

二、书(文)目录

1. 曹雪芹著,金龙济译:《红楼梦》,正音社,1933 年。

（조설금 저, 김용제 역 : 『紅樓夢』, 정음사, 1933.）

2. 梦笔生:《梦笔生中国古代长篇历史小说:金瓶梅》,十人出版社,1933 年。

（몽필생 : 『金瓶梅 : 夢筆生중국 고전대하소설』, 열사람, 1933.）

3. 翁方纲著,译者不详:《苏斋笔记》,古典刊行会,1933 年。

（옹방강 저, 역자 미상 : 『蘇齋筆記』, 고전간행회, 1933.）

4. 李范圭:《言解论语》,文言社,1933 年。

（이범규 : 『언해론어』, 문언사, 1933.）

5. 丁来东:《中国文坛的新进作家巴金的创作态度》,《朝鲜日报》,1933 年 2 月 28 日。

（정래동 : 「중국문단의 신진 작가 파금의 창작태도」, 『조선일보』,

1933.2.28.）

6.丁来东：《中国女性作家》，《新家庭》，1933年10月。
（정래동：「중국의여류작가」，『신가정』，1933.10.）

三、备注

20世纪30年代，丁来东所写的对中国文坛、中国文人的评论、介绍和概论性的文章很有影响。这些文章对韩国建立以后的中国文学研究，尤其是对中国现代文学的研究，起到了启蒙的作用。1933年10月26日、27日，1934年6月30日到7月4日，1935年5月1日的《东亚日报》上，分别发表了丁来东所写的关于中国文坛、中国文人的文章。1931年11月8日至12月1日他在《朝鲜日报》上发表了同类文章。在1935年6月号的《新东亚》上，丁来东发表了《中国两大文学团体概观》；在1934年9月号的《新家庭》上，他又发表了《中国女性作家的创作轮廓和创作经验谈》。另外，他还在1936年5月号《四海公论》上发表了《最近中国的新文学展望》。

公元1934年

一、大事记

无。

二、书（文）目录

1.金光洲：《中国女性作家论》，《东亚日报》，1934年2月24日。
（김광주：「중국 여류작가론」，『동아일보』，1934.2.24.）

2.闵泰瑗译：《西游记》，博文书馆，1934年。

（민태원 역：『西遊記』，박문서관，1934.）

3. 丁来东：《中国文学和朝鲜文学》，《朝鲜文学》5号，1934年1月。

（정래동：「중국문학과 조선문학」，『조선문학』5번，1934.1.）

4. 丁来东：《中国女性作家的创作轮廓和创作经验谈》，《新家庭》，1934年9月。

（정래동：「중국 여류 작가 의창작론과 창작경험담」，『신가정』，1934.9.）

三、备注

无。

公元1935年

一、大事记

无。

二、书（文）目录

1. 卢子泳：《流水落花集》，青鸟社，1935年。

（노자영：『유수낙화집』，청조사，1935.）

2. 卢谥焕：《（原本）孝经集注》，新旧书林，1935年。

（노익환：『（원본）효경집주』，신구서림，1935.）

3. 萨孟武：《西游记与中国古代政治》，对北法学事务所，1935年。

（살맹무：『서유기와 중국 고대 정치』，대북법학사무조，1935.）

4. 丁来东：《中国两大文学团体概观》，《新东亚》，1935年6月。

（정래동：「중국 양대 문학단체 개관」，『신동아』，1935.6.）

三、备注

无。

公元 1936 年

一、大事记

1. 5月15日翻译出版《新安志》。
2. 丁来东发表《中国新诗展望》《最近中国的新文学展望》等介绍文章。

二、书（文）目录

1. 朴宰峰：《新安志》（上、下一本），忠南扶余，1936年。
（박재봉：『신안지．상，하 1 책』，충남부여，1936．）
2. 丁来东：《中国文学的特征》，《学灯》22，1936年1月。
（정래동：「중국문학의 특징」，『학등』22，1936.1．）
3. 丁来东：《中国新诗展望》，《朝鲜文学》7号，1936年6月。
（정래동：「중국 신시 전망」，『조선문학』7번，1936.6．）
4. 曾参：《原本孝经集注》，世昌书馆，1936年。
（증삼：『원문효경집주』，세창서관，1936．）
5. 丁来东：《最近中国的新文学展望》，《四海公论》，1936年5月。
（정래동：「最近中國의 新文學展望」，『사해공론』，1936.5．）

三、备注

1. 哈佛燕京图书馆藏朝鲜汉籍善本，TKI422/1149.2，全称为《鲁城朗里祠新安志》，跋于明末崇祯年间。该书于日本占领期间，即昭和十一年（1936）在朝鲜发行。

2. 丁来东（1903—1983），1930年毕业于北京国民大学英文系，同时在该大学修习中国文学；1931—1941年任职于东亚日报社，在派驻中国期间，就曾关注并收集中国现代文坛的信息，1946—1948年，担任国立汉城大学中国语系主任，后转任成均馆大学等校教授，著有《丁来东全集》。

公元1937年

一、大事记

无。

二、书（文）目录

1. 金学主：《中国文学史》，新雅社，1937年。
（김학주：『중국문학사』，신아사，1937.）
2. 李范圭：《言解孟子》，文言社，1937年。
（이범규：『언해맹자』，문언사，1937.）
3. 李范圭：《言解论语》，文言社，1937年。
（이범규：『언해론어』，문언사，1937.）
4. 权相老：《中国文学史》，权相老笔耕，1937年。
（권상노：『中國文學史』，권상노필경，1937.）

三、备注

无。

公元 1938 年

一、大事记

朝鲜总督府下达《朝鲜教育令》，下令禁止学校使用韩国语。

二、书（文）目录

1. 文世荣：《（官话）中国语自通》，汉城图书株式会社，1938 年。
（문세영：『（官話）中國語自通』，한성독서주식회사，1938.）
2. 曹雪芹：《红泪梦：孝烈悲剧》，普成书馆，1938 年。
（조설근：『紅淚夢：孝烈悲劇』，보성서관，1938.）

三、备注

无。

公元 1939 年

一、大事记

宋宪奭编辑出版了汉语自学教材《自习完璧支那语集成》。

二、书（文）目录

1. 金台俊：《增补朝鲜小说史》，学艺社，1939 年。

（김태준：『증보조선소설사』，학예사，1939.）

2．文一平：《湖岩全集》，朝鲜日报社，1939 年。

（문일평：『호암전집』，조선일보사，1939.）

3．宋宪奭：《自习完璧支那语集成》，博文书馆，1939 年。

（송헌석：『自習完璧支那語集成』，박문서관，1939.）

三、备注

在日据时期，宋宪奭编写汉语教材使用"支那语"指称汉语是可以理解的，考虑到当时日本对朝鲜半岛的殖民统治，这与日本作者完全摒弃汉语或华语的使用是大为不同的。

公元 1940 年

一、大事记

李相殷编写的汉语教材《支那语讲座》出版。

二、书（文）目录

1．李相殷：《支那语讲座》，朝鲜放送协会，1940 年。

（이상은：『支那語講座』，조선방송협회，1940.）

2．李相殷：《最新华语教科书》，东光堂书店，1940 年。

（이상은：『最新華語教科書』，동광당서점，1940.）

三、备注

无。

公元 1941 年

一、大事记

《六书寻源》油印本发行。

二、书（文）目录

权丙勋：《六书寻源》，刊地不详，1941年。
（권병훈：『육서심원』，발행지 미상，1941.）

三、备注

《六书寻源》共 11 卷 30 册，为中东中学权丙勋先生编纂。自玉洞李氏叙以治《说文》后，历代都有学者专攻小学。迄至权丙勋先生最有成就。此书编就后，后人给予了很高的评价："谓先生是书，制作宏矣。可以裨以近用，可以穷远致，可以毗佐诸学，以拭洗邃古。"其书后引用了许慎《说文解字》等上百种有关小学的中文书参考书目。

公元 1942 年

一、大事记

无。

二、书（文）目录

伪满洲国中央观象台：《康德九年时宪书》，刊地不详，1942 年。
[中央觀象臺（滿洲）：『時憲書：康德九年』，발행지 미상，1942.]

三、备注

无。

公元 1943 年

一、大事记

朝鲜总督府下达《朝鲜教育令》，关闭所有私立学校。

二、书（文）目录

无。

三、备注

无。

公元 1944 年

一、大事记

1. 崔世珍将《老乞大》译成韩文，影印后广为流传。
2. 3月，李仁荣撰写的汉籍书目《清芬室书目》完稿。

二、书（文）目录

1. 李秉岐、朴钟和译：《支那名诗选：李太白诗选·杜甫诗选》（第一集），汉城图书株式会社，1944年。

（이병기, 박종화 역：『지나명시선: 이태백 시선, 두보 시선. 제1권』, 한성독서주식회사, 1944.）

2. 梁柱东、金亿译：《支那名诗选：诗经抄·白乐天诗选》（第二集），汉城图书株式会社，1944年。

（양주동, 김억 역：『지나명시선: 시경 초, 백낙천 시선. 제2권』, 한성독서주식회사, 1944.）

3. 崔世珍译：《老乞大谚解》，京城帝国大学法文学部，1944年。

（최세진 역：『노걸대언해』, 경성제국대학법무학부, 1944.）

4. 李仁荣：《清芬室书目》，刊地不详，1944年。

（이인영：『청분실서목』, 발행지 미상, 1944.）

三、备注

1. 早在朝鲜李朝初期《老乞大》和《朴通事》就是韩国人学习汉语的必备教材。

2. 李仁荣自大学毕业以后，留心搜罗朝鲜古活字本及古刻本。《清芬室书目》即是从其个人收藏中选出并撰写提要的。本书略分九卷，卷一、卷二为"壬辰以前刻本及抄本，朝鲜人撰述"，卷三、卷四为"壬辰以前刻本及抄本，外人撰述"，卷五为"壬辰以前活字本，朝鲜人撰述"，卷六、卷七为"壬辰以前活字本，外人撰述"，卷八、卷九为"壬辰以后刊本及抄本，朝鲜人撰述"。其解题包括书名、存佚、卷数、册数、版本、版式、印章等，并根据史料或序跋对作者、刊书经过或藏书家事迹作出说明。

公元 1945 年

一、大事记

1. 9月21日，崔铉培被任命为军政府文教部编修局长，主持教科书编纂等事宜。

2. 朝鲜半岛解放以后，朝鲜废除汉字，实行纯国字教育和文字政策。而韩国则历经多次文字政策的反复，但基本上一直保留使用汉字。

3. 12月8日，根据"汉字废止会"的建议，美军政厅（即驻朝鲜美国陆军司令部军政厅，USAMGIK）所设立的"朝鲜教育审议会"决定：在中小学课本中，废除汉字，改用韩文，必要时，可以在韩文后的括号内注上相应的汉字。

4. 日本统治时期结束后，1945年京城帝国大学改名为京城大学。

5. 韩国国立中央图书馆创立。

二、书（文）目录

1. 尹国钧：《（新中国教科书高级中学）代数学》，正中书局，1945 年。
（尹國鈞：『（新中國教科書高級中學）代數學』，正中書局，1945.）
2. 丁来东：《中国文学中的鲁迅与巴金》，《建设》，1945 年 12 月。
（정래동：「中國文學上의 魯迅과 巴金」，『건설』，1945.12.）

三、备注

1. 二战结束后，在要求民族文化独立的背景影响下，被任命为军政府文教部编修局长的崔铉培的第一步构想，即以爱国的旗号，提出废除汉字、纯净民族语言的主张。他的这一主张获得了一定的舆论支持，尤其是得到朝鲜语学会干事长李克鲁的大力支持。20 世纪初，特别是二战以后，由于受美国国家地位和文化的影响，韩国知识界开始宣传"表音文字优越论""汉字落后论"，甚至有一些舆论认为，韩国在整个文化和价值上要脱离东北亚汉字文化圈，加入以美国为主导的西方文化圈，即所谓"脱亚入西论"。

2. 20 世纪 50 年代以来，韩国多次展开对常用汉字的选定和字频的调查工作，主要有以下几种：

（1）《常用汉字》（1000 字），1951 年 9 月，韩国文教部；

（2）《文字频度调查》（3312 字），1957 年 11 月，韩国文教部；

（3）《临时许可汉字》（1300 字），1957 年 11 月，韩国文教部；

（4）《汉文教育用基础汉字》（1800 字），1972 年 8 月，韩国文教部；

（5）《汉字并用期初、高中教科书中出现的汉字实态》（3503 字），1978 年，李应百；

（6）《汉字 2000 字表》（2000 字），1968 年，韩国新闻协会；

（7）《现代人名、地名中的汉字调查》（3039 字），1971 年，李应百；

（8）《新闻标题中出现的汉字》（2364 字），1979 年，李应百；

（9）《教育（基础）汉字 1800 字里需要追加的 820 字》（820 字），1981 年；

（10）《新闻汉字使用频度》（2353字），1974年，国际新闻公务局；

（11）韩国日报铸造汉字（2287字）；

（12）韩国科学技术处情报中心（2841字）；

（13）三星电管工业株式会社（三星NEC）（5084字）；

（14）韩国科学技术处（KSC）（1692字）；

（15）《汉字频度调查一览表》（包括人名、地名）（2178字），韩国科学技术院（KAIST）；

（16）《韩国IBM用汉字》（4500字），李应百。

总的说来，韩国通用的汉字包括教育用字、新闻出版用字及计算机用字等。

3．韩国学者李应百在20世纪60年代末对韩国小学的教科书、儿童读物、儿童作品、儿童会话等中出现的汉字词汇进行了全面的调查，统计出平均频度10以上的基本词汇共2713个，其中使用汉字799个，可说是小学基本汉字。20世纪70年代，李应百又对7种初中教科书和7种高中教科书中的汉字使用状况做了全面的统计分析，并编成《汉字并用期初、高中教科书中出现的汉字实态》一书，据统计，这些教科书中共使用了3503个汉字。

4．据韩国国立中央图书馆《外国古书目录》，所藏中国本古籍有经部261种、史部769种、子部652种、集部248种。四部之中，史、子两部的数量占70%以上。就版本形式而言，所藏中国本以木刻版为主，共有1328种。其次是新活字本217种、石印本137种、影印本115种。此外，尚有少数写本、木活字本等。就出版年代而言，清刊本（尤其是光绪刊本）与民国刊本较多，明刊本也为数不少。另外值得一提的是，在这些中国本古籍中，有许多藏书印，其中有朝鲜时代名臣和学者约40人，如阴维、金命喜、李锡卿等。这些藏书印可为查考该馆所藏中国本古籍如何流入朝鲜提供研究线索。

5．丁来东在1945年《艺术周报》第1、2期上发表的《中国文学中的鲁迅与巴金》，和林炳夏的《回忆革命作家鲁迅》、金光洲的《鲁迅及其作品》、赵超构的《中国解放地区的文学运动》等成了韩国建国以后最早一批有关中国文学研究的文章。

6．国立汉城大学中国语系历史悠久，为韩国的中国语教学和研究培养了大批优秀人才，如车相辕、车柱环、张基槿、文璇奎、金学主、李炳汉、孔在锡、李徽教、河正玉、权德周、金时俊、李章佑等著名学者。该大学除招收本科生外，还招收硕、博士研究生，并开设有研究所，编辑出版《中国文学》杂志。其研究能力达到韩国先进水平，研究实力处于同类大学先进行列。

其中，张基槿、车柱环、金学主，还有许世旭（1959年毕业于韩国外国语大学中国语系）是韩国学术界中最早进行中国文学研究的学者。他们的汉学修养是对朝鲜王朝旧时代文人传统的传承。张基槿除了可以用毛笔书写，对于当代中国文化的发展也比较敏感。车柱环现在仍然是国立汉城大学的中国古典文化资深专家。金学主是国立汉城大学的教授，他曾经在台湾大学学习，对陶渊明有精到的研究。许世旭是高丽大学教授，用中文出版过多部文学作品。

公元 1946 年

一、大事记

1. 朝鲜人民民主主义共和国废除汉字。
2. 10月，国立汉城大学建立。
3. 丁泰镇发表《关于不使用汉字的问题》。

二、书（文）目录

1. 金光洲、李容圭编译：《鲁迅短篇小说集》，汉城出版社，1946年。（김광주, 이용규 편역：『루쉰단편소설집』, 한성출판사, 1946.）

2. 蒋光慈等著，李明善译：《中国现代短篇小说集》，首尔出版社①，1946年。

（蒋光慈 외저，이명선 역：『중국 현대단편소설집』，서울출판사，1946.）

3. 李明善：《中国的抗战文学——"国防文学"与"民族革命战争的大众文学"论》，《文学批评》第7号，1946年。

（이명선：「중국의 항전문학—국방문학 및 민족혁명전쟁의 대중문학론」，『문학비평』제7호，1946.）

4. 丁泰镇：《关于不使用汉字的问题》，汉城雅文阁，1946年。

（정태진：『한자 안 쓰기 문제』，한성아문각，1946.）

三、备注

1. 京城大学于1946年8月22日根据美军第102号命令关闭，并更名为国立汉城大学。原支那语专业（中国语专业）更名为"中国语文学系（중국어문학과）"②，即现在国立首尔大学中语中文系。1946年该系的首任教授为毕业于京城帝国大学的李明善，后来毕业于北京民国大学的丁来东、曾在中国长期居住的金九经（김구경）也陆续成为该系教授。

2. 1946年8月，金光洲、李容圭共同编译的《鲁迅短篇小说集》由汉城出版社出版，这是鲁迅作品第一次在韩国结集出版。这部小说集收录了《〈呐喊〉自序》《幸福的家庭》《故乡》《孔乙己》《风波》《高老夫子》《端午节》和《孤独者》，并附有《鲁迅略传》。在这部小说集篇首刊有丁来东为这个集子写的《鲁迅和中国文学》一文。同年11月，金光洲、李容圭共同编译的《鲁迅短篇小说集》（第二辑）由汉城出版社出版。这一辑收录了杂文《生命的路》和小说《狂人日记》《肥皂》《阿Q正传》。译者在卷首的《阿Q正传和狂人日记》中，把对《狂人日记》和《阿Q正传》的阅读和认识中国的国民性联系起来，意在观察中国；

---

① 首尔出版社与汉城出版社是两家不同的出版社。2005年韩国首都更名为首尔（서울），在此之前并无首尔之称，只有汉城，此处为与汉城出版社区分开，译为首尔出版社。
② 중국어문학과为중국어중국문학과的缩略形式，意思都为中国语文学系。

同时希望读者能感受到鲁迅作品中反抗黑暗的呼声和对虚伪的无情揭露，意在通过阅读鲁迅来认识韩国，这和第一辑的译介精神是一脉相承的。

3.《关于不使用汉字的问题》客观地介绍了解放后关于韩文专用的各种赞成和反对理论，并提出了合理的解决方案，即循序渐进地逐步废除汉字。该书是关于汉字问题的最早的单行本，由于理论介绍的客观性和解决方案的合理性，在关于汉字问题的争论中引起了很大反响。

书中首先列举了14条不应当废除汉字的理由。其中虽然不免有一些荒唐夸大的言辞，如说汉字具有神奇性等，但其中一条指出，如果废除汉字，东方文明会从根本上遭到破坏，韩国与中国等东方国家之间的文化协作也会变得困难，同时由于汉语词汇的问题，韩国国语也会变得复杂混乱。这条理由具有合理性，因而三四十年后还在为韩文专用的反对论者所提及。

同时，书中又列举了20条应当废止汉字的理由。其中有对反对者的反驳，也有一些具有积极意义的理由，如汉字的低效性和非大众性，以及培养民族独立性的需要等，其中最重要的理由是汉字在实际使用上的低效性。

公元 1947 年

一、大事记

1. 崔铉培的《文字的革命》由教学图书株式会社出版。
2. 赵润济的《国语教育所面临的问题》由文化堂出版。

二、书（文）目录

1. 文世荣：《怀中国汉新玉篇》，东和堂书店，1947年。
（문세영：『懷中國漢新玉篇』，동화당서점，1947.）
2. 尹鼓钟编译：《水浒传（单卷完译）》，槿友社，1947年。

（윤고종 편역：『水滸傳：單卷完譯』，근우사，1947.）

3．崔铉培：《文字的革命》，延世大学出版文化院，1947年。

（최현배：『글자의혁명』，연세대학교출판문화원，1947.）

4．尹永春：《现代中国诗选》，青年社，1947年。

（윤영춘：『현대중국시선』，청년사，1947.）

5．赵润济：《国语教育所面临的问题》，文化堂，1947年。

（조윤제：『國語教育의 當面한 問題』，문화당，1947.）

6．丁来东：《回忆革命作家鲁迅》，《新人文学》，1947年10月。

（정래동：「혁명작가 노신의 회상」，『신인문학』，1947.10.）

三、备注

1．崔铉培从17岁读中学时起就开始考虑韩文专用，穷尽一生的精力亲身实践这种主张。1948年，作为文教部编修局长，在朝鲜教育审议会做出废除汉字的决议《汉字废除理论》（『한자 안쓰기의 이론』，文教部，1948年8月6日）中发挥了中心作用，并根据这项决议编撰了横向拼写的韩文专用教科书。《文字的革命》是为了给韩文专用和音节横向拼写主张寻求理论基础而撰写的。书的前半部分内容是主张废除汉字的理论，后半部分是关于音节横向拼写的论述，最后得出首先实现专用韩文，继而进一步采用横向拼写方式的结论，提出进行一场文字生活革命的主张。该书前半部分关于废除汉字的理论，被以韩义学会为中心的韩文专用论者作为基本理论。

2．赵润济是朝鲜教育审议会中极力反对废除汉字的人，在《国语教育所面临的问题》中他阐释了反对的理由。不过，正如书名所说的，该书谈论的是国语教育所面临的所有方面的问题，首先说明了国语是什么，然后就国语教育的本质及其面临的问题进行了论述。汉字问题是作为国语问题的一个方面论述的，因为本书不是关于汉字问题的专著。但是本书对于了解朝鲜教育审议会中通过废除汉字决议时的背景和理解当时反对论者的主张都很有帮助。

公元 1948 年

一、大事记

1. 本年，韩国制定《韩文专用法案》（法律第 6 号），禁止公开使用汉字。韩国推行韩文专用政策，限制汉字的使用，规定汉语不再是韩国文化的一部分，使得汉语教学陷入低潮，汉字研究也受到了影响。

2. 从本年起，韩国废除汉字，改用谚文。

3. 丁来东在《改造》第 3、第 4 期连载发表《战后的中国文坛》。

二、书（文）目录

1. 奇宇万：《松沙先生文集附录单》，刊地不详，1948 年。
（기우만：《松沙先生文集附錄 單》，발행지 미상，1948.）

2. 金庠基：《中国古代史纲要》，正音社，1948 年。
（김상기：『中國古代史綱要』，정음사，1948.）

3. 金泰明：《中国语基础读本》，大潮出版文化社，1948 年。
（김태명：『中國語基礎讀本』，대조출판문화사，1948.）

4. 朴泰远译：《水浒传》，正音社，1948 年。
（박태원 역：『水滸傳』，정음사，1948.）

5. 朴泰远译：《中国小说集》，正音社，1948 年。
（박태원 역：『중국소설집』，정음사，1948.）

6. 孙晋泰：《朝鲜及中国民俗研究论集》，乙酉文化社，1948 年。
（손진태：『朝鮮及中國의 民俗研究論集』，을유문화사，1948.）

7. 尹永春：《引进外国文学的思考——以中国文学为主》，《白民》14 号，1948 年。
（윤영춘：「외국문학 수입의 일고—주로 중국문학에 대하여」，『백민』14 호，1948.）

8. 丁来东：《战后的中国文坛》，《改造》，1948年。
（정래동：「전후의 중국문단」，『개조』，1948.）
9. 朴鲁胎：《唐代小说研究》，《成均馆大学论文集》，1948年。
（박노태：「唐代小說研究」，『성균관대학교논문집』，1948.）
10. 金光洲：《鲁迅及其作品》，《白民》，1948年1月。
（정래동：「노신과 그의 작품」，『백민』，1948.1.）
11. 赵超构：《中国解放地区的文学运动》，《文学》，1948年7月。
（정래동：「해외문학운동 - 중국해방지구」，『문학』，1948.7.）
12. 尹永春：《郭沫若论（其人其文）》，《白民》，1948年10月。
（윤영춘：「郭沫若論（사람과 글）」，『백민』，1947.10.）

三、备注

1. 1945年韩国解放后，民族主义情绪高涨，反对日本帝国主义侵略，民族自救意识增强，为了强化保护民族文化的观念，韩国人开始取消、禁用或淡化汉字。1948年8月15日大韩民国建国后，《韩文专用法案》很快便得到了韩国法律的支持。1948年10月9日，在韩国朝鲜语学会的建议下，韩国国会通过了第6号法律《韩文专用法案》，规定"大韩民国的公用文书要用韩文作成，但在一定时期内，在必要时，可以并用汉字"。

2. 当时，第6号法律只适用于政府机关的公务文件，对一般社会上的生活文字毫无效力。报刊则仍"韩汉并用""国（语）汉（字）混用"。

3. 尹永春在1948年5月号的《白民》上发表了《郭沫若论（其人其文）》的文章，朴鲁胎的《唐代小说研究》（1948）和《鲁迅与郁达夫的世界》（1959）、张基槿的《传奇小说与发展》（1959）等文章是在当时极为难得的介绍中国学的学术论文。

4. 《汉字废除理论》是美国军政厅文教部刊行的，目的是期望军政厅之前实行的汉字废除政策在1948年8月15日政府建立以后仍能延续下去，不仅在教育行政方面，而且在国家行政和国民生活中都能全面实现。该书的内容与崔铉培《文字的革命》中的汉字废除理论相似，因为该书虽然是由文教部编纂发行的，实际上却是崔铉培的著述。

公元 1949 年

一、大事记

1. 1月5日，韩国国会通过了任永信议员提出的一项"紧急动议案"，规定"在国民学校教育中，要教授简单的汉字，具体操作办法由文教社会委员会制定"。

2. 韩国国会通过了《汉字使用建议案》，并确定了252个语法用语。

3. 尹永春出版了《现代中国文学史》，这是韩国出版的关于中国现代文学史的第一本著作，堪称介绍中国现代文学进展状况的先驱之作。

4. 1月，朝鲜政府规定废除汉字，除涉及古籍时在括号内标注汉字外，一切印刷品中均不再使用汉字，这一政策一直延续至今。

5. 丁来东在《白民》（15号）上发表《中国新文学的理念》。

二、书（文）目录

1. 译者不详：《三国志》，东国文化社，1949年。
（역자 미상：『삼국지』，동국문화사，1949.）

2. 朴泰远译：《水浒传》，正音社，1949年。
（박태원 역：『水滸傳』，정음사，1949.）

3. 尹永春：《现代中国文学史》，鸡林社，1949年。
（윤영춘：『현대중국 문학사』，계림사，1949.）

4. 丁来东：《中国新文学的理念》，《白民》15号，1949年。
（정래동：「중국신문학의 이럼」，『백민』15호，1949.）

三、备注

1. 韩国开始渐渐恢复汉字教育。在此过程中，1961年通过"5·16"军事政变上台的朴正熙曾试图自1962年3月起，在韩国所有出版物中全面取消汉字。但该计划遭到了以南广佑为代表的国语国文学会的一些学者的反对，朴正熙只好暂时放弃。

2. 自古以来，中韩两国各种交流和交往绵延不断。但是，中华人民共和国成立后，由于美苏冷战，尤其是受到朝鲜战争的影响，中韩两国在长时期内处于相互敌视和隔绝的局面。1948年大韩民国成立以后，韩国的小学教育得到了相当的普及，但汉文教育只注重达到识字水平（韩国语中的许多单词由汉字表达），而不重视教授汉文。特别是一些学者主张专用韩国文字，因而汉文教育淡化，汉学研究随之衰微。在这种情况下，只有大学里设置了中国语系，专门讲授中国的文学作品（包括古代的诗文及经文），在历史系也有专门研究中国古代史的教授。由于当时社会主义阵营和资本主义阵营极端对立，韩国与美国结成紧密的军事同盟，韩国的中国学和中国历史研究深受这种国际局势和国内政治形势的影响，再加上韩国刚刚从日本殖民统治下解放出来，与中国台湾建立所谓"邦交"关系，所以这一时期有关中国及其历史研究的成果极少。韩国政府只在1949年出版了译著《共产党领导的中国》。

3. 尹永春是韩国学界对中国小说研究初期阶段比较活跃的学者。尹永春所著《现代中国文学史》，是韩国最早出版发行的介绍中国现代文学进展状况的著作，堪称中国现代文学研究方面的先驱之作。此外，他还在1955年发表了《自由中国的文学》，并于1956年发表了《林语堂文学的世界性》等多篇文章。

4. 1949年中华人民共和国成立，1950年朝鲜战争爆发，随之中韩两国的外交关系断绝，此后的数十年间，韩国的中国学研究被迫中断，留下了一段空白。

公元 1950 年

一、大事记

韩国文教部规定小学实行汉字教育,确定了 1200 个常用汉字以及 1000 个"教育用汉字"。

二、书(文)目录

1. 金龙济译:《金瓶梅》(上、下),正音社,1950 年。
（김용제 역:『金瓶梅. 상, 하』, 정음사, 1950.）
2. 朴泰远译:《水浒传》,正音社,1950 年。
（박태원 역:『水滸傳』, 정음사, 1950.）
3. 瞿佑著,尹泰荣译:《(中国怪谈)剪灯新话》,真诚堂,1950 年。
（구우 저, 윤태영 역:『(中國怪談)剪燈新話』, 진성당, 1950.）

三、备注

1 月,文教部根据国会文教社会分科委员会的要求,指定了小学生"教育用汉字"1000 字。5 月,国会又进行了关于汉字使用的讨论,尽管当时的文教部部长强烈反对,国会还是采纳了内务部部长和总务处的主张,决定采用汉字混用政策。总务处指出:"庆尚南道的韩文专用公务文件和全罗北道的纯韩文报道都不好,不能这样做。"不仅如此,内务部长还抛开韩文专用法,下达了"遵照国会决议混用汉字"的命令,使公务文件方面促进韩文专用的运动一度陷入中断状态。20 世纪 50 年代,在贯彻韩文专用政策的同时,又指定了常用汉字 1800 字,并在小学高年级教科书中实行韩汉混用。

公元 1951 年

一、大事记

无。

二、书（文）目录

1. 朴建会：《三国风尘华容道实记》，永和出版社，1951 年。
（박건회：『三國風塵華容道實記』，영화출판사，1951.）
2. 赵芝薰译：《大学·中庸》，玄岩社，1951 年。
（조지훈 역：『大學，中庸』，현암사，1951.）

三、备注

无。

公元 1952 年

一、大事记

韩国文教部发布《语言听记法》（『들은말 적는 법』），利用汉字音表记汉语外来词。

二、书（文）目录

1．金钟武译：《诸子百家》，三成文化财团，1952 年。
（김종무 역：『諸子百家』，삼성문화재단，1952.）
2．译者不详：《牡丹亭记》，世昌书馆，1952 年。
（역자 미상：『모란졍긔』，세창서관，1952.）
3．崔暎海译：《水浒传》，正音社，1952 年。
（최영해 역：『水滸傳』，정음사，1952.）

三、备注

　　利用汉字音表记汉语外来词的传统在韩国根深蒂固。从 1933 年朝鲜语学会的《韩文标准统一案》（『한글 맞춤법 통일안』）到 1952 年韩国文教部的《语言听记法》，韩国各种版本的外来词表记方案都体现或提出了"原音表记"原则，但是汉语外来词表记并没有被纳入总的外来词表记体系中，汉语外来词表记过程中汉字音的正统地位更没有因此而动摇，人们还是根据惯例，将中国人名、地名等汉语外来词用汉字音进行表记。

公元 1953 年

一、大事记

　　无。

二、书（文）目录

1．金永寿译：《诸子百家》，东西文化社，1953 年。

（김영수 역：『諸子百家』，동서문화사，1953.）

2. 金龙济译：《西游记》，槿友社，1953年。

（김용제 역：『西遊記』，근우사，1953.）

3. 金中植译：《孟子注译》，韩国印刷公司，1953年。

（김중식 역：『孟子註译』，한국인쇄주식 회사，1953.）

4. 尹鼓钟译：《水浒传》，学友社，1953年。

（윤고종 역：『水滸傳』，학우사，1953.）

5. 尹暎海译：《水浒传》（上、下），正音社，1953年。

（윤영해 역：『水滸傳.上，下』，정음사，1953.）

6. 李民树译：《诸子百家》，弘新文化社，1953年。

（이민수 역：『諸子百家』，홍신문화사，1953.）

7. 李钟烈译：《千古的哲言名训·菜根谭讲话》，学友社，1953年。

（이종렬 역：『千古의 哲言名訓，菜根譚講話』，학우사，1953.）

8. 车相辕：《中国文学史》，东国文化社，1953年。

（차상원：『中國文學史』，동국문화사，1953.）

三、备注

无。

公元1954年

一、大事记

1. 国立汉城大学中语中文系进入正常化运作，并形成以古典文学为中心的教学与研究特色。

2. 韩国外国语大学设立中国语系，这是韩国独立后由韩国人自己建立的最早的中国语系,长期担任教职的有许宇成、郑基烨等学者。

3. 总统下令实施"韩文专用"方案。

4. 朝鲜(朝鲜人民民主主义共和国)再次废除汉字,取消了加用的汉字。

5. 在百济发现刻有四六骈丽体砂宅积碑断片。

二、书(文)目录

1. 居尚元:《中国文学史》,东国文化社,1954年。

(거상원:『중국문화사』,동국문화사,1954.)

2. 丘处机译:《西游记》,东国文化社,1954年。

(구처기 역:『서유기』,동국문화사,1954.

3. 金圭升:《(历史引例)孙子兵法详解》,新教出版社,1954年。

(김규승:『(歷史引例)孫子兵法詳解』,신교출판사,1954.)

4. 白南薰:《孙子兵法论》,心友会,1954 年。

(백남훈:『孫子兵法論』,심우회,1954.)

5. 尹永春:《中国文学史》,白映社,1954 年。

(윤영춘:『中國文學史』,백영사,1954.)

6. 张万荣:《世界抒情诗选6:中国诗集》,正养社,1954 年。

(장만영:『世界抒情詩選 .6:中國詩集』,정양사,1954.)

7. 正音社译:《(完译)三国志》,正音社,1954 年。

(정음사 역:『(完譯)三國志』,정음사, 1954.)

三、备注

1. 自1946年至1954年,韩国唯有新建立的最高学府——国立汉城大学设置了中国语文学系,该系在原来京城帝国大学支那语专业(中国语专业)的基础上,以建设本民族现代学术为宗旨,开始了重新关注汉学传统并逐步求取学术及教育体制更新的艰辛探索历程。

2. 当时除了韩国外国语大学,国立汉城大学、高丽大学、延世大学、成均馆大学、岭南大学等开设中国语言文学系的学校都偏重于中国古典文学和古代汉语。韩国外国语大学坚持以提高语言教育为中心，中国语系也努力增强中国语会话实力，出现了很多的中国语专家，许世旭、卢东善、金相根、池荣在、成宜济等教授活跃在中国语学界，并设立了研究所，开设硕士和博士的课程。其中通译研究所有培训中国语翻译专家的课程。其中国问题研究所编辑出版了《中国研究》，中国语系也出版了《中国学研究》。

3．发现的百济砂宅积碑断片表明，7世纪时百济的汉文水平已达到相当的高度。据史学界分析，砂宅积碑断片的年代为义慈王二年（642）。碑文为中国六朝四六骈丽体，表述百济人慨叹人生无常的思想感情。

公元1955年

一、大事记

1．成均馆大学（私立）设立中国文学系，首任系主任是李家源。

2．5月，韩国部分中国学研究有识之士，如研究中国哲学的李相殷，研究中国文学的车柱环，研究中国历史的金庠基、金俊烨等学者发起创建了韩国中国学会。

3．政府再次颁布《韩文专用法》，但同时又规定中小学进行汉字教育。

4．韩国制定并公布了高中教育课程，把中国语和英语、德语、法语一同纳入外语类科目。

二、书（文）目录

1．丘处机译：《西游记》，东国文化社，1955年。
（구처기 역：『西遊記』，동국문화사，1955.）

2．金敬琢：《中国哲学思想史》，东国文化社，1955年。

(김경탁 : 『中國哲學思想史』, 동국문화사, 1955.)

3. 金丘庸译：《菜根谭》，正音社，1955年。

(김구용 역 : 『菜根譚』, 정음사, 1955.)

4. 金圭升、辛相默：《历史引例孙子兵法》，全北日报社，1955年。

(김규승, 신상묵 : 『歷史引例孫子兵法』, 전북일보사, 1955.)

5. 金顺任译：《诸子百家》，韩国自由教养推进会，1955年。

(김순임 역 : 『諸子百家』, 한국자유교양추진회, 1955.)

6. 金龙济译：《红楼梦》（1—2），正音社，1955年。

(김용제 역 : 『紅樓夢 . 1-2』, 정음사, 1955.)

7. 国立汉城大学文理学院中国语文学系语文研究会：《（最新）中国语教科书》（第1卷），宇钟社，1955年。

(서울대학교 문리과대학 중국어 문학과 어문연구회 : 『（最新）中國語教科書 . 第1卷』, 우종사, 1955.)

8. 译者不详：《西游记》（下册），世界书局，1955年。

(역자 미상 : 『西遊記 . 下冊』, 세계서국, 1955.)

9. 林语堂编，柳光烈译：《中国传奇小说集》，进文社，1955年。

(林語堂 편, 유광렬 역 : 『中國傳奇小說集』, 진문사, 1955.)

10. 李钟烈译：《人生和修养：菜根谭》，圣峰阁，1955年。

(이종렬 역 : 『人生과 修養 : 菜根譚』, 성봉각, 1955.)

11. 李钟烈译：《（千古哲言名训）菜根谭讲话》（全篇），学友社，1955年。

(이종렬 역 : 『（千古의 哲言名訓）菜根譚講話 . 全篇』, 학우사, 1955.)

12. 任昌淳：《唐诗精解》，学友社，1955年。

(임창순 : 『唐詩精解』, 학우사, 1955.)

13. 正音社译：《水浒传》，正音社，1955年。

(정음사 역 : 『水滸傳』, 정음사, 1955.)

14. 尹永春：《自由中国的文学》，《黎明》，1955年3月。

(윤영춘 : 「자유중국의 문학」, 『새벽』, 1955.3.)

三、备注

1. 李家源（1917—2000），是金台俊在明伦专门学校（成均馆大学前身）的学生，1952年毕业于成均馆大学国文系，1956年以《李朝传奇小说研究》获成均馆大学国文系硕士学位，1966年以《燕岩小说研究》获成均馆大学博士学位。

2. 成均馆大学以儒家思想为教育理念，重视传统汉学。中韩建交以后，和山东大学开展交流。中国语系注重研究，培养了优秀的学者。如丁范镇、金喆洙、韩武熙、宋天镐、崔奉源等教授在各大学中国语系任教。其中丁范镇教授是著名的教育行政家，现在是成均馆大学的校长。为更好地适应教育改革的新形势，从1995年开始，他大胆推进学校内部机制改革，加强校风建设，为大学教育界所称道。中国语系设立中国文学研究会，出版《中国文学研究》。

3. 建立韩国中国学会目的在于：（1）筹办中国学国际学术研讨会和学术报告会；（2）出版有关中国学的学报和专门刊物；（3）为会员的学术研究提供资料；（4）与包括中国在内的世界各国研究中国学的学术机构进行交流并加强联系，介绍并研究中国的学术和文化。

该学会创建初期只有21名会员，经过40多年的发展，现会员人数已达1300多人，其中有约70%的会员曾经留学中国，有90%的会员会讲普通话。会员的构成情况是：（1）留学中国台湾的学者占多数；（2）从20世纪90年代后期开始，从中国内地留学归国的会员逐渐增多；（3）一部分是来自中国香港和美国等地的会员。该会会员没有资格限制，所有研究中国学的学者均可参加。学会出版物是《中国学报》（中文版），迄今为止，该《学报》已出版40期。2000年，韩国中国学会又创办了《国际中国学研究》（中文和英文版）杂志。现在，韩国中国学会已发展成为韩国研究中国问题的最具有代表性的综合性团体和韩国最大的学会，研究领域由开始仅限于文史哲领域，发展到现在的语言、政治、经济、法律、考古和美术等多方面。

4.《韩文专用法》规定："大韩民国的公共文书和报纸杂志，以及公用标志用韩文书写，只有学术用语中迫不得已的术语，可以在括号内加注汉字。"

5. 8月，韩国制定并公布了高中教育课程，这是韩国最早有体系的教育课程制度改革。"这一课程在知识体系为中心的基础上结合了生活中学生们的实际需要。当时供选择的外国语有英语、德语、法语、中国语。学习者可从中挑选一至两门外语重点学习语法知识结构，提高会话能力并了解相应国家的文化。中国语和英语、德语、法语一同纳入外语类科目，其中学习者可以选择两门学习。"

公元 1956 年

一、大事记

小学教科书实行"汉字并用"。

二、书（文）目录

1. 编者不详：《正本周易集注》（全），德兴书林，1956 年。
（편자 미상：『正本周易集註．全』，덕홍서림，1956.）

2. 奇宇万：《松沙先生文集附录》，澹对轩，1956 年。
（기우만：『松沙先生文集附錄』，담대헌，1956.）

3. 金东成译：《金瓶梅》，乙酉文化社，1956 年。
（김동성 역：『금병매』，을유문화사，1956.）

4. 金龙济译：《金瓶梅》，正音社，1956 年。
（김용제 역：『금병매』，정음사，1956.）

5. 金龙济译：《（新译）红楼梦》，正音社，1956 年。
（김용제 역：『（新譯）紅樓夢』，정음사，1956.）

6. 文化：《闻一多选集》，文学出版公社，1956 年。
（문화：『聞一多選集』，문학출판공사，1956.）

7. 白南薰：《战争与人生：孙子兵法与理论与实际》，三九文化社，1956 年。
（백남훈：『戰爭과 人生：孫子兵法과 理論과 實際』，삼구문화사，

1956.）

8. 译者不详：《水浒传》（1—3），正音社，1956年。

（역자 미상 : 『水滸傳.1-3』, 정음사, 1956.）

9. 尹永春：《林语堂文学的世界性》，《新日》（54），1956年4月。

（윤영춘 : 「임어당 문학의 세계성」, 『신태양.54』, 1956.4.）

10. 任昌淳：《唐诗解读》，学友社，1956年。

（임창순 : 『당시 해독』, 학우사, 1956.）

11. 张基槿：《教养汉文》，宇钟社，1956年。

（장기근 : 『교양 한문』, 우종사, 1956.）

12. 车柱环、张基槿：《中国文学史》，东国文化社，1956年。

（차주환, 장기근 : 『중국문학사』, 동국문화사, 1956.）

三、备注

中国古代长篇小说大部分在朝鲜时代已经有了全译或节译的翻译本，但最早的韩国语翻译本《金瓶梅》是1956年在汉城正音社刊行的金龙济本，这是以崇祯本为底本缩略翻译的节译本。后来的译本大多数从此先例。

公元1957年

一、大事记

1. 6月，金俊烨教授创办了高丽大学亚洲问题研究所，并参与发起创建中国学会，创办《中国学报》。

2. 政府公布1300个常用汉字，并颁布《韩文专用实践纲要》。

二、书（文）目录

1. 金龙济译：《西游记》，学友社，1957年。
（김용제 역：『西遊記』，학우사，1957.）

2. 李元植：《中国语解释》，同学社，1957年。
（이원식：『中國語解釋』，동학사，1957.）

3. 钱穆著，车柱环译：《中国文化史导论》，大韩教科书株式会社，1957年。
（전목 저，차주환 역：『중국 문화사 총설』，대한교과서주식회서，1957.）

4. 黄坚：《（悬吐注解）古文真宝》，德兴书林，1957年。
（황견：『（縣吐註解）古文眞寶』，덕홍서림，1957.）

三、备注

1. 被称为"韩国费正清"的金俊烨，是韩国当代中国研究的首倡者之一。他曾于1944年2月在日本庆应大学留学，被强征为侵华日军的学生兵到中国徐州。一个月后，他冒着生命危险逃离日军，参加了中国当地的抗日游击队。这段经历促使其一生都在从事与中国有关的研究和社会活动。1948年，他进入国立中央大学研究生院专研中国史，同年转入台湾大学从事中国历史研究工作。回国后，他就一直从事中国近代史研究，著有《中国共产党史》《孙文与胡适》《长征》等。在金俊烨影响下，中国近现代史研究在韩国逐渐展开。

2. 高丽大学的亚洲问题研究所是韩国最早开始研究中国的机构。它以韩国为中心，旨在调查、研究亚洲诸民族的历史、文化生活。该所原以李相殷、金俊烨等高丽大学教授为中心，后来随着研究范围的扩大，其他大学的教授也在该所担任研究员。该所的研究专题不完全限于中国历史方面，但中国学研究也占相当部分。该所出版定期刊物《亚细亚研究》，并举办过数十次国际学术会议。

3. 1957年12月，文教部又向国会提交了《韩文专用积极促进案》和《韩文专用法修订案》，再次强调韩文专用原则，并为了加强汉字使用的限制，制定了"临时许可汉字"1300字，并在此基础上议定并通过了"积极促进韩文专用的有关条款",为了有效地推进这项工作,政府制定了《韩文专用实践纲要》,并于1958年1月1日开始实行。根据这份大纲,公务文件、政府机关发行的各种刊物、机关的门匾和标志,以及官印等全部开始采用韩文专用方式书写,同时鼓励政府监督下的私人团体紧随政府机关执行韩文专用政策。

公元1958年

一、大事记

1. 车相辕、张基槿、车柱环合著了《中国文学史》(东国文化社,1958年),这是第一部由韩国学者自己编著的中国文学通史著作。

2. 高丽大学创设亚细亚问题研究所的机关刊物《亚洲研究》,为有关学者提供了发表研究论文的机会和园地。

3. 文教部规定社会上各类文件、招牌、官方印章等都专用韩文。

二、书(文)目录

1. 金龙济译:《西游记(单卷完译)》,槿友社,1958年。
（김용제 역:『西遊記(單卷完譯)』, 근우사, 1958.）
2. 李强录译:《修养三百六十五日》,学友社,1958年。
（이강록 역:『修養三百六十五日』, 학우사, 1958.）
3. 李丙畴:《杜诗谚解批注》,通文馆,1958年。
（이병주:『杜詩諺解批註』, 통문관, 1958.）
4. 李真东译:《红楼梦研究》,新兴书局,1958年。
（이진동 역:『홍루몽 연구』, 신흥서국, 1958.）
5. 臧克家:《中国新诗选:1919—1949》,国立文学艺术书籍出版社,1958年。
（장극가:『중국신시선:1919-1949』, 국립문학예술서적출판사,

1958.）

    6．正音社译：《三国志·卷之九·大星归天篇》，正音社，1958年。
（정음사 역：『三國志，卷之九，大星歸天篇』，정음사，1958.）

    7．蒋中正著，韩国中国学会译：《苏俄在中国》，隆宇社，1958年。
（蔣中正 저，한국중국학회 역：『中國안의 蘇聯』，융우사，1958.）

    8．车相辕、张基槿、车柱环：《中国文学史》，东国文化社，1958年。
（차상원，장기근，차주환：『中國文學史』，동국문화사，1958.）

    9．黄坚：《（国译）古文真宝》，青羽出版社，1958年。
（황견：『（國译）古文眞寶』，청우출판사，1958.）

三、备注

    1.《中国文学史》分为绪论、古代篇、中世篇、近世篇、现代篇五篇，从文字、文学的起源一直写到抗日战争后的文坛，是在参酌中日诸多已刊《中国文学史》著述的基础上自行编撰而成的。

    2. 为促进前一年所发布之《韩文专用实践纲要》，内务部主办了"鼓励使用韩文匾额活动周"（1958年8月21日至27日），除外国人经营的商社和饭店外，一般商社的招牌字号也和政府及公共机关一样改用韩文标记。活动周形式上是鼓励使用韩文，实际上则是强制更换，尽管遭到众多的诘问和质疑，但在短短一周内，商业街的所有中文匾额全部换成了韩文。

公元1959年

一、大事记

    李家源整理出版了旨在探溯中国文学思潮演变历程的《中国文学思潮史》（一潮阁）。

二、书（文）目录

1. 丘处机译：《西游记》（上），东国文化社，1959 年。

（구처기 역：『西遊記．上』，동국문화사，1959.）

2. 金永寿：《诸子百家》，一信书籍，1959 年。

（김영수：『諸子百家』，일신서적，1959.）

3. 陶渊明：《陶渊明全集》，新兴书局，1959 年。

（도연명：『陶淵明全集』，신흥서국，1959.）

4. 朴荣浚译：《水浒传》，文友家，1959 年。

（박영준 역：『水滸傳』，글벗집，1959.）

5. 李家源：《中国文学思潮史》，一潮阁，1959 年。

（이가원：『中國文學思潮史』，일조각，1959.）

6. 李丙畴：《杜诗谚解抄》，探求堂，1959 年。

（이병주：『杜詩諺解抄』，탐구당，1959.）

7. 车相辕著，国立汉城大学文理学院中国语文学系语文研究会编：《（最新）中国语教科书》（第 1 卷），宇钟社，1959 年。

（차상환 저，서울대학교 문리과대학 중국어중국문학과 어문연구회 편：『（最新）中國語教科書．第 1 卷』，우종사，1959.）

8. 李钟烈译：《西游记》，槿友社，1959 年。

（이종렬 역：『西遊記』，근우사，1959.）

9. 李钟烈译：《（千古哲言名训）菜根谭讲话》，学友社，1959 年。

（이종렬 역：『（千古의 名訓哲言）菜根譚講話』，학우사，1959.）

10. 李钟烈译：《人生和修养：菜根谭》，圣峰阁，1959 年。

（이종렬 역：『人生과 修養：菜根譚』，성봉각，1959.）

11. 张基槿：《综合中国语》，新雅社，1959 年。

（장기근：『綜合中國語』，신아사，1959.）

12. 张万荣：《中国诗集》，正养社，1959 年。

（장만영：『中國詩集』，정양사，1959.）

13. 赵芝薰：《新菜根谭》，玄岩社，1959 年。

（조지훈：『新榮根譚』，현암사，1959.）

14．钱穆著，车柱环译：《中国文化史导论》，韩国翻译图书，1959年。
（전목 저，차주환 역：『중국 문화사 총설』，한국번역도서，1959.）

15．崔暎海译：《水浒传》，正音社，1959年。
（최영해 역：『水滸傳』，정음사，1959.）

16．朴鲁胎：《鲁迅与郁达夫的世界》，《新太阳》，1959年5月。
（박노태：「魯迅과 郁達夫의 世界」，『신태양』，1959.5.）

17．张基槿：《传奇小说与发展》，《汉城大学论文集》，1959年。
（장기근：「傳奇小說과 그 成長」，『서울대학교 論文集』，1959.）

三、备注

《中国文学思潮史》将中国文学发展划分为西周至春秋北方现实思潮的发达、春秋战国南方浪漫思潮的发达、秦汉魏晋南北思潮的合流、东汉至盛唐佛教思潮的勃兴、盛唐至中唐社会问题与复古运动、中唐至北宋唯美主义高潮、宋元民族意识的抬头、元明古典主义、明清浪漫主义以及五四运动以后写实主义这若干个阶段来描述，具有初创的意义。

公元1960年

一、大事记

庆熙大学成立中语中文系，尹永春在该校讲授中国文学与英美文学。

二、书（文）目录

1．姜鹤泰：《严酷而又光荣之路：中国短篇小说集》，国立文学艺术书籍出版社，1960年。

（강학태：『준엄하고도 영광스러운 길：중국 단편 소설집』，국립문학예술서적출판사，1960.）

2．金敬琢：《中国哲学思想史》，耕文社，1960年。

（김경탁：『中國哲學思想史』，耕文社，1960.）

3．金东成译：《三国志》，乙酉文化社，1960年。

（김동성 역：『三國志』，을유문화사，1960.）

4．金龙济译：《红楼梦》（上卷），正音社，1960年。

（김용제 역：『紅樓夢．上卷』，정음사，1960.）

5．金龙济译：《红楼梦》（下卷），正音社，1960年。

（김용제 역：『紅樓夢．下卷』，정음사，1960.）

6．金润成译：《（新译）西游记》，先进文化社，1960年。

（김윤성 역：『（新譯）西遊記』，선진문화사，1960.）

7．白俊宣译：《中国短篇小说集》，国立文学艺术书籍出版社，1960年。

（백준선 역：『중국단편소설집』，국립문학예술서적출판사，1960.）

8．国立汉城大学文理学院中国语文学系语文研究会：《中国文学》，国立汉城大学文理学院中国语文学系语文研究会，1960年。

（서울대학교 문리과대학 중국어 문학과 어문연구회：『中國文學』，서울대학교 문리과대학 중국어 문학과 어문연구회，1960.）

9．刘鹗：《世界文学全集（第62卷）：老残游记·剪灯神话》，乙酉文化社，1960年。

（유악：『世界文學全集．第62卷：老殘遊記，剪燈神話』，을유문화사，1960.）

10．李家源：《汉文新讲》，新丘文化社，1960年。

（이가원：『漢文新講』，신구문화사，1960.）

11．李圣学译：《（新译）水浒志》，先进文化社，1960年。

（이성학 역：『（新譯）水滸誌』，선진문화사，1960.）

三、备注

无。

公元1961年

一、大事记

1. 国立汉城大学成立东亚文化研究所。

2. 政府再次公布"韩文专用"令，从1962年起在报纸、杂志以及所有的发行刊物中实行韩文专用。

二、书（文）目录

1. 金东成：《中国文化史》，乙酉文化社，1961年。

（김동성：『中國文化史』，을유문화사，1961.）

2. 贝冢茂树著，金锡根译：《诸子百家：中国古代的思想家们》：喜鹊出版社，1961年。

（貝冢茂樹 저，김석근 역：『諸子百家：中國古代의 사상들』，까치출판사，1961.）

3. 墨翟著，金永寿译：《经典著作36：诸子百家》，东西文化社，1961年。

（墨翟 저，김영수 역：『Greatbooks. 36，諸子百家』，동서문화사，1961.）

4. 金俊烨：《中国共产党史》，思想界社出版社，1961年。

（김준엽：『中國共產黨史』，사상계사출판사，1961.）

5. 文璇奎：《韩国汉文学史》，正音社，1961年。

（문선규：『韓國漢文學史』，정음사，1961.）

6. 文璇奎：《花史外二篇译注》，通文馆，1961 年。

（문선규 :『花史外二篇譯注』, 통문관, 1961.）

7. 朴鲁胎：《中国语讲座：初级篇》，一韩图书，1961 年。

（박노태 :『中國語講座：初級篇』, 일한도서, 1961.）

8. 申太华译：《水浒传》，三文社，1961 年。

（신태화 역 :『水滸傳』, 삼문사, 1961.）

9. 译者不详：《（谚汉文）待月西厢记》，世昌书馆，1961 年。

（역자 미상 :『（諺漢文）待月西廂記』, 세창서관, 1961.）

10. 译者不详：《修养及教诲的金言集：菜根谭》，利文阁，1961 年。

（역자 미상 :『修養과 敎訓의 金言集：菜根譚』, 이문각, 1961.）

11. 译者不详：《（完译）红楼梦》（1—2），正音社，1961 年。

（역자 미상 :『（완역）紅樓夢.1-2』, 정음사, 1961.）

12. 李春杰：《（通俗）中国语》，最新出版社，1961 年。

（이춘걸 :『（알기 쉬운）中國語』, 최신출판사, 1961.）

13. 胡云翼著，张基槿译：《中国文学史》，韩国翻译图书，1961 年。

（호운익 저, 장기근 역 :『중국문학사』, 한국번역도서, 1961.）

14. 胡云翼著，张基槿译：《中国文学史》，文教部，1961 年。

（호운익 저, 장기근 역 :『中國文學史』, 문교부, 1961.）

15. 韩国中国语学会：《综合中国语》，新雅社，1961 年。

（한국중국학회 :『綜合中國語』, 신아사, 1961.）

16. 崔暎海译：《（完译）水浒传》，正音社，1961 年。

（최영해 역 :『（完譯）水滸傳』, 정음사, 1961.）

17. 韩百祐译：《人生修养的灯台：菜根谭》，真文出版社，1961 年。

（한백우 역 :『人生修養의 燈台：菜根譚』, 진문출판사, 1961.）

18. 厚尹利：《中国文学史》，文教部，1961 年。

（후윤이 :『중국문학사』, 문교부, 1961.）

三、备注

1．东亚文化研究所以国立汉城大学文学院教授为中心，组织学者研究、召开学术会议，并出版定期刊物《东亚文化》。

2．此次"韩文专用"令宣布从1962年3月开始，报纸、杂志及其他所有刊物全部实行韩文专用制度。这是继自由党政权之后，第二次政府努力促进韩文专用法的尝试。这次尝试也同样遭到学术界和言论界的舆论反对，法律修订案的强制实行遭受挫折。修订法案被保留了下来，政府于1962年2月在文教部内部设立了"韩文专用特别审议会"，开始着手实施韩文专用的准备工作，即把复杂难懂的汉语词汇和外来词改换为通俗易懂的词汇。到1963年8月为止，韩文专用特别审议会共整理了14,159个汉语词汇和外来词，并把整理结果编为5辑《会报》，于当月出版。1965年11月，总务处接政府命令为了进一步积极推进韩文专用，制定并发表了《关于韩文专用的修订法案》。但是这项法案由于遭到言论界的强烈批判而最终搁浅。法案第3条规定，自1970年10月9日起，韩国所有文书全部采用所有音节横向展开拼写的方式。

公元 1962 年

一、大事记

1．4月21日，李相殷、车柱环、金俊烨等学者共同发起成立了韩国中国学会，英文名称是 THE KOREA SOCIETY FOR CHINESE STUDIES。

2．政府颁布《韩文专用案》第一集。

3．韩国成均馆大学大东文化研究院出版《燕行录选集》。

4．由韩国中国学会创办《中国学研究》刊物。主要刊登研究中国历史、文学和哲学的学术成果。

二、书（文）目录

1. 金东成译：《三国志》，乙酉文化社，1962年。
（김동성 역：『三國志』，을유문화사，1962.）
2. 金永寿译：《诸子百家》，东西文化社，1962年。
（김영수 역：『諸子百家』，동서문화사，1962.）
3. 张万荣译：《中国童话集》，启蒙社，1962年。
（장만영 역：『중국동화집』，계몽사，1962.）
4. 赵芝薰译：《菜根谭》，玄岩社，1962年。
（조지훈 역：『菜根譚』，현암사，1962.）
5. 胡适著，咸弘根译：《中国古代哲学史》，教科书株式会社，1962年。
（호적 저，함홍근 역：『중국고대 철학사』，대한교과서주식회사，1962.）

三、备注

1. 韩国中国学会是在1962年4月由李相殷、车柱环、金俊烨等学者共同发起，由汉阳大学、国立汉城大学、成均馆大学、高丽大学等20多所韩国著名大学的200多位学者组成的。该学会的宗旨是向韩国介绍中国的学术、文化，是一个研究中国问题的综合性团体。为此，学会已多次举办中国学国际学术研讨会，参会者有来自中国、日本和美国等国的学者，还与国外研究中国学的机构进行联系交流，并出版刊物《中国学报》。该学会是目前韩国最大的中国学研究学会。该学会的会员大部分是专门研究中国文学、历史、哲学、考古和美术的大学教授，也包括研究社会科学的人员。该学会成立之后，东方史学会、韩国中国语文学研究会等亦相继成立。

2. 本年编辑了《奎章阁图书韩国本书名索引》4册，1963年又编辑了《奎章阁图书中国本书名索引》，次年再刊行了《奎章阁图书目录》（韩国本）6册以及韩国本总目录。

3. 1962年，韩国成均馆大学大东文化研究院编《燕行录选集》，收录有洪大《湛轩燕记》、徐浩修《燕行纪》、金正中《燕行录》、柳得恭《燕台再游录》、徐长辅《蓟山纪程》、朴思浩《燕蓟纪程》、金景善《燕辕直指》、郑太和《朝天日录》、李浚《燕途纪行》、徐文重《燕行日录》、柳命天《燕行日记》、闵镇远《燕行录》、崔德中《燕行录》、李宜显《燕行杂识》、韩德厚《燕行日录》、李呷《燕行纪事》、李基宪《燕行录》、李时秀《续北征诗》、佚名《赴燕日记》、朴来谦《沈槎录》、郑元容《燕行日记》、徐有闻《戊午燕行录》、俞彦镐《燕行录》、林翰洙《燕行录》、李承五《燕槎日记》、许黔《朝天记》、权侠《石唐公燕行录》、洪翼汉《朝天航海录》、金靖《朝天日记》、崔溥《漂海录》等30人的使行录。韩国民族文化推进会在此选本基础上，将其译成韩文出版，另又加入了金昌业《燕行日记》、佚名《蓟山纪程》、徐庆淳《梦经常日史》，其收录的亦有部分《朝天录》，乃现今最为重要的朝鲜王朝使行记录资料的汇编。

公元1963年

一、大事记

1. 在金俊烨的参与发起下，学界于本年正式创建韩国中国学会及其学术会志《中国学报》。

2. 政府确定《学校文法统一案》，并确定9个词性术语及252个语法术语。

二、书（文）目录

1. 权德周：《中国语学习指南》，宇钟社，1963年。
（권덕주：『中國語學習指南』，우종사，1963.）

2. 金丘庸译：《菜根谭》，正音社，1963年。
（김구용 역：『채근담』，정음사，1963.）

3. 金俊烨：《中国最近世史》，思想界社出版社，1963年。

（김준엽：『中國最近世史』，사상계사출판사，1963.）

4. 李家源：《李家源全集（22）：西厢记译注・阿Q正传新译》，正音社，1963年。

（이가원：『李家源全集.22：西廂記譯注，阿Q正傳新譯』，정음사，1963.）

三、备注

无。

公元1964年

一、大事记

1. 韩国政府规定在中小学进行汉字教育。

2. 国立汉城大学中国语文学系主任丁来东、丁范镇合译鲁迅《中国小说史》（锦文社）。

二、书（文）目录

1. 鲁迅著，丁来东、丁范镇译：《中国小说史》，锦文社，1964年。
（노신 저，정래동、정범진 역：『中國小說史』，금문사，1964.）

2. 金丘庸译：《列国志》（第1—5卷），语文阁，1964年。
（김구용 역：『列國志.第1-5卷』，어문각，1964.）

3. 金能根：《中国哲学史》，探求堂，1964年。
（김능근：『中國哲學史』，탐구당，1964.）

4. 金能根：《中国哲学史》，白映社，1964年。

（김능근：『中國哲學史』，백영사，1964.）

5．朴龙柱：《松史遗稿》（卷1—3），刊地不详，1964年。

（박룡주：『松史遺稿.卷1-3』，발행지 미상，1964.）

6．译者不详：《红楼梦》（下），正音社，1964年。

（역자 미상：『紅樓夢.下』，정음사，1964.）

7．李家源：《汉文新讲》，新丘文化社，1964年。

（이가원：『한문신강』，신구문화사，1964.）

8．李尚宇译：《中国共产主义的眺望》，知性界社，1964年。

（이상우 역：『中國共產主義의 眺望』，지성계사，1964.）

9．郑澈：《松江全集》，成均馆大学大东文化研究院，1964年。

（정철：『松江全集』，성균관대학교대동문화연구원，1964.）

10．车柱环译：《东洋的智慧——论语·孟子·中庸·大学》，乙酉文化社，1964年。

（차주환 역：『동양의 지혜―논어，맹자，중용，대학』，을유문화사，1964.）

三、备注

文教部公布了在1300字（小学600字，中学400字，高中300字）的范围内按照难易程度进行汉字教育。

公元1965年

一、大事记

1．以高丽大学中国历史学教授为主发起组织成立东洋史学会。

2．11月，韩国政府公布《关于韩文专用的法律修正案》。

3. 国立汉城大学东亚文化研究所编著《奎章阁图书韩国本总目录》，其中收录古籍目录33，808 种。

4. 为鼓励国立汉城大学开展中国学研究，福特基金会于1965 年给予其18 万美元的资助。

二、书（文）目录

1. 权熙哲译：《中国女性文学二十人传》，女苑社，1965 年。
（권희철 역：『중국의 여류문학 이십인 전』，여원사，1965.）

2. 金敬琢译：《论语》，韩国自由教育协会，1965 年。
（김경탁 역：『논어』，한국자유교육협회，1965.）

3. 金光洲译：《（新译）三国志》，创造社，1965 年。
（김광주 역：『（新譯）三國志』，창조사，1965.）

4. 金丘庸译：《丘庸列国志》，语文阁，1965 年。
（김구용 역：『丘庸列國志』，어문각，1965.）

5. 裴钾齐：《松史集》（上），松史同文会，1965 年。
（배갑제：『松史集．上』，송사동문회，1965.）

6. 申泰三译：《三国志：原本校正国文》，世昌书馆，1965 年。
（신태삼 역：『三國志：原本校 正國文』，세창서관，1965.）

7. 李东欢译：《（新译）四书（1）：大学·中庸》，玄岩社，1965 年。
（이동환 역：『（新譯）四書．1：大學，中庸』，현암사，1965.）

8. 表文台译：《（新译）四书（2）：论语》，玄岩社，1965 年。
（표문대 역：『（新譯）四書．2：論語』，현암사，1965.）

9. 安炳周译：《（新译）四书（3）：孟子》，玄岩社，1965 年。
（안병주 역：『（新譯）四書．3：孟子』，현암사，1965.）

10. 尹永春：《中国文学史》，白映社，1965 年。
（윤영춘：『中國文學史』，백영사，1965.）

11. 李丙畴：《译注韩国汉诗选》，探求堂，1965 年。
（이병주：『译注韓國漢詩選』，탐구당，1965.）

12. 赵芝薰译：《东洋古典选集：菜根谭》，玄岩社，1965年。

（조지훈 역：『東洋古典選集：茶根譚』，현암사，1965.）

13. 崔暎海译：《水浒传》，正音社，1965年。

（최영해 역：『水滸傳』，정음사，1965.）

14. 韩炳益：《中国哲学史思想评》（全），启明社，1965年。

（한병익：『中國哲學史思想評．全』，계명사，1965.）

15. 乡民社译：《三国志》，乡民社，1965年。

（향민사 역：『三國志』，향민사，1965.）

16. 孔在锡：《中国文学构成论》（国立汉城大学硕士论文），1965年。

（공재석：『中國文學構成論』（서울대학교 석사논문），1965.）

17. 汉城大学东亚文化研究所：《奎章阁图书韩国本总目录》，国立汉城大学东亚文化研究所，1965年。

（서울대학교 동아문화연구소：『奎章閣圖書 韓國本總目錄』，서울대학교 동아문화연구소，1965.）

三、备注

1. 中国学和汉学的称谓并没有明确区分，特别是在大学专业名称上，除中国语系外，普遍使用东洋的称谓，如称"东洋史"而不是"中国史"。东洋史学会宗旨在于推动东洋史学的研究。该会会员身份不一，学生也可参加。该会举办研究发表会，于1966年10月开始创办《东洋史学研究》杂志（至1993年已出43辑）。该会会员研究范围不完全限于中国历史，也包括日本史、东南亚史。该学会曾举办过"中国现代史研究中的问题"学术研讨会和"中国与东亚世界"学术研讨会。

2. 到1965年，韩国已完成了对所有国语教科书的改编，汉字再次重新出现于各种国语教材中，韩国的语文教育全面步入正常轨道。这种局面一直持续到1960年年底。

3. 《关于韩文专用的法律修正案》全文共7条，附有附则。该法律修正案第3条规定，1970年10月9日起所有文书一律用韩文释写，意即用韩文释写已融于韩语的汉语词汇和外来语，改竖写为横写。

4. 自20世纪50年代以来美苏冷战，特别是朝鲜战争爆发，中韩两国较长时期内处于政治敌视、军事对峙、经济隔绝、文化割裂的局面。在这种敌对状态之下，韩国学者如若对现代中国过分关心的话，就有被视为赞同共产体制的危险。大多数学者对于中国研究敬而远之，对当代中国研究更是避之唯恐不及。然而，中韩毕竟同属于汉字儒家文化圈，历史、生活方式、社会习俗等方面有极其相似之处。因此，韩国学者研究中国之心并没有泯灭。这种机遇随着美国的东亚战略的转变开始出现。为争夺霸权而急需全方位了解中国的美国，积极资助韩国开展对中国的研究。为鼓励开展中国学研究，福特基金会于1965年给予国立汉城大学18万美元的资助。由此，韩国中国学进入新的草创阶段，重新延续因日本殖民统治及西方新学传入而不得已断裂的中国学研究传统。

公元1966年

一、大事记

无。

二、书（文）目录

1. 邱永汉译：《西游记》（1—4），民音社，1966年。
（구영한 역：『西遊記.1-4』，민음사，1966.）
2. 金敬琢译：《论语·中庸·大学》，光文出版社，1966年。
（김경탁 역：『論語，中庸，大學』，광문출판사，1966.）
3. 金龙济译：《（新编全译）三国志》，奎文社，1966年。
（김용제 역：『（新編全譯）三國志』，규문사，1966.）

4. 朴钟和译：《三国志》（第1—5卷），语文阁，1966年。
（박종화 역：『三國志．第1-5卷』，어문각，1966．）

5. 语文阁：《中国古典文学选集》（9—13），语文阁，1966年。
（어문각：『中國古典文學選集．9-13』，어문각，1966．）

6. 外国语学普及会：《中国语四周间》，文艺书林，1966年。
（외국어학보급회：『中國語 四週間』，문예서림，1966．）

7. 李丙畴：《老朴集览（考）》，进修堂，1966年。
（이병주：『老樸集覽（考）』，진수당，1966．）

8. 李周洪译：《西游记》（1—3），语文阁，1966年。
（이주홍 역：『西遊記．1-3』，어문각，1966．）

9. 李周洪译：《西游记》（第1卷），工务部，1966年。
（이주홍 역：『西遊記．第1卷』，공무부，1966．）

10. 郑命岳：《中国美术简史》，静友社，1966年。
（정명악：『（간추린）중국미술의 역사』，정우사，1966．）

11. 郑成焕：《世界随笔文学全集（2）：中国·日本篇》，东西出版社，1966年。
（정성환：『世界隨筆文學全集．2：中國日本篇』，동서출판사，1966．）

12. 蔡志忠：《漫画中国古典（4）：封神榜（1）》，大贤出版社，1966年。
（채지충：『만화중국고전．4：封神榜．1』，대현출판사，1966．）

13. 蔡志忠：《漫画中国古典（7）：论语（1）》，大贤出版社，1966年。
（채지충：『만화중국고전．7：論語．1』，대현출판사，1966．）

14. 蔡志忠：《漫画中国古典（12）：庄子（1）》，大贤出版社，1966年。
（채지충：『만화중국고전．12：莊子．1』，대현출판사，1966．）

15. 蔡志忠：《漫画中国古典（25）：西游记（3）》，大贤出版社，1966年。
（채지충：『만화중국고전．25：西遊記．3』，대현출판사，1966．）

16. 蔡志忠：《漫画中国古典（27）：菜根谭（1）》，大贤出版社，1966年。
（채지충：『만화중국고전．27：菜根譚．1』，대현출판사，1966．）

17. 蔡志忠：《漫画中国古典（40）：禅（1）》，大贤出版社，1966年。
（채지충：『만화중국고전．40：禪．1』，대현출판사，1966．）

18. 蒲松龄著，崔仁旭译：《聊斋志异》（1—3），乙酉文化社，1966年。

（포송령 저, 최인욱 역 : 『聊齊志異 . 1-3』, 을유문화사, 1966.）

三、备注

无。

公元 1967 年

一、大事记

1. 为鼓励开展中国学研究，继 1965 年后，福特基金会又于 1967 年给予国立汉城大学 20 万美元的资助。

2. 韩国出版了首部全面论述中国近代史的专著——金俊烨教授的《中国最近世史》，该书涉及从鸦片战争到 1921 年中国共产党建立之间等内容。

3. 金俊烨的《中共圈的将来：亚洲的共产主义》《中国近世史》出版。

4. 总统再次下令专用韩文，实施 4 年前确定的《学校文法统一案》。同时，韩国政府制定了《汉字略案方案》，拟定到 1972 年完全废除汉字。

5. 8 月，金学主在《东亚文化》第七期上发表论文《从〈莺莺传〉到〈西厢记〉》，这是韩国第一篇专门研究《西厢记》的论文，具有开创性意义。

二、书（文）目录

1. 金光洲译：《（中国古典）聊斋志异》，洋承阁，1967 年。
（김광주 역 : 『（중국고전）요재지이』, 양승각, 1967.）

2. 金光洲译：《（中国古典）聊斋志异》（上、下），良书阁，1967 年。
（김광주 역 : 『（中國古典）聊齋志異 . 上, 下』, 양서각, 1967.）

3. 金丘庸译：《（丘庸）列国志》（第 1—5 卷），语文阁，1967 年。

（김구용 역：『（丘庸）列國志. 第1-5卷』，어문각，1967.）

4．金八峰译：《水浒志》，刊地不详，1967年。

（김팔봉 역：『水滸誌』，발행지 미상，1967.）

5．金学主译：《易经》，光文出版社，1967年。

（김학주 역：『易經』，광문출판사，1967.）

6．金学主：《从〈莺莺传〉到〈西厢记〉》，《东亚文化》，1967年8月。

（김학주：「앵앵전으로부터 서상기에 이르기까지」，『동아문화』，1967.8）

7．朴钟和译：《（完译月滩）三国志》，语文阁，1967年。

（박종화 역：『（完譯月灘）三國志』，어문각，1967.）

8．宋在禄：《中国语会话》，韩华春秋社，1967年。

（송재록：『中國語會話』，한화춘추서，1967.）

9．金八峰译：《（八峰）水浒志》（第1—5卷），语文阁，1967年。

（김팔봉역：『（八峰）水滸誌. 第1-5卷』，어문각，1967.）

10．李锡浩：《孔子》，知文阁，1967年。

（이석호：『孔子』，지문각，1967.）

11．张基槿：《新亚中国语》，第一文化社，1967年。

（장기근：『新亞中國語』，제일문화사，1967.）

12．车相辕：《中国古典文学理论：隋唐代古文运动的理论和批评·宋代古文运动的理论和批评》，国立汉城大学，1967年。

（차상원：『중국고전문학이론：수당대 고문운동의 이론과 비평·송대 고문운동의 이론과 비평』，서울대학교，1967.）

13．车柱环：《钟嵘诗品校证（自印本）》，刊地不详，1967年。

（차주환：『鐘嶸詩品校證（自印本）』，발행지 미상，1967.）

14．车柱环：《（人文系高中）中国语1》，宇钟社，1967年。

（차주환：『（인문계 고등학교）中國語. 1』，우종사，1967.）

15．崔暎海译：《红楼梦》，正音社，1967年。

（최영해 역：『홍루몽』，정음사，1967.）

16．金俊烨：《中国近世史》，东亚出版社，1967年。

（김준엽：『중국최근세사』，동아출판사，1967.）

17. 金俊烨：《中共圈的将来：亚洲的共产主义》，泛文社，1967年。

（김준엽：『中共圈의 將來：亞細亞에 있어서의 共産主義』，범문사，1967.）

三、备注

无。

公元 1968 年

一、大事记

1. 政府成立韩文专用研究委员会，公布"韩文专用5年计划"，首先到1968年年底实现限用汉字2000字，到1969年年底限用1800字，然后到1972年年底逐渐递减，从1973年开始专用韩文，全面废除常用汉字及学校教科书里的汉字。

2. 朴定绪发表《国语的将来和汉字的再认识》（壮文社）。

二、书（文）目录

1. 译者不详：《诸子百家》，民昌文化社，1968年。

（역자 미상：『諸子百家』，민창문화사，1968.）

2. 曹雪芹：《红楼梦》，正音社，1968年。

（조설근：『紅樓夢』，정음사，1968.）

3. 赵芝薰译：《菜根谭》，玄岩社，1968年。

（조지훈 역 : 『菜根譚』，玄岩社，1968.）

4．朴钟和译：《三国志》（第 2 卷），语文阁，1968 年。

（박종화 역 : 『三國志.第 2 卷』，어문각，1968.）

5．文英春：《林语堂全集》，徽文出版社，1968 年。

（문영춘 : 『林語堂全集』，휘문출판사，1968.）

6．金学主：《孙文·胡适》，耕指社，1968 年。

（김학주 : 『孫文，胡適』，경지사，1968.）

7．作者不详：《月滩三国志附录》，刊地不详，1968 年。

（작자 미상 : 『月灘三國志附錄』，발행지 미상，1968.）

8．闵泳珪、黄元九：《中国文化史略》，延世大学出版部，1968 年。

（민영규，황원구 : 『中國文化史略』，연세대학교출판부，1968.）

9．李家源：《中国文学思想史》，一潮阁，1968 年。

（이가원 : 『中國文學思想史』，일조각，1968.）

10．金敬琢：《中国哲学概论》，哲学专业研究室，1968 年。

（김경탁 : 『中國哲學概論』，철학전공연구실，1968.）

11．李炳汉：《中国笑话书》，明文堂，1968 年。

（이병한 : 『中國笑話書』，명문당，1968.）

12．史文国译编：《（中国武侠小说）黑衣怪人》，仁文社，1968 年。

（사문국 역편 : 『（中國武俠小說）黑衣怪人』，인문사，1968.）

13．李家源：《中国文学思潮史》，一潮阁，1968 年。

（이가원 : 『中國文學思潮史』，일조각，1968.）

14．卢东善、权浩渊：《中国语》（上），壮文社，1968 年。

（노동선，권호연 : 『中國語.上』，장문사，1968.）

15．卢在德编著：《（解说）中国故事》，三信书籍，1968 年。

（노재덕 편저 : 『（解說）中國故事』，삼신서적，1968.）

16．上官鼎著，宋文译：《（中国奇情武侠小说）沉沙谷》（1—5），仁文社，1968 年。

（上官鼎 저，송문 역 : 『（中國奇情武俠小說）沉沙谷.1-5』，인문사，1968.）

17. 司马翎著，朴钟建译：《（中国武侠小说）情剑志》（1—6），仁文社，1968年。

（司馬翎 저，박종건 역：『（中國武俠小說）情劍誌．1–6』，인문사，1968．）

18. 朴定绪：《国语的将来和汉字的再认识》，壮文社，1968年。

（박정서：『國語의 將來와 漢字의 再認識』，장문사．1968．）

三、备注

1. 韩国政府对于中小学汉字教学的态度几经变化：1968年国家发布总统令删除了中小学课本上的汉字，1973年中学教材又重新使用汉字，1972年汉字被定为初中的必修课编入正规教育课程，1995年又被改为选修课。

2. 朴定绪在《国语的将来和汉字的再认识》一书序文中指出，作者是出于阻止根据行政年度计划来处理韩文专用问题的想法，为证明韩文专用的不合理性而撰写的本书。本书与赵润济的理论并无显著不同，只是在提出放弃韩文专用摸索方法的思考方式部分较有新意。换句话说，作者是反对渐进的汉字废除论，主张汉字活用论的。结论就是为了韩国语的将来，期待汉字和韩文混用的二元标记体系。

公元1969年

一、大事记

1. 韩文专用国民实践会出版了李应镐的《历代语言政策研究》。

2. 7月31日，韩国语文教育研究会成立。

3. 10月，小学和初中课本中的906个汉字被全部删除，小学和初中、高中的课本全部改用韩文版本。

4. 韩国文教部规定，从1970年起在学校废除汉字教育。

二、书（文）目录

1. 作者不详：《群雄春秋》（第一卷），启明社，1969年。

（작자 미상：『군웅춘추．제1권』，계명사，1969.）

2. 作者不详：《华严经》，经典中间事业会，1969年。

（작자 미상：『華嚴經』，경전중간사업회，1969.）

3. 金顺任：《诸子百家》，教育馆，1969年。

（김순임：『제자백가』，교육관，1969.）

4. 金永寿：《诸子百家》，东西文化社，1969年。

（김영수：『諸子百家』，동서문화사，1969.）

5. 金永寿：《诸子百家》，学园出版公社，1969年。

（김영수：『諸子百家』，학원출판공사，1969.）

6. 闵泳珪：《中国文化史略》，延世大学出版部，1969年。

（민영규：『中國文化史略』，연세대학교출판부，1969.）

7. 民族文化推进会：《诸子百家》，民昌文化社，1969年。

（민족문화추진회：『諸子百家』，민창문화사，1969.）

8. 国立汉城大学商学院：《中华的智慧》，国立汉城大学商学院韩国经济研究所，1969年。

（서울대학교 상과대학：『중화의 지혜』，서울대학교 상과대학 한국경제연구소，1969.）

9. 薛枓厦：《论语解读》，语文阁，1969年。

（설두하：『論語풀이』，어문각，1969.）

10. 尹在永译：《荀子》，自由教养推进会，1969年。

（윤재영 역：『荀子』，자유교양추진회，1969.

11. 李德文：《孙子兵法》，善琼图书，1969年。

（이덕문：『孫子兵法』，선경도서，1969.）

12. 李朱红译：《红楼梦》，乙酉文化社，1969年。

（이주홍 역：『紅樓夢』，을유문화사，1969.）

13. 道瑞良秀著，林茂根译：《中国佛教和社会福祉事业》，青山文化社，1969年。

（도瑞良秀 저，임무근 역：『中國佛教와 社會福祉事業』，청산문화사，1969.）

14. 综芸舍：《中国古尺集说》，综芸舍，1969 年。

（종운사：『中國古尺集說』，종운사，1969.）

15. 车柱环译：《论语》，乙酉文库，1969 年。

（차주환 역：『논어』，을유문고，1969.）

16. 崔暎海译：《水浒传》（上、下），正音社，1969 年。

（최영해 역：『수호전．上，下』，정음사，1969.）

三、备注

1. 韩国语文教育研究会于1969年7月31日，由李熙昇、李相殷、吴之湖等181名知名人士发起成立。李熙昇就任第一任会长。会员多系专家、学者、教授、中小学教师等语文工作者。该研究会在韩国的语文教育，语音、词汇规范，制定常用汉字，韩语专用体制的负面效应等方面，进行了长期、广泛、深入的研究，力倡重新确立韩汉字混用体制，恢复小学汉字教育，并多次向韩国当局文教部提出有关语文教育工作的建议，为韩国语言文字生活的规范化做着不懈的努力。

2. 《历代语言政策研究》一书以资料为中心，详细整理记述了韩国从解放后到1965年10月之间当局韩文专用政策的发展始末，对于从历史的角度理解汉字问题有一定参考价值。本书叙述的焦点在于韩文专用的合理性，但其中的理论并不是作者独创的。作者指出，光复后20余年间出现过很多关于韩文专用的对策，但到现在还未能付诸实践，赞成和反对的双方也一直争论不休。其原因如下：一是韩文专用法带有模糊性，二是政策实践没有一贯性，三是政府中没有语言政策的专门负责机构或负责人，四是没有多少关于韩文专用的事前研究和事后工作，五是韩文专用政策都是在以韩文学会为中心的赞成论者的极端性态度中出台的，六是韩文专用的中心对象反复变化，七是没有针对舆论界反对意见的对策，八是没有官民双方的同心协力。这些理由都有一定道理，值得深思。因为汉字问题不是靠韩文专用赞成论者的极端热情就能解决的，应当设立专门研究和确定语言政策的机关，由该机关广泛参考大众舆论来制定解决方案，只有这样一贯性的政策才能在国民的拥护下取得进展。

公元 1970 年

一、大事记

1. 朴正熙总统下令全面实行《韩文专用法》，废除各级学校教科书里的汉字。禁止小学阶段进行汉字教育，仅允许中学进行 700 字左右的基础汉字教育。

2. 1970 年 7 月，韩国语文教育研究会创立，提出实行韩文专用"时机尚早"，主张恢复各级学校中的汉字教育。11 月 25 日，韩国语文教育研究会等 7 个学术团体表示，取消汉字教育使学生在理解词义、扩大词汇量、提高写作能力方面都"极度不活跃"。8 月，他们共同向当局提交了《敦促恢复汉字教育声明书》，国务总理就此向学术院咨询；9 月份学术院答复表示赞成。同一时期，韩国各重要言论机关也公开表示赞成恢复汉字教育。

3. 南广佑在一潮阁出版《现代国语国字的诸问题》。

4. 金钟观发表了硕士论文《中国新诗论考》，这是韩国国立汉城大学最早的一篇有关中国现当代文学研究的硕士论文。

二、书（文）目录

1. 赵芝薰译：《菜根谭》，玄岩社，1970 年。
（조지훈 역：『채근담』，현암사，1970.）

2. 居尚元：《书经》，明文堂，1970 年。
（거상원：『서경』，명문당，1970.）

3. 李丙畴:《杜诗研究——以对韩国文学的影响为中心》,探求堂,1970年。
(이병주:『두시연구—특히 한국문학에 미친 영향을 중심으로』,탐구당,1970.)

4. 李硕镐:《东国岁时记外》,乙酉文化社,1970年。
(이석호 :『동국 세시 기외』,을유문화사,1970.)

5. 李硕镐:《中国历代随笔选》,乙酉文化社,1970年。
(이석호 :『중국역대수필선』,을유문화사, 1970.)

6. 张基槿:《论语》,明文堂,1970年。
(장기근 :『논어』,명문당,1970.)

7. 尹泰林:《玄言新书》,玄岩社,1970年。
(윤태림 :『玄岩新書』,현암사,1970.)

8. 正音社编辑部:《中国古典文学选集》,刊地不详,1970年。
(정음사 편집부 :『中國古典文學선집』,발행지 미상,1970.)

9. 南晚星:《老子道德经》,乙酉文化社,1970年。
(남만성 :『老子道德經』,을유문화사, 1970.)

10. 李原锡译:《道德经》,大洋书籍,1970年。
(이원석 역 :『道德經』,대양서적,1970.)

11. 李元燮译:《论语》,大洋书籍,1970年。
(이원섭 역 :『論語』,대양서적,1970.)

12. 车相辕译:《孙子·墨子》,大洋书籍,1970年。
(차상원 역 :『孫子,墨子』,대양서적,1970.)

13. 译者不详:《荀子·韩非子》,大洋书籍,1970年。
(역자 미상 :『荀子,韓非子』,대양서적,1970.)

14. 车相辕译:《世界思想大全集(12):墨子》,大洋书籍,1970年。
(차상원 역 :『世界思想大全集.12:墨子』,대양서적,1970.)

15. 金光洲译:《三国志》,三中堂,1970年。
(김광주 역 :『三國志』,삼중당,1970.)

16. 崔暎海译:《水浒传》,正音社,1970年。
(최영해 역 :『水滸傳』,정음사,1970.)

17. 金永寿：《诸子百家》，泛韩出版社，1970年。

（김영수：『諸子百家』，범한출판사，1970.）

18. 民昌文化社：《诸子百家》，民昌文化社，1970年。

（민창문화사：『諸子百家』，민창문화사，1970.）

19. 全野胜：《（美姬列传）野望1：褒姒·夏姬》，书正出版社，1970年。

（전야승：『（美姬列傳）野望．1：褒姒，夏姬』，서정출판사，1970.）

20. 全野胜：《（美姬列传）野望2：吕太后》，书正出版社，1970年。

（전야승：『（美姬列傳）野望．2：吕太后』，서정출판사，1970.）

21. 全野胜：《（美姬列传）野望3：赵飞燕·王昭君》，书正出版社，1970年。

（전야승：『（美姬列傳）野望．3：趙飛燕，王昭君』，서정출판사，1970.）

22. 全野胜：《（美姬列传）野望4：则天武后·杨贵妃》，书正出版社，1970年。

（전야승：『（美姬列傳）野望．4：則天武后，楊貴妃』，서정출판사，1970.）

23. 车柱环译：《（新译四书）孟子》，明文堂，1970年。

（차주환 역：『（新譯四書）孟子』，명문당，1970.）

24. 金龙济译：《红楼梦》，正音社，1970年。

（김용제 역：『紅樓夢』，정음사，1970.）

25. 金龙济译：《金瓶梅》，正音社，1970年。

（김용제 역：『金瓶梅』，정음사，1970.）

26. 崔暎海译：《三国志》，正音社，1970年。

（최영해 역：『三國志』，정음사，1970.）

27. 崔暎海译：《水浒传》，正音社，1970年。

（최영해 역：『水滸傳』，정음사，1970.）

28. 金光洲译：《西游记》，正音社，1970年。

（김광주 역：『西遊記』，정음사，1970.）

29. 吴英：《中国历史小说（1）：杨贵妃》，仁昌书馆，1970年。

（오영：『楊貴妃：中國歷史小說．1』，인창서관，1970.）

30．论述资料保存会：《中国关系论述资料集：历史Ⅰ·政治Ⅰ·经济Ⅰ（第1卷）》，论述资料保存会，1970年。

（논설자료보전회：『중국관계논설자료집：역사Ⅰ. 정치Ⅰ. 경제Ⅰ. 제1권』，논설자료보전회，1970.）

31．论述资料保存会：《中国关系论述资料集：历史Ⅰ·政治Ⅰ·经济Ⅰ（第2卷）》，论述资料保存会，1970年。

（논설자료보전회：『중국관계논설자료집：역사Ⅰ. 정치Ⅰ. 경제Ⅰ. 제2권』，논설자료보전회，1970.）

32．李锡浩译：《中国历代随笔选》，乙酉文化社，1970年。

（이석호 역：『中國歷代隨筆選』，을유문화사，1970.）

33．金敬琢：《（新稿）中国哲学概论》，泛学图书，1970年。

（김경탁：『（新稿）中國哲學概論』，범학도서，1970.）

34．卢东善：《中国语》（下），新韩文化社，1970年。

（노동선：『中國語．下』，신한문화사，1970.）

35．周作人讲校，金喆洙译注：《中国新文学的源流》，乙酉文化社，1970年。

（周作人 강교，김철수 역주：『中國新文學的源流』，을유문화사，1970.）

36．南广佑：《现代国语国字的诸问题》，一潮阁，1970年。

（남광우：『현대국어국자의 제문제』，일조각，1970.）

37．金钟观：《中国新诗论考》（国立汉城大学硕士论文），1970年。

（김종관：『中國新詩論考』（서울대학교대학원석사논문），1970.）

三、备注

《现代国语国字的诸问题》一书顾名思义论述的是关于国语和国语文字表记的问题，但其核心是汉字问题。关于韩文专用、汉字教育、汉字的限制使用和简化字的制定等内容占据重要部分。书中的主张是马上实现韩文专用是不可能的，汉字教育是必不可少的。作者南广佑创立了韩国语文教育研究会，大力主张汉字混用和汉字教育，本书便体现了这种理论。

公元 1971 年

一、大事记

1．9月24日，韩文学会等37个团体共同发表《关于韩文专用的建议书》。
2．韩国初中、高中开始开设汉文课程。

二、书（文）目录

1．瞿佑：《（剪灯新话）老残游记》，乙酉文化社，1971年。
（구우：『（剪燈新話）老殘遊記』，을유문화사，1971．）
2．金琼植：《沉睡中的雄狮：明清时代》，玄岩社，1971年。
（김경식：『잠자는 사자：명．청시대』，현암사，1971．）
3．金敬琢：《诸子百家》，玄岩社，1971年。
（김경탁：『諸子百家』，현암사，1971．）
4．金东里译：《水浒志》，三省出版社，1971年。
（김동리 역：『水滸誌』，삼성출판사，1971．）
5．金东里译：《中国古典文学全集：水浒传》，三省出版社，1971年。
（김동리 역：『수호지：중국고전문학전집』，삼성출판사，1971．）
6．金莹洙译：《诸子百家》，明文堂，1971年。
（김영수 역：『諸子百家』，명문당，1971．）
7．金俊烨：《中国最近世史》，一潮阁，1971年。
（김준엽：『中國最近世史』，일조각，1971．）
8．金学主译：《墨子·孙子》，大洋书籍，1971年。
（김학주 역：『墨子，孫子』，대양서적，1971．）
9．崔林：《大地的开化：隋唐时代》，玄岩社，1971年。
（최림：『대지의 개화：수，당시대』，현암사，1971．）
10．朴钟和译：《三国志》（1—5），三省出版社，1971年。

（박종화 역：『三國志.1-5』，삼성출판사，1971.）

11. 向河著，成杰译：《中国古典：史略》，创研社，1971年。

（向河 저，성걸 역：『中國古典：史略』，창연사，1971.）

12. 辛夕汀：《唐诗》，韩国自由教育协会，1971年。

（신석정：『당시』，한국자유교육협회，1971.）

13. 译者不详：《（完译）水浒传》，玄文社，1971年。

（역자 미상：『（完譯）水滸傳』，현문사，1971.）

14. 译者不详：《西游记》（上、中、下），正音社，1971年。

（역자 미상：『西遊記.上，中，下』，정음사，1971.）

15. 译者不详：《红楼梦》，正音社，1971年。

（역자 미상：『홍루몽』，정음사，1971.）

16. 李锡浩：《往五天竺国传外》，乙酉文化社，1971年。

（이석호：『往五天竺國傳外』，을유문화사，1971.）

17. 李锡浩：《淮南子·抱朴子》，大洋书籍，1971年。

（이석호：『淮南子，抱朴子』，대양서적，1971.）

18. 李周洪译：《诸子百家》，东西文化社，1971年。

（이주홍 역：『諸子百家』，동서문화사，1971.）

19. 张基槿：《李太白评传》，乙酉文化社，1971年。

（장기근：『李太白評傳』，을유문화사，1971.）

20. 张基槿：《荀子·列子》，大洋书籍，1971年。

（장기근：『荀子，列子』，대양서적，1971.）

21. 张万荣：《少年世界文学全集（第41册）：中国童话集》，启蒙社，1971年。

（장만영：『소년소녀세계문학전집.v.41：중국동화집』，계몽사，1971.）

22. 丁来东：《丁来东全集》，金刚出版社，1971年。

（정래동：『丁來東全集』，금강출판사，1971.）

23. 笑笑生著，赵成出译：《金瓶梅》，三省出版社，1971年。

（소소생 저，조성출 역：『金瓶梅』，삼성출판사，1971.）

24. 论述资料保存会：《中国相关论述资料集：历史Ⅰ·政治Ⅰ·经济Ⅰ（第3卷）》，论述资料保存会，1971年。

（논설자료보전회 : 『중국관계논설자료집 : 역사 I. 정치 I. 경제 I. 제3권』, 논설자료보전회，1971.）

25. 论述资料保存会：《中国关系论述资料集：历史Ⅰ·政治Ⅰ·经济Ⅰ（第4卷）》，论述资料保存会，1971年。

（논설자료보전회 : 『중국관계논설자료집 : 역사 I. 정치 I. 경제 I. 제4권』, 논설자료보전회，1971.）

26. 崔林编译：《古代中国：从黄河到万里长城》，玄岩社，1971年。

（최림 편역 : 『黃河에서 萬里長城까지 : 古代中國』, 현암사, 1971.）

27. 崔暎海译：《（完译）水浒传》，正音社，1971年。

（최영해 역 : 『（完譯）水滸傳』, 정음사, 1971.）

28. 韩国民族美术研究所：《涧松文华13·绘画4：中国绘画》，韩国民族美术研究所，1971年。

（한국민족미술연구소 : 『澗松文華. 13 : 繪畫 Ⅸ : 中國繪畫』, 한국민족미술연구소, 1971.）

29. 韩国民族美术研究所：《涧松文华8·书法3：中国》，韩国民族美术研究所，1971年。

（한국민족미술연구소 : 『澗松文華. 8 : 書藝 Ⅲ : 中國』, 한국민족미술연구소, 1971.）

30. 韩非木编，沈友俊译：《中国的典籍》，韩国图书馆协会，1971年。

（韓非木 편, 심우준 역 : 『中國의 典籍』, 한국도서관 협회, 1971.）

31. 许世旭：《汉文通论》，大韩教科书株式会社，1971年。

（허세욱 : 『한문통론』, 대한교과서주식회사, 1971.）

32. 洪元植：《黄帝内经》，高文社，1971年。

（홍원식 : 『黃帝內經』, 고문사, 1971.）

33. 洪元植：《黄帝内经素问解释》，高文社，1971年。

（홍원식 : 『黃帝內經素問解釋』, 고문사, 1971.）

三、备注

韩文学会等37个团体于1971年9月24日共同发表《关于韩文专用的建议书》，但由于韩文专用所导致的种种矛盾，没能引起特别的反响。

公元1972年

一、大事记

1. 韩国外国语大学以中国语系为基础于1972年成立了中国问题研究所，发行学术刊物《中国研究》，并积极参与韩国教育部等政府机关及学术财团的研究项目。

2. 高丽大学、檀国大学、淑明女子大学创办中语中文系。

3. 庆南大学成立远东问题研究中心。

4. 奎章阁出版《奎章阁图书中国本总目录》。

5. 8月，文教部再次确定"教育用基础汉字"1800字（初中900字，高中900字），并规定初中可进行汉字教育，初中汉文课可设为独立的课程。在大学新开设汉文教育系，以培养汉语教师。同年，韩国39个文化团体联合会向政府提交反对进行汉字教育的建议书。

6. 韩国外国语大学中国问题研究所创办《中国研究》（年刊），刊登研究中国古典文学、语言、历史和哲学的论文。

7. 闵斗基发表了《清末江浙铁路纠纷（1905—1911）与辛亥革命前夜绅士层的走向》一文。

二、书(文)目录

1. 金敬琢、车相辕编,金学主译:《列子・管子》,大洋书籍,1972年。
(김경탁, 차상원 편, 김학주 역:『列子, 管子』, 대양서적, 1972.)

2. 金敬琢、车相辕编,金学主译:《墨子・孙子》,大洋书籍,1972年。
(김경탁, 차상원 편, 김학주 역:『墨子, 孫子』, 대양서적, 1972.)

3. 金敬琢、车相辕编,李元燮译:《孔子・孟子》,大洋书籍,1972年。
(김경탁, 차상원 편, 이원섭 역:『孔子, 孟子』, 대양서적, 1972.)

4. 金敬琢、车相辕编,李元燮译:《老子・庄子》,大洋书籍,1972年。
(김경탁, 차상원 편, 이원섭 역:『老子, 莊子』, 대양서적, 1972.)

5. 金敬琢、车相辕编,金学主译:《荀子・韩非子》,大洋书籍,1972年。
(김경탁, 차상원 편, 김학주 역:『荀子, 韓非子』, 대양서적, 1972.)

6. 金敬琢:《中国思想大系》,大洋书籍,1972年。
(김경탁:『中國思想大系』, 대양서적, 1972.)

7. 金光洲译:《西游记》(下),正音社,1972年。
(김광주 역:『西遊記.下』, 정음사, 1972.)

8. 孙子著,金相日译:《孙子兵法》,河西出版社,1972年。
(손자 저, 김상일 역:『孫子兵法』, 하서출판사, 1972.)

9. 金顺任:《诸子百家》,三庆堂,1972年。
(김순임:『諸子百家』, 삼경당, 1972.)

10. 金龙济译:《金瓶梅》(上),正音社,1972年。
(김용제 역:『金瓶梅.上』, 정음사, 1972.)

11. 金龙济译:《红楼梦》,民众书馆,1972年。
(김용제 역:『紅樓夢』, 민중서관, 1972.)

12. 金八峰译:《(八峰)水浒志》,语文阁,1972年。
(김팔봉 역:『(八峰)水滸誌』, 어문각, 1972.)

13. 金学主译:《朱子・王阳明》,大洋书籍,1972年。
(김학주 역:『朱子, 王陽明』, 대양서적, 1972.)

14. 卢东善、权浩渊:《中国语》(上),壮文社,1972年。

(노동선, 권호연 : 『中國語.上』, 장문사, 1972.)

15. 文璇奎：《中国文学史》, 景仁文化社, 1972 年。

(문선규 : 『中國文學史』, 경인문화사, 1972.)

16. 朴钟和译：《(完译凡滩)三国志》(第3卷), 语文阁, 1972 年。

(박종화 역 : 『(完譯凡灘)三國志.第3卷』, 어문각, 1972.)

17. 朴钟和译：《(完译凡滩)三国志》(第4卷), 语文阁, 1972 年。

(박종화 역 : 『(完譯凡灘)三國志.第4卷』, 어문각, 1972.)

18. 徐敬德：《(国译)花潭先生文集·新注道德经》, 高丽大学民族文化研究所, 1972 年。

(서경덕 : 『(國譯)花潭先生文集, 新註道德經』, 고려대학교민족문화연구소, 1972.)

19. 宋贞姬译：《菜根谭》, 明知大学出版部, 1972 年。

(송정희 역 : 『菜根譚』, 명지대학교출판부, 1972.)

20. 宋贞姬译：《墨子》, 明知大学出版部, 1972 年。

(송정희 역 : 『墨子』, 명지대학교출판부, 1972.)

21. 宋贞姬译：《荀子》, 明知大学出版部, 1972 年。

(송정희 역 : 『荀子』, 명지대학교출판부, 1972.)

22. 申东昊、许世旭、李华珍译：《道德经·南华经·列子》, 徽文出版社, 1972 年。

(신동호, 허세욱, 이화진 역 : 『道德經／南華經／列子』, 휘문출판사, 1972.)

23. 安炳周、金吉焕、柳七鲁译：《论语·孟子·大学·中庸》, 徽文出版社, 1972 年。

(안병주, 김길환, 유칠노 역 : 『論語, 孟子, 大學, 中庸』, 휘문출판사, 1972.)

24. 译者不详：《诗经》(4), 文史哲出版社, 1972 年。

(역자 미상 : 『詩經.4』, 문사철출판사, 1972.)

25. 译者不详：《春秋左传(5)》, 文史哲出版社, 1972 年。

(역자 미상 : 『春秋左傳.5』, 문사철출판사, 1972.)

26. 尹永春、金吉焕、车俊会译：《墨子・荀子・孙子・韩非子》，徽文出版社，1972年。

（윤영춘, 김길환, 차준회 역 : 『墨子 / 荀子 / 孫子 / 韓非子』, 휘문출판사, 1972.）

27. 尹永春译：《林语堂全集》，徽文出版社，1972年。

（윤영춘 역 : 『林語堂全集』, 휘문출판사, 1972.）

28. 李德根：《中国明贤语录》，耕学社，1972年。

（이덕근 : 『中國名賢語錄』, 경학사, 1972.）

29. 李丙畴：《大学汉文》，研修社，1972年。

（이병주 : 『大學汉文』, 연수사, 1972.）

30. 李炳汉：《贾谊新书》，大洋书籍，1972年。

（이병한 : 『賈誼新書』, 대양서적, 1972.）

31. 李炳汉译：《淮南子新书论衡》，徽文出版社，1972年。

（이병한 역 : 『淮南子新書論衡』, 휘문출판사, 1972.）

32. 李锡浩：《北学议・东京杂记》，大洋书籍，1972年。

（이석호 : 『北學議, 東京雜記』, 대양서적, 1972.）

33. 李锡浩：《淮南子》，乙酉文化社，1972年。

（이석호 : 『淮南子』, 을유문화사, 1972.）

34. 李元燮译：《韩非子・墨子》，大洋书籍，1972年。

（이원섭 역 : 『한비자 . 묵자』, 대양서적, 1972.）

35. 李和敏：《中国古典制度》，五南图书出版公司，1972年。

（이화민 : 『중국고전제도』, 오남도서출판 공사, 1972.）

36. 张基槿、金峰英译：《淮南子・抱朴子》，大洋书籍，1972年。

（장기근, 김봉영 공역 : 『淮南子, 抱朴子』, 대양서적, 1972.）

37. 张基槿：《管子》，大洋书籍，1972年。

（장기근 : 『管子』, 대양서적, 1972.）

38. 张基槿：《淮南子》，大洋书籍，1972年。

（장기근 : 『淮南子』, 대양서적, 1972.）

39. 论述资料保存会：《中国关系论述资料集：历史Ⅰ・政治Ⅰ・经济Ⅰ（第

5卷）》，论述资料保存会，1972年。

（논설자료보전회：『중국관계논설자료집：역사Ⅰ．정치Ⅰ．경제Ⅰ．제5권』，논설자료보전회，1972.）

40．论述资料保存会：《中国关系论述资料集：历史Ⅰ·政治Ⅰ·经济Ⅰ（第6卷）》，论述资料保存会，1972年。

（논설자료보전회：『중국관계논설자료집：역사Ⅰ．정치Ⅰ．경제Ⅰ．제6권』，논설자료보전회，1972.）

41．曾先之著，金光洲编译：《(说话)中国史》（1—8），新太阳社，1972年。

（증선지 저，김광주 편역：『(說話) 中國史．1-8』，신태양사，1972.）

42．车柱环：《高丽史·乐志》，乙酉文库，1972年。

（차주환：『高麗史樂志』，을유문고，1972.）

43．千世旭译：《水浒志》，乡友社，1972年。

（천세욱 역：『水滸誌』，향우사，1972.）

44．崔暎海译：《三国志》（中），正音社，1972年。

（최영해 역：『三國志．中』，정음사，1972.）

45．崔完植、李炳汉译：《康有为·梁启超》，大洋书籍，1972年。

（최완식，이병한 역：『康有為，梁啟超』，대양서적，1972.）

46．钱穆著，秋宪树译：《中国的历史精神》（5），延世大学出版部，1972年。

（전목 저，추헌수 역：『中國의 歷史精神．5』，연세대학교출판부，1972.）

47．韩武熙：《古文真宝》，明知大学出版部，1972年。

（한무희：『古文眞寶』，명지대학교출판부，1972.）

48．许世旭译：《中国名诗选》，同和出版公社，1972年。

（허세욱 역：『中國名詩選』，동화출판공사，1972.）

49．洪元植：《黄帝内经素问解释》，古文社，1972年。

（홍원식：『황제내경소문해석』，고문사，1972.）

50．洪元植：《黄帝内经研究》，庆熙大学医科学院，1972年。

（홍원식：『황제 내경 연구』，경희대학교 의과대학，1972.）

51．李基文：《关于石峰千字文》，《国语国文学》（55、56、57），1972年。

（李基文：「石峯千字文에 대하여」，『국어국문학』55，56，57，1972.）

52．姜信沆：《四声通解的声类》，《成均馆大学论文集》17—1，1972年。

（강신항：「四聲通解의 聲類」，『성균관대학교논문집』17-1，1972.）

53．居尚元：《孔子·孟子》，大洋书籍，1972。

（거상원：『孔子，孟子』，대양서적，1972.）

54．居尚元：《新译千字文》，鲜文出版社，1972年。

（거상원：『新譯千字文』，선문출판사，1972.）

55．国立汉城大学附属图书馆：《奎章阁图书中国本总目录》，奎章阁，1972年。

（한성대학부속도서관：『奎章閣圖書中國本總目錄』，규장각，1972.）

56．闵斗基编译：《胡适文选》，三星文库，1972年。

（민두기 편역：『호적 문선』，삼성문고，1972.）

57．闵斗基：《清末江浙铁路纠纷（1905—1911）与辛亥革命前夜绅士层的走向》，《东亚文化》，1972年。

（민두기：「清末江浙鐵路紛糾（1905—1911）와 辛亥革命前夜의 紳士層向方」，『동아문화』，1972.）

三、备注

1. 韩国外国语大学是韩国国内培养中国学人才最多的大学，其中国研究所的宗旨是分析和整理中国学诸多领域的理论特点，研究在韩国现实中需要解决的问题。1999年7月，该研究所合并到该大学的外国学综合研究中心，与其他研究所共同开展学术研究，并从事中国学专家的进修活动。

2. 直到20世纪80年代以前，韩国能够刊载中国历史研究成果的专门期刊并不多，主要有1962年由韩国中国学会创办的《中国学研究》、1966年由东洋史学会创办的《东洋史学研究》、1972年由韩国外国语大学中国问题研究所创办的《中国研究》等。

3. 高丽大学中语中文系虽发起较晚，但发展的速度很快。20世纪70年代中叶以来，这所大学培养出许多优秀的毕业生，其中有不少中国学专家。这些年轻的学者对全面提高中国学研究方法和质量起了积极作用，他们不但继承传统中国学，而且创新中国学的学风。该大学民族文学研究所出版的《中韩辞典》为世界四大语辞典之一。到现在为止，韩国国内有110多所大专院校开设了中国语课程。

4．高丽大学民族文化研究所在20世纪70年代末设置了中共研究室、共产主义圈经济研究室，1983年再次扩编为中苏研究室，1988年改为国际关系研究室。

5．韩国最早的常用汉字是1951年教育部制定的《常用汉字》1000字，最具权威性的是1972年文教部制定的《汉字教育用基础汉字》1800字（2000年12月略做了调整）。这个字表具有一定的历史传承性和较高的数据覆盖率。据金宗泽《国语语汇论》第175页（塔出版社，1998）中的统计，汉字启蒙字书《千字文》的1000字中，多达777字包含在教育用字里，只有223字没有包含在教育用字中。而据1987年李应百的统计，20世纪80年代中期韩国报纸杂志里用汉字标记的汉语词汇中，教育用字的覆盖率高达84.3%。

6．国立汉城大学奎章阁韩国学研究院从1963年开始进行了对奎章阁所藏图书的目录编制工作，1972年，出版《奎章阁图书中国本总目录》，截至1978年编制完成了《奎章阁韩文版图书总目录》等部分文库版图书和一般古图书的目录。1981年发行了《奎章阁图书韩文版综合目录》（1994年发行修订版），1982年发行了《奎章阁图书中文版综合目录》，完成了用于统一管理奎章阁所藏古图书的综合目录。

7．由于美国总统尼克松访华，国际形势缓和，在意识形态上出现了逐渐能够接受社会主义思想的政治倾向，因此韩国中国史研究领域出现了以更客观的立场评价辛亥革命的倾向。例如，闵斗基从20世纪60年代末开始通过清史研究把中国史研究引入正轨。他研究清末绅士层的现代化过程，于1972年发表了《清末江浙铁路纠纷（1905—1911）与辛亥革命前夜绅士层的走向》一文，详细分析了江苏、浙江地区的铁路纷纠，同时叙述了处于主导地位的绅士层转向反清（反满）的过程，很有说服力。该文不仅成为闵斗基正式研究辛亥革命的契机，而且也使其成为韩国研究中国史学的学术带头人。

公元 1973 年

一、大事记

1. 庆南大学的远东问题研究所（극동문제연구소）成立。
2. 延世大学创办中语中文系。
3. 5 月，韩国政府制定《家庭礼仪准则》。

二、书（文）目录

1. 孔在锡：《中国文学概要》，汉学研究同人会，1973 年。
（공재석：『中國文學槪要』，한학연구동인회，1973.）
2. 邱永汉译：《西游记》（1—4），新潮社，1973 年。
（구영한 역：『西遊記.1-4』，신조사，1973.）
3. 金光洲译：《（新译）水浒传》（1—6），瑞文堂，1973 年。
（김광주 역：『（新譯）水滸傳.1-6』，서문당，1973.）
4. 金光洲译：《聊斋志异》，豊成阁，1973 年。
（김광주 역：『요재지이』，풍성각，1973.）
5. 金丘庸译：《菜根谭》，正音社，1973 年。
（김구용 역：『채근담』，정음사，1973.）
6. 金能根：《中国哲学史》，探求堂，1973 年。
（김능근：『中國哲學史』，탐구당，1973.）
7. 金洛骏译：《水浒传》，金星出版社，1973 年。
（김락준 역：『수호전』，금성출판사，1973.）
8. 金凡夫：《新译四书（2）：论语》，玄岩社，1973 年。
（김범부：『新譯四書.2：논어』，현암사，1973.）
9. 金庠基：《中国古代史纲》，普文阁，1973 年。
（김상기：『中國古代史綱』，보문각，1973.）

10. 金时俊、李允中：《现代中国语》，艺文馆，1973年。

（김시준, 이윤중 : 『現代中國語』, 예문관, 1973.）

11. 金俊烨：《中国共产党史》，文明社，1973年。

（김준엽 : 『中國共產黨史』, 문명사, 1973.）

12. 金学奎译：《墨子·孙子》，大洋书籍，1973年。

（김학규 역 : 『墨子, 孫子』, 대양서적, 1973.）

13. 金迥洙译：《（新译）诸子百家》，明文堂，1973年。

（김형수 역 : 『（新譯）諸子百家』, 명문당, 1973.）

14. 闵斗基：《中国近代史研究：绅士层的思想和行动》，一潮阁，1973年。

（민두기 : 『中國近代史硏究 : 紳士層의 思想과 行動』, 일조각, 1973.）

15. 善永译：《善永翻译童话集：渔夫与水鬼》，亚洲出版社，1973年。

（선용 역 : 『선용번역동화집 어부와 물귀신 : 중국옛이야기』, 아주출판사, 1973.）

16. 安东林译：《（新译）庄子》，玄岩社，1973年。

（안동림 역 : 『（新譯）莊子』, 현암사, 1973.）

17. 崔要安：《中国古代名作》（1—2），启明社，1973年。

（최요안 : 『중국고대명작 .1-2』, 계몽사, 1973.）

18. 外国语学普及会编译：《（实用）中国语会话》，文艺书林，1973年。

（외국어학보급회 편역 : 『（實用）中國語會話』, 문예서림, 1973.）

19. 刘均仁：《中国历史地名大辞典》，景仁文化社，1973年。

（유균인 : 『中國歷史地名大辭典』, 경인문화사, 1973.）

20. 柳明奎：《（最新）大学中国话》，新雅社，1973年。

（유명규 : 『（最新）大學中國語』, 신아사, 1973.）

21. 梁启超著，李桂柱译：《中国古典入门》，三成文化财团，1973年。

（양계초 저, 이계주 역 : 『中國古典入門』, 삼성문화재단, 1973.）

22. 李明九：《高丽歌谣研究》，新雅社，1973年。

（이명구 : 『고려가요연구』, 신아사, 1973.）

23. 李民树译：《诸子百家》，博英社，1973年。

（이민수 역 : 『諸子百家』, 박영사, 1973.）

24．李炳汉：《大学中国语》，新雅社，1973 年。

（이병한：『大學中國語』，신아사，1973.）

25．李炳汉：《独创、模仿与剽窃：汉诗批评体例的比较》，刊地不详，1973 年。

（이병한：『獨創과 模倣과 剽竊：漢詩批評體例의 比較』，발행지 미상，1973.）

26．司马迁著，李英茂译：《史记》，新太阳社，1973 年。

（사마천 저，이영무 역：『史記』，신태양사，1973.）

27．李元燮：《唐诗》，玄岩社，1973 年。

（이원섭：『당시（唐詩）』，현암사，1973.）

28．李元寿：《历史和思想丛集（2）：中国思想的源泉》，耕学社，1973 年。

（이원수：『역사와 사상의 총집결 . 2：중국 고사의 샘』，경학사，1973.）

29．张基槿：《东洋的古典》，日新社，1973 年。

（장기근：『东洋의古典』，일신사，1973.）

30．丁范镇：《标准中国语会话》，泛学图书，1973 年。

（정범진：『標準中國語會話』，범학도서，1973.）

31．池荣在编译：《中国诗歌选》，乙酉文化社，1973 年。

（지영재 편역：『中國詩歌選』，을유문화사，1973.）

32．崔景镐编著：《（韩语对照）中国语会话》，声音社，1973 年。

（최경호 편저，『우리말對照，中國語會話』，보이스사，1973.）

33．韩国外国语大学中国问题研究所编著：《中共用语选解》，韩国外国语大学出版部，1973 年。

（한국외국어대학교 중국문제연구소 편저：『中共用語選解』，한국외국어대학교출판부，1973.）

34．韩炳益：《中国哲学史思想评》（全），圆觉社，1973 年。

（한병익：『中國哲學史思想評 . 全』，원각사，1973.）

35．韩龙云译：《菜根谭》，新丘文化社，1973 年。

（한용운 역：『채근담』，신구문화사，1973.）

36．韩龙云、闵炳山、尹在荣译：《（精选讲义）菜根谭》，新丘文化社，

1973年。

（한용운，민병산，윤재영 역：『（精選講義）菜根譚』，신구문화사，1973.）

37．许世旭译：《庄子》，徽文出版社，1973 年。

（허세욱 역：『장자』，휘문출판사，1973.）

38．洪硕辅译：《史记列传》，三成文化财团，1973 年。

（홍석보 역：『史記列傳』，삼성문화재단，1973.）

39．洪元植：《黄帝内经素问解释》，高文社，1973 年。

（홍원식：『黃帝內經素問解釋』，고문사，1973.）

40．姜信沆：《四声通解的韵律》，《东方学》3，1973 年。

（강신항：「사성통해의 운류」，『동방학』3，1973.）

41．论述资料保存会：《中国关系论述资料集：历史Ⅰ·政治Ⅰ·经济Ⅰ（第7卷）》，论述资料保存会，1973 年。

（논설자료보전회：『중국관계논설자료집：역사Ⅰ. 정치Ⅰ. 경제Ⅰ. 제7권』，논설자료보전회，1973.）

42．论述资料保存会：《中国关系论述资料集：历史Ⅰ·政治Ⅰ·经济Ⅰ（第8卷）》，论述资料保存会，1973 年。

（논설자료보전회：『중국관계논설자료집：역사Ⅰ. 정치Ⅰ. 경제Ⅰ. 제8권』，논설자료보전회，1973.）

三、备注

1. 14 世纪中叶为高丽末期，朱子《家礼》传入高丽，为当时新兴的士大夫阶层所接受。朝鲜王朝建立后，便成为国家的标准礼法。到朝鲜王朝末期，成了唯一的礼俗传统。

2. 高丽大学和延世大学曾有"全国最高水平的名门私学"之誉。两校的中语中文系虽历史短暂，但发展的速度很快。之后，延世大学创立中国语文学研究会，出版《中国语文学论集》。高丽大学创立中国语文研究会，出版《中国语文论丛》。

3．1973年5月25日，韩国语文教育研究会会长李熙升、国语国文学会代表理事朴鲁春、国语学会理事长李崇宁、韩国国语教育研究会代表李应百等，再次向文教部部长提交《作为国语教育的一环从小学开始进行汉字教育的建议书》，建议从小学开始进行汉字教育，重点进行900个汉字的阅读教学，并建议在大学入学考试中加入汉字汉文试题。

4．作为大韩民国建立后培养起来的第一代史学家，闵斗基教授在中国史研究方面有其独特的思路和方法，对中国学者具有启发和借鉴作用。为了了解中国近代社会的变迁，他首次切入明代和清代初期绅士层的研究，以绅士层的思想与行动为基础，描述了从戊戌变法到五四运动之间的中国近代史。这一研究不仅显示了闵斗基对中国史研究的深厚功力和较高的学术水平，而且也向国际学术界展示了韩国学术界对中国史的研究具有极大的潜力，令人刮目相看。同时也打破了多年来韩国学术界对中国史研究一直停留在政治、制度及中韩关系史研究层面的状况，开启了韩国中国史研究的新方向、新领域。

公元1974年

一、大事记

1．7月文教部发布了《关于在初中、高中教科书中并用汉字的方针》。

2．韩国最初的中国研究专门机构成立——汉阳大学中苏研究所，随后檀国大学、启明大学、成均馆大学、国民大学等陆续设立了有关中国研究的专门研究机构。

3．李庸周发表著作《韩国语汉语词汇研究》。

4．文教部规定中学教科书可以"并用汉字"。"大韩教育联合会"建议政府小学开始进行汉字教育。

5．李炳汉发表《汉诗批评的体例研究》，金学主发表《汉代诗研究》。

6．李家源教授今译的《绘图西厢记》出版。

二、书（文）目录

1. 居尚元译：《新编中国文学史》，文理社，1974年。
（거상원 역：『新编中国文学史』，문리사，1974.）
2. 景仁文化社：《中国人名大辞典》（上、下），景仁文化社，1974年。
（경인문화사：『中國人名大辭典．上，下』，경인문화사，1974.）
3. 容闳著，权熙哲译：《西学东渐记》，乙酉文化社，1974年。
（容闳 저，권희철 역：『西學東漸記』，을유문화사，1974.）
4. 金敬琢译：《列子》，韩国自由教育协会，1974年。
（김경탁 역：『列子』，한국자유교육협회，1974.）
5. 金光洲译：《西游记》（上、下），正音社，1974年。
（김광주 역：『西遊記．上，下』，정음사，1974.）
6. 金丘庸译：《菜根谭》，正音社，1974年。
（김구용 역：『菜根譚』，정음사，1974.）
7. 金贵达编著：《中国语文法・会话》，进明文化社，1974年。
（김귀달 편역：『中國語文法會話』，진명문화사，1974年.）
8. 金东里译：《水浒志》，三省出版社，1974年。
（김동리 역：『水滸誌』，삼성출판사，1974.）
9. 金永寿译：《诸子百家》，学园出版公社，1974年。
（김영수 역：『諸子百家』，학원출판공사，1974）
10. 金容燮译：《菜根谭》，博英社，1974年。
（김용섭 역：『菜根譚』，박영사，1974.）
11. 金泰勇：《中国针术全书》，杏林书院，1974年。
（김태영：『中國鍼術全書』，행림서원，1974.）
12. 金学主：《汉代诗研究》，广文出版社，1974年。
（김학주：『한대시연구』，광문출판사，1974年.）
13. 南晚星译：《新译论语》，刊地不详，1974年。
（남만성 역：『新譯論語』，발행지 미상，1974年.）
14. 鲁迅：《世界散文文学全集（7）：中国篇》，东西出版社，1974年。

（노신：『世界에세이文學全集．7：中國篇』，동서출판사，1974 年．）

15．卢台俊：《菜根谭》，弘新文化社，1974 年。

（노태준：『菜根譚』，홍신문화사，1974．）

16．檀国大学中国语文学系：《中国文学报》，檀国大学出版部，1974 年。

（단국대학교 중국어중국문학과：『中國文學報』，단국대학교출판부，1974．）

17．都珖淳译：《菜根谭》（第 71 册），文艺出版社，1974 年。

（도광순 역：『菜根譚．v.71』，문예출판사，1974．）

18．陶渊明：《世界诗人选（43）：归去来兮辞》，民音社，1974 年。

（도연명：『世界詩人選．43：歸去來兮辭』，민음사，1974．）

19．董解元译：《西厢记》，一志社，1974 年。

（동해원 역：『西廂記』，일지사，1974．）

20．万国政：《（中西对照）中国历史纪年表》，学海出版社，1974 年。

（만국정：『（中西對照）中國歷史紀年表』，학해출판사，1974．）

21．文璇奎译：《史记列传》（2），韩国自由教育协会，1974 年。

（문선규 역：『사기열전．2』，한국자유교육협회，1974．）

22．文化财管理藏书阁：《藏书阁图书中国版总目录》，藏书阁，1974 年。

（문화재관리국장서각：『藏書閣圖書中國版總目錄』，장서각，1974．）

23．朴一峰译：《菜根谭》，育文社，1974 年。

（박일봉 역：『菜根譚』，육문사，1974．）

24．朴钟和译：《（完译）三国志》（第 2—4 卷），语文阁，1974 年。

（박종화 역：『（完譯）三國志．第 2-4 卷』，어문각，1974．）

25．庄子著，宋东壬译：《诸子百家（2）：庄子》（上、下），玄岩社，1974 年。

（장자 저，송동임 역：『諸子百家．2：장자．上，下』，현암사，1974．）

26．钱穆著，辛胜夏译：《中国历代政治的得失》，博英社，1974 年。

（전목 저，신승하 역：『中國歷代政治의 得失』，박영사，1974．）

27．傅乐成著，辛胜夏译：《中国通史》（上），宇钟社，1974 年。

（부낙성 저，신승하 역：『中國通史．上』，우종사，1974．）

28．译者不详：《红楼梦》，徽文出版社，1974 年。

（역자 미상：『紅樓夢』，휘문출판사，1974.）

29．禹玄民译：《孙子兵法》，瑞文堂，1974年。
（우현민 역：『孫子兵法』，서문당，1974.）

30．尹永春译：《林语堂新作随笔集》，瑞文堂，1974年。
（윤영춘 역：『林語堂新作에세이集』，서문당，1974.）

31．尹永春：《现代中国文学史》（129），瑞文堂，1974年。
（윤영춘：『現代中國文學史．129』，서문당，1974.）

32．李家源：《西厢记：阮堂译本及汉文原典并刊》，一志社，1974年。
（이가원：『西廂記：阮堂译本 및 漢文原典幷刊』，일지사，1974.）

33．李家源：《西厢记译注》（第22册），一志社，1974年。
（이가원：『西廂記譯注．v.22』，일지사，1974.）

34．梁启超著，李桂柱译：《中国古典入门》，三成文化财团，1974年。
（양계초 저，이계주 역：『中國古典入門』，삼성문화재단，1974.）

35．李民树译：《（新译）孟子》，瑞文堂，1974年。
（이민수 역：『（新譯）孟子』，서문당，1974.）

36．梁启超著，李民树译：《中国文化思想史》，正音社，1974年。
（양계초 저，이민수 역：『中國文化思想史』，정음사，1974.）

37．李民树：《四书三经入门》，瑞文堂，1974年。
（이민수：『四书三经入门』，서문당，1974.）

38．李丙畴：《（随笔集）岁寒图》，探求堂，1974年。
（이병주：『（随笔集）岁寒图』，탐구당，1974.）

39．李炳汉：《汉诗批评的体例研究》，通文馆，1974年。
（이병한：『漢詩批評의 體例研究』，통문관，1974.）

40．李锡浩：《大学汉文》，日新社，1974年。
（이석호：『大学汉文』，일신사，1974.）

41．李锡浩：《东洋的古典》，日新社，1974年。
（이석호：『동양의 고전』，일신사，1974.）

42．李元燮译：《墨子》，玄岩社，1974年。
（이원섭 역：『墨子』，현암사，1974.）

43．李元燮：《诸子百家（4）：列子·管子》，玄岩社，1974 年。

（이원섭：『諸子百家．4：列子，管子』，현암사，1974．）

44．李乙浩译：《（韩文）论语》，博英社，1974 年。

（이을호 역：『（한글）論語』，박영사，1974．）

45．李种恩译：《论语》，正音社，1974 年。

（이종은 역：『論語』，정음사，1974．）

46．钱穆著，李钟灿译：《中国文化史》，东文出版社，1974 年。

（전목 저，이종찬 역：『中國文化史』，동문출판사，1974．）

47．李钟学译：《孙子兵法》，博英社，1974 年。

（이종학 역：『孫子兵法』，박영사，1974．）

48．李周洪：《中国的民谭》（1—12），东西文化社，1974 年。

（이주홍：『中國의 民譚．1–12』，동서문화사，1974．）

49．胡云翼著，张基槿译：《中国文学史》，大韩教科书株式会社，1974 年。

（호운익 저，장기근 역：『中國文學史』，대한교과서주식회사，1974．）

50．张基槿：《（新亚）中国语》，第一文化社，1974 年。

（장기근：『（新亞）中國語』，제일문화사，1974．）

51．张基槿：《中国的神话》，乙酉文化社，1974 年。

（장기근：『中国의 神話』，을유문화사，1974．）

52．郑南水译：《菜根谭》，三省堂，1974 年。

（정남수 역：『菜根譚』，삼성당，1974．）

53．郑成焕：《世界文学随笔全集 7：中国篇》，东亚出版社，1974 年。

（정성환：『세계에세이문학전집．7：중국편』，동아출판사，1974．）

54．赵芝薰：《东洋的名著（1）：菜根谭》，玄岩社，1974 年。

（조지훈：『東洋의 名著．1：菜根譚』，현암사，1974．）

55．论述资料保存会：《中国关系论述资料集：历史 I·政治 I·经济 I（第 9 卷）》，论述资料保存会，1974 年。

（논설자료보전회：『중국관계논설자료집：역사 I．정치 I．경제 I．제 9 권』，논설자료보전회，1974．）

56．论述资料保存会：《中国关系论述资料集：历史 I·政治 I·经济 I（第

10 卷)》，论述资料保存会，1974 年。

（논설자료보전회：『중국관계논설자료집：역사 I. 정치 I. 경제 I. 제 10 권』，논설자료보전회，1974.)

57. 池荣在编译：《中国诗歌选》，乙酉文化社，1974 年。

（지영재 편역：『中國詩歌選』，을유문화사，1974.）

58. 池荣在：《艺峰类说》，探求堂，1974 年。

（지영재：『艺峯类说』，탐구당，1974.）

59. 池荣在：《典录通考》，法制处，1974 年。

（지영재：『典录通考』，법제처，1974.）

60. 车相辕：《(新编)中国文学史》，文理社，1974 年。

（차상원：『(新編)中國文學史』，문리사，1974.）

61. 车相辕：《中国文学史》（全 2 卷），文理社，1974 年。

（차상원：『중국문학사 . 전 2 권』，문리사，1974.）

62. 车相辕：《中国古典文学评论史》，泛学图书，1974 年。

（차상원：『중국고전문학평론사』，범학도서，1974.）

63. 车柱环译：《孟子》，乙酉文化社，1974 年。

（차주환 역：『맹자』，을유문화사，1974.）

64. 崔暎海译：《(完译)水浒传》，正音社，1974 年。

（최영해 역：『(完譯)水滸傳』，정음사，1974.）

65. 崔暎海译：《三国志》（下），正音社，1974 年。

（최영해 역：『三國志 . 下』，정음사，1974.）

66. 汉阳大学附设国学研究院：《论语谚解》，汉阳大学校附设国学研究院，1974 年。

（한양대학교 부설국학연구원：『論語諺解』，한양대학교부설국학연구원，1974.）

67. 许世旭：《中国文化丛说》，新志社，1974 年。

（허세욱：『中國文化叢說』，신지사，1974.）

68. 洪元植：《黄帝内经》，高文社，1974 年。

（홍원식：『황제내경』，고문사，1974.）

69．黄坚：《（现代译）古文真宝》，弘新文化社，1974年。

（황견：『（現代譯）古文眞寶』，홍신문화사，1974.）

70．姜信沆：《四声通解研究》（国立汉城大学博士论文），1974年。

[강신항：『사성통해 연구』（서울대학교박사논문），1974.]

71．闵斗基：《清代绅士层的研究》（国立汉城大学博士论文），1974年。

[민두기：『清代 紳士層의 研究』（서울대학교박사논문），1974.]

72．孔在锡：《中国文学研究资料目录》，中国文学教材研究会，1974年。

（공재석：『中國文學研究資料目錄』，중국문학교재연구회，1974.）

73．李庸周：《韩国汉字词研究》，三英社，1974年。

（이용주：『韓國漢字語에 관한 研究』，삼영사，1974.）

三、备注

1. 1974年，汉阳大学中国问题研究所与苏联问题研究所合并，成为中苏研究所，为韩国的中国学研究和培养中国学专家发挥了积极的作用。1997年中苏研究所扩编，改名为亚太地区研究中心，该中心发行的《中苏研究》获得了研究中国和俄罗斯的权威学术杂志的认可。

2. 进入20世纪90年代以后，除汉阳大学的中苏研究所（后改名为亚太地区研究所）等研究机构以外，国立汉城大学的社会科学研究所、西江大学的东亚研究所、延世大学的东西研究所、庆南大学的远东问题研究所等研究机构也开始积极进行有关中国的研究。

3. 韩国著名汉学家李家源教授对金正喜的译文做了今译，并将1917年扫叶山房石印本《绘图西厢记》的汉文分段附于金文之后，三者加以对刊，由一志社出版。

4. 在诗学理论方面产生两部专著：李炳汉的《汉诗批评的体例研究》（通文馆，1974）和金学主的《汉代诗研究》（广文出版社，1974）。前者分析论证中国古典诗歌批评体例特征及其演变过程，以系统周密著称；后者分析汉代韵文的时代特色及其流变，以论证严密为特色，对韩国汉诗研究的现代化皆起到奠基和导向作用。

5.《关于在初中、高中教科书中并用汉字的方针》指出"在国语、国史教科书中并用汉字,从76学年度起扩展到全部教科书中"。对汉字教育方案,当局阐明了两个前提:其一是实施汉字教育的根本目的不在阅读古文,而在理解韩、汉文混用的报纸、杂志和专业书籍;其二是利用人名、地名等来增强学习效果。所需的汉字,在1800字外可再增加10%的量。"韩国语文教育研究会"发表声明支持这一方针,而韩文学会发表建议书要求中止汉字教育。

6.李庸周在《关于韩国汉语词汇语汇论机能的研究》中,对韩国语汉字形容词和固有形容词从静态的性质、状态、运动的性质、感觉对象等十个方面的分工进行论述。

公元 1975 年

一、大事记

1.清州大学创办中语中文系。
2.政府改正教科书的体系,准许汉文以外的教科书上也可以韩汉并用。
3.国立汉城大学中国语文学系更名为"中语中文系",所属也从文理学院文学部更名为"人文学院"。

二、书(文)目录

1.居尚元:《中国古典文学评论史》,泛学图书,1975年。
(거상원:『中國古典文學評論史』,범학도서,1975.)

2.桂明源译:《论语》,三中堂,1975年。
(계명원 역:『論語』,삼중당,1975.)

3.具素青:《东洋谐谑野谈全集:中国编(1)》,玄文社,1975年。
(구소청:『東洋諧謔野談全集:中國編.1』,현문사,1975.)

4. 权德周：《大学中国语》，淑明女子大学出版部，1975 年。

（권덕주 :『大學中國語』, 숙명여자대학교출판부, 1975.）

5. 金敬琢译：《老子》，明知大学出版部，1975 年。

（김경탁 역 :『老子』, 명지대학교출판부, 1975.）

6. 金敬琢译：《论语·中庸·大学》，明知大学出版部，1975 年。

（김경탁 역 :『論語, 中庸, 大學』, 명지대학교출판부, 1975.）

7. 金敬琢译：《孟子》，明知大学出版部，1975 年。

（김경탁 역 :『孟子』, 명지대학교출판부, 1975.）

8. 金敬琢译：《列子》，明知大学出版部，1975 年。

（김경탁 역 :『列子』, 명지대학교출판부, 1975.）

9. 金光洲译：《（新译）水浒传》（6），瑞文堂，1975 年。

（김광주 역 :『（新譯）水滸傳.6』, 서문당, 1975.）

10. 金顺任：《诸子百家》，自由教养推进会，1975 年。

（김순임 :『제자백가』, 자유교양추진회, 1975.）

11. 金永寿：《诸子百家》，东西文化社，1975 年。

（김영수 :『제자백가』, 동서문화사, 1975.）

12. 林莽编，金喆洙译注：《中国新文学 20 年》，泛学图书，1975 年。

（林莽 편, 김철수 역주 :『中國新文學 20 年』, 범학도서, 1975.）

13. 金八峰译：《完译八峰水浒志》（第 1—5 卷），语文阁，1975 年。

（김팔봉 역 :『完譯八峰水滸誌.제 1-5 권』, 어문각, 1975.）

14. 金学主：《中国文学叙说》，泛学图书，1975 年。

（김학주 :『중국문학서설』, 범학도서, 1975.）

15. 金学主、丁范镇：《中国文学史》，泛学图书，1975 年。

（김학주, 정범진 :『中國文學史』, 범학도서, 1975.）

16. 金浩成、金光洲译：《西游记》，豊成阁，1975 年。

（김호성, 김광주역 :『西遊記』, 풍성각, 1975.）

17. 马元台：《黄帝内经素问》，教育周报社，1975 年。

（마원대 :『黃帝內經素問』, 교육주보사, 1975.）

18. 朴钟和：《完译月滩三国志》（第 1—5 卷），语文阁，1975 年。

（박종화 역：『完譯月灘 三國志．제 1-5 권』，어문각，1975．）

19．白煜基：《黄帝内经解释》，高文社，1975 年。

（백윤기：『황제내경 해석』，고문사，1975．）

20．善永：《中国儿童文学》，盛林文化社，1975 年。

（선용：『중국아동문학』，성림문화사，1975．）

21．宋在禄：《中国语会话册》，问题与研究社，1975 年。

（송재록：『中國語會話冊』，問題와研究社，1975．）

22．宋贞姬译：《墨子》，明知大学出版部，1975 年。

（송정희 역：『墨子』，명지대학출판부，1975．）

23．陶渊明著，译者不详：《归去来兮辞：陶渊明诗选》，民音社，1975 年。

（도연명 저，역자 미상：『歸去來兮辭：陶淵明詩選』，민음사，1975．）

24．译者不详：《庄子》，景仁文化社，1975 年。

（역자 미상：『莊子』，경인문화사，1975．）

25．禹玄民译：《三国志》，博英社，1975 年。

（우현민 역：『三國志』，박영사，1975 年．）

26．冯友兰著，柳昌勋译：《中国哲学史》，世音社，1975 年。

（풍우란 저，유창훈 역：『中國哲學史』，세음사，1975．）

27．李家源：《中国文学思潮史》，一潮阁，1975 年。

（이가원：『中國文學思潮史』，일조각，1975．）

28．李民树：《新译书经》，瑞文堂，1975 年。

（이민수：『新譯書經』，서문당，1975 年．）

29．李民树：《韩国汉文小辞典》，瑞文堂，1975 年。

（이민수：『韓國漢文小辭典』，서문당，1975．）

30．李炳汉：《山中问答：李白诗选》，民音社，1975 年。

（이병한：『山中問答：李白詩選』，민음사，1975．）

31．李元燮译：《墨子》，玄岩社，1975 年。

（이원섭 역：『묵자』，현암사，1975．）

32．李元燮译：《墨子》，正韩出版社，1975 年。

（이원섭 역：『墨子』，정한출판사，1975．）

33. 李元燮译:《诸子百家（4）: 列子・管子》, 玄岩社, 1975 年。

（이원섭 역:『諸子百家. 4: 列子, 管子』, 현암사, 1975.）

34. 李允中:《（最新）汉语会话》, 新雅社, 1975 年。

（이윤중:『（最新）中國語會話』, 신아사, 1975.）

35. 李章佑选注:《中国历代散文选》, 新雅社, 1975 年。

（이장우 선주:『中國歷代散文選』, 신아사, 1975.）

36. 李周洪译:《中国民谭选》, 正音社, 1975 年。

（이주홍 역:『中國民譚選』, 정음사, 1975.）

37. 李周洪编译:《中国风流滑稽谭》, 正音社, 1975 年。

（이주홍 편역:『中國風流滑稽譚』, 정음사, 1975.）

38. 李汉祚:《圃隐集・冶隐集・陶隐集》, 大洋书籍, 1975 年。

（이한조:『圃隐集・冶隐集・陶隐集』, 대양서적, 1975.）

39. 印泰星:《庭院植歌: 陶渊明・杜甫・李白》, 学力开发社, 1975 年。

（인태성:『전원에 노래를 심다: 도연명, 두보, 이백』, 학력개발사, 1975.）

40. 商辂:《资治通鉴纲目续》, 景文社, 1975 年。

（商辂:『資治通鑑綱目續』, 경문사, 1975.）

41. 张基槿编著:《中国古典汉诗人选（1）: 李太白》, 大宗出版社, 1975 年。

（장기근 편저:『中國古典漢詩人選. 1: 李太白』, 대종출판사, 1975.）

42. 张基槿编著:《中国古典汉诗人选（2）: 杜甫》, 大宗出版社, 1975 年。

（장기근 편저:『中國古典漢詩人選. 2: 杜甫』, 대종출판사, 1975.）

43. 张基槿编著:《中国古典汉诗人选（3）: 陶渊明》, 大宗出版社, 1975 年。

（장기근 편저:『中國古典漢詩人選. 3: 陶淵明』, 대종출판사, 1975.）

44. 张基槿编著:《中国古典汉诗人选（4）白乐天》, 大宗出版社, 1975 年。

（장기근 편저:『中國古典漢詩人選. 4: 白樂天』, 대종출판사, 1975.）

45. 张基槿:《中国神话》, 太宗出版社, 1975 年。

（장기근:『中國神話』, 태종출판사, 1975.）

46. 郑钟复:《诸子百家选》, 集文堂, 1975 年。

（정종복:『諸子百家選』, 집문당, 1975.）

47. 赵钟业：《汉文通译》，萤雪出版社，1975 年。
（조종업 : 『漢文通釋』, 형설출판사, 1975.）
48. 赵芝薰译：《东洋名著（1）：菜根谭》，正韩出版社，1975 年。
（조지훈 역 : 『東洋의 名著.1 : 채근담』, 정한출판사, 1975.）
49. 池荣在编译：《中国诗歌集》，乙酉文化社，1975 年。
（지영재 편역 : 『中國詩歌集』, 을유문화사, 1975.）
50. 陈泰夏：《鸡林类事研究》，光文出版社，1975 年。
（진태하 : 『雞林類事研究』, 광문출판사, 1975.）
51. 车相辕：《中国古典文学评论史》，泛学图书，1975 年。
（차상원 : 『中國古典文學評論史』, 범학도서, 1975.）
52. 车相辕：《世界散文文学全集（7）：中国篇》，东西出版社，1975 年。
（차상원 : 『世界에세이文學全集.7 : 中國篇』, 동서출판사, 1975.）
53. 车相辕：《中国古典文学评论史》，泛学图书，1975 年。
（차상원 : 『中國古典文學評論史』, 범학도서, 1975.）
54. 车柱环：《孔子》，三省出版社，1975 年。
（차주환 : 『孔子』, 삼성출판사, 1975.）
55. 车柱环：《唐乐研究》，泛学图书，1975 年。
（차주환 : 『唐樂研究』, 범학도서, 1975.）
56. 车柱环：《中庸·大学》，乙酉文库，1975 年。
（차주환 : 『中庸·大学』, 을유문고, 1975.）
57. 千世旭译：《水浒志》，玄文社，1975 年。
（천세욱 역 : 『水滸誌』, 현문사, 1975.）
58. 崔信浩：《汉文讲话》，玄岩社，1975 年。
（최신호 : 『漢文講話』, 현암사, 1975.）
59. 钱穆著，秋宪树译：《中国的历史精神》，延世大学出版部，1975 年。
（전목 저, 추헌수 역 : 『中國의 歷史精神』, 연세대학교출판부, 1975.）
60. 韩国自由教养推进会：《诸子百家》，韩国自由教养推进会，1975 年。
（한국자유교양추진회 : 『諸子百家』, 한국자유교양추진회, 1975.）
61. 韩国中国学会：《中国学丛书》（1—10），泛学图书，1975—1976 年。

（한국중국학회：『中國學叢書. 1-10』，범학도서，1975-1976.）

62. 洪元植：《黄帝内经素问解释》，高文社，1975 年。

（홍원식：『黃帝內經素問解釋』，고문사，1975.）

63. 项退结著，洪寅杓译：《中国民族性研究》，乙酉文化社，1975 年。

（項退結 저，홍인표 역：『中國民族性研究』，을유문화사，1975.）

64. 黄玲珠译：《菜根谭》，明文堂，1975 年。

（황영주 역：『荣根譚』，명문당，1975.）

65. 林莽、王平陵著，金喆洙、白正熙译：《中国新文学20年·30年文坛沧桑录》，泛学图书，1975 年。

（林莽，王平陵 저，김철수，백정희 역：『중국 신문학 20년·30년 문단 창상록』，범학도서，1975.）

66. 许正旭译注：《现代中国诗选》，民音社，1975 年。

（하정옥 역주：『현대중국시선』，민음사，1975.）

三、备注

1. 进入20世纪70年代后，政府大力推动韩文专用政策，但韩国语文教育会关于使用汉字的主张也寸步不让。相互协调的结果是政府在1972年8月确定并公布了初中、高中教育用基础汉字1800字，接着1974年7月又发表《初高中教科书汉字并记方针》，计划从1975学年开始初中、高中国语、国史教科书中并记汉字，1976学年开始扩大到所有教科书中。但是，韩汉文字并用方式只在学校内部被采用，社会生活中仍然通用韩汉文字混用方式。

2. 国立汉城大学中国语文学系更名为中语中文系后，该系出版的部分书籍（包括新编大学汉文以及中国语教材），因是在更名前编纂，即使在更名后再版，作者名称和出版机构也依然沿用原来的称号，即国立汉城大学中国语文学系。

公元 1976 年

一、大事记

1. 岭南大学开设中语中文系。

2. 9月，文教部推翻自己在 6 月发表的"若可能将从 1976 年起在小学实行汉字教育"的声明，不同意在小学进行汉字教育。

二、书（文）目录

1. 作者不详：《（标点校勘）二十五史》，景仁文化社，1976 年。

（작자 미상：『（標點校勘）二十五史』，경인문화사，1976 년.）

2. 居尚元：《故事名言名句事典：从古典中严格选出的现代人的金科玉条》，平凡社，1976 年。

（거상원：『故事名言名句事典：从古典中严格选出的现代人的金科玉条』，평범사，1976.）

3. 教育周报社：《黄帝内经素问》，成辅社，1976 年。

（교육주보사：『黃帝內經素問』，성보사，1976.）

4. 权德周译：《书经》，平凡社，1976 年。

（권덕주 역：『书经』，평범사，1976.）

5. 权德周译：《大同书：中国学术思想变迁의大势》，三省出版社，1976 年。

（권덕주 역：『大同書：中國學術思想變遷의 大勢』，삼성출판사，1976.）

6. 金光洲译：《新译三国志》（5 卷），瑞文堂，1976 年。

（김광주 역：『新譯三國志．5 卷』，서문당，1976.）

7. 金丘庸译：《完译丘庸列国志》（第 1—5 卷），语文阁，1976 年。

（김구용 역：『完譯丘庸列國志．제 1-5 권』，어문각，1976.）

8. 金东成译：《西游记》（中、下），乙酉文化社，1976 年。

(김동성 역 : 『西遊記.中, 下』, 을유문화사, 1976.)

9. 金东成译：《西游记》，乙酉文化社，1976 年。

（김동성 역 : 『西遊記』, 을유문화사, 1976. ）

10. 金时俊译：《赤壁赋》，民音社，1976 年。

（김시준 역 : 『赤壁賦』, 민음사, 1976. ）

11. 金两基：《中国古代思想》，宝文阁，1976 年。

（김양기 : 『중국고대사』, 보문각, 1976. ）

12. 金永寿译：《韩非子》，东西文化社，1976 年。

（김영수 역 : 『韓非子』, 동서문화사, 1976. ）

13. 金永寿译：《诸子百家》，东西文化社，1976 年。

（김영수 역 : 『諸子百家』, 동서문화사, 1976. ）

14. 金永寿译：《诸子百家》，东西文化社，1976 年。

（김영수 역 : 『諸子百家』, 동서문화사, 1976. ）

15. 朝鲜总督府著，金知泳译：《朝鲜史中国史料（朝鲜史编修会编）》，金泳出版社，1976 年。

（조선총독부 저, 김지영 역 : 『朝鮮史中國史料, 朝鮮史編修會編』, 김영출판사, 1976. ）

16. 陶渊明著，金学主译：《陶渊明诗选》，民音社，1976 年。

（도연명 저, 김학주 역 : 『陶淵明詩選』, 민음사, 1976. ）

17. 金学主、裴宗镐、安炳周译：《韩非子·荀子·墨子》，三省出版社，1976 年。

（김학주, 배종호, 안병주 역 : 『韓非子, 荀子, 墨子』, 삼성출판사, 1976. ）

18. 卢台俊译：《老子（道德经）》，弘新文化社，1976 年。

（노태준 역 : 『老子（道德經）』, 홍신문화사, 1976. ）

19. 卢台俊译：《菜根谭》，弘新文化社，1976 年。

（노태준 역 : 『菜根譚』, 홍신문화사, 1976. ）

20. 东京大学中国哲学教室：《中国哲学思想史》，全南大学出版部，1976 年。

（동경대학 중국철학교실 : 『中國哲學思想史』, 전남대학교출판부,

1976.）

21. 闵斗基：《中国近代史论：传统与其展开》，知识产业社，1976年。

（민두기：『中國近代史論：傳統과 그 展開』，지식산업사，1976.）

22. 朴永德：《文化史新论》，开文社，1976年。

（박영덕：『文化史新論』，개문사，1976.）

23. 范善均译：《孟子》，三省堂，1976年。

（범선균 역：『孟子』，삼성당，1976.）

24. 伏见冲敬著，释智贤译，李家源校阅：《书艺的历史：中国篇》（上、下），悦话堂，1976年。

（伏見冲敬 저，석지현 역，이가원 감수：『書藝의 歷史：中國篇．上，下』，열화당，1976.）

25. 申景濬：《族庵全书》，景仁文化社，1976年。

（신경준：『族庵全書』，경인문화사，1976.）

26. 辛夕汀：《唐诗》，正音社，1976年。

（신석정：『당시』，정음사，1976.）

27. 梁柱东编译：《三国志》，进贤书馆，1976年。

（양주동 편역：『삼국지』，진현서관，1976.）

28. 译者不详：《燕行录选集：国译》，民族文化推进会，1976年。

（역자 미상：『연행록 선집：국역』，민족문화추진회，1976.）

29. 冯友兰著，译者不详：《中国哲学史》，半岛文化社，1976年。

（풍우란 저，역자 미상：『中國哲學史』，반도문화사，1976.）

30. 译者不详：《菜根谭》，正音社，1976年。

（역자 미상：『菜根譚』，정음사，1976.）

31. 陶渊明著，禹玄民译：《陶渊明诗全集》（上、下），瑞文堂，1976年。

（도연명 저，우현민 역：『陶淵明詩全集．上，下』，서문당，1976.）

32. 尹圣范：《东西师道论》，乙酉文化社，1976年。

（윤성범：『東西師道論』，을유문화사，1976.）

33. 尹五荣：《新译荀子》，玄岩社，1976年。

（윤오영 역：『新譯荀子』，현암사，1976.）

34. 瞿佑著,李庆善译:《剪灯新话》,乙酉文化社,1976 年。
(구우 저, 이경선 역:『剪燈新話』, 을유문화사, 1976.)

35. 李庆善:《三国演义的比较文学研究》,一志社,1976 年。
(이경선:『삼국연의의비교문학연구』, 일지사, 1976.)

36. 李基奭译:《春秋左传》,弘新文化社,1976 年。
(이기석 역:『春秋左傳』, 홍신문화사, 1976.)

37. 李基奭、韩百愚译:《新译论语》,弘新文化社,1976 年。
(이기석, 한백우 역:『新譯論語』, 홍신문화사, 1976.)

38. 李基奭译:《诗经》,弘新文化社,1976 年。
(이기석 역:『詩經』, 홍신문화사, 1976.)

39. 李东乡:《李贺诗选》,民音社,1976 年。
(이동향:『李贺诗选』, 민음사, 1976.)

40. 李东欢译:《(新译)四书》(1—3),成均书馆,1976 年。
(이동환 역:『(新譯)四書.1-3』, 성균서관, 1976.)

41. 李民树译:《孟子》(1—2),瑞文堂,1976 年。
(이민수 역:『맹자.1-2』, 서문당, 1976.)

42. 梁启超著,李民树译:《中国文化思想家》,正音社,1976 年。
(양계초 저, 이민수 역:『중국 문화사상』, 정음사, 1976.)

43. 李民树:《高丽人物列传》,瑞文堂,1976 年。
(이민수:『高丽人物列传』, 서문당, 1976 年。)

44. 李民树:《诸子百家》,弘新文化社,1976 年。
(이민수:『諸子百家』, 홍신문화사, 1976.)

45. 李民树译:《大学·中庸·孝经》,平凡社,1976 年。
(이민수 역:『大學, 中庸, 孝經』, 평범사, 1976.)

46. 李丙畴:《杜诗比较文学的研究》,亚细亚文化社,1976 年。
(이병주:『杜詩 比較文學的 研究』, 아세아문화사, 1976.)

47. 李炳汉:《王维诗选》,民音社,1976 年。
(이병한:『王維詩選』, 민음사, 1976.)

48. 李商隐:《儒学与东洋文化》,泛学图书,1976 年。

（이상은：『儒學과 東洋文化』，범학도서，1976．）

49．李锡浩：《春秋左传》（上、中、下），平凡社，1976 年。

（이석호：『春秋左傳．上，中，下』，평범사，1976．）

50．李元燮译：《（新译）三经》，成均书馆，1976 年。

（이원섭 역：『（新譯）三經』，성균서관，1976．）

51．李周洪译：《中国古典文学全集：水浒志》，乙酉文化社，1976 年。

（이주홍 역：『中國古典文學全集：水滸誌』，을유문화사，1976．）

52．张基槿译：《论语》，泛友社，1976 年。

（장기근 역：『論語』，범우사，1976．）

53．张基槿译：《老子》，三省出版社，1976 年。

（장기근 역：『老子』，삼성출판사，1976．）

54．张基槿译：《论语》，平凡社，1976 年。

（장기근 역：『論語』，평범사，1976．）

55．张基槿译：《孟子》，平凡社，1976 年。

（장기근 역：『孟子』，평범사，1976．）

56．张基槿译：《西厢记》，三省出版社，1976 年。

（장기근 역：『西廂記』，삼성출판사，1976．）

57．张基槿译：《新制大学中国语》，新雅社，1976 年。

（장기근 역：『新制大學中國語』，신아사，1976．）

58．全寅初：《书经》，平凡社，1976 年。

（전인초：『書經』，평범사，1976．）

59．丁淳睦、李基奭译：《论语选》，培英社，1976 年。

（정순목，이기석 역：『論語選』，배영사，1976．）

60．丁淳睦、李基奭译：《孟子选》，培英社，1976 年。

（정순목，이기석 역：『孟子選』，배영사，1976．）

61．郑镇一：《中国哲学的源流：诸子百家》，朝鲜大学出版局，1976 年。

（정진일：『（중국철학의 원류）제자백가』，조선대학교출판국，1976．）

62．正韩出版社：《大世界史：古代中国（3）》，正韩出版社，1976 年。

（정한출판사：『대세계사：고대중국．3』，정한출판사，1976．）

63．曹斗铉：《汉诗的理解》，一志社，1976年。

（조두현：『漢詩의 理解』，일지사，1976.）

64．赵永基：《林语堂全集：生活的发现》，我们出版社，1976年。

（조영기：『林語堂全集生活의 發見』，우리출판사，1976.）

65．韩云庵：《中国哲学史思想评（全）》，圆觉社，1976年。

（한운암：『中國哲學史思想評．全』，원각사，1976.）

66．陈舜臣：《英雄的历史（2）：诸子百家》，松出版社，1976年。

（진순신：『영웅의 역사．2：제자백가』，솔출판사，1976.）

67．车柱环：《中国新文学评论选》，新雅社，1976年。

（차주환：『中國新文學評論選』，신아사，1976.）

68．许英桓：《中国现代诗选》，乙酉文化社，1976年。

（허세욱：『中國現代詩選』，을유문화사，1976.）

69．许英桓编著：《中国绘书的理解》，悦话堂，1976年。

（허영환 편저：『中國繪書의 理解』，열화당，1976.）

70．洪应明：《菜根谭讲义》，瑞文堂，1976年。

（홍응명：『菜根譚講義』，서문당，1976.）

71．黄元九：《中国思想源流》，延世大学出版部，1976年。

（황원구：『中國思想의 源流』，연세대학교출판부，1976.）

72．孔在熙：《汉字的字意学》，《檀苑》1976年。

（공재석：「漢字의 字意學」，『단원』，1976.）

三、备注

清州大学和岭南大学两校是地方大学中较早设立中语中文系的高校。其中岭南大学中语中文系以继承朝鲜王朝"岭南学派"的学风来建立汉学中心为教育目标，形成汉学研究生动活泼的新局面，同时大胆提出了重建新汉学的构思。岭南大学创办岭南中国语文学会，出版《中国语文学》，中语中文系出版了《中国语文学译丛》。

公元 1977 年

一、大事记

1．8月18日，朴正熙总统指出："删除现实生活中常用的汉字，这种极端的主张当然不对，但是欲扩大目前使用的数量也不合适。"

2．韩文学会认为，为了发展和弘扬韩国固有的民族文化，同时为了加速民族文化的现代化进程，只应使用韩文。

3．韩国语文教育研究会等希望恢复从小学起进行汉字教育并编撰韩汉文字混用教科书。

4．郑世铉发表《近代中国民族运动史研究》。

二、书（文）目录

1．孔在锡：《现代中国语语法》，民众书馆，1977年。
（공재석：『現代中國語語法』，민중서관，1977．）

2．金敬琢译：《老子》，玄岩社，1977年。
（김경탁 역：『老子』，현암사，1977．）

3．金敬琢：《中国哲学概论（增补版）》，泛学图书，1977年。
（김경탁：『中國哲學槪論／增補版』，범학도서，1977．）

4．金光洲译：《西游记》（上、中、下），正音社，1977年。
（김광주 역：『西遊記．上，中，下』，정음사，1977．）

5．金丘庸译：《（完译丘庸）列国志》（1—5），语文阁，1977年。
（김구용 역：『（完譯丘庸）列國志．1-5』，어문각，1977．）

6．金东成译：《西游记》，乙酉文化社，1977年。
（김동성 역：『西遊記』，을유문화사，1977．）

7．金莹洙译：《诸子百家》，东西文化社，1977年。
（김영수 역：『諸子百家』，동서문화사，1977．）

8. 金涌：《云川全集》，景仁文化社，1977 年。

（김용：『雲川全集』，경인문화사，1977.）

9. 金钟武：《诸子百家》（上），三成文化财团，1977 年。

（김종무：『諸子百家．上』，삼성문화재단，1977.）

10. 金忠烈：《中国哲学散稿》，泛学图书，1977 年。

（김충렬：『中國哲學散稿』，범학도서，1977.）

11. 金学主译：《墨子：新译》，明文堂，1977 年。

（김학주 역：『墨子：新譯』，명문당，1977.）

12. 金学主、裴宗镐、安炳周译：《韩非子·荀子·墨子》，三省出版社，1977 年。

（김학주，배종호，안병주 역：『韓非子，荀子，墨子』，삼성출판사，1977.）

13. 金学主：《中国文学概论》，新雅社，1977 年。

（김학주：『中國文學概論』，신아사，1977.）

14. 文璇奎：《中国言语学概论》，世运文化社，1977 年。

（문선규：『中國言語學概論』，세운문화사，1977.）

15. 作者不详：《菜根谭详解》，智强书局，1977 年。

（작자 미상：『菜根譚詳解』，지강서국，1977.）

16. 作者不详：《中国古典文学选集》（4—12），正音社，1977 年。

（작자 미상：『中國古典文學選集．4-12』，정음사，1977.）

17. 南晚星译：《诸子百家（5）：韩非子》，玄岩社，1977 年。

（남만성 역：『諸子百家．5：韓非子』，현암사，1977.）

18. 南晚星译：《诸子百家（8）：孙子》，玄岩社，1977 年。

（남만성 역：『諸子百家．8：孫子』，현암사，1977.）

19. 安东林：《诸子百家》（第 2 册），玄岩社，1977 年。

（안동림：『諸子百家．v.2』，현암사，1977.）

20. 安东林：《诸子百家》（第 3 册），玄岩社，1977 年．

（안동림：『諸子百家．v.3』，현암사，1977.）

21. 李元燮：《诸子百家》（第 4 册），玄岩社，1977 年。

（이원섭：『諸子百家.v.4』，현암사，1977.）

22. 李元燮：《诸子百家》（第 7 册），玄岩社，1977 年。

（이원섭：『諸子百家.v.7』，현암사，1977.）

23. 金光洲译：《新译三国志》（2 卷），瑞文堂，1977 年。

（김광주 역：『新譯三國志.2 卷』，서문당，1977.）

24. 金忠烈：《中国哲学散稿》，泛学图书，1977 年。

（김충렬：『中國哲學散稿』，범학도서，1977.）

25. 金敬琢：《诸子百家》（第 1 册），玄岩社，1977 年。

（김경탁：『諸子百家.v.1』，현암사，1977.）

26. 都珖淳译：《（新译）菜根谭》，文艺出版社，1977 年。

（도광순 역：『（新譯）菜根譚』，문예출판사，1977.）

27. 都珖淳译：《新译论语》，文艺出版社，1977。

（도광순 역：『新譯論語』，문예출판사，1977.）

28. 钱穆著，秋宪树译：《中国的历史情神》，延世大学出版部，1977 年。

（전목 저，추헌수 역：『中國의 歷史情神』，연세대학교출판부，1977.）

29. 许英桓：《绘画（9）：中国绘画》，韩国民族美术研究所，1977 年。

（허세욱：『繪畫.9：中國繪畫』，한국민족미술연구소，1977.）

30. 梦笔生：《金瓶梅》，乙酉文化社，1977 年。

（몽필생：『金瓶梅』，을유문화사，1977.）

31. 文璇奎：《中国语文学概论》，世运文化社，1977 年。

（문선규：『中國語 文學槪論』，세운문화사，1977.）

32. 白承吉：《中国美术世界：绘画与书法》，悦话堂，1977 年。

（백승길：『中國美術의 世界：繪畫와 書藝』，열화당，1977.）

33. 柏杨：《中国历史年表》（上—下册），盛光出版社，1977 年。

（백양：『中國歷史年表.上－下册』，성광출판사，1977.）

34. 司马光著，译者不详：《资治通鉴今注》，京文社，1977 年。

（사마광 저，역자 미상：『資治通鑑今註』，경문사，1977.）

35. 徐贤峰：《有趣的诸子百家故事》，博友社，1977 年。

（서현봉 : 『재미있는 諸子百家 이야기』, 박우사, 1977. ）

36. 成宜济：《明清小说选》，泛学图书，1977 年。

（성의제 : 『明淸小說選』, 범학도서, 1977. ）

37. 淑明女子大学中国语文学系：《中文学报》，淑明女子大学中国语文学系，1977 年。

（숙명여자대학교 중국어중문학과 : 『中文學報』, 숙명여자대학교 중국어중문학과, 1977. ）

38. 安东林译：《庄子》，玄岩社，1977 年。

（안동림 역 : 『莊子』, 현암사, 1977. ）

39. 王冰：《黄帝内经素问：灵枢》，文光图书有限公司，1977 年。

（왕빙 : 『黃帝內經素問 : 靈樞』, 문광도서유한공사, 1977. ）

40. 王性淳：《（丽韩）十家文抄》，民族文化推进会，1977 年。

（왕성순 : 『（국역）여한십문초』, 민족문화추진회, 1977. ）

41. 禹玄民：《诸子百家的名言》，创造社，1977 年。

（우현민 : 『諸子百家의 名言』, 창조사, 1977. ）

42. 禹玄民译：《庄子》，博英社，1977 年。

（우현민 역 : 『莊子』, 박영사, 1977. ）

43. 尹五荣译：《墨子》，玄岩社，1977 年。

（윤오영 역 : 『墨子』, 현암사, 1977. ）

44. 尹五荣译：《诸子百家》（第 6 册），玄岩社，1977 年。

（윤오영 역 : 『諸子百家 . v.6』, 현암사, 1977. ）

45. 李民树：《新译诸子百家》，弘新文化社，1977 年。

（이민수 : 『新譯諸子百家』, 홍신문화사, 1977. ）

46. 李宗洞：《资治通鉴今注：汉记·魏记·晋记·宋记》，京文社，1977 年。

（이종동 : 『資治通鑑 今註 : 漢記魏記晉記宋記』, 경문사, 1977. ）

47. 李周洪译：《金瓶梅》（上、下），正音社，1977 年。

（이주홍 역 : 『金瓶梅 . 上, 下』, 정음사, 1977. ）

48. 李周洪译：《水浒志》，乙酉文化社，1977 年。

（이주홍 역 : 『水滸誌』, 을유문화사, 1977. ）

49．李周洪：《诸子百家》（12），东西文化社，1977 年。

（이주홍：『諸子百家．12』，동서문화사，1977．）

50．张基槿译：《中国古典汉诗人选（4）：白乐天》，太宗出版社，1977 年。

（장기근 역：『中國古典漢詩人選．4：白樂天』，태종출판사，1977．）

51．张基槿译：《李太白》，太宗出版社，1977 年。

（장기근 역：『李太白』，태종출판사，1977．）

52．张基槿译：《杜甫》，太宗出版社，1977 年。

（장기근 역：『杜甫』，태종출판사，1977．）

53．郑南水译：《战国策》，一志社，1977 年。

（정남수 역：『戰國策』，일지사，1977．）

54．冯友兰著，郑仁在译：《中国哲学史料集》，萤雪出版社，1977 年。

（풍우란 저，정인재 역：『中國哲學史料集』，형설출판사，1977．）

55．郑钟复：《诸子百家选》，集文堂，1977 年。

（정종복：『諸子百家選』，집문당，1977．）

56．郑澈译：《大白若辱——东方的塔木德：诸子百家》，今天，1977 年。

（정철 역：『참으로 횐것은 때문어 보인다：동양의 탈무드—제자백가』，오늘，1977．）

57．左丘明：《诸子百家》，韩国自由教育协会，1977 年。

（좌구명：『제자백가』，한국자유교육협회，1977．）

58．作者不详：《中国古典文学选集》，乙酉文化社，1977 年。

（작자 미상：『중국고전문학선집』，을유문화사，1977．）

59．中国语教材编纂委员会：《（新制）大学中国语》，新雅社，1977 年。

（중국어 교재편찬위원회：『（新制）大學中國語』，신아사，1977．）

60．陈寿译：《（标点校勘）三国志》（全），景仁文化社，1977 年。

（진수 역：『（標點校勘）三國志．全』，경인문화사，1977．）

61．崔暎海译：《三国志》（上、下），正音社，1977 年。

（최영해 역：『三國志．上，下』，정음사，1977．）

62．崔暎海译：《水浒传》（上、下），正音社，1977 年。

（최영해 역：『水滸傳．上，下』，정음사，1977．）

63．崔暎海译：《西游记》（第 10 卷），正音社，1977 年。

（최영해 역：『西遊記．v.10』，정음사，1977．）

64．韩国外国语大学：《自由中国的精神教育内容分析》，韩国外国语大学中国问题研究所，1977 年。

（한국외국어대학：『自由中國의 精神教育內容分析』，한국외국어대학교 중국문제연구소，1977．）

65．洪硕辅译：《史记列传》，三省出版社，1977 年。

（홍석보 역：『史記列傳』，삼성출판사，1977．）

66．洪淳昶：《历史的思索：白初随想录》，萤雪出版社，1977 年。

（홍순창：『歷史的思索：白初隨想錄』，형설출판사，1977．）

67．车相辕、车柱环、张基槿：《中国文学史》，明文堂，1977。

（차상원，차주환，장기근，『중국문학사』，명문당，1977．）

68．郑世铉：《近代中国民族运动史研究》，一志社，1977 年。

（정세현：『근대 중국민족운동사 연구』，일지사，1977．）

69．金学主译：《书经》，明知大学出版部，1977 年。

（김학주 역：『書經』，명지대학교출판부，1977．）

三、备注

郑世铉的《近代中国民族运动史研究》在学术上有一些突破。他集中谈到孙中山的革命活动，其中把重点放在孙中山和会党之间的联系及在革命运动过程中会党所起的作用。但是，由于受冷战的影响，韩国的中国史研究者获取资料具有相当的局限性。郑世铉主要利用了冯自由的《革命逸史》、邹鲁的《中国国民党史》等中国台湾发行的资料，这成为限制其研究视角的主要原因之一。

公元 1978 年

一、大事记

1. 韩国史编纂委员会影印《同文汇考》。

2. 崔晶妍发表《辛亥革命与清朝》，客观地分析了清朝改革运动（即新政）的失败原因。

3. 韩国中语中文协会成立。

二、书（文）目录

1. 金钟武：《诸子百家》（下），三成文化财团，1978 年。
（김종무：『諸子百家．下』，삼성문화재단，1978．）

2. 金夏中译：《水浒传》（53），金星出版社，1978 年。
（김하중 역：『水滸傳．53』，금성출판사，1978．）

3. 金学主：《孔子的生平与思想》，太阳文化社，1978 年。
（김학주，『공자의 생평 및 사상』，태양문화사，1978．）

4. 金学主：《老子与道家思想》，太阳文化社，1978 年。
（김학주：『老子와 道家思想』，태양문화사，1978．）

5. 都珖淳译：《文艺文库（71）：菜根谭》，文艺出版社，1978 年。
（도광순 역：『文藝文庫．71：菜根譚』，문예출판사，1978．）

6. 朴星来编著：《中国科学的思想：中国为何没有科学？》，电波科学社，1978 年。
（박성래 편저：『中國科學의 思想：中國에는 왜 科學이 없었던가？』，전파과학사，1978．）

7. 成元庆、陈泰夏：《中国语教本：大学教养用》，曙光社，1978 年。
（성원경，진태하：『中國語教本：大學教養用』，서광사，1978．）

8. 成元庆：《中国古典中改变历史的女性》，曙光社，1978 年。

（성원경 :『中國古典속의 歷史를 주름 잡은 여인들』, 서광사, 1978.）

9. 孙诒让译：《墨子间诂》，三贵文化社，1978 年。

（손이양 역 :『墨子閒詁』, 삼귀문화사, 1978.）

10. 宋在禄：《中国语会话册：续编》，问题与研究社，1978 年。

（송재록 :『中國語會話冊 : 續編』, 問題와研究社, 1978.）

11. 梁东淑：《实用中国语》，新雅社，1978 年。

（양동숙 :『實用中國語』, 신아사, 1978.）

12. 译者不详：《管子汇考・晏子春秋》，慧丰学会，1978 年。

（역자 미상 :『관자휘고 . 안자춘추』, 혜풍학회, 1978.）

13. 译者不详：《诸子百家》（1—2），弗咸文化社，1978 年。

（역자 미상 :『諸子百家 . 1-2』, 불함문화사, 1978.）

14. 译者不详：《红楼梦》（1），外文出版社，1978 年。

（역자 미상 :『홍루몽 . 1』, 외국문출판사, 1978.）

15. 吴海镇：《中国历史故事》（1），国立编译馆，1978 年。

（오해진 :『中國歷史故事 . 1』, 국립편역관, 1978.）

16. 禹玄民译：《博英文库（114）：老子》，博英社，1978 年。

（우현민 역 :『博英文庫 . 114 : 老子』, 박영사, 1978.）

17. 禹玄民：《诸子百家的名言》，创造社，1978 年。

（우현민 :『諸子百家의 名言』, 창조사, 1978.）

18. 刘若愚：《中国文学理论的世界》，泛学社，1978 年。

（유약우 :『中國文學의 理論』, 법학사, 1978.）

19. 刘若愚：《中国文学的理解》，泛学图书，1978 年。

（유약우 :『중국문학의 이해』, 법학도서, 1978.）

20. 尹永春译：《墨子》，徽文出版社，1978 年。

（윤영춘 역 :『墨子』, 휘문출판사, 1978.）

21. 李庆善：《三国演义的比较文学研究》，一志社，1978 年。

（이경선 :『삼국연의의비교문학연구』, 일지사, 1978.）

22. 李元燮：《玄岩新书（22）：唐诗》，玄岩社，1978 年。

（이원섭 :『玄岩新書 . 22 : 唐詩』, 현암사, 1978.）

23．王梦鸥著，李章佑译：《中国文学的综合理解》，太阳文化社，1978年。

（왕몽구 저, 이장우 역：『中國文學의 綜合的 理解』, 태양문화사, 1978.）

24．钱穆著，李钟灿译：《中国文化史概论》，正音社，1978年。

（전목 저, 이종찬 역：『中國文化史概論』, 정음사, 1978.）

25．张基槿译：《杜甫》，大宗出版社，1978年。

（장기근 역：『杜甫』, 대종출판사, 1978.）

26．全寅初：《中国文言小说选》，刊地不详，1978年。

（전인초：『中国文言小说选』, 발행지 미상, 1978.）

27．郑南水译：《菜根谭》，三省堂，1978年。

（정남수 역：『菜根譚』, 삼성당, 1978.）

28．赵星基：《一卷读懂诸子百家：乱世醒悟》，亚善媒体，1978年。

（조성기：『신부의 옳은 헛소리：한권으로 읽는 제자백가, 그 난세의 깨달음』, 아선미디어, 1978.）

29．陈泰夏：《汉文》（1—2），高校国定教科书文好社，1978年。

（진태하：『汉文.1-2』, 고교국정교과서문호사, 1978.）

30．崔仁旭、金莹洙译：《经典著作13：史记列传（1）》，东西文化社，1978年。

（최인욱, 김영수 역：『Greatbooks.13：史記列傳.1』, 동서문화사, 1978.）

31．崔仁旭、金永寿译：《经典著作14：史记列传（2）》，东西文化社，1978年。

（최인욱, 김영수 역：『Greatbooks.14：史記列傳.2』, 동서문화사, 1978.）

32．国史编纂委员会：《同文汇考（影印版）》，国史编纂委员会，1978年。
（국사편찬위원회, 『동문휘고（영인본）』, 국사편찬위원회, 1978.）

33．崔晶研：《辛亥革命与清朝》，《国立汉城大学东洋史系论集》，1978年。

（최정연：「신해혁명과 청나라」, 『서울대학교 동양사학과 논집』, 1978.）

三、备注

1. 韩国史编纂委员会影印的《同文汇考》，原来由朝鲜承政院编，是清初到光绪初朝鲜与中国、日本关系文献汇编，刊于1737年，其后数次增补刊印，一直到1881年，共分十编，96册。其中除附编、附续编、附编续三编26册、44卷属对日关系文件外，其余70册、121卷为对清关系文件。主要是从仁祖以后朝鲜和中国、日本的往来文书。从1737年初刊，后一直补刊到1881年。全书分十部分。

2. 韩国中语中文学会是韩国专门研究中国语言和文学的最大的一个学术团体。

公元1979年

一、大事记

1. 启明大学成立韩国第一个中国学系（중국학과）。
2. 庆北大学开设中语中文系。
3. 国立汉城大学中语中文系创立了韩国第一个全国性的中国语研究机构韩国中国语文学会。
4. 韩国外国语大学设立了中韩同时通译大学院（同声传译研究生院）。
5. 釜山大学开设了中语中文系。
6. 国立汉城大学中国史教授闵斗基、吴金成、李成珪承担1979年度韩国文教部资助的学术课题"传统时代韩国人外国文化研究之分析"。
7. 孔在锡发表《汉字的理解》一文。

二、书（文）目录

1. 清州大学附设中国文化研究所：《中国文化》，清州大学附设中国文化研究所，1979年。

（청주대학 중국문화연구소：『중국문화』，청주대학부설중국문화연구소，1979.）

2. 景仁文化社：《（标点校勘）金史》（全），景仁文化社，1979年。

（경인문화사：『（標點校勘）金史．全』，경인문화사，1979.）

3. 景仁文化社：《（标点校勘）宋史》，景仁文化社，1979年。

（경인문화사：『（標點校勘）宋史』，경인문화사，1979.）

4. 金敬琢：《中国哲学概论》，泛学图书，1979年。

（김경탁：『中國哲學概論』，범학도서，1979.）

5. 金光洲译：《新译水浒传》，瑞文堂，1979年。

（김광주 역：『新譯水滸傳』，서문당，1979.）

6. 金光洲译：《西游记》（上、下），正音社，1979年。

（김광주 역：『西遊記．上，下』，정음사，1979.）

7. 金丘庸译：《（丘庸）列国志》（1—5），语文阁，1979年。

（김구용 역：『（丘庸）列國志．1-5』，어문각，1979年。）

8. 金丘庸译：《三国志》，一潮阁，1979年。

（김구용 역：『三國志』，일조각，1979.）

9. 金丘庸译：《菜根谭》，正音社，1979年

（김구용 역：『菜根譚』，정음사，1979.）

10. 金莹洙译：《世界思想大全集（第7册）：诸子百家》，学园出版公社，1979年。

（김영수 역：『世界思想大全集．v.7：諸子百家』，학원출판공사，1979.）

11. 金莹洙译：《（常青）世界思想全集（27）：诸子百家》，东西文化社，1979年。

（김영수 역：『（Ever-Green）世界思想全集．27：諸子百家』，동서

문화사,1979.)

  12. 金莹洙译：《诸子百家》，东西文化社，1979年。

  （김영수 역：『諸子百家』，동서문화사，1979.）

  13. 金龙济译：《中国古典文学选集（11）：红楼梦（上）》，正音社，1979年。

  （김용제 역：『中國古典文學選集.11：紅樓夢.上』，정음사，1979.）

  14. 金龙济译：《中国古典文学选集（12）：红楼梦（下）》，正音社，1979年。

  （김용제 역：『中國古典文學選集.12：紅樓夢.下』，정음사，1979.）

  15. 金炯洙：《世界思想全集（8）：诸子百家》，泛韩出版社，1979年。

  （김형수：『世界思想全集.8：諸子百家』，범한출판사，1979.）

  16. 都珖淳译：《菜根谭》，文艺出版社，1979年。

  （도광순 역：『菜根譚』，문예출판사，1979.）

  17. 牟宗三：《中国哲学的特质》，泛学社，1979年。

  （모종삼：『中國哲學의 特質』，범학사，1979.）

  18. 文璇奎：《韩国汉文学：概论与史》，三友出版社，1979年。

  （문선규：『韓國漢文學：概論과史』，삼우출판사，1979.）

  19. 闵泳珪：《中国文化史略（改订4版）》，延世大学出版部，1979年。

  （민영규：『中國文化史略（改訂4版）』，연세대학교출판부，1979.）

  20. 民晶社编辑部译：《礼记》，民晶社，1979年。

  （민정사편집부 역：『禮記』，민정사，1979.）

  21. 朴一峰译：《三国志》，尚书阁，1979年。

  （박일봉 역：『삼국지』，상서각，1979.）

  22. 裴宗镐、安炳周、金学主译：《韩非子·荀子·墨子》，三省出版社，1979年。

  （배종호, 안병주, 김학주 역：『韓非子, 荀子, 墨子』，삼성출판사，1979.）

  23. 范善均译：《孟子》，区德出版社，1979年。

  （범선균 역：『孟子』，區德出版社，1979.）

  24. 弗咸文化社：《中国思想论文选集（22）：诸子百家（1）》，弗咸文化社，1979年。

(불함문화사：『中國思想論文選集．22：諸子百家．1』, 불함문화사, 1979.)

25．成乐熏、尹永春、金吉焕、车俊会译：《世界大思想：墨子・荀子・孙子・韩非子》，徽文出版社，1979 年。

（성락훈, 윤영춘, 김길환, 차준회 역：『世界의 大思想：墨子, 荀子, 孫子, 韓非子』, 휘문출판사, 1979.)

26．成元庆译：《菜根谭：原文对译》，三中堂，1979 年。

（성원경 역：『菜根譚：原文對译』, 삼중당, 1979.）

27．宋敏镐：《国汉文学》，开文社，1979 年。

（송민호：『國漢文學』, 개문사, 1979.）

28．宋贞姬译：《墨子》（下），明知大学出版部，1979 年。

（송정희 역：『墨子．下』, 명지대학교출판부, 1979.]

29．宋贞姬译：《菜根谭》（1—2），明知大学出版部，1979 年。

（송정희 역：『菜根譚．1-2』, 명지대학교출판부, 1979.）

30．牟宗三著，宋恒龙译：《中国哲学的特质》，泛学社，1979 年。

（모종삼 저, 송홍용 역：『中國哲學의 特質』, 범학사, 1979.）

31．译者不详：《苏斋笔记》，古典刊行会，1979 年。

（역자 미상：『蘇齋筆記』, 고전간행회, 1979.）

32．译者不详：《诸子百家》（第 9 册），兴信文化社，1979 年。

（역자 미상：『제자백가．v.9』, 홍신문화사, 1979.）

33．陶渊明著，禹玄民译：《陶渊明诗全集》，瑞文堂，1979 年。

（도연명 저, 우현민 역：『陶淵明의 詩全集』, 서문당, 1979.）

34．柳月诞译：《（中国古典文学）三国志：完译版》，信正社，1979 年。

（유월탄 역：『（중국고전 문학）三國志：完譯版』, 신정사, 1979.）

35．李家源：《汉文新讲》，新丘文化社，1979 年。

（이가원：『漢文新講』, 신구문화사, 1979.）

36．李民树、张基槿译注：《四书五经（3）：大学・中庸・孝经》，平凡社，1979 年。

（이민수, 장기근 역주：『四書五經．3：大學．中庸．孝經』, 평범사,

1979.）

37. 李民树译：《诸子百家选》，刊地不详，1979年。

（이민수 역：『제자백가선』，발행지 미상，1979.）

38. 李民树：《礼记》（上、下），成均馆大学出版部，1979年。

（이민수：『礼记.上, 下』，성균관대학교출판부，1979.）

39. 李丙畴：《松江·孤山文学论》，二友出版社，1979年。

（이병주：『松江·孤山文學論』，이우출판사，1979.）

40. 李丙畴：《韩国文学上的杜诗研究》，二友出版社，1979年。

（이병주：『韓國文學上의 杜詩研究』，이우출판사，1979.）

41. 李元燮译：《玄岩新书（23）：墨子》，玄岩社，1979年。

（이원섭 역：『현암신서.23：묵자』，현암사，1979.）

42. 王梦鸥著，李章佑译：《中国文学的综合理解》，太阳文化社，1979年。

（왕몽구 저，이장우 역：『中國文學의 綜合的理解』，태양문화사，1979.）

43. 李周洪译：《中国谐谑小说大系（12）：诸子百家门》，平凡社，1979年。

（이주홍 역：『中國諧謔小說大系.12：諸子百家門』，평범사，1979.）

44. 李周洪译：《中国谐谑小说大系（12）：诸子百家门》，国民出版公社，1979年。

（이주홍 역：『中國諧謔小說大系.12：諸子百家門』，국민출판공사，1979.）

45. 李周洪译：《红楼梦》（1—5卷），乙酉文化社，1979年。

（이주홍 역：『紅樓夢.1-5卷』，을유문화사，1979.）

46. 李汉祚：《中国小说选》，新雅社，1979年。

（이한조：『中国小说选』，신아사，1979.）

47. 李鸿镇：《大学汉文》，国民大学出版部，1979年。

（이홍진：『大学汉文』，국민대학교출판부，1979.）

48. 周千秋著，任弘彬译：《中国历代名书家选》，悦话堂，1979年。

（周千秋 저，임홍빈 역：『中國歷代名書家選』，열화당，1979.）

49. 王实甫著，张基抬译：《西厢记》，剧团造形剧场，1979年。

（王實甫 저, 장기대 역：『西廂記』, 극단조형극장, 1979.）

50. 梁启超著, 张志渊译：《历史·传记小说（第8卷）：中国魂》, 亚细亚文化社, 1979年。

（양계초 저, 장지연 역：『歷史·傳記小說.第8卷：中國魂』, 아세아문화사, 1979.）

51. 全寅初：《中国文言小说选》, 泛学社, 1979年。

（전인초：『中國文言小說選』, 범학사, 1979.）

52. 全海宗：《韩国和中国：东亚史论集》, 知识产业社, 1979年。

（전해종：『韓國과中國：東亞史論集』, 지식산업사, 1979.）

53. 郑南水译：《菜根谭》, 三德出版社, 1979年。

（정남수 역：『茱根譚』, 삼덕출판사, 1979.）

54. 冯友兰著, 郑仁在译：《中国哲学史》, 萤雪出版社, 1979年。

（풍우란 저, 정인재 역：『中國哲學史』, 형설출판사, 1979.）

55. 郑澈译：《诸子百家的智慧》, 今天, 1979年。

（정철 역：『제자백의지혜』, 오늘, 1979.）

56. 车相辕：《世界代表文学全集：中国篇》, 汉城出版社, 1979年。

（차상원：『세계 대표 수필문학전집：中國篇』, 한성출판사, 1979.）

57. 蔡陆仙：《中国医药汇海（3）：经部三》, 新文豊出版公司, 1979年。

（채육선：『中國醫藥匯海.3：經部三』, 신문풍출판공사, 1979.）

58. 崔暎海译：《三国志》（上、下）, 正音社, 1979年。

（최영해 역：『三國志.上, 下』, 정음사, 1979.）

59. 崔暎海译：《中国古典文学选集（4）：水浒传（上）》, 正音社, 1979年。

（최영해 역：『中國古典文學選集.4：水滸傳.上』, 정음사, 1979.）

60. 崔仁旭译：《聊斋志异》（上、中、下）, 乙酉文化社, 1979年。

（최인욱 역：『聊齋志異.上, 中, 下』, 을유문화사, 1979.）

61. 韩龙云译：《菜根谭》, 新丘文化社, 1979年。

（한용운 역：『茱根譚』, 신구문화사, 1979.）

62. 许璧编译：《中国古典名言集》, 中央日报社, 1979年。

（허벽 편역：『중국고전명언집』, 중앙일보사, 1979.）

63．孔在锡：《汉字的理解》，《中语中文学》，1979年。
（공재석：「한자의 이해」，『中語中文學』，1979.）

三、备注

1．"中国学系"并非只单纯教授汉语，而是教授中国政治、经济、历史、社会、文化等的综合性教学单位。目前为止已有十余所大学设立中国学系。

2．韩国第一个全国性的中国语研究机构韩国中国语文学会在国立汉城大学中语中文系成立。此后，全国各地都纷纷以大学为理论研究阵地，成立了形式各样的中国语学术研究团体，每年组织召开国内、国际学术会议，定期出版刊物。

3．庆北大学中语中文系于1979年建立，以传授与中国文学直接关联的知识为教育目标，并且作为人文学科，始终坚持"立人"为本，重点培养有敏锐判断力和实践能力的学生。1982年11月开设硕士课程，1990年11月开设博士课程。中国文学研讨会以研究生院为中心组成，定期分科召开学术会议和研究会。

4．孔在锡先生是韩国著名的文字学家，并担任韩国文字学会会长。近30年来，他撰写了关于汉字的论文20余篇，体现出了深厚的文字功力和远见卓识。孔先生认为，作为表意文字系统的汉字，给学习者带来了许多不便。一方面，初学者不能见到某个汉字就能了解它的元音或辅音的构成，从而正确地读出这个字来。只有在掌握了2000个至3000个汉字后，方可进行类推。另一方面，初学者即使理解了某个汉字，掌握了读法，也不能说肯定掌握了这个汉字，因为他还有可能写错。每一个汉字都由许多笔画构成。因此，学习汉字要有科学的方法，要在了解汉字的发展过程的基础上，掌握汉字的读音和笔画。韩国也是属于"汉字文化圈"的国家，但汉字不是韩国文字的唯一组成部分。对于韩国学习者来说，学习汉字时所遇到的困难，不同于中国的学习者，也不同于非"汉字文化圈"国家的学习者。从韩国的特殊情况出发，归纳出汉字理解的方法，这是孔在锡的重大的学术贡献之一。

公元 1980 年

一、大事记

1．自本年起，韩国《新东亚》杂志编辑部组织知名学者对《论语》等 100 多篇古典名著进行介绍。

2．7月30日，权斗炫被推举为岭南中国语文学会的顾问。

3．11月25日，为纪念权斗炫顾问的60岁生辰，出版发行了学会期刊《中国语文学》创刊号。

4．仁荷大学设立中语中文系。

5．韩国政府在原有《家庭礼仪准则》的基础上，将其升格为《关于家庭礼仪的法律》，其内容大部分来自以《家庭礼仪准则》为基础的传统儒家礼仪。

6．国立汉城大学中国史教授闵斗基、吴金成、李成珪承担韩国文教部资助的学术课题"传统时代韩国人外国文化研究之分析"，发表了第一阶段的成果。

二、书（文）目录

1．作者不详：《中国古典明句新解》（下），大方文化社，1980年。

（작자 미상：『中國古典明句新解．下』，대방문화사，1980．）

2．邱永汉译：《西游记》，柏文堂，1980年。

（구영한 역：『西遊記』，백문당，1980．）

3．金丘庸：《（完译丘庸）列国志》（第1—5卷），艺逸出版社，1980年。

（김구용 역：『（完譯丘庸）列國志．第1-5卷』，예일출판사，1980．）

4．金国钟：《统一天下：不灭的名作中国古典》（上、下），孝钟出版社，1980年。

（김국종：『統一天下：不滅의 名作 中國古典．上，下』，효종출판사，1980．）

5. 金周园译：《（新译）列国志》（1—5），知星出版社，1980 年。

（김주원 역：『（新譯）列國志．1-5』，지성출판사，1980.）

6. 金学主译：《诗经》，探求堂，1980 年。

（김학주 역：『시경』，탐구당，1980.）

7. 金学主：《中国文学序说》，泛学社，1980 年。

（김학주：『中國文學序說』，범학사，1980.）

8. 南晚星：《玄岩新书（37）：（新译）韩非子》，玄岩社，1980 年。

（남만성：『玄岩新書．37：（新譯）韓非子』，현암사，1980.）

9. 卢台俊译：《（新译）菜根谭》，弘新文化社，1980 年。

（노태준 역：『（新譯）菜根譚』，홍신문화사，1980.）

10. 东亚日报社：《中国古典 100 篇》，东亚日报社，1980 年。

（동아일보사：『中國의 古典 100 選』，동아일보사，1980.）

11. 牟宗三：《中国哲学的特质》，同和出版公社，1980 年。

（모종삼：『中國哲學의 特質』，동화출판공사，1980.）

12. 文璇奎：《汉文法大纲》，泛学社，1980 年。

（문선규：『漢文法大綱』，범학사，1980.）

13. 朴钟和译：《（完译月滩）三国志》，语文阁，1980 年。

（박종화 역：『（完譯月灘）삼국지』，어문각，1980.）

14. 朴钟和译：《（完译月滩）三国志》，艺逸出版社，1980 年。

（박종화 역：『（完譯月灘）三國志』，예일출판사，1980.）

15. 方基焕译：《（新译）三国志》（1—5），知星出版社，1980 年。

（방기환 역：『（新譯）三國志．1-5』，지성출판사，1980.）

16. 方基焕译：《东洋古典文学全集（3）：水浒志（下）·玉楼梦（上）》，民众图书，1980 年。

（방기환 역：『東洋古典文學全集．3：水滸誌．下，玉樓夢．上』，민중도서，1980.）

17. 白铁：《世界谐谑文学全集中国篇》，东学社，1980 年。

（백철：『世界諧謔文學全集中國篇』，동학사，1980.）

18. 陆羽著，徐廷柱译：《茶经》，成均馆，1980 年。

（육우 저，서정주 역：『茶經』，성균관，1980.）

19．司马迁著，成元庆译：《史记列传要解》，曙光社，1980年。

（사마천 저，성원경 역：『史記列傳要解』，서광사，1980.）

20．宋贞姬译：《菜根谭》（第1—2册），明知大学出版部，1980年。

（송정희 역：『菜根譚．v.1-2』，명지대학교출판부，1980.）

21．安东林：《（新译）庄子（杂编）》，玄岩社，1980年。

（안동림：『（新譯）莊子（雜編）』，현암사，1980.）

22．杨维杰：《黄帝内经译解》，成辅社，1980年。

（양유걸：『황제내경 역해』，성보사，1980.）

23．老子著，译者不详：《帛书老子》，现代社，1980年。

（노자 저，역자 미상：『帛書老子』，현대사，1980.）

24．岭南中国语文学会：《中国语文学》，岭南中国语文学会，1980年。

（영남중국어문학회：『中國語文學』，영남중국어문학회，1980.）

25．吴永石译：《红楼梦》，知星出版社，1980年。

（오영석 역：『紅樓夢』，지성출판사，1980.）

26．吴赞植译：《西游记》，知星出版社，1980年。

（오찬식 역：『西遊記』，지성출판사，1980.）

27．禹玄民译：《（全五卷完译）三国志》，博英社，1980年。

（우현민 역：『（全五卷 完譯）三國志』，박영사，1980.）

28．刘若愚：《中国诗学》，同和出版公社，1980年。

（유약우：『中國詩學』，동화출판공사，1980.）

29．柳仁熙：《朱子哲学和中国哲学》，泛学社，1980年。

（유인희：『朱子哲學과 中國哲學』，범학사，1980.）

30．议政：《大唐西域求法高僧传》，东国大学佛典刊行委员会，1980年。

（의정：『大唐西域求法高僧傳』，동국대학교 불전간행위원회，1980.）

31．李原：《中国文学思想史》，一潮阁，1980年。

（이원：『中國文學思想史』，일조각，1980.）

32．李基奭译：《菜根谭》，弘新文化社，1980年。

（이기석 역：『菜根譚』，홍신문화사，1980.）

33. 贝冢茂树著，李东吓译：《中国的历史》，中央日报社，1980年。

（貝塚茂樹 저, 이동혁 역：『中國의 歷史』, 중앙일보사, 1980.）

34. 李成周：《中国的古典100选》，东亚日报社，1980年。

（이성주：『中国的古典100选』, 동아일보사, 1980.）

35. 李元燮译：《(新译)后三国志》（6—7），知星出版社，1980年。

（이원섭 역：『(新譯)後三國志.6-7』, 지성출판사, 1980.）

36. 李元燮译：《(完译)大三国志》，大洋书籍，1980年。

（이원섭 역：『(完譯)大三國志』, 대양서적, 1980.）

37. 李贞浩：《周易正义》，亚细亚文化社，1980年。

（이정호：『周易正義』, 아세아문화사, 1980.）

38. 李周洪：《诸子百家门》（1），大田，1980年。

（이주홍：『諸子百家門.1』, 한밭, 1980.）

39. 李周洪：《诸子百家门》，东西文化社，1980年。

（이주홍：『諸子百家門』, 동서문화사, 1980.）

40. 李汉祚：《杜甫诗选》，中央日报社，1980年。

（이한조：『杜甫诗选』, 중앙일보사, 1980.）

41. 张基槿译：《论语新译》，泛潮社，1980年。

（장기근 역：『論語新譯』, 범조사, 1980.）

42. 张基槿译：《四书五经（6）：周易》，平凡社，1980年。

（장기근 역：『四書五經.6：周易』, 평범사, 1980.）

43. 张基槿译：《杜甫》，太宗出版社，1980年。

（장기근 역：『杜甫』, 태종출판사, 1980.）

44. 张基槿译：《孟子新译》，泛潮社，1980年。

（장기근 역：『孟子新譯』, 범조사, 1980.）

45. 郑钟复：《诸子百家选》，集文堂，1980年。

（정종복：『諸子百家選』, 집문당, 1980.）

46. 郑钟复：《中国古典名句新解》（上），大方文化社，1980年。

（정종복：『중국 고전명구 신해.상』, 대방문화사, 1980.）

47. 周兴嗣译：《(新译)千字文》，弘新文化社，1980年。

（주홍사 역：『（新譯）千字文』，홍신문화사，1980．）

48．池荣在：《大学汉文》，檀国大学出版部，1980年。

（지영재：『大学汉文』，단국대학교출판부，1980．）

49．阵昌蔚：《明代陶瓷》（4），光复书房，1980年。

（진창울：『명대도자．4』，광복책방，1980．）

50．车柱环：《中语中文系研究生教育方案研究》，国立汉城大学中国语文学系，1980年。

（차주환：『중어중문학과 대학원교육 육성방안 연구』，서울대학교 중국어중국문학과，1980．）

51．崔正善译：《金瓶梅》（上、中、下），跃进文化社，1980年。

（최정선 역：『金瓶梅．상，중，하』，약진문화사，1980．）

52．皮锡瑞：《中国经学史》，同和出版公社，1980年。

（피석서：『中國經學史』，동화출판공사，1980．）

53．闵斗基、吴金成、李成珪：《朝鲜学人中国史研究之整理与评价》，国立汉城大学东洋史系，1980年。

（민두기，오금성，이성규：『朝鮮學人의 中國史研究의 整理 및 評價』，서울대학교 동양사학과，1980．）

三、备注

1．韩国高等院校开设了儒学课程，如延世大学开有儒家名著选读课。为了从事汉学研究，还建立了成均馆大学大东文化研究院、高丽大学亚细亚问题研究所、汉阳大学中国问题研究所、国立汉城大学韩国中国语文学会等研究机构。这些机构各自发表了许多研究论文和专著。

2．1980年前的数十年间里，在韩国发表的与中国现代文学有关的硕士论文不足十篇。进入20世纪80年代以后，随着1972年以后升入大学的学生开始陆续取得硕士学位，获得硕士学位的人数有了明显的增加。1989年以来博士论文每年也有数篇，尤其是1993年和1996年各有12篇。

3．仁荷大学中国语言文化系最初被称作"中语中文系"，隶属于师范学院。

1981年划归文科学院管辖，1989年更名为"中国语中国学系（중국어중국학과）"，归属于东洋语文系。1997年设立研究生点，名为"中国学系"。该专业有7位教授。

4．国立汉城大学中国史教授闵斗基、吴金成、李成珪承担韩国文教部资助的学术课题"传统时代韩国人外国文化研究之分析"，发表第一阶段的成果即是《朝鲜学人中国史研究之整理与评价》，这是一部完整的资料调查报告，具体介绍朝鲜王朝所编中国史书的数目、卷次等信息。

公元1981年

一、大事记

1．本年，韩国设立的中国研究机构有汉阳大学中苏研究所、建国大学中国问题研究所、淑明女子大学、中国文学研究会、西江大学东亚研究所、韩国汉文研究会等。

2．西江大学的东亚研究所正式成立。

3．韩国学者李熙升编纂的《国语大辞典》出版。

4．高丽大学的中国学研究会成立。

5．6月，韩国淑明女子大学创办中国文化研究所，推出刊物《中国文化》，研究重点是中国政治、经济。

6．国立汉城大学东亚文化研究所编著《奎章阁图书韩国本综合目录》。

7．10月，韩国中国史学界在汉城召开了辛亥革命70周年纪念学术大会。

二、书（文）目录

1．作者不详：《东洋史研究：中国篇》，新阳出版社，1981年。

（작자 미상：『东洋史研究：中国篇』，신양출판사，1981.）

2．作者不详：《中国古今地名大辞典》，泰东文化社，1981年。

（작자 미상 : 『中國古今地名大辭典』, 태동문화사, 1981.）

3. 葛弘基、王孙公译：《东洋古典文学选集·三国志》，民众图书，1981年。

（갈홍기, 왕손공 역 : 『東洋古典文學選集 : 삼국지』, 민중도서, 1981.）

4. 葛弘基、王孙公译：《东洋古典文学选集：水浒志》，民众图书，1981年。

（갈홍기, 왕손공 역 : 『東洋古典文學選集 : 水滸誌』, 민중도서, 1981.）

5. 康美文化社编辑部：《中国绘画大观》（1—25），康美文化社，1981年。

（강미문화사편집부 : 『中國繪畫大觀 . 1–25』, 강미문화사, 1981.）

6. 姜圣祚：《东洋史研究：政治·社会·制度中心·中国编》，新阳出版社，1981年。

（강성조 : 『東洋史研究 : 政治·社會·制度中心 : 中國編』, 신양출판사, 1981.）

7. 冯友兰、卜德著，姜在伦译：《中国思想史》，日新社，1981年。

（풍우란, Bodde, Derk 저, 강재륜 역 : 『中國思想史』, 일신사, 1981.）

8. 东国大学中央图书馆：《古书目录》，东国大学出版部，1981年。

（동국대학교 중앙도서관 : 『古書目錄』, 동국대학교출판부, 1981.）

9. 董同和著，孔在锡译：《汉语音韵学》，泛学图书，1981年。

（동동화 저, 공재석 역 : 『漢語音韻學』, 범학도서, 1981.）

10. 具锡逢译：《（新译）水浒志》（1—5），知星出版社，1981年。

（구석봉 역 : 『（新譯）水滸誌 . 1–5』, 지성출판사, 1981.）

11. 具素青：《中国野谈》，世新文化社，1981年。

（구소청 : 『中國野談』, 세신문화사, 1981.）

12. 金敬琢：《中国哲学概论（增补版）》，泛学图书，1981年。

（김경탁 : 『中國哲學概論（增補版）』, 범학도서, 1981.）

13. 金敬琢：《中国哲学概论》，泛学社，1981年。

（김경탁 : 『中國哲學概論』, 범학사, 1981.）

14. 金光洲译：《西游记》，正音社，1981年

（김광주 역 : 『西遊記』, 정음사, 1981.）

15. 金丘庸译：《（完译）列国志》，语文阁，1981年。

（김구용 역 : 『（完譯）列國志』, 어문각, 1981.）

16. 金丘庸译：《（完译定本）三国志》（1—5），三德出版社，1981年。

（김구용 역：『（完譯定本）三國志.1-5』，삼덕출판사，1981.）

17. 金丘庸译：《（完译定本）水浒传》（1—5），三德出版社，1981年。

（김구용 역：『（完譯定本）水滸傳.1-5』，삼덕출판사，1981.）

18. 金丘庸译：《列国志》（1—5），知星出版社，1981年。

（김구용 역：『列國誌.1-5』，지성출판사，1981.）

19. 金时俊：《毛诗研究》，瑞麟文化社，1981年。

（김시준：『모시연구』，서린문화사，1981.）

20. 金龙济：《唐诗逸话》，正音社，1981年。

（김용제：『唐詩逸話』，정음사，1981.）

21. 金周园译：《（新译）金瓶梅》，知星出版社，1981年。

（김주원 역：『（新譯）金瓶梅』，지성출판사，1981.）

22. 金周园：《列国志》（1—5），知星出版社，1981年。

（김주원：『列國志.1-5』，지성출판사，1981.）

23. 金周园，吴赞植译：《（新译）金瓶梅》（1—3），知星出版社，1981年。

（김주원，오찬식 역：『（新譯）金瓶梅.1-3』，지성출판사，1981.）

24. 金泰安译：《三国志》，跃进文化社，1981年。

（김태안 역：『三國志』，약진문화사，1981.）

25. 金河中译：《红楼梦：抄》，金星出版社，1981年。

（김하중 역：『紅樓夢：抄』，금성출판사，1981.）

26. 金学主：《（新稿）中国文学史》，泛学社，1981年。

（김학주：『（新稿）中國文學史』，범학사，1981.）

27. 金学主：《中国文学序说》，同和出版公社，1981年。

（김학주：『中國文學序說』，동화출판공사，1981.）

28. 金学主：《中国文学序说（改订版）》，泛学社，1981年。

（김학주：『중국문학서설.개정판』，범학사，1981.）

29. 金学主译：《墨子·孙子》，大洋书籍，1981年。

（김학주 역：『墨子，孫子』，대양서적，1981.）

30. 金学主译：《诗经》，探求堂，1981年。

（김학주 역：『詩經』，탐구당，1981.）

31. 金学主、丁范镇：《（新稿）中国文学史》，泛学社，1981年。

（김학주，정범진：『（新稿）中國文學史』，범학사，1981.）

32. 牟宗三：《中国哲学的特质》，泛学社，1981年。

（모종삼：『中國哲學의 特質』，범학사，1981.）

33. 闵斗基：《现代中国和中国近代史》，知识产业社，1981年。

（민두기：『現代中國과 中國近代史』，지식산업사，1981.）

34. 朴权钦：《孟子的直言：朴权钦随笔集》，大岛社，1981年。

（박권흠：『孟子의 直言：朴權欽 에세이集』，한섬사，1981.）

35. 朴一峰：《菜根谭》，育文社，1981年。

（박일봉：『菜根譚』，육문사，1981.）

36. 朴钟和：《（完译）三国志》（2—5），艺逸出版社，1981年。

（박종화：『（完譯）三國志．2-5』，예일출판사，1981.）

37. 方基焕：《（原本完译）三国志》（1—5），新光书籍，1981年。

（방기환：『（原本完譯）三國志．1-5』，신광서적，1981.）

38. 方基焕译：《（完译版）大三国志》，昊浩出版社，1981年。

（방기환 역：『（完譯版）大三國志』，대호출판사，1981.）

39. 方基焕译：《三国志》（1—10），知星出版社，1981年。

（방기환 역：『삼국지．1-10』，지성출판사，1981.）

40. 谢寿昌：《中国古今地名大辞典（影印本）》，泰东文化社，1981年。

（사수창：『中國古今地名大辭典（影印本）』，태동문화사，1981.）

41. 三省出版社：《世界思想全集：韩非子·孙子·墨子》，三省出版社，1981年。

（삼성출판사：『세계사상전집：한비자．손자．묵자』，삼성출판사，1981.）

42. 国立汉城大学中国语文学系：《大学汉语（新编）》，国立汉城大学出版部，1981年。

（서울대학교 중국어중국문학과：『大學漢文（新編）』，서울대학교출판부，1981.）

43．成东镐：《中国名帝相列传》，弘新文化社，1981年。

（성동호 : 『中國名帝相列傳』，홍신문화사，1981.）

44．孙晋泰：《孙晋泰先生全集》，太学社，1981年。

（손진태 : 『孫晋泰先生全集』，태학사，1981.）

45．申东昊、许英桓、李华珍译：《道德经・南华经・列子》，徽文出版社，1981年。

（신동호，허세욱，이화진 역 : 『道德經 / 南華經 / 列子』，휘문출판사，1981.）

46．安炳周、金吉焕、柳七鲁译：《论语・孟子・大学・中庸》，徽文出版社，1981年。

（안병주，김길환，유칠노 역 : 『論語, 孟子, 大學, 中庸』，휘문출판사，1981.）

47．译者不详：《四书：东洋思想入门书》，地下铁文库社，1981年。

（역자 미상 : 『四書 : 동양사상입문서』，지하철문고사，1981.）

48．冯友兰著，译者不详：《中国哲学史》（下），彰文阁，1981年。

（풍우란 저，역자 미상 : 『중국철학사 . 하』，창문각，1981.）

49．译者不详：《菜根谭》，地下铁文库社，1981年。

（역자 미상 : 『菜根譚』，지하철문고사，1981.）

50．李昉著，译者不详：《太平广记》（1—5），启明文化社，1981年。

（이방 저，역자 미상 : 『太平廣記 . 1-5』，계명문화사，1981.）

51．译者不详：《后三国志》（6—10），知星出版社，1981年。

（역자 미상 : 『後三國志 . 6-10』，지성출판사，1981.）

52．岭南中国语文学会：《中国语文学》（2），瑞麟文化社，1981年。

（영남중국어문학회 : 『中國語文學 . 2』，서린문화사，1981年。）

53．吴永石译：《中国古典文学集（1—5）：红楼梦》，知星出版社，1981年。

（오영석 역 : 『中國古典文學集 . 1-5 : 紅樓夢』，지성출판사，1981.）

54．吴赞植译：《（新译）金瓶梅》，知星出版社，1981年。

（오찬식 역 : 『（신역）금평매』，지성출판사，1981.）

55．吴赞植译：《西游记》（第1—5卷），知星出版社，1981年。

（오찬식 역 : 『西遊記．v.1-v.5』, 지성출판사, 1981.）

56．玉莲子：《东洋古典文学选集：玉楼梦》，民众图书，1981 年。

（옥연자 : 『東洋古典文學選集：玉樓夢』, 민중도서, 1981.）

57．王孙公、葛弘基译：《中国古典文学选集》，民众图书，1981 年。

（왕손공, 갈홍기 역 : 『中國古典文學選集』, 민중도서, 1981.）

58．王绎：《古代中国语》，中国语文教材研究会，1981 年。

（왕역 : 『古代中國語』, 중국어문교재연구회, 1981.）

59．王俊永译：《列国志》（上），跃进文化社，1981 年。

（왕준영 역 : 『列國志．上』, 약진문화사, 1981.）

60．《新东亚》编辑室：《中国古典百选》，东亚日报社，1981 年。

（신동아편집실 : 『中國古典百選』, 동아일보사, 1981.）

61．柳晟俊著：《新编中国语》，学文社，1981 年。

（유성준 저 : 『新編中國語』, 학문사, 1981.）

62．刘若愚：《中国文学的理论》，泛学社，1981 年。

（유약우 : 『中國文學의 理論』, 범학사, 1981.）

63．柳钟国：《李朝传奇小说的特性研究：以与中国传奇小说的对比为中心》，全北大学研究生院国语国文学研究会，1981 年。

（유종국 : 『이조 전기소설의 특성에 관한 연구 : 중국 전기소설과의 대비를 중심으로』, 전북대학교 대학원 국어국문학연구회, 1981.）

64．柳种睦：《苏轼词研究》，瑞麟文化社，1981 年。

（류종목 : 『蘇軾詞 연구』, 서린문화사, 1981.）

65．尹永春、金吉焕、车俊会译：《墨子·荀子·孙子·韩非子》，徽文出版社，1981 年。

（윤영춘, 김길환, 차준회 역 : 『墨子, 荀子, 孫子, 韓非子』, 휘문출판사, 1981.）

66．李宇：《中国语作文》，泛学社，1981 年。

（이우 : 『中國語作文』, 범학사, 1981.）

67．李家源：《中国文学思潮史》，一潮阁，1981 年。

（이가원 : 『中國文學思潮史』, 일조각, 1981.）

68. 李圭景著，民族文化推进会编：《（国译分类）五洲衍文长笺散稿》（第20册），民族文化推进会，1981年。

（이규경 저, 민족문화추진회 편 :『（国译分类）오주연문장전산고. 제20권』, 민족문화추진회, 1981.）

69. 李基奭译：《（新译）菜根谭》，弘新文化社，1981年。

（이기석 역 :『（新譯）菜根譚』, 홍신문화사, 1981.）

70. 李丙畴：《诗圣杜甫——通过诗解读杜甫的生涯》，文贤阁，1981年。

（이병주 :『시성 두보詩聖杜甫—詩로 읽는 杜甫의 生涯』, 문현각, 1981.）

71. 李锡浩：《李太白与道教》，集文堂，1981年。

（이석호 :『이태백과 도교』, 집문당, 1981.）

72. 李元燮译：《（新译）后三国志》（1—5），知星出版社，1981年。

（이원섭 역 :『（新譯）後三國志. 1–5』, 지성출판사, 1981.）

73. 李周洪：《中国谐谑小说大系（12）：诸子百家门》，明文堂，1981年。

（이주홍 :『中國諧謔小說大系. 12：諸子百家門』, 명문당, 1981.）

74. 张基槿译：《白乐天》，太宗出版社，1981年。

（장기근 역 :『白樂天』, 태종출판사, 1981.）

75. 张其昀著，华冈校友会译：《孔子学说的现代意义》，萤雪出版社，1981年。

（장기윤 저, 화강교유회 역 :『孔子學說의 現代的意義』, 형설출판사, 1981.）

76. 全寅初选注：《中国文言小说选》，泛学社，1981年。

（전인초 선주 :『中國文言小說選』, 범학사, 1981.）

77. 全海宗：《历史与文化：韩国和中国、日本》，一潮阁，1981年。

（전해종 :『歷史와 文化：韓國과 中國、日本』, 일조각, 1981.）

78. 丁范镇、河正玉：《大学中国语》，东亚学研社，1981年。

（정범진, 하정옥 :『大學中國語』, 동아학연사, 1981.）

79. 丁范镇：《中国文学入门》，成均馆大学出版部，1981 年。

（정범진 :『中國文學入門』, 성균관대학교출판부, 1981.）

80．丁范镇：《(标准)中国语会话》，泛学社，1981年。

（정범진：『(標準)中國語會話』，범학사，1981.）

81．冯友兰著，郑仁在译：《中国哲学史料集》，萤雪出版社，1981年。

（풍우란 저，정인재 역：『中國哲學 史料集』，형설출판사，1981.）

82．赵永基：《林语堂全集(2)：女杰则天武后》，大好出版社，1981年。

（조영기：『林語堂全集．2：女傑則天武后』，대호출판사，1981.）

83．朱冠中：《朱冠中质学思想：质量的哲学》，省亚，1981年。

（주관중：『朱冠中質學思想：質量의 哲學』，성아，1981.）

84．朱重圣：《中国的文化复兴》，中国文化大学出版部，1981年。

（주중성：『중국의 문화부흥』，중국문화대학출판부，1981.）

85．中国文化大学中华学术院：《中华百科全书》（第5卷），中国文化大学出版部，1981年。

（중국문화대학중화학술원：『中華百科全書．第5卷』，중국문화대학출판부，1981.）

86．中国语文教材研究会：《现代中国语》（1—2），瑞麟文化社，1981年。

（중국어문교재연구회：『現代中國語．1-2』，서린문화사，1981.）

87．中国语文教材研究会：《现代中国语：初级编》，瑞麟文化社，1981年。

（중국어문교재연구회：『現代中國語：初級編』，서린문화사，1981.）

88．曾先之：《十八史略：中国史》（上），博英社，1981年。

（증선지：『十八史略：中國史．上』，박영사，1981.）

89．池荣在：《中国诗歌选》，乙酉文化社，1981年。

（지영재：『中國詩歌選』，을유문화사，1981.）

90．地下铁文库编辑部：《五经：书经·诗经·易经·春秋·礼记》，地下铁文库社，1981年。

（지하철문고편집부：『五經：서경·시경·역경·춘추·예기』，지하철문고사，1981.）

91．车柱环：《论语》，乙酉文化社，1981年。

（차주환：『论语』，을유문화사，1981.）

92．崔暎海译：《水浒传》，正音社，1981年。

（최영해 역：『水滸傳』，정음사，1981.）

93．崔暎海译：《三国志》（1—2），正音社，1981年。

（최영해 역：『三國志.1-2』，정음사，1981.）

94．韩哲宇：《大三国志(11)：诸葛孔明——生涯与兵法》，平凡社，1981年。

（한철우：『大三國志.11：諸葛孔明—生涯와兵法』，평범사，1981.）

95．许文列：《东西水浒志》（1—11卷），东西文化社，1981年。

（허문렬：『東西水滸志.1-11卷』，동서문화사，1981.）

96．许世旭：《中国随笔小史》，乙酉文化社，1981年。

（허세욱：『중국 수필 소사』，을유문화사，1981.）

97．作者不详：《现代中国人名辞典》，五福文化社，1981年。

（작자 미상：『現代中國人名辭典』，오복문화사，1981.）

98．洪元植：《精校黄帝内经》，东洋医学研究出版部，1981年

（홍원식：『精校黃帝內經』，東洋醫學研究出版部，1981.）

三、备注

1. 西江大学的东亚研究所的宗旨在于通过对东亚地区的政治、经济、社会及文化的基础与应用研究来增进对这一地区的理解。如今，该研究所下设文学研究室、历史研究室、社会文化研究室、政治思想研究室、经济研究室、东南亚研究室、中国研究室和日本研究室等。该研究所每年出版两期《东亚研究》，还发行非定期的研究报告《东亚政策研究报告》。该研究所还从1985年起每年与台湾政治大学举办学术研讨会，原因是这一时期中韩尚未建交，学术交流只能采取间接方式。

2. 虽然淑明女子大学推出的刊物是《中国文化》，但其研究重点却放在中国政治、经济等方面。

3.《国语大辞典》所收录的257,800多条词语中，汉字词占70%左右。

4. 许世旭教授在中国散文研究方面格外引人注目。在徐敬浩编《国内中国语文学研究论著目录》中，许世旭教授的论著目录占了7页。许世旭教授发表的中国文学研究文章和著作很多，涉及中国文学与文化研究及对中国散文史的

整理、译介和研究。他系统地概括介绍和评价了中国散文，并大致勾勒出其历史发展线索，这在韩国的中国文学研究界是有开拓意义的。许世旭教授于1981年在乙酉文化社出版了《中国随笔小史》，这是许世旭教授多年来在中国散文史的研究中的一大总结性成果。

5．高丽大学中国学研究会通过高水准研究提高中国学研究，并以两国学术文化交流为目的进行研究活动。1997年，更名为高丽大学中国学研究所，此后逐渐成为韩国的中国学研究中心。

6．中国从20世纪70年代末开始实行改革开放政策，韩国实行北方外交政策，这为韩国的中国史研究提供了良好的研究环境。在这种情况下，韩国的中国近代史研究从80年代初开始活跃起来，辛亥革命研究也有了新的进展。1981年10月，韩国中国史学界在汉城召开了"辛亥革命70周年纪念学术大会"，此次会议把中国近代史上最重要的事件——辛亥革命作为研究专题。但大部分论文仍然没有摆脱60年代到70年代台湾学界的立场，这与当时韩国中国学界大部分学者本身的政治立场有关。

公元1982年

一、大事记

1．6月，中国人文学会在全州成立，首任会长是文璇奎教授。

2．中国人文学会主办的《中国人文科学》创刊，主要刊载研究中国历史、哲学、文学方面的论文。

3．郑钟旭出版《新中国论》。

4．岭南中国语文学会成立。该学会以研究中国语言文学为主。

二、书（文）目录

1. 郑钟旭：《新中国论》，国立汉城大学出版部，1982年。

（정종욱，『신중국론』，서울대학교출판부，1982.）

2. 贾丰臻：《中国理学史》，景仁文化社，1982年。

（가풍진：『中國理學史』，경인문화사，1982.）

3. 郭绍虞：《中国文学批评史》，现代社，1982年。

（곽소우：『中國文學批評史』，현대사，1982.）

4. 具本明译：《孟子》，翰林出版社，1982年。

（구본명 역：『孟子』，한림출판사，1982.）

5. 具本明：《中国思想的源流体系》，大旺社，1982年。

（구본명：『中國思想의 源流體系』，대왕사，1982.）

6. 权德周译：《大同书》，三省出版社，1982年。

（권덕주 역：『大同书』，삼성출판사，1982.）

7. 权德周：《关于中国美术思想的研究》，淑明女子大学出版部，1982年。

（권덕주：『중국 미술 사상에 대한 연구』，숙명여자대학교출판부，1982.）

8. 金冠植译：《书经》，翰林出版社，1982年。

（김관식 역：『書經』，한림출판사，1982.）

9. 金锡营：《石吾李东宁一代记》，乙酉文化社，1982年。

（김석영：『石吾李東寧一代記』，을유문화사，1982.）

10. 奥修著，金锡焕、申钟铉译：《生活的舞蹈·沉默的舞蹈：老子〈道德经〉讲论》，喜鹊出版社，1982年。

（Rajneesh, B. S. 저，김석환，신종현 역：『삶의춤，침묵의춤：老子"도덕경" 강론』，까치출판사，1982.）

11. 金永胤：《中国文学研究》，现代社，1982年。

（김영윤：『中國文學研究』，현대사，1982.）

12. 金学主：《中国文学概论》，新罗社，1982年。

（김학주：『中國文學槪論』，신라사，1982.）

13. 金学主译：《書經》，明知大学出版部，1982年。

（김학주 역：『書經』，명지대학교출판부，1982.）

14. 金学主译：《世界代表古典文学全集（1）：书经》，刊地不详，1982年。

（김학주 역：『世界代表古典文學全集.1：書經』，발행지 미상，1982.）

15. 金翰奎：《（古代）中国的世界秩序研究》，一潮阁，1982年。

（김한규：『（古代）中國的世界秩序研究』，일조각，1982.）

16. 南晚星译：《春秋左氏传》，翰林出版社，1982年。

（남만성 역：『春秋左氏傳』，한림출판사，1982.）

17. 卢东善、权浩渊：《中国语》（下），松山出版社，1982年。

（노동선，권호연：『中國語.下』，송산출판사，1982.）

18. 文一平：《湖岩全集》，民俗苑，1982年。

（문일평：『湖岩全集』，민속원，1982.）

19. 国立汉城大学图书馆：《奎章阁图书中国本综合目录》，国立汉城大学图书馆，1982年。

（서울대학교도서관：『奎章閣圖書中國本綜合目錄』，서울대학교도서관，1982.）

20. 释智贤：《坡上之歌：老子〈道德经〉释义》，金荣社，1982年。

（석지현：『언덕의노래：老子"道德經"뜻풀이』，김영사，1982.）

21. 宋贞姬译：《菜根谭》，明知大学出版部，1982年。

（송정희 역：『채근담』，명지대학교출판부，1982.）

22. 申永俊：《中国现代史：1911—1949》，喜鹊出版社，1982年。

（신영준：『中國現代史：1911-1949』，까치출판사，1982.）

23. 杨家骆：《十通分类总目：中国学术类编》，景仁文化社，1982年。

（양가락：『十通分類總目：中國學術類編』，경인문화사，1982.）

24. 杨幼炯：《中国政党史》，景仁文化社，1982年。

（양유형：『中國政黨史』，경인문화사，1982.）

25. 译者不详：《红楼梦》，金星出版社，1982年。

（역자 미상：『홍루몽』，금성출판사，1982.）

26. 薛爱华著，译者不详：《古代中国》，《韩国日报·时代生活》，1982年。

（Schafer, Edward H. 저, 역자 미상：「古代中國」，『한국일보 타임라이프』，1982.）

27. 译者不详：《管子纂话・安子春秋》，民族社，1982 年。

（역자 미상：『管子纂話, 安子春秋』，민족사，1982.）

28. 译者不详：《四书五经》，翰林出版社，1982 年。

（역자 미상：『四書五經』，한림출판사，1982.）

29. 译者不详：《三国演义：附资料九篇》，启明文化社，1982 年。

（역자미상：『三國演義：付資料九篇』，계명문화사，1982.）

30. 译者不详：《汉文大系（第 14 卷）：墨子闲诂》，民族社，1982 年。

（역자 미상：『漢文大系. 第 14 卷：墨子閒詁』，민족사，1982.）

31. 吴承洛：《中国度量衡史》，景仁文化社，1982 年。

（오승락：『中國度量衡史』，경인문화사，1982.）

32. 吴英编著：《（朝鲜王朝实录抄）中国史料》（1—12），影印文化社，1982 年。

（오영 편저：『（朝鮮王朝實錄抄）中國史料. 1-12』，영인문화사，1982.）

33. 吴兆华：《中国税制史》，景仁文化社，1982 年。

（오조화：『中國稅制史』，경인문화사，1982.）

34. 王梦鸥著，译者不详：《当代中国新闻学概论（1）：文学评论集（1）》，现代社，1982 年。

（왕몽구 저, 역자 미상：『당대중국신문학대계. 1：文學評論集. 1』，현대사，1982.）

35. 禹政夏：《新中国语》，国民大学出版部，1982 年。

（우정하：『新中國語』，국민대학교출판부，1982.）

36. 禹玄民译：《（新译）西游记》，瑞文堂，1982 年。

（우현민 역：『（新譯）西遊記』，서문당，1982.）

37. 禹玄民译：《（新译）红楼梦》，瑞文堂，1982 年。

（우현민 역：『（新譯）紅樓夢』，서문당，1982.）

38. 俞剑方：《中国绘画史》，景仁文化社，1982 年。

(유검방:『中國繪畫史』, 경인문화사, 1982.)

39. 陆羽著, 李圭正译:《茶经》, 柏杨出版社, 1982年。

(육우 저, 이규정 역:『茶經』, 백양출판사, 1982.)

40. 李肯翊:《燃藜室记述》（1—12）, 民族文化推进会, 1982年。

(이긍익:『燃藜室記述. 1-12』, 민족문화추진회, 1982.)

41. 李基奭译:《菜根谭》, 弘新文化社, 1982年。

(이기석 역:『채근담』, 홍신문화사, 1982.)

42. 李民树译:《礼记》, 翰林出版社, 1982年。

(이민수 역:『禮記』, 한림출판사, 1982.)

43. 李昉等译:《太平广记》, 启明文化社, 1982年。

(이방 외역:『太平廣記』, 계명문화사, 1982.)

44. 李丙畴:《杜诗研究论业》, 二友出版社, 1982年。

(이병주:『杜诗研究论业』, 이우출판사, 1982.)

45. 李锡浩:《海东异迹》, 乙酉文化社, 1982年。

(이석호:『海東異迹』, 을유문화사, 1982.)

46. 李元燮译:《墨子》, 玄岩社, 1982年。

(이원섭역:『墨子』, 현암사, 1982.)

47. 李元燮译:《诗经》, 翰林出版社, 1982年。

(이원섭 역:『詩經』, 한림출판사, 1982.)

48. 李章佑:《韩愈的古诗用韵》, 岭南大学出版部, 1982年。

(이장우:『한유의고시용운』, 영남대학교출판부, 1982.)

49. 李周洪:《中国的民谈（12）:诸子百家门》, 东亚文化社, 1982年。

(이주홍:『中國의民譚. 12:諸子百家門』, 동아문화사, 1982.)

50. 李周洪:《黄河五千年:古代中国的雄辩术·诸子百家门》, 大田, 1982年。

(이주홍:『黃河五千年:옛중국인의 용인.용병술 諸子百家門』, 한밭, 1982.)

51. 李周洪译:《西游记》, 启蒙社, 1982年。

(이주홍 역:『서유기』, 계몽사, 1982.)

52. 李勋钟：《中国古代神话》，泛友社，1982年。

（이훈종：『中國古代神話』，범우사，1982.）

53. 李动钟编译：《中国古代神话》，泛文社，1982年。

（이동종 편역：『中國古代神話』，법문사，1982.）

54. 林种国：《黄帝内经字解》，修书院，1982年。

（임종국：『黃帝內經字解』，수서원，1982.）

55. 张基槿、李锡浩译：《老子·庄子》，三省出版社，1982年。

（장기근，이석호 역：『老子，莊子』，삼성출판사，1982.）

56. 张基槿：《左氏春秋传》（上、中、下），翰林出版社，1982年。

（장기근：『左氏春秋传．上，中，下』，한림출판사，1982.）

57. 张世禄：《中国音韵学史》，景仁文化社，1982年。

（장세록：『中國音韻學史』，경인문화사，1982.）

58. 传乐成：《中国通史》，民族文化社，1982年。

（전낙성：「中國通史」，민족문화사，1982.）

59. 传乐成著，辛胜夏译：《（增订新版）中国通史》，宇钟社，1982年。

（전악성 저，신승하 역：『（增訂新版）中國通史』，우종사，1982.）

60. 丁范镇、刘春花：《中国语会话》，东亚学研社，1982年。

（정범진、유춘화：『中國語會話』，동아학연사，1982.）

61. 丁范镇、禹政夏编著：《（五位一体）新中国语》，国民大学出版部，1982年。

（정범진，우정하 편저：『（五位一體）新中國語』，국민대학교출판부，1982.）

62. 丁范镇、河正玉：《中国文学史》，东亚学研社，1982年。

（정범진，하정옥：『中國文學史』，동아학연사，1982.）

63. 丁范镇：《唐代小说研究》，成均馆大学大东文化研究院，1982年。

（정범진：『唐代小說研究』，성균관대학교 대동문화연구원，1982.）

64. 丁范镇：《中国文学史》，东亚学研社，1982年。

（정범진：『中國文學史』，동아학연사，1982.）

65. 丁范镇：《中国语发音》，东亚学研社，1982年。

（정범진：『中國語發音』，동아학연사，1982.）

66．郑世铉编译：《近代中国思想家的佛教观》，东国大学佛典刊行委员会，1982年。

（정세현 편역：『近代中國思想家의佛教觀』，동국대학교 불전간행위원회，1982.）

67．郑世铉编译：《近代中国新思潮论的展开》，博英社，1982年。

（정세현 편역：『近代中國新思潮論의 展開』，박영사，1982.）

68．丁玲：《中国历代诗选》，现代社，1982年。

（정영：『중국역대시전』，현대사，1982.）

69．郑完圭：《中国佛教史》，高丽苑，1982年。

（정완규：『中國佛教史』，고려원，1982.）

70．冯友兰编，郑仁在译：《中国哲学史料集》，萤雪出版社，1982年。

（풍우란 편，정인재 역：『中國哲學史料集』，형설출판사，1982.）

71．郑钟复：《哲学原论》，世光出版公社，1982年。

（정종복：『哲學原論』，세광출판공사，1982.）

72．赵钟业：《汉文要解》，刊地不详，1982年。

（조종업：『한문요해』，발행지 미상，1982.）

73．赵芝薰译：《大学·中庸》，翰林出版社，1982年。

（조지훈 역：『大學，中庸』，한림출판사，1982.）

74．中文大辞典编纂委员会：《中文大辞典》（第14册），中国文化研究所，1982年。

（중국문화연구소：『中文大辭典．第14册』，중국문화연구소，1982.）

75．中国语文教材研究会：《现代中国语：初级篇》，学文社，1982年。

（중국어문교재연구회：『現代中國語：初級篇』，학문사，1982.）

76．中国语文研究会：《现代中国语：教养篇》，学文社，1982年。

（중국어문연구회：『現代中國語：教養篇』，학문사，1982.）

77．中国语文研究会：《（简明）中国文学史》，学文社，1982年。

（중국어문연구회：『（簡明）中國文學史』，학문사，1982.）

78．陈登原：《中国田赋史》，景仁文化社，1982年。

（진등원：『中國田賦史』，경인문화사，1982.）

79. 车溶柱：《玉楼梦研究》，萤雪出版社，1982年。

（차용주：『玉樓夢研究』，형설출판사，1982.）

80. 车柱环：《中国词文学考论》，国立汉城大学出版部，1982年。

（차주환：『中國詞文學考論』，서울대학교출판부，1982.）

81. 车柱环译：《论语·孟子·中庸·大学》，乙酉文化社，1982年。

（차주환 역：『논어．맹자．중용．대학』，을유문화사，1982.）

82. 车柱环：《中国词文学论考》，国立汉城大学出版部，1982年。

（차주환：『中國詞文學論考』，서울대학교출판부，1982.）

83. 蔡元培：《中国伦理学史》，景仁文化社，1982年。

（채원배：『中國倫理學史』，경인문화사，1982.）

84. 崔根学：《中国名贤辞典》，文学出版公社，1982年。

（최근학：『中國名賢辭典』，문학출판공사，1982.）

85. 崔茂藏：《高句丽、渤海文化：中国考古学者的发掘报告书》，集文堂，1982年。

（최무장：『高句麗，渤海文化：中國考古學者의 發掘報告書』，집문당，1982.）

86. 秋炫秀：《中国的历史精神》，延世大学出版部，1982年。

（추현수：『중국의 역사정신』，연세대학교출판부，1982.）

87. 何欣：《当代中国新闻学概论（2）：文学评论集（2）》，现代社，1982年。

（하흔：『당대중국신문학대계．2：文學評論集．2』，현대사，1982.）

88. 韩国文化艺术振兴院：《国展图录（1981）（第30期）》，高丽书店，1982年。

（한국문화예술진흥원：『（제30회）國展圖錄（1981）』，고려서적，1982.）

89. 韩武熙：《中国历代散文选》，檀国大学出版部，1982年。

（한무희：『中國歷代散文選』，단국대학교출판부，1982.）

90. 裴宗镐、安炳周、金学主：《韩非子·荀子·墨子（新编豪华普及版）》，三省出版社，1982年。

（배종호, 안병주, 김학주：『한비자．묵자．순자 / 신편호화보급판』, 삼성출판사, 1982.）

91. 韩相甲译：《论语·中庸》，三省出版社，1982年。

（한상갑 역：『論語, 中庸』, 삼성출판사, 1982.）

92. 韩相甲译：《孟子·大学》，三省出版社，1982年。

（한상갑 역：『孟子, 大學』, 삼성출판사, 1982.）

93. 朱熹著，韩相甲译：《老子庄子：四书集注（1）》，三省出版社，1982年。

（주희 저, 한상갑 역：『老子莊子：四書集註．1』, 삼성출판사, 1982.）

94. 韩重洙：《唐书周易》，明文堂，1982年。

（한중수：『唐書周易』, 명문당, 1982.）

95. 许世旭：《中国现代文学论》，文学艺术社，1982年。

（허세욱：『中國現代文學論』, 문학예술사, 1982.）

96. 许英桓：《中国画院制度史研究》，悦话堂，1982年。

（허영환：『중국화원제도사연구』, 열화당, 1982.）

97. 洪硕辅译：《史记列传（新编豪华普及版）》，三省出版社，1982年。

（홍석보 역：『史記列傳 / 신편 호화보급판』, 삼성출판사, 1982.）

98. 胡朴安著，译者不详：《中国文化史丛书（10）：中国文字学史》，景仁文化社，1982年。

（호박안 저, 역자 미상：『中國文化史叢書．10：中國文字學史』, 경인문화사, 1982.）

三、备注

1.《中国人文科学》主要刊载中国历史、哲学、文学研究方面的论文。

2. 进入20世纪80年代以后，部分学者开始关注中韩（朝）汉字问题和汉字词问题的研究，主要以韩国（朝鲜）语的汉字词与中国汉语的同形汉字词进行对比研究为主。也有一些学者针对韩国（朝鲜）语的汉字词与汉语同形汉字词的不同词性、词义、构词法以及语法、语音、成语、俗语、新词等进行对比研究，而且研究得越来越细致、越来越深入。

公元 1983 年

一、大事记

1. 孔在锡撰写了《汉语拼音方案的理解》一文。

2. 韩国选定常用汉字 4500 字。

3. 该年度是中国古典文学在韩国大量出版的一年，仁川大学民族文化研究所出版了《古小说全集旧活字本（全 33 卷）》，包括中国古典名著：《三国志》《水浒传》《西游记》等；瑞文堂出版社翻译出版了《中国古典文学大系（全 24 卷）》，包括《三国志》《水浒传》《西游记》《红楼梦》等。

二、书（文）目录

1. 孔在锡：《汉语拼音方案的理解》，《中国语文学》，1983 年。
（공재석，「한어평음방안의 이해」，『중국어문학』，1983.）

2. 作者不详：《（标点校勘）新元史》，景仁文化社，1983 年。
（작자 미상：『（標點校勘）新元史』，경인문화사，1983.）

3. 赵义卨：《中国成语 150 选》，三省文化社，1983 年。
（조의설：『中國成語 150 選』，삼성문화사，1983.）

4. 居尚元：《新编中国文学史》（上、下），世界文化社，1983 年。
（거상원：『新編中國文學史．上，下』，세계문화사，1983.）

5. 国土开发研究院：《天工开物（抄）》，国土开发研究院，1983 年。
（국토개발연구원：『天工開物（抄）』，국토개발연구원，1983.）

6. 玄奘著，权德周译：《大唐西域记》，有利出版社，1983 年。
（현장 저，권덕주 역：『大唐西域記』，우리출판사，1983.）

7. 权德周译：《大唐西域记》，日月书阁，1983 年。
（권덕주 역：『大唐西域記』，일월서각，1983.）

8. 权丙勋著：《六书寻源》，景仁文化社，1983 年。

（권병훈 저：『六書尋源』，경인문화사，1983.）

9. 权浩渊译编：《（实用）综合中国语》，进明出版社，1983 年。

（권호연 역편：『（實用）綜合中國語』，진명출판사，1983.）

10. 基础中国语教本编纂委员会：《基础中国语教本》，檀国大学出版部，1983 年。

（기초중국어교본편찬위원회：『기초중국어교본』，단국대학교출판부，1983.）

11. 金光洲、金浩成译：《西游记》，明文堂，1983 年。

（김광주，김호성 역：『西遊記』，명문당，1983.）

12. 金光洲译：《（完译）西游记》，正音社，1983 年。

（김광주 역：『（完譯）西遊記』，정음사，1983.）

13. 金光洲译：《聊斋志异》，明文堂，1983 年。

（김광주 역：『聊齋志異』，명문당，1983.）

14. 金光洲译：《中国古典文学大系（7—11 卷）：水浒传》，瑞文堂，1983 年。

（김광주 역：『중국고전문학대계．7-11 권：수호전』，서문당，1983.）

15. 金光洲译：《中国古典文学大系（1—6 卷）：三国志》，瑞文堂，1983 年。

（김광주 역：『중국고전문학대계．1-6 권：삼국지』，서문당，1983.）

16. 金达镇译：《东洋思想：庄子》，良友堂，1983 年。

（김달진 역：『동양의 사상：莊子』，양우당，1983.）

17. 金圣叹译：《水浒传》（Ⅰ—Ⅱ），金星出版社，1983 年。

（김성탄 역：『水滸傳．Ⅰ-Ⅱ』，금성출판사，1983.）

18. 金莹洙译：《诸子百家》，学园出版公社，1983 年。

（김영수 역：『諸子百家』，학원출판공사，1983.）

19. 金龙济译：《金瓶梅》，三信文化社，1983 年。

（김용제 역：『金瓶梅』，삼신문화사，1983.）

20. 金龙济译：《金瓶梅》，正音社，1983 年。

（김용제 역：『金瓶梅』，정음사，1983.）

21. 金在乘：《白乐天诗研究：以闲适诗为中心》，全南大学人文社会科学大学，1983 年。

（김재승：『백낙천 시연구：한적시를 중심으로』，전남대학교 인문사회과학대학，1983.）

22．金彩植：《东洋史概论》，三英社，1983 年。

（김채식：『東洋史槪論』，삼영사，1983.）

23．金喆洙译注，韩国中国学会编：《中国新文学史话》，同和出版公社，1983 年。

（김철수 역주，한국중국학회 편：『中國新文學史話』，동화출판공사，1983.）

24．金夏中译：《中国古典：水浒传》，金星出版社，1983 年。

（김하중 역：『수호전：중국고전』，금성출판사，1983.）

25．金学主：《中国文学概论》，新雅社，1983 年。

（김학주：『중국문학개론』，신아사，1983.）

26．金学主：《中国文学序说》，同和出版公社，1983 年。

（김학주：『中國文學序說』，동화출판공사，1983.）

27．金学主译：《中国思想大系（3）：墨子・孙子》，新华社，1983 年。

（김학주 역：『中國思想大系 . 3：墨子，孫子』，신화사，1983.）

28．金学主译：《中国思想大系（4）：荀子・韩非子》，新华社，1983 年。

（김학주 역：『中國思想大系 . 4：荀子，韓非子』，신화사，1983.）

29．金学主、张基槿译：《中国思想大系（5）：列子・管子》，新华社，1983 年。

（김학주，장기근 역：『中國思想大系 . 5：列子，管子』，신화사，1983.）

30．金学主译：《中国思想大系（8）：朱子・王阳明》，新华社，1983 年。

（김학주 역：『中國思想大系 . 8：朱子，王陽明』，신화사，1983.）

31．罗彩勋：《再评曹操》，严致社，1983 年。

（나채훈：『조조의 재평』，연지사，1983.）

32．南晚星译：《东洋思想：六韬三略》，良友堂，1983 年。

（남만성 역：『동양의 사상：육도삼략』，양우당，1983.）

33．南晚星译：《东洋思想：孙子兵法》，良友堂，1983 年。

（남만성 역：『동양의 사상：손자병법』，양우당，1983．）

34．南晚星译：《东洋思想：韩非子》，良友堂，1983 年。

（남만성 역：『동양의 사상：韓非子』，양우당，1983．）

35．南晚星译：《玄岩新书（38）：孙子兵法》，玄岩社，1983 年。

（남만성 역：『玄岩新書．38：孫子兵法』，현암사，1983．）

36．卢东善、权浩渊：《中国语》（上），壮文社，1983 年。

（노동선，권호연：『中國語．上』，장문사，1983．）

37．渡边卓译：《全释汉文大系（18）：墨子（上）》，集英社，1983 年。

（渡邊卓 역：『全釋漢文大系．18：墨子．上』，집영사，1983．）

38．维塔利·鲁宾：《中国古代的个人和国家：孔子、墨子、商鞅、庄子的思想研究》，现象和认识社，1983 年。

（Rubin, Vitaly A.：『중국에서의 개인과 국가：공자，묵자，상앙，장자의 사상연구』，현상과인식，1983．）

39．牟宗三：《中国哲学的特质》，同和出版公社，1983 年。

（모종삼：『中國哲學의 特質』，동화출판공사，1983．）

40．美术文化院：《中国名家书画集》，美术文化院，1983 年。

（미술문화원：『中國名家書畫集』，미술문화원，1983．）

41．闵斗基：《中国现代史的构造》，青蓝文化社，1983 年。

（민두기：『中國現代史의 構造』，청람문화사，1983．）

42．民营编译：《中国民画集》（1—3），创作与批评社，1983 年。

（민영 편역：『중국민화집．1-3』，창작과비평사，1983．）

43．朴健会译：《西游记全集》（1—3），银河出版社，1983 年。

（박건회역：『西遊記全集．1-3』，은하출판사，1983．）

44．朴一峰译：《菜根谭》，育文社，1983 年。

（박일봉 역：『菜根譚』，육문사，1983．）

45．朴张铉：《中山全书》，中山全书刊行会，1983 年。

（박장현：『中山全書』，중산전서간행회， 1983．）

46．方东美著，郑仁在译：《中国人的人生哲学》，探究堂，1983 年。

（방동미 저，정인재 역：『중국인의 인생철학』，탐구당，1983．）

47．范烟桥：《中国小说史》，汉京文化事业公司，1983年。

（범연교：『中國小說史』，한경문화사업공사，1983．）

48．徐文祥：《中国先秦思想史》，启明大学出版部，1983年。

（서문상：『中國先秦思想史』，계명대학교출판부，1983．）

49．国立汉城大学人文学院中语中文系：《（新编）大学中国语》，国立汉城大学出版部，1983年。

（서울대학교 인문대학 중어중문학과：『（신편）대학중국어』，서울대학교출판부，1983．）

50．成元庆：《（中国古典中）征服历史的女人们》，约翰出版社，1983年。

（성원경：『（中國古典속의）歷史를 주름잡은 女人들』，요한출판사，1983．）

51．成元庆译：《三中堂文稿：菜根谭》，三中堂，1983年。

（성원경 역：『삼중당문고：채근담』，삼중당，1983．）

52．牟宗三著，宋恒龙译：《中国哲学的特质》，同和出版公司，1983年。

（모종삼 저，송홍용 역：『中國哲學의 特質』，동화출판공사，1983．）

53．淑明女子大学中国文化研究所：《中国文化》，淑明女子大学中国文化研究所，1983年。

（숙명여자대학교중국문화연구소：『中國文化』，숙명여자대학교중국문화연구소，1983．）

54．新田大作：《全釋漢文大系（18）：墨子（下）》，集英社，1983年。

（新田大作：『全釋漢文大系．18：墨子．下』，집영사，1983．）

55．安光济译：《菜根谭》，大一书馆，1983年。

（안광제 역：『菜根譚』，대일서관，1983．）

56．安东林译：《庄子》，玄岩社，1983年。

（안동림 역：『莊子』，현암사，1983．）

57．译者不详：《史记索引：二十五史索引之一》，景仁文化社，1983年。

（역자 미상：『史記索引：二十五史索引之一』，경인문화사，1983．）

58．译者不详：《西游记》，三信文化社，1983年。

（역자 미상：『西遊記』，삼신문화사，1983．）

59. 译者不详：《（原本影印本）苏东坡全集》（1—10），景仁文化社，1983年。

（역자 미상：『（原本影印本）蘇東坡全集．1-10』，경인문화사，1983．）

60. 译者不详：《中国古典文学选集（11）：红楼梦（上）》，正音社，1983年。

（역자 미상：『中國古典文學選集．11：紅樓夢．上』，정음사，1983．）

61. 译者不详：《中国古典文学选集（12）：红楼梦（下）》，正音社，1983年。

（역자 미상：『中國古典文學選集．12：紅樓夢．下』，정음사，1983．）

62. 译者不详：《红楼梦》，三信文化社，1983年。

（역자 미상：『紅樓夢』，삼신문화사，1983．）

63. 盐英哲编译：《中国地名辞典》，凌云出版社，1983年。

（염영철 편역：『中國地名辭典』，능운출판사，1983．）

64. 吴贞姬：《别辞》，三省出版社，1983年。

（오정희：『別辭』，삼성출판사，1983．）

65. 王琦：《黄帝内经素问今释》，成辅社，1983年。

（왕기：『黃帝內經素問今釋』，성보사，1983．）

66. 禹玄民译：《中国古典文学大系（12—18卷）：西游记》，瑞文堂，1983年。

（우현민 역：『중국고전문학대계．12-18권：서유기』，서문당，1983．）

67. 禹玄民译：《中国古典文学大系（19—24卷）：红楼梦》，瑞文堂，1983年。

（우현민 역：『중국고전문학대계．19-24권：홍루몽』，서문당，1983．）

68. 刘明钟：《中国思想史（1）：古代篇》，以文出版社，1983年。

（유명종：『中國思想史．1：古代篇』，이문출판사，1983．）

69. 尹五荣译：《东洋思想：荀子》，良友堂，1983年。

（윤오영 역：『동양의 사상：荀子』，양우당，1983．）

70. 殷茂一：《常用中国语词典：三千基本单词中心》，全罗文化社，1983年。

（은무일：『常用中國語辭典：3千基本單語中心』，전라문화사，1983.）

71．义净：《大唐西域求法高僧传》，东国大学图书馆，1983年。

（의정：『大唐西域求法高僧傳』，동국대학교도서관，1983.）

72．李禹：《(大学)中国语作文》，学研社，1983年。

（이우：『(大學)中國語作文』，학연사，1983.）

73．李揆顺校注：《女四书：若昭（唐）·刘氏（明）·班昭（后汉）·徐皇后（明）》，文学世界社，1983年。

（이규순 교주：『女四書，이규순송약소（唐）·유씨（明）·반소（後漢）·문황후서씨（明）』，문학세계사，1983.）

74．梁启超著，李炳汉译：《中国思想大系》（9），新华社，1983年。

（양계초 저，이병한 역：『中国思想大系.9』，신화사，1983.）

75．李相翊：《韩中小说的比较文学的研究》，三英社，1983年。

（이상익：『韓中小說의比較文學的研究』，삼영사，1983.）

76．李锡浩译：《菜根谭：东洋人永远的智慧的源泉》，KBS韩国放送事业团，1983年。

（이석호 역：『菜根譚：東洋人의 永遠한 知慧의 샘터』，KBS 한국방송사업단，1983.）

77．李元燮、金時俊译：《吴子·晏子》，新华社，1983年。

（이원섭，김시준 역：『吳子，晏子』，신화사，1983.）

78．李元燮译：《孔子·孟子》，新华社，1983年。

（이원섭 역：『孔子，孟子』，신화사，1983.）

79．李元燮译：《老子·庄子》，新华社，1983年。

（이원섭 역：『老子，莊子』，신화사，1983.）

80．李元燮译：《东洋思想：墨子》，良友堂，1983年。

（이원섭 역：『동양의사상：墨子』，양우당，1983.）

81．李元燮译：《东洋思想：唐诗》，良友堂，1983年。

（이원섭 역：『동양의사상：당시』，양우당，1983.）

82．李元燮译：《东洋思想：法句经》，良友堂，1983年。

编年正文　171

（이원섭 역：『동양의사상：법구경』，양우당，1983.）

83. 李元燮译：《墨子》，新华社，1983年。

（이원섭 역：『墨子』，신화사，1983.）

84. 李章佑：《中国历史散文选》，新雅社，1983年。

（이장우：『中國歷史散文選』，신아사，1983.）

85. 王力著，李钟振、李鸿镇译：《中国语言学史》，启明大学出版部，1983年。

（왕력 저，이종진，이홍진 역：『中國言語學史』，계명대학교출판부，1983.）

86. 李钟灿：《中国文化史概论》，正音社，1983年。

（이종찬：『中國文化史概論』，정음사，1983.）

87. 李徽教：《诗品标注》，岭南大学出版部，1983年。

（이휘교：『诗品标注』，영남대학교출판부，1983.）

88. 仁川大学民族文化研究所：《古小说全集旧活字本》（全33卷），银河出版社，1983年。

（인천대학교민족문화연구소：『고소설전집 구활자본．전33권』，인하출판사，1983.）

89. 仁川大学民族文化研究所：《古小说全集旧活字本（28）：水浒传》，银河出版社，1983年。

（인천대학교민족문화연구소：『고소설전집 구활자본．28：水滸傳』，은하출판사，1983.）

90. 仁川大学民族文化研究所译：《古小说全集旧活字本（6）：西游记》，银河出版社，1983年。

（인천대학교민족문화연구소 역：『고소설전집 구활자본．6：西遊記』，은하출판사，1983.）

91. 仁川大学译：《古小说全集旧活字本（22）：三国志》，银河出版社，1983年。

（인천대학 역：『고소설전집 구활자본．22：삼국지』，은하출판사，1983.）

92. 张基槿、金琫永译：《淮南子·抱朴子》，新华社，1983 年。

（장기근, 김봉영 역：『淮南子, 抱樸子』，신화사, 1983.）

93. 胡云翼著, 张基槿译：《中国文学史》，大韩教科书株式会社，1983 年。

（호운익 저, 장기근 역：『中國文學史』，대한교과서주식회사, 1983.）

94. 张元圭：《中国佛教史》，高丽苑，1983 年。

（장원규：『中國佛敎史』，고려원, 1983.）

95. 冯友兰著, 郑仁在译：《中国哲学史》，萤雪出版社，1983 年。

（풍우란 저, 정인재 역：『中國哲學史』，형설출판사, 1983.）

96. 赵芝薰译：《菜根谭》，良友堂，1983 年。

（조지훈 역：『茶根譚』，양우당, 1983.）

97. 池荣在编著：《中国古典戏曲选》，新雅社，1983 年。

（지영재 편저：『中國古典戲曲選』，신아사, 1983.）

98. 车相辕：《（新编）中国文学史》，世界文化社，1983 年。

（차상원：『（新編）中國文學史』，세계문화사, 1983.）

99. 车柱环著, 韩国中国学会编：《高丽唐乐的研究》，同和出版公社，1983 年。

（차주환 저, 한국중국학회 편：『高麗唐樂의 研究』，동화출판공사, 1983.）

100. 崔东植译：《（完译）三国志》，正音社，1983 年。

（최동식 역：『（完譯）三國志』，정음사, 1983.）

101. 崔暎海译：《（完译）水浒传》（上、下），正音社，1983 年。

（최영해 역：『（完譯）水滸傳．上，下』，정음사, 1983.）

102. 崔完植、李炳汉译：《康有为·梁启超》，新华社，1983 年。

（최완식, 이병한 역：『康有爲·梁啓超』，신화사, 1983.）

103. 崔仁旭译：《东洋思想：史记列传》，良友堂，1983 年。

（최인욱 역：『동양의 사상：사기열전』，양우당, 1983.）

104. 崔鹤根：《满蒙学丛书：满文〈大辽国史〉》，民俗苑，1983 年。

（최학근：『滿蒙學叢書：滿文「大遼國史」』，민속원, 1983.）

105. 崔鹤根：《满蒙学丛书：蒙文〈满洲实录〉》（上、下），民俗苑，1983 年。

（최학근：『滿蒙學叢書：蒙文「滿洲實錄」．上，下』，민속원, 1983.）

106. 韩国中国学会：《中国新文学史话（改订版）》，同和出版公社，1983年。
（한국중국학회：『中國新文學史話（改訂版）』，동화출판공사，1983.）
107. 韩国中国学会：《中国文学研究》，中国文学研究会，1983年。
（한국중문학회：『中國文學研究』，중국문학연구회，1983.）
108. 许世旭：《中国文化概说》，金星教科书，1983年。
（허세욱：『中國文化概說』，금성교과서，1983.）
109. 许世旭编著：《中国历代诗选：中国诗300首》，新雅社，1983年。
（허세욱 편저：『中國歷代詩選：中國詩300首』，신아사，1983.）

三、备注

本年，韩国选定常用汉字4500字。这是综合考察以往的多种汉字统计数据，按照其出现频率、分布和有用度而制定出来的。它的特征是，采用《康熙字典》字体，按频度排列顺序，相同频度按分布度排列，适当采用半字、俗字（简体字），同形异音字按别字处理，采用部分韩国自创的汉字。

公元1984年

一、大事记

1. 孔在锡发表论文《中国语音表记法研究》。
2. 刘丽雅（유려아）发表硕士论文《鲁迅和春园的比较研究》。

二、书（文）目录

1. 高丽大学文科学院中国语文学系教授室：《教养中国语》，高丽大学出版部，1984年。

（고려대학교 문과대학 중국어문학과 교수실：『敎養中國語』，고려대학교출판부，1984.）

2．权德周：《中国思想的根源（战国学术）》，文潮社，1984 年。

（권덕주：『중국사상의 근원（戰國學術）』，문조사，1984.）

3．金敬琢：《老子》（1），玄岩社，1984 年。

（김경탁：『老子.1』，현암사，1984.）

4．金光洲译：《西游记》，正音社，1984 年。

（김광주 역：『西遊記』，정음사，1984.）

5．曾先之著，金光洲编译：《（话说）中国的历史》（1—8），韩国出版公社，1984 年。

（증선지 저，김광주 편역：『（說話）中國의歷史.1-8』，韓國出版公社，1984.）

6．金丘庸译：《（完译）列国史》，语文阁，1984 年。

（김구용 역：『（완역）열국지』，어문각，1984.）

7．金能根：《中国哲学史》，奖学出版社，1984 年。

（김능근：『中國哲學史』，장학출판사，1984.）

8．金龙济译：《红楼梦》，正音社，1984 年。

（김용제 역：『紅樓夢』，정음사，1984.）

9．金载雨：《（最新）中国语》，教学研究社，1984 年。

（김재우：『（最新）中國語』，교학연구사，1984.）

10．金在烝：《古典的理解》，全南大学出版部，1984 年。

（김재증：『고전의 이해』，전남대학교출판부，1984.）

11．金在烝：《汉语入门》，明文堂，1984 年。

（김재증：『漢語入門』，명문당，1984.）

12．金八峰：《楚汉志》，语文阁，1984 年。

（김팔봉：『楚漢誌』，어문각，1984.）

13．金八峰译：《（八峰）水浒志》，语文阁，1984 年。

（김팔봉 역：『（八峰）水滸誌』，어문각，1984.）

14．金学主：《中国古代文学史》，民音社，1984 年。

（김학주：『中國古代文學史』，민음사，1984.）

15．金学主：《中国文学概论》，新雅社，1984 年。

（김학주：『中國文學概論』，신아사，1984.）

16．大矢根文次郎：《陶渊明研究》，韩国学振兴院，1984 年。

（大矢根文次郎：『陶淵明研究』，한국학진흥원，1984.）

17．闵斗基：《中国史时代区分论》，创作与批评社，1984 年。

（민두기：『中國史時代區分論』，創作과批評社，1984.）

18．朴钟和译：《三国志》，语文阁，1984 年。

（박종화 역：『三國志』，어문각，1984.）

19．方东美：《中国人的人生哲学》，探求堂，1984 年。

（방동미：『中國人의 人生哲學』，탐구당，1984.）

20．宋在禄：《中国语会话册：前篇》，问题与研究社，1984 年。

（송재록：『中國語會話冊：前篇』，問題와研究社，1984.）

21．宋贞姬：《楚辞》（第 1 卷），明知大学出版部，1984 年。

（송정희：『楚辭．v.1』，명지대학교출판부，1984.）

22．宋贞姬译：《明知文库（27）：菜根谭（Ⅰ）》，明知大学出版部，1984 年。

（송정희 역：『明知文庫．27：菜根譚．Ⅰ』，명지대학교출판부，1984.）

23．宋贞姬译：《明知文库（28）：菜根谭（Ⅱ）》，明知大学出版部，1984 年。

（송정희 역：『明知文庫．28：菜根譚．Ⅱ』，명지대학교출판부，1984.）

24．张起钧、吴怡著，宋河璟、吴钟逸译：《中国哲学史》，一志社，1984 年。

（장기균，오이 저，송하경，오종일 역：『중국철학사』，일지사，1984.）

25．安东林：《庄子》（1—2），玄岩社，1984 年。

（안동림：『莊子．1-2』，현암사，1984.）

26．安炳周：《论语》，成均馆大学出版部，1984 年。

（안병주：『論語』，성균관대학교출판부，1984.）

27．译者不详：《孟子栗谷谚解》，弘文阁，1984 年。

（역자 미상：『孟子栗谷諺解』，홍문각，1984.）

28．译者不详：《墨子》（上、下），韩国学振兴院，1984 年。

（역자 미상：『墨子．上，下』，한국학진흥원，1984.）

29．译者不详：《四书三经集注》，泰山文化社，1984 年。

（역자 미상：『四書三經集註』，태산문화사，1984.）

30．吴相湘：《中国史学丛书》，国学资料院，1984 年。

（吳相湘：『中國史學叢書』，국학자료원，1984.）

31．刘义庆：《世说新语》，教学研究社，1984 年。

（유의경：『世說新語』，교학연구사，1984.）

32．尹永春：《世界的大思想（22）：中国的思想》，徽文出版社，1984 年。

（윤영춘：『世界의大思想.22：中國의思想』，휘문출판사，1984.）

33．梁启超著，李桂柱译：《中国古典入门》，三星美术文化财团，1984 年。

（양계초 저，이계주 역：『中國古典入門』，삼성미술문화재단，1984.）

34．朱熹、吕祖谦、宋秉璿著，李民树译：《近思续录》，乙酉文化社，1984 年。

（주희，呂祖謙，宋秉璿 저，이민수역：『近思續錄』，을유문화사，1984.）

35．李民树译：《文心雕龙》，乙酉文化社，1984 年。

（이민수 역：『文心雕龍』，을유문화사，1984.）

36．李民树译：《新译孟子》（上、下），瑞文堂，1984 年。

（이민수 역：『新譯孟子.上，下』，서문당，1984.）

37．李丙畴：《现代中国论》，青蓝文化社，1984 年。

（이병주：『現代中國論』，청람문화사，1984.）

38．李炳汉：《汉诗批评的体例研究》，通文馆，1984 年。

（이병한：『漢詩批評의 體例研究』，통문관，1984.）

39．李成珪：《中国古代帝国成立史研究：秦国齐民支配体制的行成》，一潮阁，1984 年。

（이성규：『中國古代帝國成立史研究：秦國 齊民支配體制의 形成』，일조각，1984.）

40．李成珪：《左传选》，三星美术文化财团，1984 年。

（이성규：『左傳選』，삼성미술문화재단，1984.）

41．李秀子：《中国南宗绘画史》，世光出版公社，1984 年。

（이수자：『中國南宗繪畫史』，세광출판공사，1984.）

42．李元燮译：《大三国志》，泰和，1984年。

（이원섭 역：『大三國志』，泰和，1984.）

43．李元燮译：《墨子》，玄岩社，1984年。

（이원섭 역：『墨子』，현암사，1984.）

44．刘若愚著，李章佑译：《中国的文学理论》，同和出版公社，1984年。

（유약우 저, 이장우 역：『中國의 文學理論』，동화출판공사，1984.）

45．李周洪、刘文东译：《司马迁史记》，培材书馆，1984年。

（이주홍, 유문동 역：『사마천사기』，배재서관，1984.）

46．李周洪译：《少年世界文学全集（56）：西游记》，启蒙社，1984年。

（이주홍 역：『소년소녀세계문학전집 . 56, 서유기』，계몽사，1984.）

47．李昌龙：《韩中诗的比较文学的研究：李白、杜甫的受容样相》，一志社，1984年。

（이창룡：『韓中詩의 比較文學적 硏究：李白、杜甫의 受容樣相』，일지사，1984.）

48．李泰薰：《中国思想的根源》，文潮社，1984年。

（이태훈：『중국사상의 근원』，문조사，1984.）

49．仁川大学民族文化研究所：《西游记·薛仁贵传》，仁川大学民族文化研究所，1984年。

（인천대학교민족문화연구소：『西游記，薛仁貴傳』，인천대학교민족문화연구소，1984.）

50．林东锡译：《世说新语》，教学研究社，1984年。

（임동석 역：『世說新語』，교학연구사，1984.）

51．张起钧：《中国哲学史》，一志社，1984年。

（장기균：『中國哲學史』，일지사，1984.）

52．长尾雨山：《中国书画话》，美术文化院，1984年。

（長尾雨山：『中國書畫話』，미술문화원，1984.）

53．张其昀著，中国文化研究所译：《中国的思想根源：诸子百家的人生和哲学》，文潮社，1984年。

（장기윤 저, 중국문화연구소 역：『中國思想의 根源：諸子百家—그들의 人生과 哲學』，문조사，1984.）

54. 钱穆著，车柱环译：《中国文化史导论：中国文史哲论》，乙酉文化社，1984年。

（전목 저, 차주환 역：『中國文化史導論：中國文史哲論』，을유문화사，1984.）

55. 中国文化研究会：《中国古文选读》，学研社，1984年。

（중국문학연구회：『中國古文選讀』，학연사，1984.）

56. 成均馆大学中国文学研究会：《中国民歌类型分类的方法论》，成均馆大学中国文学研究会，1984年。

（성균관대학교 중국문학연구회：『中國民歌 類型分類의 方法論』，성균관대학교 중국문학연구회，1984.）

57. 中国语教材编纂委员会：《现代中国语》，延世大学出版部，1984年。

（중국어교재편찬위원회：『現代中國語』，연세대학교출판부，1984.）

58. 中国语世界社：《中国语世界》，中国语世界社，1984年。

（중국어세계사：『中國語世界』，중국어세계사，1984.）

59. 曾先之：《(说话)中国历史》(1—8)，韩国出版公社，1984年。

（증선지：『(說話)中國의歷史.1-8』，한국출판공사，1984.）

60. 车培根：《中国前近代言论史》，国立汉城大学出版部，1984年。

（차배근：『中國前近代言論史』，서울대학교출판부，1984.）

61. 车柱环译：《孟子》，明文堂，1984年。

（차주환 역：『孟子』，명문당，1984.）

62. 崔世珍：《新增类合》，东洋学研究所，1984年。

（최세진：『新增类合』，동양학연구소，1984.）

63. 崔世珍：《千字文》，东洋学研究所，1984年。

（최세진：『千字文』，동양학연구소，1984.）

64. 崔廉烈：《老子哲学》，教文社，1984年。

（최염렬：『老子哲學』，교문사，1984.）

65. 崔暎海译：《三国志》，正音社，1984年。

（최영해 역：『三國志』，정음사，1984.）

66．皮锡瑞：《中国经哲学史》，同和出版社，1984年。

（피석서：『中國經哲學史』，동화출판공사，1984.）

67．河正玉编著：《屈原》，太宗出版社，1984年。

（하정옥 편저：『屈原』，태종출판사，1984.）

68．韩国外国语会话社编辑部：《中国语会话》（2），韩国外国语会话社，1984年。

（한국외국어회화사편집부：『中國語會話.2』，한국외국어회화사，1984.）

69．刘勰著，户田浩晓译：《文心雕龙》（上、下），韩国学振兴院，1984年。

（유협 저，戶田浩曉 역：『文心雕龍.上，下』，한국학진흥원，1984.）

70．洪元植：《中国医学史》，东洋医学研究院出版部，1984年。

（홍원식：『중국의학사』，동양의학연구원출판부，1984.）

71．黄坚：《古文真宝》，田野出版社，1984年。

（황견：『古文眞寶』，야출판사，1984.）

72．黄元九：《中国思想的源流》，延世大学出版部，1984年。

（황원구：『中國思想의源流』，연세대학교출판부，1984.）

73．黄宗羲：《明夷待访录》，三星美术文化财团，1984年。

（황종희：『明夷待訪錄』，삼성미술문화재단，1984.）

74．金河龙：《中国政治论》，博英社，1984年。

（김하룡：『중국정치론』，박영사，1984.）

75．李章佑：《韩愈与古文理论》，檀国大学东洋学研究院，1984年。

（이장우：『한유 韓愈와 고문이론（古文理論）』，단국대학교 동양학연구원，1984.）

76．孔在锡：《中国语音表记法研究》，《中国学报》，1984年。

（공재석：「중국어음 표기법 연구」，『중국학보』，1984.）

77．刘丽雅：《鲁迅和春园的比较研究》（国立汉城大学硕士论文），1984年。

[유러아：『魯迅과 春園의 比較 硏究：初期作品을 中心으로』（서울대학교석사논문），1984.]

三、备注

1.学界一般认为，可将汉语词汇按照来源分为汉源汉语词汇（中国古代文献典籍传入的汉语词汇、由汉译佛经传入的汉语词汇及汉语白话文中的汉语词汇）、日源汉语词汇（来自日本的汉语词汇）和韩源汉语词汇（韩国人自己创造的汉语词汇）三类。

2.《中国语音表记法研究》进一步系统地介绍了中国语语音表示方法的变化与发展。

3.在整个20世纪韩国的中国现当代文学研究中跟韩中比较研究有关的硕士、博士论文实在不多，只有8篇。其中，最有成就的要数刘丽雅的论文。她在韩国陆续发表了硕士和博士论文，都是韩中文学的比较研究论文，她力图此比挖掘东亚优秀文学中的共同点。她的硕士论文《鲁迅和春园的比较研究》通过对两个人作品的分析，首先导出共同的主题，然后试图发掘共同主题的源泉，论述共同的主题里故事情节展开方式的差异点及共同点。最后在结论里谈及其共同的主题跟时代背景有关，故事情节展开方式的差异点及共同点是作家的时代意识及文学观的差异的结果。

公元1985年

一、大事记

1.在釜山成立了韩国中国语学会。

2.孔在锡发表了《关于中国语音节》一文。

3.国立汉城大学研究生院设立中国现代文学专业。

4.7月5日，韩国中国现代文学学会成立。

5.7月5日，韩国国语教育研究会会长李应百发表《敦促改正文字政策的建议书》，并把建议书呈报文教部部长。

二、书（文）目录

1．居尚元：《中国文学史》，明文堂，1985年。

（거상원：『中國文學史』，명문당，1985.）

2．庆尚大学中国语系汉文研究室：《中韩历代汉诗文选》，萤雪出版社，1985年。

（경상대학교 중국어중문학과 한문연구실：『韓中歷代漢詩文選』，형설출판사，1985.）

3．冯友兰著，郭信焕译：《中国哲学的精神：新原道》，崇田大学出版部，1985年。

（풍우란 저，곽신환 역：『中國哲學의精神：新原道』，숭전대학교출판부，1985.）

4．金冠植译：《四书五经（第4卷）：书经》，三星文化社，1985年。

（김관식 역：『四書五經．v.4：書經』，삼성문화사，1985.）

5．金光洲译：《（绘图）三国志》，启蒙社，1985年。

（김광주 역：『（그림）삼국지』，계몽사，1985.）

6．金九镇、金喜泳：《中国历史故事》（第1卷），菁我出版社，1985年。

（김구진，김희영：『이야기중국사．제1권』，청아출판사，1985.）

7．金时准译：《楚辞》，探究堂，1985年。

（김시준 역：『楚辭』，탐구당，1985.）

8．金元变译：《四书五经（第5卷）：诗经》，三星文化社，1985年。

（김원변 역：『四書五經．v.5：詩經』，삼성문화사，1985.）

9．金周园译：《列国志》（1—5），昊浩出版社，1985年。

（김주원 역：『列國志．1-5』，대호출판사，1985.）

10．金昌铉、金井镇：《原本论语集注大全》，萤雪出版社，1985年。

（김창현，김정진：『原本論語集註大全』，형설출판사，1985.）

11．金春城：《黄河日记》，南岛，1985年。

（김춘성：『黃河日記』，남도，1985.）

12．金夏中译：《中国古典：水浒传》，金星出版社，1985年。

（김하중 역：『수호전：중국고전』，금성출판사，1985.）

13. 金学主：《中国文学史》，同和出版公社，1985年。

（김학주：『中國文學史』，동화출판공사，1985.）

14. 金学主：《忠经·孝经》，明文堂，1985年。

（김학주：『忠經，孝經』，명문당，1985.）

15. 金学主译：《（新完译）大学·中庸》，明文堂，1985年。

（김학주 역：『（新完譯）大學中庸』，명문당，1985.）

16. 金学主译：《论语》，国立汉城大学出版部，1985年。

（김학주 역：『論語』，서울대학교출판부，1985.）

17. 金恒培：《老子哲学研究》，思研社，1985年。

（김항배：『老子哲學의 硏究』，思研社，1985.）

18. 中国人文科学研究会：《现代中国语》，博英社，1985年。

（중국인문과학연구회：『現代中國語』，박영사，1985.）

19. 李长之译：《现代中国如何评价孔子》，韩民族，1985年。

（이장지 역：『인간공자：현대중국은공자를어떻게평가하는가？』，한겨레，1985.）

20. 孔在锡：《现代中国语语法》，同和出版公社，1985年。

（공재석：『現代中國語語法』，동화출판공사，1985.）

21. 尹五荣译：《东洋思想：荀子》，良友堂，1985年。

（윤오영 역：『동양의 사상：荀子』，양우당，1985.）

22. 方基焕译：《三国志》（1—5），昊浩出版社，1985年。

（방기환 역：『三國志. 1-5』，대호출판사，1985.）

23. 作者不详：《中国人名大辞典》，景仁文化社，1985年。

（작자 미상：『中國人名大辭典』，경인문화사，1985.）

24. 作者不详：《中国诗话选》（1—4），永进文化社，1985年。

（작자 미상：『中國詩話選. 1-4』，영진문화사，1985.）

25. 南晚星译：《四书五经（第6卷）：周易》，三星文化社，1985年。

（남만성 역：『四書五經. v.6：周易』，삼성문화사，1985.）

26. 南晚星译：《东洋思想：六韬三略》，良友堂，1985年。

（남만성 역 :『동양의 사상 : 육도삼략』, 양우당, 1985.）

27. 南晚星译：《东洋思想：孙子兵法》，良友堂，1985 年。

（남만성 역 :『동양의 사상 : 손자병법』, 양우당, 1985.）

28. 南晚星译：《孙子》，玄岩社，1985 年。

（남만성 역 :『孫子』, 현암사, 1985.）

29. 南晚星译：《韩非子》，玄岩社，1985 年。

（남만성 역 :『韓非子』, 현암사, 1985.）

30. 黄南翔等著，朴在渊译：《中国现代作论》，天地，1985 年。

（黃南翔 외저, 박재연 역 :『중국현대작론』, 온누리, 1985.）

31. 吴荣锡译：《红楼梦》，昊浩出版社，1985 年。

（오영석 역 :『紅樓夢』, 대호출판사, 1985.）

32. 宋贞姬译：《菜根谭》（Ⅱ），明知大学出版部，1985 年。

（송정희 역 :『菜根譚 . Ⅱ』, 명지대학교출판부, 1985.）

33. 宋贞姬译：《墨子》，明知大学出版部，1985 年。

（송정희 역 :『墨子』, 명지대학교출판부, 1985.）

34. 李允中：《电视汉语 1985》，KBS 韩国放送事业团，1985 年。

（이윤중 :『TV 중국어 1985』, KBS 한국방송사업단, 1985.）

35. 李元寿：《中国故事成语辞典》，文学出版公社，1985 年。

（이원수 :『中國故事成語辭典』, 문학출판공사, 1985.）

36. 李周洪：《中国谐谑小说大系》，国民出版公社，1985 年。

（이주홍 :『中國諧謔小說大系』, 국민출판공사, 1985.）

37. 李东三、金荣九、李永朱：《（中国语科）中级中国语》（1），法典出版社，1985 年。

（이동삼, 김영구, 이영주 :『（中國語科）中級中國語 . 1』, 법전출판사, 1985.）

38. 李东润：《中国的过去与现在》，正宇社，1985 年。

（이동윤 :『中國의 過去와 現在』, 正宇社, 1985.）

39. 小野和子著,李东润译：《现代中国女性史：从太平天国到现代》,正宇社,1985 年。

（小野和子 저, 이동윤 역：『現代中國女性史：太平天國에서 現代까지』，正宇社，1985.）

40. 李相玉译：《(新完译)礼记》，明文堂，1985年。

（이상옥 역：『(新完譯)禮記』，명문당，1985.）

41. 李英茂译：《史记》（1—6），小说文学社，1985年。

（이영무 역：『史記．1-6』，소설문학사，1985.）

42. 李殷浩、崔珍钰：《贸易汉语》，高丽苑，1985年。

（이은호，최진옥：『貿易中國語』，고려원，1985.）

43. 高本汉著，李敦柱译注：《中国音韵学》，一志社，1985年。

（Karlgren, B. 저，이돈주 역주：『中國音韻學』，일지사，1985.）

44. 李约瑟著，李锡浩译：《中国的科学和文明》（1），乙酉文化社，1985年。

（Needham, Joseph 저，이석호 역：『中國의科學과 文明．1』，을유문화사，1985.）

45. 车柱环、李章佑：《中国文化概观》，韩国广播通信大学出版部，1985年。

（차주환，이장우：『中國文化槪觀』，한국방송통신대학교출판부，1985.）

46. 车培根：《中国近代言论史》，罗南出版社，1985年。

（차배근：『中國近代言論史』，나남출판사，1985.）

47. 辛胜夏：《近代中国的西方认识》，高丽苑，1985年。

（신승하：『근대중국의서양인식』，고려원，1985.）

48. 傅乐成著，辛胜夏译：《中国通史》（上、下），宇钟社，1985年。

（부낙성 저，신승하 역：『中國通史．上，下』，우종사，1985.）

49. 具锡逢译：《水浒志》，昊浩出版社，1985年。

（구석봉 역：『水滸誌』，대호출판사，1985.）

50. 延世大学中国语教材编纂委员会：《大学中国语（中・高级篇）》，延世大学出版部，1985年。

（연세대학교 중국어교재편찬위원회：『大學中國語（中・高級篇）』，연세대학교출판부，1985.）

51．金明培：《中国茶道》，明文堂，1985年。

（김명배：『中國의 茶道』，명문당，1985.）

52．金河中译：《红楼梦（抄）》，金星出版社，1985年。

（김하중 역：『紅樓夢（抄）』，금성출판사，1985.）

53．中岛岭雄著，金炳午译：《现代中国入门》，人间社，1985年。

（中嶋嶺雄 저，김병우 역：『현대중국입문』，인간사，1985.）

54．金英姬：《（会话中心）中国语教本：中级》，成岩堂，1985年。

（김영희：『（會話中心）中國語教本：中級』，성안당，1985.）

55．金英姬：《（会话中心）中国语教本：初级》，成岩堂，1985年。

（김영희：『（會話中心）中國語教本：初級』，성안당，1985.）

56．金寅初：《中国古代小说研究》，延世大学出版部，1985年。

（김인초：『中國古代小說研究』，연세대학교출판부，1985.）

57．金贵达、金得洙：《大学中国语：读本·文法》，进明文化社，1985年。

（김귀달，김득수：『大學中國語：讀本·文法』，진명문화사，1985.）

58．列子著，金敬琢译：《列子》（上），明知大学出版部，1985年。

（열자 저，김경탁 역：『列子．上』，명지대학교출판부，1985.）

59．金达镇译：《东洋思想：庄子》，良友堂，1985年。

（김달진 역：『동양의사상：莊子』，양우당，1985.）

60．金学主：《墨子》，民音社，1985年。

（김학주：『墨子』，민음사，1985.）

61．冯友兰著，姜在伦译：《中国哲学史》，日新社，1985年。

（풍우란 저，강재륜 역：『中國哲學史』，일신사，1985.）

62．柳骑荣编著：《（新编图版）中国故事》，明文堂，1985年。

（유기영 편저：『（新編圖版）中國故事』，명문당，1985.）

63．崔世珍：《四声通解》，大提阁，1985年。

（최세진：『四声通解』，대제각，1985.）

64．许文纯译：《（东西）孙子兵法》（1—3），东西文化社，1985年。

（허문순 역：『（東西）孫子兵法．1-3』，동서문화사，1985.）

65．闵斗基：《中国近代改革运动研究：以康有为为中心的1898年改革运动》，一潮阁，1985年。

（민두기：『中國近代改革運動의 硏究：以康有爲爲中心의 1898年改革運動』，일조각，1985.）

66．闵斗基：《中国历史认识》（上、下），创作与批评社，1985年。

（민두기：『中國의 歷史認識.上，下』，創作과批評社，1985.）

67．冯友兰：《中国哲学史》（下），民族文化社，1985年。

（풍우란：『中國哲學史.下』，민족문화사，1985.）

68．井上靖著，裴泰寅译：《(中国历史小说)杨贵妃》，白羊出版社，1985年。

（井上靖 저，쇠태인 역：『(中國歷史小說)楊貴妃』，백양출판사，1985.）

69．牟宗三著，郑仁在、郑炳硕译：《中国哲学特讲》，萤雪出版社，1985年。

（모종삼 저，정인재，정병석 역：『中國哲學特講』，형설출판사，1985.）

70．郑成焕编译：《中国皇帝列传》（上、下），泛潮社，1985年。

（정성환 편역：『中國皇帝列傳.上，下』，범조사，1985.）

71．童煦、杨柏著，郑海相译：《中国后宫》，明成出版社，1985年。

（동훈，楊柏 저，정해상 역：『中國의 後宮』，명성출판사，1985.）

72．郑钟复：《(写给现代人的)中国古典名句新解》，世和出版社，1985年。

（정종복：『(현대인을위한)中國古典名句新解』，세화출판사，1985.）

73．卢新华：《伤痕：中国大陆现代短篇小说选集》，世界，1985年。

（盧新華：『傷痕：중국대륙현대단편소설선집』，세계，1985.）

74．文璇奎译：《史记列传》（上、下），三镜堂，1985年。

（문선규 역：『史记列传.上，下』，삼경당，1985.）

75．文璇奎译：《春秋左氏传（上、中、下）》，明文堂，1985年。

（문선규 역：『春秋左氏传.上，中，下』，명문당，1985.）

76．朱熹著，韩相甲译：《世界思想全集（2）：孟子·大学》，三省出版社，1985年。

（주희 저，한상갑 역：『세계사상전집.2：맹자，대학』，삼성출판사，1985.）

77．韩国中国语学会：《中国名文章选》，文明社，1985年。

（한국중국어학회：『中國名文章選』，문명사，1985.）

78. 闵斗基：《中国的历史认识》（上、下），创作与批评社，1985年。

（민두기：『中國의 歷史認識．上，下』，創作과批評社，1985.）

79. 朴钟浩：《庄子哲学》，一志社，1985年。

（박종호：『莊子哲學』，일지사，1985.）

80. 朴钟和译：《三国志》，语文阁，1985年。

（박종화 역：『三國志』，어문각，1985.）

81. 贺凯著，朴芝薰、朴银华、李明花译：《中国文化史》，韩吉社，1985年。

（Hucker, Charles 저，박지훈，박은화，이명화 역：『中國文化史』，한길사，1985.）

82. 方基焕：《楚汉志：中国古典长河小说》，青木文化社，1985年。

（방기환：『楚漢誌：中國古典长河小說』，청목문화사，1985.）

83. 冯友兰：《中国哲学资料集》，萤雪出版社，1985年。

（풍우란：『中國哲學資料集』，형설출판사，1985.）

84. 李东欢译解：《四书五经（第1卷）：大学·中庸》，三星文化社，1985年。

（이동환 역해：『四書五經．v.1：大學．中庸』，삼성문화사，1985.）

85. 译者不详：《四书谚解》，大提阁，1985年。

（역자 미상：『四書諺解』，대제각，1985.）

86. 译者不详：《论语》，青木文化社，1985年。

（역자 미상：『論語』，청목문화사，1985.）

87. 国立汉城大学中国语文学系：《（新编）大学中国语》，国立汉城大学出版部，1985年。

（서울대학교 중국어중국문학과：『（新編）大學中國語』，서울대학교 출판부，1985.）

88. 苏在英：《旅行和体验的文学（1）·中国篇》，民族文化文库刊行会，1985年。

（소재영：『旅行과體驗의文學．1：중국편』，민족문화문고간행회，1985.）

89. 新胜夏：《近代中国的西洋意识》，高丽苑，1985年。

（신승하：『근대중국의 서양인식』，고려원，1985.）

90．安东林译：《庄子》（下），玄岩社，1985 年。

（안동림 역：『莊子.下』，현암사，1985.）

91．岸边成雄：《中国女性的性和艺术》，一月书房，1985 年。

（岸邊成雄：『중국여성의 性과 예술』，일월서각，1985.）

92．安炳周译：《四书五经（第 2 卷）：孟子》，三星文化社，1985 年。

（안병주 역：『四書五經.v.2：孟子』，삼성문화사，1985.）

93．梁披云：《中国书法大辞典》，美术文化院，1985 年。

（양피운：『中國書法大辭典』，미술문화원，1985.）

94．岭南中国语文学会：《（简明）中国文学史》，三进社，1985 年。

（영남중국어문학회：『（簡明）中國文學史』，삼진사，1985.）

95．岭南中国语文学会：《现代中国语（第 1 卷）：初级篇》，中文出版社，1985 年。

（영남중국어문학회：『現代中國語.v.1：初級篇』，중문출판사，1985.）

96．岭南中国语文学会：《现代中国语（第 2 卷）：中级篇》，中文出版社，1985 年。

（영남중국어문학회：『現代中國語.v.2：중급편』，중문출판사，1985.）

97．岭南中国语文学会：《现代中国语（第 3 卷）：教养篇》，中文出版社，1985 年。

（영남중국어문학회：『現代中國語.v.3：교양편』，중문출판사，1985.）

98．元春：《中国神话传说》，民音社，1985 年。

（원춘：『중국신화전설』，민음사，1985.）

99．尹五荣：《荀子》，玄岩社，1985 年。

（윤오영：『荀子』，정음사，1985.）

100．李东乡：《稼轩辛弃疾词研究》，通文馆，1985 年。

（이동향：『稼軒辛弃疾詞研究』，통문관，1985.）

101. 李民树：《内训新译》，宏信文化社，1985 年。

（이민수 : 『內訓新譯』，홍신문화사，1985.）

102. 李民树：《论语解说》，一潮阁，1985 年。

（이민수 : 『논어해설』，일조각，1985.）

103. 李民树译：《四书五经（第 7 卷）：礼记（上）》，三星文化社，1985 年。

（이민수 역 : 『四書五經．v.7：禮記．上』，삼성문화사，1985.）

104. 李民树译：《四书五经（第 8 卷）：礼记（中）》，三星文化社，1985 年。

（이민수 역 : 『四書五經．v.8：禮記．中』，삼성문화사，1985.）

105. 李民树译：《四书五经（第 9 卷）：礼记（下）》，三星文化社，1985 年。

（이민수 역 : 『四書五經．v.9：禮記．下』，삼성문화사，1985.）

106. 李丙畴：《古典漫步》，民族文化文库刊行会，1985 年。

（이병주 : 『古典的 散策』，민족문화문고간행회，1985.）

107. 李炳汉：《增补汉诗批评体例研究》，通文馆，1985 年。

（이병한 : 『增補漢詩批評體例研究』，통문관，1985.）

108. 李相睦译：《（新完译）礼记》，明文堂，1985 年。

（이상목 역 : 『（新完譯）禮記』，명문당，1985.）

109. 李锡浩、张基槿译：《月亮和镜子中的诗仙：李白的诗与生涯》，三省出版社，1985 年。

（이석호，장기근 역 : 『달과 거울속의 詩仙：李白의 詩와 생애』，삼성출판사，1985.）

110. 李盛平：《中国现代史辞典》，法仁文化社，1985 年。

（이성평 : 『中國現代史辭典』，법인문화사，1985.）

111. 李龙范：《中国的历史》（下），中央日报社，1985 年。

（이용범 : 『中國의 歷史．下』，중앙일보사，1985.）

112. 文林士著，李容灿译：《梦幻的中国文化》，平旦文化社，1985 年。

（Williams, C.A.S. 저，이용찬 역 : 『환상적인 中國文化』，평단문화사，1985.）

113. 李元燮译：《东洋思想：墨子》，良友堂，1985 年。

（이원섭 역 : 『동양의사상：墨子』，양우당，1985.）

114. 李元燮译：《东洋思想：法句经》，良友堂，1985年。

（이원섭 역：『동양의사상：법구경』, 양우당, 1985.）

115. 李元燮译：《东洋思想：唐诗》，良友堂，1985年。

（이원섭 역：『동양의 사상：당시』, 양우당, 1985.）

116. 李章佑、车柱环：《中国文化概观》，韩国广播通信大学出版部，1985年。

（이장우, 차주환：『中國文化概觀』, 한국방송통신대학교출판부, 1985.）

117. 李周洪译：《（绘图）水浒传》（1—7），启蒙社，1985年。

（이주홍 역：『（그림）수호지．1-7』, 계몽사, 1985.）

118. 李昌龙：《原文古典诗歌精选》，太学社，1985年。

（이창룡：『原文古典詩歌精選』, 태학사, 1985.）

119. 李慧淳：《水浒传研究》，正音社，1985年。

（이혜순：『水滸傳研究』, 정음사, 1985.）

120. 刘向著，林东锡译：《战国策》，教学研究社，1985年。

（유향 저, 임동석 역：『戰國策』, 교학연구사, 1985.）

121. 张基槿：《中国文学史》，明文堂，1985年。

（장기근：『中國文学史』, 명문당, 1985.）

122. 张贤：《伤痕：中国大陆现代短片小说选集》，世界，1985年。

（장시엔：『상흔：중국대륙 현대단편소설 선집』, 세계, 1985.）

123. 传乐成：《（增补新版）中国通史》，宇钟社，1985年。

（전악성：『（增補新版）中國通史』, 우종사, 1985.）

124. 全寅初：《中国古代小说研究》，延世大学出版部，1985年。

（전인초：『中國古代小說研究』, 연세대학교출판부, 1985.）

125. 井上靖：《（中国历史小说）杨贵妃》，白羊出版社，1985年。

（井上靖：『（中國歷史小說）楊貴妃』, 백양출판사, 1985.）

126. 菊地三郎著，郑有中、李有余译：《中国现代文化史》（38），东方，1985年。

（菊地三郎 저, 정유중, 이유여 역：『중국현대문화사．38』, 동녘,

1985.)

127. 冯友兰著,郑仁在译：《中国哲学史料集》,萤雪出版社,1985年。

(풍우란 저, 정인재 역 : 『中國哲學史料集』, 형설출판사, 1985.)

128. 郑在书译：《山海经》,民音社,1985年。

(정재서 역 : 『山海經』, 민음사, 1985.)

129. 丁镇培：《韩中历代汉诗文选》,萤雪出版社,1985年。

(정진배 : 『韓中曆代漢詩文選』, 형설출판사, 1985.)

130. 赵冈：《中国土地制度史》,大光文化社,1985年。

(조강 : 『中國土地制度史』, 대광문화사, 1985.)

131. 赵明俊译：《人间孔子：当代中国怎么评价孔子？》,韩民族,1985年。

(조명준 역 : 『人間孔子 : 현대중국은 공자를 어떻게 평가하는가？』, 한겨레, 1985.)

132. 赵英明：《中国现代史的再照明》,天地,1985年。

(조영명 : 『中國現代史의 再照明』, 온누리, 1985.)

133. 周勋初：《中国文学批评小史》,学古房,1985年。

(주훈초 : 『中國文學批評小史』, 학고방, 1985.

134. 中国古代史研究会：《中国古代史研究》,法仁文化社,1985年。

(중국고대사연구회 : 『중국고대사연구』, 법인문화사, 1985.)

135. 中国古代史研究会：《新编中国文学史（第一——三册）》,昕晟社,1985年。

(중국문학사연구회 : 『新編中國文學史. 第一－三册』, 오성사, 1985.)

136. 中国哲学研究会：《中国哲学》,天地,1985年。

(중국철학연구회 : 『중국철학』, 온누리, 1985.)

137. 集贤殿编辑部：《成语故事：中国史故事》,集贤殿,1985年。

(집현전편집부 : 『故事成語 中國史이야기』, 집현전, 1985.)

138. 车培根：《中国近代言论史》,罗南出版社,1985年。

(차배근 : 『中國近代言論史』, 나남출판사, 1985.)

139. 车相辕：《中国文学史》,明文堂,1985年。

（차상원：『中國文學史』，명문당，1985.）

140．车柱环：《中国文化概观》，韩国广播通信大学出版部，1985年。

（차주환：『中國文化槪觀』，한국방송통신대학교출판부，1985.）

141．崔炳植：《中国绘画史论：水墨的思想和历史》，玄岩社，1985年。

（최병식：『中國繪畫史論：水墨의 사상과 역사』，현암사，1985.）

142．崔炳植：《水墨的思想和历史》，玄岩社，1985年。

（최병식：『水墨의 思想과 歷史』，현암사，1985.）

143．崔完秀：《中国绘画》（2），韩国民族美术研究所，1985年。

（최완수：『中國繪畫.2』，한국민족미술연구소，1985.）

144．崔要安译：《（绘图）西游记》（1—5），启蒙社，1985年。

（최요안 역：『（그림）서유기.1-5』，계몽사，1985.）

145．崔仁旭译：《东洋思想：史记列传》，良友堂，1985年。

（최인욱 역：『동양의 사상：사기열전』，양우당，1985.）

146．表文台译：《四书五经（3）：论语》，三省文化社，1985年。

（표문태 역：『四書五經.v.3：論語』，삼성문화사，1985.）

147．河运清：《李商隐诗研究》，通文馆，1985年。

（하운청：『이상은시연구』，통문관，1985.）

148．韩国民族美术研究所：《涧松文华28・绘画17：中国2》，韩国民族美术研究所，1985年。

（한국민족미술연구소：『澗松文華.28：繪畫XVII：中國2』，한국민족미술연구소，1985.）

149．韩武熙：《先秦诸子文选》，诚信女子大学出版部，1985年。

（한무희：『先秦諸子文選』，성신여자대학교출판부，1985.）

150．般桥洋一著，现代评论译：《中国社会的内部》，一月书房，1985年。

（般橋洋一 저，현대평론 역：『중국사회의 內部』，일월서각，1985.）

151．洪元植：《（精校）黄帝内经素问》，东洋医学研究院出版部，1985年。

（홍원식：『（精校）黃帝內經素問』，동양의학연구원출판부，1985.）

152．包德甫著，权德周译：《中国人》（上、下），文潮社，1985年。

（Butterfield, Fox 저，권덕주 역：『중국인.상，하』，문조사，1985.）

三、备注

1. 韩国中国现代文学学会于 1985 年 7 月 5 日成立，韩国外国语大学的许世旭教授当选首任会长，当时会员 74 人。1985 年 11 月 23 日召开第一届中国现代文学学术讨论会，有 187 人参加；1985 年 12 月 12 日召开第一届中国现代文学国际学术讨论会，会议主题是"中国抗日战争文学"；1989 年 10 月 28 日召开第一届中国现代文学联合讨论会，会议主题是"20 年代中国的革命文学论争"，会场设在延世大学，共有 250 多人参加。1987 年 4 月学术杂志《中国现代文学》（年刊）发行，创刊号上刊登了《国内中国现当代文学研究介绍文献目录》，该目录收录了 1923 年 8 月至 1986 年 12 月间韩国学者的研究成果。

2. 国立汉城大学研究生院的中国现代文学专业的设立可以说是一个转折。此后从事中国现代文学研究的人不断增加，并逐渐成立学会，出版刊物。中国现代文学研究以小说研究为主，现代诗研究则居于相对次要的地位。成果最多的是鲁迅研究领域，其次是对茅盾、老舍、巴金等作家的研究。近来的研究趋向比较热衷于以西方文学理论分析中国现代文学作品。

公元 1986 年

一、大事记

1. 公州师范大学（现公州大学）首次开设中国语教育系。
2. 1 月 7 日，韩国文教部推出了现行的外来词表记法。
3. 10 月 31 日，韩国语文教育研究会会长李熙升、韩国国语教育研究会会长李应百、韩国国语教育学会会长陈泰夏、韩国语文教育学会会长金圆卿等提交《向文教部长官的建议书》。

二、书（文）目录

1. 姜启哲：《中国历代正气文选》，明志出版社，1986年。
（강계철：『中國歷代正氣文選』，명지출판사，1986.）
2. 姜仁成：《伟大的教育文选集（8）：菜根谭》，中央教育出版公社，1986年。
（강인성：『伟大한教育名文選集.8：菜根譚』，중앙교육출판공사，1986.）
3. 柏杨著，姜青一译：《（古代中国宫中秘话）悲运的皇后列传》，银行界，1986年。
（백양 저，강청일 역：『（古代中國宮中秘話）悲運의皇后列傳』，은행계，1986.）
4. 朱寨、翟文伯著，巨岩编辑部译：《中国哲学故事》，巨岩，1986年。
（주채，Chai，Winberg 저，거암편집부 역：『중국철학이야기』，거암，1986.）
5. 京城文化社：《诸子引得（3）：墨子》，京城文化社，1986年。
（경성문화사：『諸子引得.3：墨子』，경성문화사，1986.）
6. 景仁文化社：《世说新语》（上、中、下），景仁文化社，1986年。
（경인문화사：『世說新語.上，中，下』，경인문화사，1986.）
7. 高畑常信：《中国古印的历史和鉴赏》，银都文化社，1986年。
（高畑常信：『中國古印의歷史와鑑賞』，인도문화사，1986.）
8. 关汉卿：《中国古典戏曲选》，新雅社，1986年。
（관한경：『中國古典戲曲選』，신아사，1986.）
9. 国史编纂委员会：《（国译）中国正史朝鲜传》，国史编纂委员会，1986年。
（국사편찬위원회：『（국역）中國正史朝鮮傳』，국사편찬위원회，1986.）
10. 权德周：《中国人》（下），文潮社，1986年。
（권덕주：『中國人.下』，문조사，1986.）
11. 权浩渊译编：《（实用）简明中国语文法》，进明出版社，1986年。

（권호연 역편：『（實用）簡明中國語文法』，진명출판사，1986.）

12. 金敬琢译注：《老子》，玄岩社，1986年。

（김경탁 역주：『老子』，현암사，1986.）

13. 金九镇、金喜营：《故事中国史（第一册）：从古代到前汉时期》，菁我出版社，1986年。

（김구진，김희영：『이야기 중국사.제1권：고대로부터 전한시대까지』，청아출판사，1986.）

14. 镰田茂雄著，金无得译：《中国禅：初期禅师三十选》，经书院，1986年。

（鎌田茂雄 저，김무득 역：『中國禪：初期禪師三十選』，경서원，1986.）

15. 金性经：《中国佛教旅程（上）》，民族文化社，1986年。

（김성경：『중국불교의 여로.상』，민족문화사，1986.）

16. 鲁迅著，金时俊译：《鲁迅小说全集》，韩民族，1986年。

（노신 저，김시준 역：『노신（魯迅）소설전집』，한겨레，1986.）

17. 金时俊编著：《中国现代散文选》，新雅社，1986年。

（김시준 편저：『中國現代散文選』，신아사，1986.）

18. 金永植：《中国传统文化与科学》，创作社，1986年。

（김영식：『중국전통문화와 과학』，創作社，1986.）

19. 玛格丽特·梅德利著，金英媛译：《中国陶瓷史：从先史时代到清代》，悦话堂，1986年。

（Medley, Margaret 저，김영원 역：『中國陶磁史：先史時代부터 清代까지』，열화당，1986.）

20. 金容奎：《中国童话》，东亚出版社，1986年。

（김용규：『중국동화』，동아출판사，1986.）

21. 金夏中译：《水浒传》（1—2），金星出版社，1986年。

（김하중 역：『水滸傳.1-2』，금성출판사，1986.）

22. 金学主：《中国文学史》，新雅社，1986年。

（김학주：『中國文學史』，신아사，1986.）

23. 金学主、李东乡：《中国文学史》（1—2），韩国广播通信大学出版部，1986年。

（김학주, 이동향 : 『中國文學史.1-2』, 한국방송통신대학교출판부, 1986.）

24. 罗彩勋、金南亨：《从〈孙子兵法〉看中国智慧》，艾肯（ikan）企划，1986年。

（나채훈, 김남형 : 『孫子兵法을 통해서 본 中國의 知慧』, 아이캔기획, 1986.）

25. 南晚星译：《（正本新译四书五经）周易》，青木文化社，1986年。

（남만성 역 : 『（正本新譯四書五經）周易』, 청목문화사, 1986.）

26. 卢台俊译：《（新译）古文真宝》，弘新文化社，1986年。

（노태준 역 : 『（新譯）古文眞寶』, 홍신문화사, 1986.）

27. 都珖淳译：《（新译）菜根谭》，文艺出版社，1986年。

（도광순 역 : 『（新譯）菜根譚』, 문예출판사, 1986.）

28. 渡边卓译：《墨子·孙子》，影印文化社，1986年。

（渡邊卓 역 : 『墨子, 孫子』, 영인문화사, 1986.）

29. 东洋哲学研究：《中国哲学思想研究》，骊江出版社，1986年。

（동양철학연구 : 『中國哲學思想論究』, 여강출판사, 1986.）

30. 李元燮译：《列子·管子》，玄岩社，1986年。

（이원섭 역 : 『列子, 管子』, 현암사, 1986.）

31. 马宗霍：《中国经学史》，景仁文化社，1986年。

（마종곽 : 『中國經學史』, 경인문화사, 1986.）

32. 美原禹寅燮先生花甲纪念论文集刊行委员会：《美原禹寅燮先生花甲纪念论文集》，集文堂，1986年。

（미원 우인섭선생 화갑기념 논문집 간행위원회 : 『美原禹寅燮先生華甲記念論文集』, 집문당, 1986.）

33. 朴堤千译：《菜根谭》，泉边社，1986年。

（박제천 역 : 『채근담』, 샘터사, 1986.）

34. 朴钟和译：《三国志》（1—5），语文阁，1986年。

（박종화 역 : 『三國志.1-5』, 어문각, 1986.）

35. 范大锌：《异邦读老子：范大锌诗集》，昨日社，1986年。

（범대순：『異邦에서 老子를 읽다：范大錞詩集』，예전사，1986.）

36．西顺藏：《中国思想论集》，景仁文化社，1986年。

（西順藏：『中國思想論集』，경인문화사，1986.）

37．国立汉城大学中国语文学系：《（新编）大学汉文》，国立汉城大学出版部，1986年。

（서울대학교 중국어중국문학과：『（新編）大學漢文』，서울대학교출판부，1986.）

38．徐镇英：《现代中国的政治和社会变动》，高丽大学出版部，1986年。

（서진영：『현대 중국의 정치와 사회변동』，고려대학교출판부，1986.）

39．善永：《中国民画集》（1），泉边社，1986年。

（선용：『중국민화집.1』，샘터사，1986.）

40．成元庆译：《菜根谭》，三中堂，1986年。

（성원경 역：『채근담』，삼중당，1986.）

41．孙太让译：《墨子闲稿》，海东文化社，1986年。

（손태양 역：『墨子閒稿』，해동문화사，1986.）

42．宋荣培：《中国社会思想史：儒教思想，儒教社会和马克思主义中国化》，韩路社，1986年。

（송영배：『中國社會思想史：유교사상，유교적 사회와 마르크스주의의 중국화』，한길사，1986.）

43．淑明女子大学中国文化研究所：《中国学研究》，淑明女子大学中国文化研究所，1986年。

（숙명여자대학교중국문화연구소：『中國學研究』，숙명여자대학교중국문화연구소，1986.）

44．安东林译注：《庄子》（上、下），玄岩社，1986年。

（안동림 역주：『莊子.上，下』，현암사，1986.）

45．杨荫深编著：《中国文学家列传》，景仁文化社，1986年。

（楊蔭深 편저：『中國文學家列傳』，경인문화사，1986.）

46．译者不详：《（合本）四书三经：大学·中庸·论语·孟子·诗经·书经·周易》，学力开发社，1986年。

（역자 미상：『(合本)四書三經：大學．中庸．論語．孟子．詩經．書經．周易』，학력개발사，1986.）

47．译者不详：《诸子引得》（1—6），景仁文化社，1986 年。

（역자 미상：『諸子引得．1-6』，경인문화사，1986.）

48．译者不详：《诸子引得》，文选社，1986 年。

（역자 미상：『諸子引得』，문선사，1986.）

49．吴金成：《中国近代社会经济史研究：明代绅士层的形成和社会经济的役割》，一潮阁，1986 年。

（오금성：『中國近世社會經濟史研究：明代紳士層의 形成과 社會經濟의 役割』，일조각，1986.）

50．吴英译：《三国志（3）：赤壁大战篇》，恩光社，1986 年。

（오영 역：『三國志．3：赤壁大戰篇』，은광사，1986.）

51．狩野直喜著，吴二焕译：《中国哲学史》，乙酉文化社，1986 年。

（狩野直喜 저，오이환 역：『中國哲學史』，을유문화사，1986.）

52．吴海镇：《中国历史故事》，民族文化社，1986 年。

（오해진：『中國歷史故事』，민족문화사，1986.）

53．蔡元培著，王云五、傅纬平编：《中国伦理学史》，景仁文化社，1986 年。

（채원배 저，왕운오，傅緯平 편：『中國倫理學史』，경인문화사，1986.）

54．姚名达：《中国目录学》，景仁文化社，1986 年。

（姚名達：『中國目錄學』，경인문화사，1986.）

55．俞剑方：《中国绘画史》，文选社，1986 年。

（유검방：『中國繪畫史』，문선사，1986.）

56．刘黄：《战国策》，教学研究社，1986 年。

（유황：『戰國策』，교학연구사，1986.）

57．尹永春、金吉焕、车俊会译：《墨子·荀子·孙子·韩非子》，徽文出版社，1986 年。

（윤영춘，김길환，차준회 역：『墨子·荀子·孫子·韓非子』，휘문출판사，1986.）

58．李家源：《论语新译中国文学思潮史》，正音社，1986 年。

（이가원：『論語新譯中國文學思潮史』，정음사，1986.）

59．李家源：《李家源全集》（1—22），正音社，1986年。

（이가원：『李家源全集．1-22』，정음사，1986.）

60．李康洙：《中国哲学概论》，韩国广播通信大学出版部，1986年。

（이강수：『中國哲學概論』，한국방송통신대학교출판부，1986.）

61．玄岩社编辑部编，李基南译：《中国144个寓言故事》，玄岩社，1986年。

（현암사 편집부 편，이기남 편：『중국우화집：백마흔네 가지 이야기』，현암사，1986.）

62．李民树译：《（新译）诸子百家》，弘新文化社，1986年。

（이민수 역：『（新譯）諸子百家』，홍신문화사，1986.）

63．李炳汉、丁范镇：《高级中国语》（2），韩国广播通信大学出版部，1986年。

（이병한，정범진：『高級中國語．2』，한국방송통신대학교출판부，1986.）

64．李相玉译注：《史记列传》，明文堂，1986年。

（이상옥 역주：『史記列傳』，명문당，1986.）

65．李秀雄：《敦煌文学》，一月书房，1986年。

（이수웅：『敦煌文學』，일월서각，1986.）

66．李英茂译：《史记》，小说文学社，1986年。

（이영무 역：『史記』，소설문학사，1986.）

67．李元燮译：《论语》，良友堂，1986年。

（이원섭 역：『論語』，양우당，1986.）

68．斯特林·西格雷夫著，李在承译：《宋氏王朝》，正音社，1986年。

（Seagrave, Sterling 저，이재승 역：『宋氏王朝』，정음사，1986.）

69．李俊求：《诗经解说：中国古典诗歌》，文源阁，1986年。

（이준구：『詩經解說：中國古典詩歌』，문원각，1986.）

70．李春植、辛胜夏：《中国通史》，韩国广播通信大学出版部，1986年。

（이춘식，신승하：『中國通史』，한국방송통신대학교출판부，1986.）

71．林东锡译注：《战国策》，教学研究社，1986年。

（임동석 역주：『戰國策』，교학연구사，1986．）

72．林东锡：《中国学术纲论》，高丽苑，1986年。

（임동석：『中國學術綱論』，고려원，1986．）

73．森三树三郎著，林炳德译：《中国思想史》，天地，1986年。

（森三樹三郎 저，임병덕 역：『중국사상사』，온누리，1986．）

74．任时先著：《中国教育思想史》，景仁文化社，1986年。

（임시선 저：『中國教育思想史』，경인문화사，1986．）

75．张炅龙：《中国三千年的睿智：如何理解中国古典》，泛潮社，1986年。

（장경용：『中國三千年의 叡智：中國古典을 어떻게 理解할 것인가』，범조사，1986．）

76．张基槿、李锡浩译：《世界思想全集（3）：老子・庄子》，三省出版社，1986年。

（장기근，이석호 역：『세계사상전집．3：老子，莊子』，삼성출판사，1986．）

77．张基槿译：《中国古典汉诗人选（2）：杜甫》，太宗出版社，1986年。

（장기근 역：『中國古典漢詩人選．2：杜甫』，태종출판사，1986．）

78．张基槿译：《中国古典汉诗人选（3）：陶渊明》，太宗出版社，1986年。

（장기근 역：『中國古典漢詩人選．3：陶淵明』，태종출판사，1986．）

79．张基槿译：《中国古典汉诗人选（6）：苏东坡》，太宗出版社，1986年。

（장기근 역：『中國古典漢詩人選．6：蘇東坡』，태종출판사，1986．）

80．张世禄：《中国音韵学史》（上、下），景仁文化社，1986年。

（장세록：『中國音韻學史．上，下』，경인문화사，1986．）

81．全映雨编著：《中国古代绘画史要论》，新艺院，1986年。

（전영우 편저：『中國古代繪畫史要論』，신예원，1986．）

82．郑甲龙：《引领中国的人：中国大陆的时代人物史》，乡书阁，1986年。

（정갑룡：『中國을 이끌어 온 사람들：中國大陸의 時代人物史』，향서각，1986．）

83．郑宇锡：《太极周易》，钥匙（key）出版社，1986年。

（정우석：『태극周易』，키출판사，1986．）

84. 劳思光著，郑仁在译：《中国哲学史》，探求堂，1986年。

（노사광 저，정인재 역：『中國哲學史』，탐구당，1986.）

85. 冯友兰著，郑仁在译：《中国哲学史》，萤雪出版社，1986年。

（풍우란 저，정인재 역：『中國哲學史』，형설출판사，1986.）

86. 陈立夫著，郑仁在译：《中国哲学的人间学理解》，民知社，1986年。

（진립부 저，정인재 역：『中國哲學의 人間學的理解』，민지사，1986.）

87. 定宗：《论语和孔子》，圆光大学出版局，1986年。

（정종：『論語와 孔子』，원광대학교출판국，1986.）

88. 金谷治等著，赵成乙译：《中国思想史》，理论与实践，1986年。

（김곡치 외저，조성을 역：『중국사상사』，이론과실천，1986.）

89. 赵在三编著：《松南杂识》，亚细亚文化社，1986年。

（조재삼 편저：『松南雜識』，아세아문화사，1986.）

90. 周采赫：《元朝官人层研究：对征服王朝期中国社会身份构成的分析》，正音社，1986年。

（주채혁：『元朝官人層研究：征服王朝期 中國社會 身分構成에 대한 分析』，정음사，1986.）

91. 小野田大藏著，朱成允译：《现代思想和生活中的老子思想：老子思想解说书》，现代知性，1986年。

（小野田大藏 저，주성윤 역：『현대사상과 삶속에 되산 노자사상：老子사상 해설서』，현대지성，1986.）

92. 中国大百科全书出版社编辑部：《中国大百科全书：考古学》，学研文化社，1986年。

（中國大百科全書出版社編輯部：『中國大百科全書：考古學』，학연문화사，1986.）

93. 中山大学中文系资料室：《中国古典文学研究论文索引（1949—1980）》，正印文化社，1986年。

（중산대학교 중국어학과 자료실：『中國古典文學研究論文索引（1949—1980）』，정인문화사，1986.）

94. 陈舜臣：《(中国历史大河小说)黄河：小说十八史略》，中原文化，1986年。

（진순신：『（中國歷史大河小說）黃河：小說十八史略』，중원문화，1986.）

95．车柱环：《中国文化概观》，韩国广播通信大学出版部，1986 年。

（차주환：『中國文化槪觀』，한국방송통신대학교출판부，1986.）

96．崔硕基：《周易正解》，白山资料院，1986 年。

（최석기：『周易正解』，백산자료원，1986.）

97．崔云权：《（中国）怪谈》，普盛出版社，1986 年。

（최운권：『（中國）怪談』，보성출판사，1986.）

98．崔长润编译：《中国书人传》，云林堂，1986 年。

（최장윤 편역：『中國書人傳』，운림당，1986.）

99．沈复著，崔正善译：《浮生六记：流逝的人生赞歌》，鲜英社，1986 年。

（沈復 저，최정선 역：『浮生六記：흐르는 人生의 讚歌』，선영사，1986.）

100．崔贤译：《菜根谭》，泛宇社，1986 年。

（최현 역：『채근담』，범우사，1986.）

101．古龙著，卓基焕译：《（小说）英雄道》，国民出版公社，1986 年。

（古龍 저，탁기환 역：『（小説）英雄道』，국민출판공사，1986.）

102．卓用国：《中国史学史大要》，探求堂，1986 年。

（탁용국 저：『中國史學史大要』，탐구당，1986.）

103．韩国经济社会研究所：《大权的参谋学：中国古典的名参谋列传》，韩国经济社会研究所，1986 年。

（한국경제사회연구소：『大權의 參謀學：中國古典의 名參謀列傳』，한국경제사회연구소，1986.）

104．韩国经济社会研究所：《守城的帝王学：基于中国古典的处世训》，企业（Enterprise）社，1986 年。

（한국경제사회연구소：『守城의 帝王學：中國古典에 비친 處世訓』，엔터프라이즈사，1986.）

105．韩国经济社会研究所：《乱世的人间学：中国古典和现代处世学》，企业（Enterprise）社，1986 年。

（한국경제사회연구소：『亂世의 人間學：中國古典과 現代處世學』，

엔터프라이즈,1986.）

106.许世旭：《中国古代文学史》，法文社，1986年。

（허세욱：『中國古代文學史』，법문사，1986.）

107.洪一植：《中国儒道佛三教的相遇》，高丽大学民族文化研究所，1986年。

（홍일식：『중국 유불도 삼교의 만남』，고려대학교민족문화연구소，1986.）

108.黄坚：《（新完译）古文真宝》，明文堂，1986年。

（황견：『（新完譯）古文眞寶』，명문당，1986.）

109.老子著，黄秉国译：《老子道德经》，泛宇社，1986年。

（노자 저，황병국 역：『노자도덕경』，범우사，1986.）

110.权锡封：《清末对朝鲜政策史研究》，一潮阁，1986年。

（권석봉：『청말대조선정책사연구』，일조각，1986.）

三、备注

1.1月7日，韩国文教部推出了现行的外来词表记法。这一方案将汉语外来词的表记纳入了总的外来词表记体系中，在第四章第二节"东方人名、地名表记"中明确规定：中国"今人"的名字、沿用至今的历史地名要用原音表记。

2.《向文教部长官的建议书》中重新建议从小学开始进行汉字教育，在一切教科书中采用"韩汉文混用"的标记方式，他们的理由是：

（1）不能忽视从小进行汉字教育的经验；

（2）应参考邻国（日本、中国甚至朝鲜）进行汉字教育的实情；

（3）只是顺应世界性的早期教育的途径；

（4）有舆论的绝对支持和家长的热情呼应；

（5）汉字教育的实验研究都取得成功；

（6）有助于道德教育和人性教育；

（7）在我们的语言现实中，汉字教育是衡量一切教育成败的最为关键的问题。

公元 1987 年

一、大事记

1. 金时俊和李充阳出版了《中国现代文学论》。
2. 韩国成和大学教授朴在渊和法国科学研究中心旅法华人学者陈庆浩等人在韩国国立汉城大学图书馆奎章阁藏书中发现了明刊陆人龙《峥霄馆评定通俗演义型世言》40 篇。

二、书（文）目录

1. 邓小平著，李振馥译：《中国革命现阶段：邓小平文选》，一月书房，1987 年。
（등소평 저, 이진복 역：『中國革命의 現段階：鄧小平文選』，일월서각，1987.）

2. KBS 韩国放送事业团：《基础中国语》，KBS 韩国放送事业团 1987 年。
（KBS 한국방송사업단：『基礎中國語』，KBS 한국방송사업단，1987.）

3. 贾传棠：《中国古代文学辞典》，景仁文化社，1987 年。
（가전당：『中國古代文學辭典』，경인문화사，1987.）

4. 杨孝溁著，高在旭译：《中国社会思想史》，江原大学出版部，1987 年。
（양효영 저, 고재욱 역：『中國社會思想史』，강원대학교출판부，1987.）

5. 国史编纂委员会：《中国正史朝鲜传译注》（1），国史编纂委员会，1987 年。
（국사편찬위원회：『中國正史朝鮮傳译註．1』，국사편찬위원회，1987.）

6. 权德周：《宋词选注》，新雅社，1987 年。
（권덕주：『宋詞選註』，신아사，1987.）

7. 权五惇译：《（新译）礼记》，弘新文化社，1987 年。

（권오돈 역：『（新譯）禮記』，홍신문화사，1987.）

8. 权浩渊译：《（实用）综合中国语》（上册），进明出版社，1987年。

（권호연 역：『（實用）綜合中國語.上冊』，진명출판사，1987.）

9. 金敬琢：《简明〈论语〉解读：东方哲学教育教材》，明文堂，1987年。

（김경탁：『쉽게 풀어쓴「論語」：東洋哲學教育教材』，명문당，1987.）

10. 韩国自由教养推进会编，金敬琢译：《列子》，晨明出版社，1987年。

（한국자유교양추진회 편，김경탁 역：『列子』，신명출판사，1987.）

11. 金九镇：《中国历史故事（3）》，清雅出版社，1987年。

（김구진：『이야기중국사.3』，청아출판사，1987.）

12. 金达镇：《唐诗全书》，民音社，1987年。

（김달진：『唐詩全書』，민음사，1987.）

13. 金时俊：《中国现代散文集》，新雅社，1987年。

（김시준：『中國現代散文集』，신아사，1987.）

14. 金荣九：《中国的神话》，高丽苑，1987年。

（김영구：『中國의 神話』，고려원，1987.）

15. 金永律译：《老子·菜根谭》，金星出版社，1987年。

（김영율 역：『老子，菜根譚』，금성출판사，1987.）

16. 魏斐德著，金义卿译：《中国帝国的没落》，昨日社，1987年。

（Wakeman，F.저，김의경 역：『중국제국의 몰락』，예전사，1987.）

17. 金钟权译：《（新完译）女四书：女诫·女论语·内训·女范》，明文堂，1987年。

（김종권 역：『（新完譯）女四書：女誡，女論語，內訓，女範』，명문당，1987.）

18. 司马光著，金忠烈译：《资治通鉴》，三省出版社，1987年。

（사마광 저，김충렬 역：『資治通鑑』，삼성출판사，1987.）

19. 金学主：《中国古代文学史》，民音社，1987年。

（김학주：『中國古代文學史』，민음사，1987.）

20. 金学主：《中国文学史》，韩国广播通信大学出版部，1987年。

（김학주：『中國文學史』，한국방송통신대학교출판부，1987.）

21. 金学主：《中国俗文学概论》，韩国广播通信大学出版部，1987 年。

（김학주：『中國俗文學槪論』，한국방송통신대학교출판부，1987.）

22. 鲁迅著，丁范镇译：《中国小说史略》，学研社，1987 年。

（루쉰 저，정범진 역：『中國小說史略』，학연사，1987.）

23. 堂都：《（高等学校文科教材）中国现代文学史（三）》，景仁文化社，1987 年。

（당도：『（高等學校文科敎材）中國現代文學史．三』，경인문화사，1987.）

24. 青木正儿著，孟庚文译：《中国文学思想史》，景仁文化社，1987 年。

（青木正兒 저，맹경문 역：『中國文學思想史』，경인문화사，1987.）

25. 孟柱亿、崔珍钰：《中国语贸易通报》，西林文化社，1987 年。

（맹주억，최진옥：「공편」：『중국어 무역통신문』，서림문화사，1987.）

26. 文璇奎：《中国古代音韵学》，民音社，1987 年。

（문선규：『中国古代音韵学』，민음사，1987.）

27. 文璇奎：《韩国汉文学》，二友出版社，1987 年。

（문선규：『韩国汉文学』，이우출판사，1987.）

28. 朴正植编著：《（最新）中国的经济·社会》，大韩教科书株式会社，1987 年。

（박정식 편저：『（最新）中國의 經濟·社會』，대한교과서주식회사，1987.）

29. 梁羽生著，朴永昌译：《（小说）鹿鼎记》，中原文化，1987 年。

（양우생 저，박영창 역：『（小說）鹿鼎記』，중원문화，1987.）

30. 茅盾著，朴云锡译：《中国文学的现实主义与半现实主义》，岭南大学出版部，1987 年。

（茅盾 저，박운석 역：『중국문학의 현실주의와 반현실주의』，영남대학교출판부，1987.）

31. 贺凯著，朴芝薰、朴银华、李明花译：《中国文化史》，韩吉社，1987 年。

（Hucker, Charles 저，박지훈，박은화，이명화 역：『中國文化史』，

한길사，1987.）

32．白乐天：《世界诗人选（72）：长恨歌外》，民音社，1987年。

（백낙천：『世界詩人選.72：長恨歌外』，민음사，1987.）

33．徐贤译：《（原本）太平广记谚解》，大提阁，1987年。

（서현 역：『（原本）太平廣記諺解』，대제각，1987.）

34．辛冠洁、丁健生：《中国古代佚名哲学名著评述》（第1—3卷），景仁文化社，1987年。

（신관결，정건성：『中國古代佚名哲學名著评述.第1-3卷』，경인문화사，1987.）

35．辛奉承：《燕山君诗集》，诗人社，1987年。

（신봉승：『燕山君詩集』，시인사，1987.）

36．龙宇纯著，梁东淑译：《中国文字学》，学研社，1987年。

（용우순 저，양동숙 역：『中國文字學』，학연사，1987.）

37．渊民李家源先生七秩颂寿纪念论丛刊行委员会：《七秩颂寿纪念论丛》，正音社，1987年。

（연민이원선생칠질송수기념논총간행위원회：『七秩頌寿紀念論丛』，정음사，1987.）

38．陈舜臣著，艺文编辑部译：《解说中国史（下）：中国五千年》，艺文出版社，1987年。

（陳舜臣 저，예문편집부 역：『解說中國史.下：中國五千年』，예문출판사，1987.）

39．王瑶：《中国新文学史稿》（上册），景仁文化社，1987年。

（왕요：『中國新文學史稿.上册』，경인문화사，1987.）

40．龙宇纯：《中国文学学》，学研社，1987年。

（용우순：『中國文學學』，학연사，1987.）

41．袁珂编著：《中国神话传说辞典》，景仁文化社，1987—1992年。

（원가 편저：『中國神話傳說辭典』，경인문화사，1987—1992.）

42．刘月华等著，尹和重等译：《（现代）中国语文法》，大韩教科书株式会社，1987年。

（劉月華 외저，윤화중 외역：『（現代）中國語文法』，대한교과서주식회사，1987.）

43．李民树译：《大同小学》，弘新文化社，1987年。

（이민수 역：『大同小學』，홍신문화사，1987.）

44．李民树译：《大学·中庸·孝经》，平凡社，1987年。

（이민수 역：『大学，中庸，孝经』，평범사，1987.）

45．李丙畴：《韩国汉诗的理解》，民音社，1987年。

（이병주：『韩国汉诗的理解』，민음사，1987.）

46．李相玉译：《（新完译）礼记》，明文堂，1987年。

（이상옥 역：『（新完譯）禮記』，명문당，1987.）

47．李相玉译：《史记列传》，明文堂，1987年。

（이상옥 역：『史記列傳』，명문당，1987.）

48．李成珪译：《史记》，国立汉城大学出版部，1987年。

（이성규 역：『史記』，서울대학교출판부，1987.）

49．李秀雄：《中国娼妓文化史》，大韩教科书株式会社，1987年。

（이수웅：『中國娼妓文化史』，대한교과서주식회사，1987.）

50．张公子、韩昌洙：《现代中国论》，韩国广播通信大学出版部，1987年。

（장공자，한창수：『現代中國論』，한국방송통신대학교출판부，1987.）

51．张基槿译：《杜甫》，太宗出版社，1987年。

（장기근 역：『杜甫』，태종출판사，1987.）

52．王治心著，全命龙译：《中国宗教思想史》，理论与实践，1987年。

（왕치심 저，전명용 역：『中國宗教思想史』，이론과실천，1987.）

53．钱穆著，权重达译：《中国史的新理解》，集文堂，1987年。

（전목 저，권중달 역：『中國史의 새로운 理解』，집문당，1987.）

54．阿英著，全寅初译：《中国近代小说史》，正音社，1987年。

（阿英 저，전인초 역：『中國近代小說史』，정음사，1987.）

55．丁奎福：《韩中文学比较研究》，高丽大学出版部，1987年。

（정규복：『韓中文學比較의 研究』，고려대학교출판부，1987.）

56．袁珂著，郑锡元译：《中国的古代神话》，文艺出版社，1987年。

（원가 저, 정석원 역：『中國의古代神話』, 문예출판사, 1987.）

57. 劳思光著, 郑仁在译：《中国哲学史：宋明篇》, 探求堂, 1987年。

（노사광 저, 정인재 역：『中國哲學史：宋明篇』, 탐구당, 1987.）

58. 劳思光著, 郑仁在译：《中国哲学史：汉唐篇》, 探求堂, 1987年。

（노사광 저, 정인재 역：『中國哲學史：漢唐篇』, 탐구당, 1987.）

59. 赵成乙译：《中国思想概论》, 理论与实践, 1987年。

（조성을 역：『중국사상개론』, 이론과실천, 1987.）

60. 何柄棣著, 曹永禄等译：《中国科举制度的社会史的研究》, 东国大学出版部, 1987年。

（하병체 저, 조영록 외역：『중국과거제도의 사회사적 연구』, 동국대학교출판부, 1987.）

61. 赵钟业：《汉文通译》, 萤雪出版社, 1987年。

（조종업：『汉文通译』, 형설출판사, 1987.）

62. 赵芝薰译：《菜根谭》, 三养出版社, 1987年。

（조지훈 역：『菜根譚』, 삼양출판사, 1987.）

63. 曹僖谆：《芝兰之考》, 昭文出版社, 1987年。

（조희순：『芝蘭之考』, 조문출판사, 1987.）

64. 中国历代战争史编纂委员会：《中国伦理学史》, 协成文化社（影印）, 1987年。

（중국역대전쟁사편찬위원회：『中國倫理學史』, 협성문화사「영인」, 1987.）

65. 中国历代战争史编纂委员会：《中国古代史研究》, 协成文化社（影印）, 1987年。

（중국역대전쟁사편찬위원회：『중국고대사연구』, 협성문화사「영인」, 1987.）

66. 中华文化复兴运动推行委员会、台湾文艺基金管理委员会主编：《中国文学讲话（第五卷）：魏晋南北朝文学》, 海东文化社, 1987年。

（中華文化復興運動推行委員會、臺灣文藝基金管理委員會 주필：『中國文學講話．第五卷：魏晉南北朝文學』, 해동문화사, 1987.）

67. 中华文化复兴运动推行委员会、台湾文艺基金管理委员会主编：《中国文学讲话（第六卷）：隋唐文学》，海东文化社，1987年。

（中華文化復興運動推行委員會、臺灣文藝基金管理委員會 主필：『中國文學講話．第六卷：隋唐文學』，해동문화사，1987．）

68. 中华文化复兴运动推行委员会、台湾文艺基金管理委员会主编：《中国文学讲话（第七卷）：两宋文学》，海东文化社，1987年。

（中華文化復興運動推行委員會、臺灣文藝基金管理委員會 主필：『中國文學講話．第七卷：兩宋文學』，해동문화사，1987．）

69. 崔根德：《〈论语〉人间学：从古典中习得的生活智慧》，悦话堂，1987年。

（최근덕：『「論語」人間學：古典에서 배우는 삶의지혜』，열화당，1987．）

70. 崔文洵：《三国志兵法》（1—15），东西文化社，1987年。

（최문순：『三國志兵誌．1-15』，동서문화사，1987．）

71. 崔胜镐：《经书大纲》，赛文社，1987年。

（최승호：『經書大綱』，새문사，1987．）

72. 崔完植、李永朱：《中国历代散文选读》，韩国广播通信大学出版部，1987年。

（최완식，이영주：『中國歷代散文選讀』，한국방송통신대학교출판부，1987．）

73. 崔昌东：《周易法哲学探微》，进永文化社，1987年。

（최창동：『周易의 法哲學的 照明』，진영문화사，1987．）

74. 崔贤译：《水浒传》，泛友社，1987年。

（최현 역：『수호전』，범우사，1987．）

75. 邹道元：《汇苑详注》（第1卷），学古房，1987年。

（추도원：『彙苑詳註．v.1』，학고방，1987．）

76. 陈舜臣：《解说中国史（下）：中国五千年》，艺文出版社，1987年。

（친순신：『解說中國史．下：中國五千年』，예문출판사，1987．）

77. 韩国经济社会研究所：《（中国古典说客列传）谋略的人间学》，韩国经济社会研究所，1987年。

（한국경제사회연구소：『（中國古典說客列傳）謀略의 人間學』，한국경제사회연구소，1987.）

78. 韩国经济社会研究所：《大权的参谋学（宰相型人类的研究）：中国古典的名参谋传》，企业（Enterprise）社，1987年。

　　（한국경제사회연구소：『大權의 參謀學（宰相型인간의 연구）：中國古典의 名參謀傳』，엔터프라이즈사，1987.）

79. 韩国精神文化研究院人文研究室：《近代中国新思潮论的展开》，韩国精神文化研究院，1987年。

　　（한국정신문화 연구원 인문연구실：『近代中國新思潮論의 展開』，한국정신문화 연구원，1987.）

80. 韩国学研究会：《（原本）太平广记彦解灵异录》（50），大提阁，1987年。

　　（한국학연구회：『（原本）太平廣記彦解靈異錄．50』，대제각，1987.）

81. 韩武熙：《唐宋八大家文选》，新雅社，1987年。

　　（한무희：『唐宋八大家文選』，신아사，1987.）

82. 许世旭：《中国文化概说（修订版）》，泛文社，1987年。

　　（허세욱：『中國文化槪說（개정판）』，법문사，1987.）

83. 黄秉国编著：《老庄思想和中国宗教》，文潮社，1987年。

　　（황병국 편저：『老莊思想과 中國의 宗敎』，문조사，1987.）

84. 李春植：《中国古代史的展开》，艺文出版社，1987年。

　　（이춘식：『中國古代史의 展開』，예문출판사，1987.）

85. 金时俊、李充阳：《中国现代文学论》，韩国广播通信大学出版部，1987年。

　　（김시준，이충양：『中國現代文學論』，한국방송통신대학교출판부，1987.）

三、备注

　　1. 金时俊和李充阳出版的《中国现代文学论》一书，是继1949年《现代中国文学史》（尹永春著）出版三十余年后，出版的又一部有关中国现代文学的经典著作。

2.《型世言》原帙在中国已经长期失传,《幻影》《三刻拍案惊奇》等书中所保存的篇目仅 30 篇,奎章阁藏书中发现的《峥霄馆评定通俗演义型世言》使我们了解到这部晚明出色的短篇小说集的原貌。该书出版后在中国及韩国开始了《型世言》研究的新纪元。

公元 1988 年

一、大事记

1．4 月,韩国成立了研究东亚历史包括中国历史的学术机构——韩国东亚历史研究会。该研究会主要研究中国近代史并力求科学地认识东亚历史,还在 1996 年 4 月创办了《东亚历史研究》,这也成为韩国的中国历史研究者发表学术成果的重要园地之一。

2．8 月 8 日,延世中语中文学会成立,1995 年更名为中国语文学研究会。

3．9 月 13 日至 16 日,"中国域外汉籍国际学术会议"第三次会议在建国大学召开,该会议由韩国的建国大学与中国台湾国学文献馆联合主办。

二、书(文)目录

1．高其:《中国天文学史》(第 3 卷),四季节,1988 年。
(고기:『中國天文學史．v.3』,사계절,1988.)

2．车培根:《中国前近代言论史》,国立汉城大学出版部,1988 年。
(차배근:『中國前近代言論史』,서울대학교출판부,1988.)

3．具本明:《中国思想的源流体系》,大旺社,1988 年。
(구본명:『中國思想의 源流體系』,대왕사,1988.)

4．具良根:《清末谴责小说的史实关系研究》,诚信女子大学出版部,

1988 年。

（구양근 :『清末譴責小說의 史實關係研究』, 성신여자대학교출판부, 1988.）

5. 权德周译：《书经》，惠园出版社，1988 年。

（권덕주 역 :『書經』, 혜원출판사, 1988.）

6. 权浩渊译编，黄秉国注解：《（实用）综合中国语自习书》（下册），进明出版社，1988 年。

（권호연 역편, 황병국 주해 :『（實用）綜合中國語自習書.下册』, 진명출판사, 1988.）

7. 金达中：《中国哲学史》，法文社，1988 年。

（김달중 :『中國哲學史』, 법문사, 1988.）

8. 金锡源译：《论语·中庸·大学》，惠园出版社，1988 年。

（김석원 역 :『論語, 中庸, 大學』, 혜원출판사, 1988.）

9. 金时俊、李东三、韩昌洙：《实用中国语（Ⅱ）：中国语科》，韩国广播通信大学出版部，1988 年。

（김시준, 이동삼, 한창수 :『實用中國語.Ⅱ：中國語科』, 한국방송통신대학교출판부, 1988.）

10. 金时俊、李钟振：《中国语作文》（Ⅱ），韩国广播通信大学出版部，1988 年。

（김시준, 이종진 :『中國語作文.Ⅱ』, 한국방송통신대학교출판부, 1988.）

11. 金时俊：《（韩国广播通信大学教材）中国现代文学作品选读》，韩国广播通信大学出版部，1988 年。

（김시준 :『（韓國广播通信大學教材）中國現代文學作品選讀』, 한국방송통신대학교출판부, 1988.）

12. 金时俊：《中国现代散文选》，新雅社，1988 年。

（김시준 :『中國現代散文選』, 신아사, 1988.）

13. 金莹洙译：《世界思想全集（27）：墨子》，东西文化社，1988 年。

（김영수 역 :『墨子：世界思想全集.27』, 동서문화사, 1988.）

14. 金容燮译：《菜根谭》，博英社，1988 年。

（김용섭 역：『菜根譚』，박영사，1988.）

15. 金仁圭译：《楚辞》，清雅出版社，1988 年。

（김인규 역：『楚辭』，청아출판사，1988.）

16. 金贞培、柳在信：《渤海国史》（1），正音社，1988 年。

（김정배，유재신：『발해국사.1』，정음사，1988.）

17. 金忠烈：《中国哲学散稿》（1—2），天地，1988 年。

（김충렬：『中國哲學散稿.1—2』，온누리，1988.）

18. 金八峰：《楚汉志》（1），语文阁，1988 年。

（김팔봉：『楚漢誌.1』，어문각，1988.）

19. 金八峰译：《水浒志》，语文阁，1988 年。

（김팔봉 역：『水滸誌』，어문각，1988.）

20. 金笔者：《中国经济史论》（上、下），地球文化社，1988 年。

（김필자：『中國經濟史論叢.上，下』，지구문화사，1988.）

21. 金学主：《老子和道家思想》，明文堂，1988 年。

（김학주：『老子와 道家思想』，명문당，1988.）

22. 金学主译：《墨子》，民音社，1988 年。

（김학주 역：『墨子』，민음사，1988.）

23. 金学主译：《墨子·孙子》，新华社，1988 年。

（김학주 역：『墨子，孫子』，신화사，1988.）

24. 金汉龙：《中国诗经的理解与鉴赏：给初高中生的文学教养书》，大一出版社，1988 年。

（김한룡：『중국시경의 이해와 감상：중·고등학생을 위한 문학교양서』，대일출판사，1988.）

25. 金兴奎：《中国民间诸神》，萤雪出版社，1988 年。

（김흥규：『中國民間諸神』，형설출판사，1988.）

26. 卢命完：《中国诗学：考据篇》，民族文化文库刊行会，1988 年。

（노명완：『中國詩學：考據編』，민족문화문고간행회，1988.）

27. 孟柱亿编著：《现代中国语教本》，高丽苑，1988 年。

（맹주억 편저：『現代中國語教本』，고려원，1988.）

28. 文定昌：《庄子及禅思想》，人间社，1988年。

（문정창：『莊子와 禪思想』，인간사，1988.）

29. 朴一洪：《（译注）黄帝内经素问》，大星文化社，1988年。

（박일홍：『（註译）黃帝內經素間』，대성문화사，1988.）

30. 朴堤千：《朴堤千诗集：老子诗篇》，文学思想社，1988年。

（박제천：『老子詩篇：朴堤千詩集』，문학사상사，1988.）

31. 朴堤千：《朴堤千诗集：庄子诗篇》，文学思想社，1988年。

（박제천：『莊子詩篇：朴堤千詩集』，문학사상사，1988.）

32. 朴钟和译：《三国志》，语文阁，1988年。

（박종화 역：『三國志』，어문각，1988.）

33. 朴汉植：《中国语讲座：基础中国语》，KBS韩国放送事业团，1988年。

（박한식：『중국어강좌：기초중국어』，KBS 한국방송사업단，1988.）

34. 朴惠淑：《司马迁的历史认识》，韩吉社，1988年。

（박혜숙：『司馬遷의 歷史認識』，한길사，1988.）

35. 范善均译：《孟子》，惠园出版社，1988年。

（범선균 역：『孟子』，혜원출판사，1988.）

36. 三贯文化社编辑部：《诸子集成》，三贵文化社，1988年。

（삼관문화사편집부：『諸子集成』，삼귀문화사，1988.）

37. 曹操等注：《孙子十家注》，三贵文化社，1988年。

（조초 외주：『孫子十家註』，삼귀문화사，1988.）

38. 成民烨：《思想解放运动：中国文艺争论史（1）》，实践文学社，1988年。

（성민엽：『思想解放運動：중국 문예논쟁사．1』，실천문학사，1988.）

39. 三贯文化社编辑部：《诸子集成》（全8卷），三贯文化社，1988年。

（삼관문화사편집부：『제자집성．전 8 권』，삼관문화사，1988.）

40. 宋正锡：《韩国语的语源杂记》，医学文化社，1988年。

（송정석：『韓國語의 語源雜記』，의학문화사，1988.）

41. 宋志英：《中国印象：中国的自然和文化遗产》，学研社，1988年。

（송지영：『Image of China：중국의 자연과 문화유적』，학연사，1988.）

42．宋昌基、黄秉国：《老子及道家思想》，文潮社，1988年。

（송창기，황병국：『老子와道家思想』，문조사，1988.）

43．宋天镐：《孟浩然诗研究》，成均馆大学大东文化研究院，1988年。

（송천호：『孟浩然詩研究』，성균관대학교 대동문화연구원，1988.）

44．沈炳巽：《韩愈诗故事：续唐诗话（韩愈条）》，大韩教科书株式会社，1988年。

（심병선：『韓愈詩이야기：續唐詩話（韓愈條）』，대한교과서주식회사，1988.）

45．安东林译：《庄子》（第8卷），玄岩社，1988年。

（안동림 역：『莊子．v.8』，현암사，1988.）

46．安秉卨：《中国寓言传记研究》，国民大学出版部，1988年。

（안병설：『中國寓言傳記研究』，국민대학교출판부，1988.）

47．良友堂编辑部：《世界短篇文学350人选：中国篇》，良友堂，1988年。

（양우당편집부：『世界短篇文學350人選：中國篇』，양우당，1988.）

48．张岱年著，梁再赫、赵贤淑、崔允秀译：《中国哲学史方法论》，理论与实践，1988年。

（장대년 저，양재혁，조현숙，최윤수 역：『중국철학사방법론』，이론과실천，1988.）

49．侯外庐编，梁再赫译：《中国近现代哲学史》，一月书刊，1988年。

（후외려 편，양재혁 역：『중국근현대철학사』，일월서각，1988.）

50．杨孝溁著，高在旭译：《中国社会思想史》，江原大学出版部，1988年。

（양효영 저，고재욱 역：『中國社會思想史』，강원대학교출판부，1988.）

51．严家基：《中国概况》，三友堂，1988年。

（엄가기：『中國槪況』，삼우당，1988.）

52．梁启超著，译者不详：《饮冰室专集（1）：中国历史研究法》，法仁文化社，1988年。

(양계초 저, 역자 미상: 『飮氷室專集.1:中國歷史研究法』, 법인문화사, 1988.)

53. 梁启超著, 译者不详: 《饮冰室专集（2）: 先秦政治思想史》, 法仁文化社, 1988年。

（양계초 저, 역자 미상: 『飮氷室專集.2:先秦政治思想史』, 법인문화사, 1988.）

54. 梁启超著, 译者不详: 《饮冰室专集（3）: 戊戌政变记》, 法仁文化社, 1988年。

（양계초 저, 역자 미상: 『飮氷室專集.3:戊戌政變記』, 법인문화사, 1988.

55. 梁启超著, 译者不详: 《饮冰室专集（4）: 申论种族革命与政治革命之得失》, 法仁文化社, 1988年。

（양계초 저, 역자 미상: 『飮氷室專集.4:申論種族革命與政治革命之得失』, 법인문화사, 1988.）

56. 梁启超著, 译者不详: 《饮冰室专集（5）: 中国之美及基础史》, 法仁文化社, 1988年。

（양계초 저, 역자 미상: 『飮氷室專集.5:中國之美及基礎史』, 법인문화사, 1988.）

57. 梁启超著, 译者不详: 《饮冰室专集（6）: 中国文化史》, 法仁文化社, 1988年。

（양계초 저, 역자 미상: 『飮氷室專集.6:中國文化史』, 법인문화사, 1988.）

58. 梁启超著, 译者不详: 《饮冰室专集（7）: 佛学研究十八篇》, 法仁文化社, 1988年。

（양계초 저, 역자 미상: 『飮氷室專集.7:佛學研究十八篇』, 법인문화사, 1988.）

59. 梁启超著, 译者不详: 《饮冰室专集（8）: 孔子》, 法仁文化社, 1988年。

（양계초 저, 역자 미상: 『飮氷室專集.8:孔子』, 법인문화사, 1988.）

60. 市野泽寅雄著, 译者不详: 《汉诗大系（14）: 杜牧》, 海东文化社,

1988年。

（市野澤寅雄 저, 역자 미상：『漢詩大系．14：杜牧』, 해동문화사, 1988.）

61. 吴炳茂：《中国佛教的思想》，创文阁，1988年。

（오병무：『中國佛敎의 思想』, 창문각, 1988.）

62. 王治心著，全命龙译：《中国宗教思想史》，理论与实践，1988年。

（왕치심 저, 전명용 역：『중국종교사상사』, 이론과실천, 1988.）

63. 柳正基：《（政治哲学）孟子新讲》，亚细亚文化社，1988年。

（류정기：『（政治哲學）孟子新講』, 아세아문화사, 1988.）

64. 刘春花编著：《现代中国语500：贸易编》，学文社，1988年。

（유춘화 편저：『現代中國語 500：貿易編』, 학문사, 1988.）

65. 育文社编辑部：《素女经》，育文社，1988年。

（육문사편집부：『素女經』, 육문사, 1988.）

66. 小尾郊一著，尹寿荣译：《中国文学和自然观》，江原大学出版部，1988年。

（小尾郊一 저, 윤수영 역：『中國文學과 自然觀』, 원대학교출판부, 1988.）

67. 尉迟酣著，尹昌源译：《老子及道教：道的分歧》，曙光社，1988年。

（Holmes, Welch 저, 윤창원 역：『老子와 道敎：道의 分岐』, 서광사, 1988.）

68. 银孟允、朴惠淑：《司马迁的历史认识》，韩吉社，1988年。

（은맹윤, 박혜숙：『司馬遷의 歷史認識』, 한길사, 1988.）

69. 李癸河：《中国天文学史》（第2卷），史草，1988年。

（이계하：『中國天文學史．v.2』, 사초, 1988.）

70. 李炳汉、李永朱：《中国古典文学理论批评史：中国语科》，韩国广播通信大学出版部，1988年。

（이병한, 이영주：『中國古典文學理論批評史：中國語科』, 한국방송통신대학교출판부, 1988.）

71. 李炳汉：《宋诗》，探求堂，1988年。

（이병한：『宋詩』, 탐구당, 1988.）

72. 李炳汉：《中国古典文学理论批评史》，韩国广播通信大学出版部，1988年。

（이병한：『中國古典文學理論批評史』，한국방송통신대학교출판부，1988.）

73. 李周洪译：《金瓶梅》，语文阁，1988年。

（이주홍 역：『金瓶梅』，어문각，1988.）

74. 李何麟译：《红楼梦》，法仁文化社，1988年。

（이하린 역：『紅樓夢』，법인문화사，1988.）

75. 日建设计大阪事务所：《中国现代作家论》（1），泰林文化社，1988年。

（일건설계대판사무소：『中國現代作家論.1』，태림문화사，1988.）

76. 李何麟著，译者不详：《中国文艺论战》，法仁出版社，1988年。

（이하린 저，역자 미상：『中國文藝論戰』，법인출판사，1988.）

77. 张基槿译：《中国古典汉诗人选（1）：李太白》，太宗出版社，1988年。

（장기근 역：『中國古典漢詩人選.1：李太白』，태종출판사，1988.）

78. 张基槿译：《中国古典汉诗人选（2）：杜甫》，太宗出版社，1988年。

（장기근 역：『中國古典漢詩人選.2：杜甫』，태종출판사，1988.）

79. 张太一：《中国思想的源流体系》，东西文化社，1988年。

（장텡이：『中國思想의 源流體系』，동서문화사，1988.）

80. 丁范镇：《中国文学史》，学研社，1988年。

（정범진：『中國文學史』，학연사，1988.）

81. 郑瑢载：《中国哲学散稿》（2），民音社，1988年。

（정용재：『中國哲學散稿.2』，민음사，1988.）

82. 郑海相：《中国简字》，戊辰出版社，1988年。

（정해상：『中國의 簡字』，무진출판사，1988.）

83. 赵观熙：《列子》，菁我出版社，1988年。

（조관희：『列子』，청아출판사，1988.）

84. 赵观熙等译：《红楼梦》，平民社，1988年。

（조관희 외역：『紅楼梦』，평민사，1988.）

85. 赵观熙译：《庄子》，菁我出版社，1988年。

（조관희 역：『莊子』, 청아출판사, 1988.）

86. 赵成德：《文心雕龙美学思想论稿》，刊地不详，1988 年。

（조성덕：『文心雕龍美學思想論稿』, 발행자 미상, 1988.）

87. 朝宗岩保存会：《中国现代化的哲学省思：传统与现代》，松山出版社，1988 年。

（조종암보존회：『中國現代化的 哲學省思：「傳統」與「現代」』, 송산출판사, 1988.）

88. 赵聪著，朴在渊译：《中国现代作家论》（1），天地，1988 年。

（趙聰 저, 박재연 역：『中國現代作家論．1』, 온누리, 1988.）

89. 周法高：《中国古代语法（1）：构词编》，法仁文化社，1988 年。

（주법고：『中國古代語法．1：構詞編』, 법인문화사, 1988.）

90. 周法高：《中国古代语法（2）：造句编（上）》，法仁文化社，1988 年。

（주법고：『中國古代語法．2：造句編．上』, 법인문화사, 1988.）

91. 周法高：《中国古代语法（3）：称代编》，法仁文化社，1988 年。

（주법고：『中國古代語法．3：稱代編』, 법인문화사, 1988.）

92. 中国语文研究会：《中国语文论丛》，中国语文研究会，1988 年。

（중국어문연구회：『中國語文論叢』, 중국어문연구회, 1988.）

93. 中国人文科学研究会：《大学汉文》，博英社，1988 年。

（중국인문과학연구회：『大學漢文』, 박영사, 1988.）

94. 池荣在编著：《中国古典戏曲选》，新雅社，1988 年。

（지영재 편저：『中國古典戲曲選』, 신아사, 1988.）

95. 陈舜臣：《中国大河历史小说（1）：鸦片战争（1）》，东亚出版社，1988 年。

（진순신：『阿片戰爭．1：中國大河歷史小說．1』, 동아출판사, 1988.）

96. 陈舜臣：《中国纪行》，教养社，1988 年。

（진순신：『中國紀行』, 교양사, 1988.）

97. 车柱环、李章佑：《中国文化概观：中国语科》，韩国广播通信大学出版部，1988 年。

（차주환, 이장우：『中國文化槪觀：中國語科』, 한국방송통신대학교

출판부，1988.）

98．蔡志忠：《世说新语（易懂的东方古典）：六朝清谈》，斗圣，1988年。

（채지충：『世說新語：알기 쉬운 동양의 고전：六朝의 淸談』，두성，1988.）

99．蔡志忠：《菜根谭（易懂的东方古典）：人生的滋味》，斗圣，1988年。

（채지충：『菜根譚：알기 쉬운 동양의 고전：人生의 滋味』，두성，1988.）

100．崔凡棲译：《故事史记列传》，菁我出版社，1988年。

（최범서 역：『이야기사기열전』，청아출판사，1988.）

101．韩国语言研究会：《中国语会话手帖：只为韩国人的教材书》（第1—3卷），韩国语言研究会，1988年。

（한국어학연구회：『中國語會話手帖：한국인만을위한한국인만의교재.제1권－제3권』，한국어학연구회，1988.）

102．韩中文化研究会：《中国民族性研究》，青翰文化社，1988年。

（한중문화연구회：『中國民族性研究』，청한문화사，1988.）

103．韩中文化研究会：《中国思想概论》，青翰文化社，1988年。

（한중문화연구회：『중국사상개론』，청한문화사，1988.）

104．韩中文化研究会：《中国天文学史》（第1卷），始发，1988年。

（한중문화연구회：『中國天文學史.v.1』，시발，1988.）

105．韩中文化研究会：《（北京式）标准中国语·会话篇》，青翰文化社，1988年。

（한중문화연구회：『（北京式）標準中國語，會話篇』，청한문화사，1988.）

106．许敬震译：《孟子》，菁我出版社，1988年。

（허경진 역：『孟子』，청아출판사，1988.）

107．许壁：《通过邮票看中国》，今日话，1988年。

（허벽：『郵票로본中國』，오늘의말씀，1988.）

108．许英桓：《中国书论》，瑞文堂，1988年。

（허세욱：『中國書論』，서문당，1988.）

109. 胡云翼选编注解，安依允译：《中国古典文学唐宋诗 100 首》，正宇社，1988 年。

（호운익 선정주해, 안의운 역：『중국고전문학 당송사일백수』, 正宇社, 1988.）

110. 黄秉国：《庄子及禅思想》，文潮社，1988 年。

（황병국：『莊子와 禪思想』, 문조사, 1988.）

111. 黄永武：《中国哲学史（2）：宋明篇》，启明文化社，1988 年。

（황영무：『中國哲學史.2：宋明篇』, 계명문화사, 1988.）

112. 黄浃周译：《（新完译）菜根谭》，明文堂，1988 年。

（황협주 역：『（新完譯）菜根譚』, 명문당, 1988.）

三、备注

1. 自从中国实行改革开放政策，韩国推行"北方外交"政策以来，两国关系逐渐缓和。到了 20 世纪 80 年代以后，研究中国历史的学术机构和期刊也相应多了起来。其中，研究中国历史的学者主要在中国人文学会创办的《中国人文科学》、高丽大学中国学研究所创办的《中国学论丛》、建国大学中国问题研究所创办的《中国研究》等学术刊物上发表研究成果和论文。

从论文主题和研究水平来看，这一时期有关中国历史的研究比 80 年代之前的研究更加系统和全面。

2. 延世中语中文学会更名为中国语文学研究会的同时，学会期刊名称更改为《中国语文学论集》。该学会每年召开一次年度总会，每年四次将会员的学术论文整理并出版，每年举办两次学术发表会，并邀请其他学会的学者参加进行交流。

公元 1989 年

一、大事记

1. 高丽大学李充阳教授与 30 余名韩国学者一道，成立了韩国现代中国研究会，并将中国汉语水平考试（HSK）引入韩国。
2. 由韩国语文会首次施行全国性的"汉字考级考试（汉字资格检定考试）"。
3. 韩国中国小说研究会成立，并开始发行《中国小说研究会报》。
4. 韩国的中央日报社与研究中国现代文学的专家们合作出版了《中国现代文学全集》。
5. 三贯文化社出版《诸子集成》（全8卷），包括《论语正义·孟子正义》（第一卷）、《荀子集解》（第二卷）、《孝子注·老子本义·庄子集解·庄子集释·列子注》（第三卷）、《墨子闲诂·晏子春秋校注》（第四卷）、《管子校正·商君书·慎非子集解》（第五卷）、《孙子十家注·吴子·尹文子·吕氏春秋》（第六卷）、《新语·淮南子·盐铁论·扬子法言·论衡》（第七卷）、《潜夫论·申鉴·拘朴子·世说新语·颜氏家训》（第八卷）。
6. 成均馆大学中语中文系更名为"中国语中国学系"。

二、书（文）目录

1. 作者不详：《中国哲学史》（中），极东问题研究所、极东文化，1989 年。
（작자 미상：『중국철학사 . 中』，극동문제연구소，극동문화，1989.）
2. 景仁文化社：《海东绎史》（下），景仁文化社，1989 年。
（경인문화사：『海東繹史 . 下』，경인문화사，1989.）
3. 高丽大学民族文化研究所中国语大辞典编纂室：《中韩辞典》，高丽大学民族文化研究所，1989 年。
（고려대학교민족문화연구소중국어대사전편찬실：『中韓辭典』，고려대학교민족문화연구소，1989.）

4. 教育图书：《从黄河到万里长城：古代中国》，教育图书，1989年。

（교육도서：『黃河에서 萬里長城까지：古代．중국』，교육도서，1989.）

5. 权宁珉：《五十年中国历代世系表》，乙酉文化社，1989年。

（권영민：『五十年中國歷代世系表』， 을유문화사，1989.）

6. 权永彬译：《方励之说：中国的萨哈罗夫》，知识产业社，1989年。

（권영빈 역：『방여지는말한다：중국의 사하로프』，지식산업사，1989.）

7. 权哲、金济奉：《中国现代文学史》，青年社，1989年。

（권철，김제봉：『중국현대문학사』， 청년사，1989.）

8. 金龟镇：《中国历史故事》（第1卷），菁我出版社，1989年。

（김구진：『이야기중국사．제 1 권』， 청아출판사，1989.）

9. 金炳宗：《中国的考古史》，国立汉城大学出版部，1989年。

（김병종：『중국의 考古學』，서울대학교출판부，1989.）

10. 贝冢茂树著，金锡根译：《诸子百家：中国古代思想》，喜鹊出版社，1989年。

（貝塚茂樹 저，김석근 역：『諸子百家：中國古代의 사상들』，까치출판사，1989.）

11. 金永律译：《现代人教育选书（2）：老子》，金星出版社，1989年。

（김성율 역：『現代人敎養選書．2：老子』，금성출판사，1989.）

12. 鲁迅著，金时俊译：《鲁迅小说全集》，中央日报社，1989年。

（루쉰 저，김시준 역：『루쉰소설전집』，중앙일보사，1989.）

13. 金时俊：《中国现代文学概论》，韩国广播通信大学出版部，1989年。

（김시준：『中國現代文學概論』，한국방송통신대학출판부，1989.）

14. 金永律译：《老子·菜根谭》，金星出版社，1989年。

（김영율 역：『老子，菜根譚』，금성출판사，1989.）

15. 金永进编著：《中国五千年史》（中），大广书林，1989年。

（김영진 편저：『중국오천년사．중』，대광서림，1989.）

16. 金镛：《(说话)中国的历史（1）：霸者的时代》，中原文化，1989年。

（김용：『(說話) 中國의 歷史．1：霸者의 時代』，중원문화，1989.）

17. 金镛：《诸子百家：中国古代的思想家们》，中原文化，1989年。

（김용：『諸子百家：中國古代의사상들』，중원문화，1989.）

18. 金镛：《中国绘画的造型意识研究》，中原文化，1989年。

（김용：『中國繪畫의造形意識研究』，중원문화，1989.）

19. 金容九：《中国文化界人物总监》，普成社，1989年。

（김용구：『中國文化界人物總鑑』，보성사，1989.）

20. 金容沃：《这就是老子哲学》，原木，1989年。

（김용옥：『老子哲學 이것이다』，통나무，1989.）

21. 金翊寿：《儒教史》，士林院，1989年。

（김익수：『유교사』，사림원，1989.）

22. 金钟顺译：《金瓶梅》（1—5），韩国每日出版社，1989年。

（김종순 역：『金瓶梅．1-5』，한국매일출판사，1989.）

23. 金学主：《中国文学史》，新雅社，1989年。

（김학주：『中國文學史』，신아사，1989.）

24. 金炫辰译：《菜根谭》，斗圣，1989年。

（김현진 역：『菜根譚』，두성，1989.）

25. 卢载旭：《老子道德经》，自由文库，1989年。

（노재욱：『老子道德經』，자유문고，1989.）

26. 董其昌：《归去来辞》，正文出版社，1989年。

（동기창：『歸去來辭』，정문출판사，1989.）

27. 作者不详：《东洋思想大选集（第6卷）：菜根谭》，大韩书籍公社，1989年。

（작자 미상：『東洋思想大選集．v.6：菜根譚』，대한서적공사，1989.）

28. 莫言著，洪熹译：《红高粱》，东文选，1989年。

（莫言 저，홍희 역：『붉은 수수밭』，동문선，1989.）

29. 明承禧：《中国文语文法》，月刊木槿花出版事业部，1989年。

（명승희：『中國文語文法』，월간무궁화출판사업부，1989.）

30. 金钟太译：《中国古代园林分析》，文化财管理局，1989年。

（김종태 역：『中國古代庭園林의 分析』，문화재관리국，1989.）

31. 朴光壹编著：《（中国大河小说）大风（第四部）：望花楼之约篇，

圣都文化社，1989年。

（박광일 편저：『（中國大河小說）大風．제4부：望花樓의 約束篇』，성도문화사，1989.）

32．朴光壹编著：《（中国大河小说）大风（第11部）：义女之手篇》，圣都文化社，1989年。

（박광일 편저：『（中國大河小說）大風．제11부：義女의손길篇』，성도문화사，1989.）

33．朴光壹：《中国哲学史》，圣都文化社，1989年。

（박광일：『중국철학사』，성도문화사，1989.）

34．朴光镐：《中国现代哲学史》，华学社，1989年。

（박광호：『중국현대철학사』，화학사，1989.）

35．朴基荣：《现代中国论》，恩惠出版社，1989年。

（박기영：『現代中國論』，은혜출판사，1989.）

36．朴世行：《中国古代社会性格论》，理论与实践，1989年。

（박시형：『中國古代社會性格論』，이론과실천，1989.）

37．朴龙山编著：《中国现代文学史》（上、下），学古房，1989年。

（박용산 편저：『중국현대문학사．上，下』，학고방，1989.）

38．朴正浩：《中国现代哲学史》（1），东方，1989年。

（박정호：『중국현대철학사．1』，동녘，1989.）

39．朴赞石：《中国现代哲学史》，韩国广播通信大学出版部，1989年。

（박찬석：『중국현대철학사』，한국방송통신대학교출판부，1989.）

40．方东美：《中国人的人生哲学》，探求堂，1989年。

（방동미：『中國人의人生哲學』，탐구당，1989.）

41．方立天：《唐太宗》，民族社，1989年。

（방입천：『당태종』，민족사，1989.）

42．白水振：《常用中国语会话》，明志出版社，1989年。

（백수진：『常用中國語會話』，명지출판사，1989.）

43．傅乐成：《中国通史》，宇钟社，1989年。

（부낙성：『中國通史』，우종사，1989.）

44．北京图书馆金石组：《中国历史地名大辞典》，法仁文化社，1989年。

（북경도서관금석조 :『中國歷史地名大辭典』, 법인문화사, 1989.）

45．北京图书馆金石组：《中国哲学史》（中），法仁文化社，1989年。

（북경도서관금석조 :『中國哲學史 . 中』, 법인문화사, 1989.）

46．佛教新闻社：《禅师新论：中国禅师43人的生活与思想》，有利出版社，1989年。

（불교신문사 :『禪師新論 : 중국선사 43 인의 삶과 사상』, 우리출판사, 1989.）

47．弗咸文化社：《中国思想论文选集》（1—38），弗咸文化社，1989年。

（불함문화사 :『中國思想論文選集 . 1-38』, 불함문화사, 1989.）

48．自由评论社编辑部：《商文明》，自由评论社，1989年。

（자유평론사편집부 :『商文明』, 자유평론사, 1989.）

49．徐连达、吴浩坤、赵克尧著，中国历史研究会译：《中国通史》，青年社，1989年。

（徐連達, 吳浩坤, 趙克堯 저, 중국사연구회 역 :『중국통사』, 청년사, 1989.）

50．国立汉城大学东洋史学研究室：《（讲座）中国史（第4卷）：帝国秩书的完成》，知识产业社，1989年。

（서울대학교 동양사학연구실 :『(講座)中國史 . v.4 : 帝國秩書의 完成』, 지식산업사, 1989.）

51．善永译：《中国古代故事》，大日出版社，1989年。

（선용 역 :『중국 옛날이야기』, 대일출판사, 1989.）

52．成宜济：《明清小说选》，檀国大学出版部，1989年。

（성의제 :『明淸小說選』, 단국대학교출판부, 1989.）

53．苏联教育科学院：《中国人名大辞典》，回声，1989年。

（소련교육과학원 :『中國人名大辭典』, 한울림, 1989.）

54．孙旼伶：《中国现代哲学史》（2），保林社，1989年。

（손민영 :『중국현대철학사 . 2』, 보림사, 1989.）

55．孙诒让译：《（新译）墨子》，明文堂，1989年。

（손이양 역：『（新譯）墨子』，명문당，1989.）

56. 宋龙淮：《秦观词研究》，岭南大学出版部，1989年。

（송룡준：『秦观词研究』，영남대학교출판부，1989.）

57. 宋勉教授花甲纪念论文集刊行委员会：《中国通史》，宋勉教授花甲纪念论文集刊行委员会，1989年。

（송면교수 화갑 기념논문집 간행위원회：『中國通史』，송면교수 화갑 기념논문집 간행위원회，1989.）

58. 朴松庵：《菜根谭的故事：以佛教思想为主的道德书》，知耕社，1989年。

（송자성：『이야기채근담：유교사상을줄기로한도덕서』，지경사，1989.）

59. 申铉得译：《西游记：孙悟空》，鹤林文库，1989年。

（신현득 역：『서유기：손오공』，계림문고，1989.）

60. 安光济：《中国故事成语名言：画图解释故事成语书》，东亚文艺，1989年。

（안광제：『中國故事成語名言：故事成語를그림으로풀이한해설서』，동아문예，1989.）

61. 杨洁曾：《中韩辞典》，一辰堂，1989年。

（양결증：『中韓辭典』，한마당，1989.）

62. 梁启超：《中国文学研究》，学古房，1989年。

（양기초：『中國文學研究』，학고방，1989.）

63. 吕希晨、王育民编，李胜民译：《中国现代哲学史》（1—2），青年社，1989年。

（여희진，왕육민 편，이승민 역：『중국현대철학사．1-2』，청년사．1989.）

64. 历史教育研究会：《（少年少女故事）中国史》，青松，1989年。

（역사교육연구회：『（소년 소녀 이야기）중국사』，청솔，1989.）

65. 译者不详：《中国哲学史》，景仁文化社，1989年。

（역자 미상：『中國哲學史』，경인문화사，1989.）

66. 译者不详：《红楼梦》，以会文化社，1989年。

（역자 미상：『홍루몽』，이회문화사，1989.）

67. 岭南中国语文学会：《中国语文学通论》，中文出版社，1989 年。

（영남중국어문학회：『中國語文學通論』，중문출판사，1989.）

68. 岭南中国语文学会：《(现代)中国语：教养篇》，中文出版社，1989 年。

（영남중국어문학회：『(現代)中國語：敎養篇』，중문출판사，1989.）

69. 倪海曙：《语文汇编（16）：清末汉语번음运动编年史》，中文出版社，1989 年。

（예해서：『語文彙編.16：清末 漢語 번음運動 편년사』，중문출판사，1989.）

70. 吴爱英编译：《中国五千年的智慧》，学园出版公社，1989 年。

（오애영 편역：『중국 5 천년의 지혜』，학원출판공사，1989.）

71. 温肇桐著，姜宽植译：《中国绘画批评史》，美真社，1989 年。

（온조동 저，강관식 역：『중국회화비평사』，미진사，1989.）

72. 王云五译：《世说新语》，法仁文化社，1989 年。

（왕운오 역：『世說新語』，법인문화사，1989.）

73. 王云五：《西昆州唱集乐府诗集》，法仁文化社，1989 年。

（왕운오：『西崑州唱集樂府詩集』，법인문화사，1989.）

74. 王育民：《中国现代哲学史》，青年社，1989 年。

（왕육민：『중국현대철학사』，청년사，1989.）

75. 外国语研究普及会：《(中国语—韩国语)中国语小辞典》，明志出版社，1989 年。

（외국어연구보급회：『(中國語－韓國語)中國語小辭典』，명지출판사，1989.）

76. 禹玄民译：《周易新释》，博英社，1989 年。

（우현민 역：『周易新釋』，박영사，1989.）

77. 刘钧仁：《中国历史地名大辞典》（1—6），景仁文化社，1989 年。

（유균인：『中國歷史地名大辭典.1-6』，경인문화사，1989.）

78. 老舍著，柳晟俊译：《骆驼祥子》，中央日报社，1989 年。

（라오서 저，유성준 역：『낙타상자』，중앙일보사，1989.）

79. 林东锡译：《世说新语》，教学研究社，1989年。

（임동석 역：『世說新語』，교학연구사，1989.）

80. 杨伯峻著，尹和重译：《中国文言文法》，青年社，1989年。

（楊伯峻 저，윤화중 역：『중국문언문법』，청년사，1989.）

81. 李奎锡：《金鸟秘记》，诸子百家，1989年。

（이규석：『金鳥秘記』，제자백가，1989.）

82. 李基奭译：《菜根谭》，弘新文化社，1989年。

（이기석 역：『菜根譚』，홍신문화사，1989.）

83. 贝冢茂树、伊藤道治著，理论与实践东洋学研究室译：《中国历史（1）：从原始社会到春秋战国》，理论与实践，1989年。

（貝塚茂樹、伊藤道治 저，이론과 실천 동양학 연구실 역：『중국의 역사 .（1）：原始에서 春秋戰國까지』，이론과실천，1989.）

84. 任继愈著，李文周、崔一范译：《中国哲学史》，刊地不详，1989年。

（임계유 저，이문주，최일범 역：『중국철학사청년사』，발행지 미상，1989.）

85. 李民树译：《四书三经入门》，弘新文化社，1989年。

（이민수 역：『四書三經入門』，홍신문화사，1989.）

86. 李富光：《中国书道史事典》，西林文化社，1989年。

（이봉관：『中國書道史事典』，서림문화사，1989.）

87. 李富光：《中国中国人》，东亚出版社，1989年。

（이봉관：『中國中國人』，동아출판사，1989.）

88. 李世平：《中国现代政治思想史》，韩吉社，1989年。

（이세평：『中國現代政治思想史』，한길사，1989.）

89. 李民树：《蜀山客》（1—10），语言文化社，1989年。

（이민수：『蜀山客 .1-10』，언어문화사，1989.）

90. 李钟文：《素女经：东洋最优秀的性古典》，茶舍廊，1989年。

（이종문：『소녀경：동양최고의 성고전』，다사랑，1989.）

91. 守屋洋著，李灿道译：《中国古典的人间学》（1—2），乙支书籍，1989年。

（守屋洋 저, 이찬도 역：『中國古典의 人間學．1-2』, 을지서적, 1989．）

92．伊懋可著, 李春植、金贞姬译：《中国历史的发展形态》, 新书苑, 1989年。

（Elvin, Mark 저, 이춘식, 김정희 역：『中國歷史의 發展形態』, 신서원, 1989．）

93．李春植：《中国古代史的展开》, 新书苑, 1989年。

（이춘식：『中國古代史의 展開』, 신서원, 1989．）

94．李春植：《中韩辞典》, 新书苑, 1989年。

（이춘식：『中韓辭典』, 신서원, 1989．）

95．李炫熙：《中国现代文学史》, 正音文化社, 1989年。

（이현희：『중국 현대 문학사』, 정음문화사, 1989．）

96．王力著, 李鸿镇译：《中国古代文化常识》, 一家堂, 1989年。

（왕력 저, 이홍진 역：『中國古代文化常識』, 한마당, 1989．）

97．林甘泉、田人隆、李祖德著, 崔德卿、李相奎译：《中国古代社会性格论议》, 白山文化, 1989年。

（임감천, 田人隆, 이조덕 저, 최덕경, 이상규 역：『中國古代社會性格論議』, 백산문화, 1989．）

98．任继愈著, 李文周等译：《中国哲学史》（1）, 青年社, 1989年。

（임계유 저, 이문주 외역：『중국철학사．1』, 청년사, 1989．）

99．任时先：《中国教育思想史》, 教学研究社, 1989年。

（임시선：『中國教育思想史』, 교학연구사, 1989．）

100．张光直：《商文明》, 民音社, 1989年。

（장광직：『商文明』, 민음사, 1989．）

101．张起钧、吴怡著, 宋河璟、吴钟逸译：《中国哲学史》, 一志社, 1989年。

（장기균, 오이 저, 송하경, 오종일 역：『중국철학사』, 일지사, 1989．）

102．蒋维乔著, 高在旭译：《中国近代哲学史》, 曙光社, 1989年。

（장유교 저, 고재욱 역：『중국근대철학사』, 서광사, 1989．）

103．木村清孝著, 章辉玉译：《中国佛教思想史》, 民族社, 1989年。

（木村清孝 저, 장휘옥 역：『중국불교사상사』, 민족사, 1989．）

104. 全宝木：《古典乐府》，清雅出版社，1989 年。

（전보목：『古典乐府』，청아출판사，1989.）

105. 郑基洙：《中国通史》，乙酉文化社，1989 年。

（정기수：『中國通史』，을유문화사，1989.）

106. 郑乐重：《庄子与毛泽东的辩证法》，弘教文化，1989 年。

（정낙중：『장자와모택동의변증법』，홍교문화，1989.）

107. 丁范镇：《中国文学入门》，成均馆大学出版部，1989 年。

（정범진：『中國文學入門』，성균관대학교출판부，1989.）

108. 丁成秀：《中国文化丛书》，现代，1989 年。

（정성수：『중국문화총서』，현대，1989.）

109. 玉城康四郎等著，郑舜日译：《中国佛教的思想》，民族社，1989 年。

（玉城康四郎 외저，정순일 역：『中國佛教의思想』，민족사，1989.）

110. 何启君著，赵观熙译：《中国史学入门》，高丽苑，1989 年。

（何啓君 저，조관희 역：『중국사학입문』，고려원，1989.）

111. 顾颉刚口述，何启君整理，赵观熙译：《中国史学入门》，高丽苑，1989 年。

（고힐강 주술，何啓君 정리，조관희 역：『중국 사학입문』，고려원，1989.）

112. 松丸道雄著，赵成乙译：《中国史概述》，宇宙学会，1989 年。

（松丸道雄 저，조성을 역：『중국사 개설』，한울아카데미，1989.）

113. 曹操等注，译者不详：《孙子十家注》，三贵文化社，1989 年。

（조초 외주，역자 미상：『孫子十家注』，삼귀문화사，1989.）

114. 赵芝薰译：《菜根谭》，瑞友，1989 年。

（조지훈 역：『菜根譚』，서우，1989.）

115. 朱德发：《中国女性研究》，全人，1989 年。

（주덕발：『中國女性研究』，전인，1989.）

116. 中国人民大学书报资料社：《中国古典诗研究集》，景仁文化社，1989 年。

（중국인민대학교 서보자료사：『中國古典詩研究集』，경인문화사，

1989.）

117. 中国古典研究会译：《为了阁下的时代：三国志人物评传》，青岩，1989 年。

（중국고전연구회 역：『귀하의 時代를 위하여：三國志人物評傳』，청암，1989.）

118. 过滤编辑部：《中国历史大事年表》，景仁文化社，1989 年。

（거름편집부：『中國歷史大事年表』，경인문화사，1989.）

119. 韩国精神文化研究院：《中国文化与中国精神》，韩国精神文化研究院，1989 年。

（한국정신문화 연구원：『중국문화 중국정신』，한국정신문화 연구원，1989.）

120. 北京大学朝鲜文化研究所：《中国哲学散稿》，以会文化社，1989 年。

（북경대학교조선문화연구소：『中國哲學散稿』，이회문화사，1989.）

121. 韩国精神文化研究院：《中国史学入门》，韩国精神文化研究院，1989 年。

（한국정신문화 연구원：『중국사학 입문』，한국정신문화 연구원，1989.）

122. 大陆文化研究会：《中国历代食货典》，育志社，1989 年。

（대륙문화연구회：『中國歷代食貨典』，육지사，1989.）

123. 光学社：《中国现代史词典》，光学社，1989 年。

（광학사：『中國現代史詞典』，광학사，1989.）

124. 北京大学：《中国现代哲学史》（1），以会文化社，1989 年。

（북경대학교：『중국현대철학사 . 1』，이회문화사，1989.）

125. 曾先之著，韩国出版公社编辑部编译：《话说中国的历史（4）：平定大陆的序幕》，韩国出版公社，1989 年。

（증선지 저，한국출판공사편집부 편역：『（說話）中國의 歷史（4）：大陸平定의 序幕』，한국출판공사，1989.）

126．曾先之著，韩国出版公社编辑部编译：《（说话）中国的历史（5）：思想统一的时代》，韩国出版公社，1989年。

（증선지 저，한국출판공사편집부 편역：『（說話）中國의 歷史（4）：思想統一의 時代』，한국출판공사，1989．）

127．曾先之：《中国教育思想史》，韩国出版公社，1989年。

（증선지：『中國教育思想史』，한국출판공사，1989．）

128．陈舜臣：《（中国历史大河小说）黄河》（第1—7卷），中原文化，1989年。

（진순신：『（中國歷史大河小說）黃河．제1권－제7권』，중원문화，1989．）

129．陈舜臣：《老庄思想和中国的宗教》，中原文化，1989年。

（진순신：『노장사상과 중국의 종교』，중원문화，1989．）

130．车柱环：《中国诗论》，国立汉城大学出版部，1989年。

（차주환：『중국시론』，서울대학교출판부，1989．）

131．车柱环：《中国词文学论考》，国立汉城大学出版部，1989年。

（차주환：『中國詞文學論考』，서울대학교출판부，1989．）

132．车柱环译：《现代人教养选书（2）：老子》，金星出版社，1989年。

（차주환 역：『現代人教養選書．2：老子』，금성출판사，1989．）

133．蔡志忠：《西游记》，斗圣，1989年。

（채지충：『西遊記』，두성，1989．）

134．崔大羽：《丁茶山的经学：〈论语〉〈孟子〉〈大学〉〈中庸〉研究》，民音社，1989年。

（최대우：『丁茶山의 經學：「論語」「孟子」「大學」「中庸」研究』，민음사，1989．）

135．崔茂藏：《中国的考古学》，民音社，1989年。

（최무장：『중국의 考古學』，민음사，1989．）

136．崔万植译：《周易》，惠园出版社，1989年。

（최완식 역：『周易』，혜원출판사，1989．）

137．崔一范、任继愈、李文周：《中国哲学史》，青年社，1989年。

（최일범, 임계유, 이문주 : 『중국 철학사』, 청년사, 1989.）

138. 任继愈著, 秋万镐、安永吉译：《中国古代佛教思想批判》, 民族社, 1989年。

（임계유 저, 추만호, 안영길 역 : 『중국 중세불교사상 비판』, 민족사, 1989.）

139. 表教烈：《讲座中国史（5）：中华帝国的动摇》, 知识产业社, 1989年。

（표교열 : 『講座中國史.（5）：中華帝國의 動搖』, 지식산업사, 1989.）

140. 冯友兰：《中国陶瓷史》, 萤雪出版社, 1989年。

（풍우란 : 『中國陶瓷史』, 형설출판사, 1989.）

141. 韩国地方行政研究院：《老子哲学》, 韩国地方行政研究院, 1989年。

（한국지방행정연구원 : 『老子哲學』, 한국지방행정연구원, 1989.）

142. 曾先之著, 韩国出版公社编辑部编译：《（说话）中国的历史（3）：战国群雄, 1989年。

（증선지 저, 한국출판공사편집부 편역 : 『（說話）中國의 歷史（3）：戰國속의 群雄』, 한국출판공사, 1989.）

143. 曾先之著, 韩国出版公社编辑部编译：《（话说）中国的历史（11）：汉民族的败北》, 韩国出版公社, 1989年。

（증선지 저, 한국출판공사편집부 편역 : 『（說話）中國의 歷史（11）：漢民族의 敗北』, 한국출판공사, 1989.）

144. 曾先之著, 韩国出版公社编辑部编译：《（说话）中国的历史（12）：大陆的兴亡盛衰》, 韩国出版公社, 1989年。

（증선지 저, 한국출판공사편집부 편역 : 『（說話）中國의 歷史（12）：大陸의 興亡盛衰』, 한국출판공사, 1989.）

145. 韩树英等著, 中国青年出版社编：《大众哲学》, 韩吉社, 1989年。

（한수영 외저, 중국청년출판사 편 : 『대중을위한철학』, 한길사, 1989.）

146. 许英桓注解：《元明绘画》, 瑞文堂, 1989年。

（허세욱 해설 : 『元明의 회화』, 서문당, 1989.）

147. 黄秉国译：《菜根谭》, 惠园出版社, 1989年。

（황병국 역 : 『菜根譚』, 혜원출판사, 1989.）

148. 黄秉国译：《新译东方古典：菜根谭读本》，惠园出版社，1989 年。

（황병국 역：『채근담독본：新譯東洋古典』，혜원출판사，1989.）

149. 侯外卢：《中国哲学史》（中），一月书房，1989 年。

（후외로：『中國哲學史 . 中』，일월서각，1989.）

150. 中央日报社：《中国现代文学全集》（1—20），中央日报社，1989 年。

（중앙일보사：『중국현대문학전집 . 1-20』，중앙일보사，1989.）

151. 丁若镛著，全州大学湖南学研究所译：《（国译）兴犹堂全书》，丽江出版社，1989 年。

（정약용 저，전주대호남학연구소 역：『（國译）與猶堂全書』，여강출판사，1989.）

三、备注

1. 2003 年 12 月 22 日，中国教育部将"中国语言文化友谊奖"颁发给李充阳，以表彰他对中韩文化交流所做的贡献。

2. 高丽大学民族文化研究所出版的《中韩辞典》为世界四大语辞典之一，这本书的出版正好说明韩国汉学的发展程度。《中韩辞典》在 1990 年、1992 年、1993 年均重印，该辞典以现代中国普通话为标准，收入汉字 14924 个（含简体、繁体、异体字）、词语 18 万条，是一项令韩国、中国学界、出版界引以为豪的大型工具书。

3. 《中国现代文学全集》共 20 本，其中包括 16 本小说集、1 本散文集、1 本诗集、1 本剧本集和 1 本评论集。这些作品贯穿中国现代文学的整个时期，堪称各种体裁的代表作品，翻译者大部分是研究中国现代文学各领域的专家，尤其值得关注的是容易被人忽视的台湾作品也被收入该全集，这是以往不曾有过的飞跃性发展，是对中国现代文学各领域分散性研究的具体化表现。该全集的出版发行，必将给韩国读者留下深远的影响。

公元1990年

一、大事记

1. 中国朝鲜语学会和韩国双语学会共同举办了国际双语学术会议。

2.《中国语文学研究通信》创刊。

3. 2月26日，汉城中国语学会正式成立。

4. 1月，随着韩国国会修定户籍法中的有关条款，大法院公布了2731个可用于户籍申请的人名用汉字。

5. 年初，韩国中国小说学会成立。

6. 8月25日，社团法人韩国语文教育研究会成立大会由751名韩国各界知名人士发起，于汉城召开。

7. 12月1日至4日，在韩国汉城总统大饭店召开"中国域外汉籍国际学术会议"第五次会议。主办单位为韩国中国学会和中国台湾联合报国学文献馆。

8. 12月21日，岭南中国语文学会在韩国教育部注册备案。

9. 国立汉城大学中语中文学会出版《中语中文学研究》丛书，共32卷，第1卷到第24卷为"古典文学篇"，第25卷到第27卷为"语言文学篇"，第28卷到第32卷为"现代文学篇"。

二、书（文）目录

1. 翦伯赞编，李珍福、金成玉译：《中国全史》（下），学民社，1990年。

（翦伯赞 편，이진복，김성옥 역：『中國全史．下』，학민사，1990.）

2. 作者不详：《河西回廊·敦煌》，陆军士官学校，1990年。

（작자 미상：『河西回廊·敦煌』，육군사관학교，1990.）

3. 作者不详：《中国学丛书》，番茄，1990年。

（작자 미상：『중국학총서』，토마토，1990.）

4. 憨山德清著，吴进度译：《憨山注老子道德经》，瑞光寺，1990年。

（감산덕청 저, 오진탁 역 :『감산의 老子풀이』, 서광사, 1990.）

5. 京畿大学：《中国民俗学》，京畿大学中央图书馆，1990年。

（경기대학교 :『중국민속학』, 경기대학교중앙도서관, 1990.）

6. 高权三：《中国历代货币大系：先秦货币》（上、下卷），京畿大学中央图书馆，1990年。

（고권삼 :『中國歷代貨幣大系 : 先秦貨幣．上，下卷』, 경기대학교중앙도서관, 1990.）

7. 高丽大学民族文化研究所：《荀子集成（第1卷）：无求备斋》，高丽大学民族文化研究所，1990年。

（고려대학교민족문화연구소 :『荀子集成．v.1 : 無求備齋』, 고려대학교민족문화연구소, 1990.）

8. 高文：《中国声学概论》，学研文化社，1990年。

（고문 :『중국음성학계론』, 학연문화사, 1990.）

9. 高怀民：《中国古代易学史》，崇实大学出版部，1990年。

（고회민 :『中國古代易學史』, 숭실대학교출판부, 1990.）

10. 久保田量远：《自由中国的精神教育内容分析》，民族社，1990年。

（久保田量元 :『自由中國의 精神教育內容分析』, 민족사, 1990.）

11. 王伯敏：《中国美术通史》，学研出版社，1990年。

（왕백민 :『中國美術通史』, 학연출판사, 1990.）

12. 建国大学研究生院：《中国美术大典》，常虚文化财团附设韩民族文化研究院，1990年。

（건국대학교대학원 :『中國美術大典』, 상허문화재단 부설 한민족문화연구원, 1990.）

13. 玄奘著，权德周译《大唐西域记》，我们出版社，1990年。

（현장 저, 권덕주 역 :『大唐西域記』, 우리출판사, 1990.）

14. 权德周：《韵镜研究》，国立汉城大学中语中文学会，1990年。

（권덕주 :『韻鏡研究』, 서울대학교중어중문학회, 1990.）

15. 权德周等：《中语中文学研究：语言文学篇》，学古房，1990年。

（권덕주 외 :『中語中文學研究 : 言語文學篇』, 학고방, 1990.）

16．权丙勋：《六书寻源》，景仁文化社，1990年。

（권병훈：『六書尋源』，경인문화사，1990．）

17．权应相：《徐渭的四声猿研究》，国立汉城大学中语中文学会，1990年。

（권응상：『徐渭의 四聲猿研究』，서울대학교중어중문학회，1990．）

18．金庆洙：《中国历代思想家》（第10卷），法文社，1990年。

（김경수：『中國歷代思想家．第10卷』，법문사，1990．）

19．金敬琢：《老子》，玄岩社，1990年。

（김경탁：『老子』，현암사，1990．）

20．金光照：《乐府相和古辞研究》，国立汉城大学中语中文学会，1990年。

（김광조：『樂府相和古辭研究』，서울대학교중어중문학회，1990．）

21．金光照：《山海经研究儒林外史研究：以帝记事的历史神话的性格为中心》，学古房，1990年。

（김광조：『山海經研究儒林外史研究：帝記事의 歷史 神話의 性格을 中心으로』，학고방，1990．）

22．冯梦龙著，金丘庸译：《东周列国志》（1—6），民音社，1990年。

（풍몽룡 저，김구용 역：『東周列國志．1-6』，민음사，1990．）

23．金九镇、金喜营：《故事中国史（第一册）：从古代到前汉时期》，菁我出版社，1990年。

（김구진 김희영：『이야기 중국사．（제1권）：고대로부터 전한시대까지』，청아출판사，1990．）

24．金南植：《中国文学史》，圣光文化社，1990年。

（김남식：『中國文學史』，성광문화사，1990．）

25．金道炼：《朱注今释论语》，玄音社，1990年。

（김도련：『朱註今釋論語』，현음사，1990．）

26．金斗河：《中国的意识形态》，集文堂，1990年。

（김두하：『중국의이데올로기』，집문당，1990．）

27．金得洙：《基本中国语：读本·文法》，进明文化社，1990年。

（김득수：『基本中國語：讀本·文法』，진명출판사，1990．）

28．金秉洙：《中国文学史》（1—3），中文出版社，1990年。

(김병수：『중국문학사.1-3』，중문출판사，1990.)

29．金圣叹：《水浒传》（1—5），金星出版社，1990年。

(김성탄：『水滸傳.1-5』，금성출판사，1990.)

30．金淑喜：《（现代）中韩辞典》，东明社，1990年。

(김숙희：『（現代）中韓辭典』，동명사，1990.)

31．金申慧：《原始儒教：关于〈论语〉〈孟子〉〈荀子〉的解析》，民音社，1990年。

(김승혜：『原始儒教："論語""孟子""荀子"에 대한 해석학적 접근』，민음사，1990.)

32．金申慧：《中国古代哲学史》，民音社，1990年。

(김승혜：『中國古代哲學史』，민음사，1990.)

33．金时俊：《中国现代文学作品选读》，韩国广播通信大学出版部，1990年。

(김시준：『中國現代文學作品選讀』，한국방송통신대학출판부，1990.)

34．金瑛：《列国志：东周时代中国古典（1—4）》，培材书馆，1990年。

(김영：『열국지：동주시대중국고전.1-4』，배재서관，1990.)

35．金永德、许龙九、金秉洙编著：《中国文学史》（1—2），中文出版社，1990年。

(김영덕，허룡구，김병수 편저：『중국문학사.1-2』，중문출판사，1990.)

36．金永德：《孔子：神圣的俗人》，中文出版社，1990年。

(김영덕：『孔子입니다：聖스러운俗人』，중문출판사，1990.)

37．金永德：《中国文学史》（下），青年社，1990年。

(김영덕：『중국문학사.下』，청년사，1990.)

38．金荣浩：《陶渊明诗的特性》，国立汉城大学中语中文学会，1990年。

(김영호：『陶淵明詩의 特性』，서울대학교중어중문학회，1990.)

39．吴承恩著，金泳喜译：《孙悟空》，民众书馆，1990年。

(오승은 저，김영희 역：『손오공』，민중서관，1990.)

40．金镛：《四川汉代画像砖》，语言文化社，1990年。

(김용：『四川漢代劃像전』，언어문화사，1990.)

41．金镛：《长沙发掘报告》，语言文化社，1990年。

（김용：『長沙發掘報告』，언어문화사， 1990.）

42．金镛：《诸国的兴亡》，语言文化社，1990年。

（김용：『諸國의 興亡』，언어문화사， 1990.）

43．蔡元培著，金容燮、张允树译：《(蔡元培的)中国伦理学史》，赛文社，1990年。

（채원배 저，김용섭，장윤수 역：(蔡元培의)中國倫理學史』，새문사，1990.）

44．金元中：《关于〈文心雕龙〉的文学理论的试论》，刊地不详，1990年。

（김원중：『「文心雕龍」의 文學理論에 관한 試論』，발행지 미상，1990.）

45．金元中：《庄子哲学寓言》，民声社，1990年。

（김원중：『莊子철학우화』，민성사，1990.）

46．金一根译：《太平广记谚解（1）：觅南本》，书光文化社，1990年。

（김일근 역：『太平廣記諺解．1：覓南本』，書光文化社，1990.）

47．金一根译：《太平广记谚解（2）：乐善斋本（1—4卷）》，书光文化社，1990年。

（김일근 역：『太平廣記諺解．2：樂善齋本．1-4 卷』，서광문화사，1990.）

48．金一根译：《太平广记谚解（3）：乐善斋本（5—9卷）》，书光文化社，1990年。

（김일근 역：『太平廣記諺解．3：樂善齋本．5-9 卷』，서광문화사，1990.）

49．金井镇：《中国传统伦理思想和三民主义哲学》，人世爱，1990年。

（김정진：『中國傳統倫理思想과 三民主義哲學』，인간사랑，1990.）

50．金正勋：《江陵马山一号楚墓》，庭院出版社，1990年。

（김정훈：『江陵馬山一號楚墓』，마당，1990.）

51．金钟顺译：《金瓶梅》，韩国每日出版社，1990年。

（김종순 역：『金瓶梅』，한국매일출판사，1990.）

52．金喆凡：《（复印报刊资料）中国近代史》，乙酉文化社，1990 年。

（김철범：『（復刊報刊資料）中國近代史』，을유문화사，1990.）

53．金喆凡：《考古学文化论集》（1），乙酉文化社，1990 年。

（김철범：『考古學文化論集.1』，을유문화사，1990.）

54．金忠烈：《中国哲学散稿》，天地，1990 年。

（김충렬：『中國哲學散稿』，온누리，1990.）

55．金忠烈译：《资治通鉴》，三省出版社，1990 年。

（김충렬 역：『자치통감』，삼성출판사，1990.）

56．金忠烈：《中国茶文化纪行：寻找中国茶的源流》，天地，1990 年。

（김충렬：『中國茶文化紀行：中國茶의 源流册 찾아서』，온누리，1990.）

57．金八峰译：《楚汉志》，语文阁，1990 年。

（김팔봉 역：『楚漢誌』，어문각，1990.）

58．金河中译：《世界文学大全集（8）：红楼梦（抄）》，金星出版社，1990 年。

（김하중 역：『世界文學大全集.8：紅樓夢（抄）』，금성출판사，1990.）

59．金学主：《中国文学史》（2），韩国广播通信大学出版部，1990 年。

（김학주：『中國文學史.2』，한국방송통신대학교출판부，1990.）

60．金学主：《中国文学史》，新雅社，1990 年。

（김학주：『中國文學史』，신아사，1990.）

61．金学主译：《庄子》，乙酉文化社，1990 年。

（김학주 역：『莊子』，을유문화사，1990.）

62．金炯孝：《孟子与荀子的哲学思想：哲学思维的两大源泉》，三指院，1990 年。

（김형효：『孟子와 荀子의 哲學思想：哲學的 思惟의 두 源泉』，삼지원，1990.）

63．金九镇、金喜营：《故事中国史（第三册）：从元朝到近现代》，菁我出版社，1990 年。

（김구진，김희영：『이야기 중국사.（제3권）：원나라시대부터 근현

대까지』, 청아출판사, 1990.)

　　64. 延边大学三国演义翻译组译：《（定本）三国志（第一卷）：桃园三结义篇》，青年社，1990年。

　　（연변대학 삼국연의 번역조 역：『（定本）三國志, 제1권, 桃园三结義편』, 청년사, 1990.）

　　65. 延边大学三国演义翻译组译：《（定本）三国志（第二卷）：三顾草庐篇》，青年社，1990年。

　　（연변대학 삼국연의 번역조 역：『（定本）三國志, 제2권, 三顧草廬편』, 청년사, 1990.）

　　66. 延边大学三国演义翻译组译：《（定本）三国志（第三卷）：，赤壁大战篇》，青年社，1990年。

　　（연변대학 삼국연의 번역조 역：『（定本）三國志, 제3권, 赤壁大戰편』, 청년사, 1990.）

　　67. 延边大学三国演义翻译组译：《（定本）三国志（第四卷）：三国鼎立篇》，青年社，1990年。

　　（연변대학 삼국연의 번역조 역：『（定本）三國志, 제4권, 三國鼎立편』, 청년사, 1990.）

　　68. 延边大学三国演义翻译组译：《（定本）三国志（第五卷）：出师表篇》，青年社，1990年。

　　（연변대학 삼국연의 번역조 역：『（定本）三國志, 제5권, 出師表편』, 청년사, 1990.）

　　69. 延边大学三国演义翻译组译：《（定本）三国志（第六卷）：天下统一篇》，青年社，1990年。

　　（연변대학 삼국연의 번역조 역：『（定本）三國志, 제6권, 天下統一편』, 청년사, 1990.）

　　70. 卢所贤：《道：和圣书一起读的老子》，艺人，1990年。

　　（노소현：『道：성서와함께읽는노자』, 예인들, 1990.）

　　71. 戴采志：《小说姜太公》（第1卷），慧书院，1990年。

　　（대채지：『소설태공. v.1』, 혜서원, 1990.）

72. 大学学士考试研究会：《中国诗歌艺术研究》，大学学士考试研究会教材编纂委员会，1990年。

（대학학사고시연구회：『中國詩歌藝術研究』，대학학사고시연구회 교재편찬위원회，1990.）

73. 大韩民国学术院：《学术总览：1985—1995（第52卷）：中国语文学篇（2）》，大韩民国学术院，1990年。

（대한민국학술원：『學術總覽：1985—1995.（v.52）：中國語文學篇.2』，대한민국학술원，1990.）

74. 东国大学：《（丝绸之路学术之旅）中国大陆的文化（1）：古都长安》，韩国媒体资料刊行会，1990年。

（동국대학교：『（실크로드 학술기행）中國大陸의 文化.1：古都長安』，한국언론자료간행회，1990.）

75. 东国大学：《（丝绸之路学术之旅）中国大陆的文化（2）：兰州天水》，韩国媒体资料刊行会，1990年。

（동국대학교：『（실크로드 학술기행）中國大陸의 文化.2：蘭州天水』，한국언론자료간행회，1990.）

76. 东国大学：《（丝绸之路学术之旅）中国大陆的文化（4）：西域天山南路》，韩国媒体资料刊行会，1990年。

（동국대학교：『（실크로드 학술기행）中國大陸의文化.4：西域天山南路』，한국언론자료간행회，1990.）

77. 东国大学：《中国美术大典》（2），韩国媒体资料刊行会，1990年。

（동국대학교：『中國美術大典.2』，한국언론자료간행회，1990.）

78. 葛荣晋著，白度根译：《儒家的人格要素论评论》，岭南大学人文科学研究所，1990年。

（갈영진 저，백도근 역：『儒家의 人格要素論에 대한 評論』，영남대학교 인문과학연구소，1990.）

79. 明进：《中国古代科学典》，明进，1990年。

（명진：『중국고대과학전』，명진，1990.）

80. 守屋洋著，李灿道译：《中国古典的人间学》，乙支书籍，1990年。

（守屋洋 저, 이찬도 역：『中國古典의 人間學』，을지서적，1990.）

81．武汉大学中文系中国古代文学理论研究室：《历代诗话词话选》，学古房，1990年。

（우한대학교 중국어학과 중국고대문학이론연구실：『歷代詩話詞話選』，학고방，1990.）

82．文璇奎：《中国语文学》，民音社，1990年。

（문선규：『中國語文學』，민음사，1990.）

83．朴光浩译：《韩非子·墨子·荀子》，华学社，1990年。

（박광호 역：『韓非子—墨子—荀子』，화학사，1990.）

84．李新魁著，朴万圭译：《中国声韵学概论》，一信书籍，1990年。

（이신괴 저，박만규 역：『中國聲韻學槪論』，일신서적，1990.）

85．朴顺化绘画：《世界的历史（4）：三国志时代与丝绸之路，中国与东西交流》，爱文，1990年。

（박순화 그림：『세계의 역사．4：삼국지 시대와 실크로드，중국과 동서교류』，글사랑，1990.）

86．朴正原：《中国建筑概说》，高丽出版文化公社，1990年。

（박정원：『中國建築槪說』，고려출판문화공사，1990.）

87．朴钟浩：《老子哲学》，一志社，1990年。

（박종호：『老子哲學』，일지사，1990.）

88．朴钟浩、安炳周、金学主：《韩非子·墨子·荀子》，三省出版社，1990年。

（배종호，안병주，김학주：『한비자，묵자，순자』，삼성출판사，1990.）

89．朱熹著，保景文化社：《资治通鉴纲目》（1—4），保景文化社，1990年。

（주희 저，보경문화사：『資治通鑑綱目．1-4』，보경문화사，1990.）

90．保景文化社：《春秋人名便览》，保景文化社，1990年。

（보경문화사：『春秋人名便覽』，보경문화사，1990.）

91．尤恩·M.布金：《中国大陆的文化》，松树，1990年。

（M. Putin, Yun：『中國大陸의 文化』，소나무，1990.）

92．北京语言学院新编，张基瑾、朱良坤编译：《（进明）北京中国语》（上），进明出版社，1990年。

（북경언어학원 신편, 장기근, 주양곤 편역 : 『(進明) 北京中國語. 上』, 진명출판사, 1990.)

93. 北京语言学院中国文学家词典编委会：《中国文学家词典：现代（1—4）》，学古房，1990年。

（북경언어학원 중국문학가사전편위회 : 『中國文學家辭典現代 . 1-4』, 학고방, 1990.)

94. 徐敬浩：《中国古典小说作品选》，知识产业社，1990年。

（서경호 : 『中國古典小說作品選』, 지식산업사, 1990.)

95. 徐复观：《中国艺术精神》，东文选，1990年。

（徐復觀 : 『중국예술정신』, 동문선, 1990.)

96. 国立汉城大学中国语文学系：《大学汉语》，国立汉城大学出版部，1990年。

（서울대학교 중국어중국문학과 : 『大學漢文』, 서울대학교출판, 1990.)

97. 成百晓：《（悬吐完译）论语集注》，传统文化研究会，1990年。

（성백효 : 『(懸吐完譯) 論語集註』, 전통문화연구회, 1990.)

98. 陈舜臣：《中国古迹发掘记》，大元出版，1990年。

（진순신 : 『중국고적발굴기』, 대원출판, 1990.)

99. 苏秉琦：《中国传统理论思想和三民主义哲学》，学研文化社，1990年。

（소병기 : 『中國 傳統倫理思想과 三民主義哲學』, 학연문화사, 1990.)

100. 孙观汉著，姜启哲编译：《中国病》，普盛出版社，1990年。

（손관한 저, 강계철 편역 : 『中國病』, 보성출판사, 1990.)

101. 宋云霞：《中国的名言与智慧》，百万人出版社，1990年。

（송운하 : 『중국의명언과지혜』, 백만인출판사, 1990.)

102. 憨山德清著，宋灿佑译：《老子：佛教角度的理解》，世界社，1990年。

（감산덕청 저, 송찬우 역 : 『老子 : 불교적 이해』, 세계사, 1990.)

103. 松丸道雄等编，赵成乙译：《中国史概论》，宇宙学会，1990年。

（松丸道雄 외편, 조성을 역 : 『중국사개설』, 한울아카데미, 1990.)

104. 申龟铉：《中国音声学概论》，岭南大学人文科学研究所，1990年。

(신구현 : 『中國音聲學槪論』, 영남대학교인문과학연구소, 1990.)

105. 辛胜夏：《中国近代史》，大明出版社，1990年。

（신승하 : 『中國近代史』, 대명출판사, 1990.）

106. 申钦：《中国佛教的旅途》（下），松出版社，1990年。

（신흠 : 『중국불교의여로 . 하』, 솔출판사, 1990.）

107. 梁秉祐：《古都长安》，三省出版社，1990年。

（양병우 : 『古都長安』, 삼성출판사, 1990.）

108. 梁秉祐：《中国历代货币大系：先秦货币》，三省出版社，1990年。

（양병우 : 『中國歷代貨幣大系：先秦貨幣』, 삼성출판사, 1990.）

109. 梁秉祐：《中国文化概观》，三省出版社，1990年。

（양병우 : 『中國文化槪觀』, 삼성출판사, 1990.）

110. 梁羽生：《孔子思想和现代》（2），中源文化，1990年。

（양우생 : 『孔子思想과 現代 . 2』, 중원문화, 1990.）

111. 梁羽生：《丽辽战争史》，中源文化，1990年。

（양우생 : 『麗遼戰爭史』, 중원문화, 1990.）

112. 杨维杰：《黄帝内经素问译解》，大星文化社，1990年。

（양유걸 : 『黃帝內經素問譯解』, 대성문화사, 1990.）

113. 张岱年著，梁再赫、赵贤淑、崔允秀译：《中国哲学史方法论》，理论与实践，1990年。

（장대년 저, 양재혁, 조현숙, 최윤수 역 : 『중국철학사방법론』, 이론과실천, 1990.）

114. 梁再赫：《中国哲学讲义》（59），石枕，1990年。

（양재혁 : 『중국철학의 . 59』, 돌베개, 1990.）

115. 吕连鹤：《韩非者处世训》，奎章文化社，1990年。

（여운학 : 『韓非者處世訓』, 규장문화사, 1990.）

116. 译者不详：《西游记》，学园出版公社，1990年。

（역자 미상 : 『서유기』, 학원출판공사, 1990.）

117. 译者不详：《明知文库（第5—6卷）：墨子（上）》，明知大学出版部，1990年。

（역자 미상：『明知文庫．（v.5-v.6）：묵자．상』，명지대학교출판부，1990.）

118. 译者不详：《诸子引得》（1—6），学古房，1990年。

（역자 미상：『諸子引得．1-6』，학고방，1990.）

119. 译者不详：《春秋左氏传》，保景文化社，1990年。

（역자 미상：『春秋左氏傳』，보경문화사，1990.）

120. 朱松植著，译者不详：《汉语通论》，真韩出版社，1990年。

（주송식 저，역자 미상：『한어통론』，참한출판사，1990.）

121. 延边大学水浒传翻译组译：《（新译）水浒志》（第1—7卷），青年社，1990年。

（연변대학수호전번역조 역：『（新譯）水滸誌．제1-7권』，청년사，1990.）

122. 延边大学水浒传翻译组译：《红楼梦》（第1—6卷），艺河，1990年。

（연변대학수호전번역조 역：『홍루몽．v.1-v.6』，예하，1990.）

123. 延世中语中文学会：《中国古典小说六大名著鉴赏辞典》，延世中语中文学会学术部，1990年。

（연세중어중문학회：『中國古典小說六大名著鑑賞辭典』，연세중어중문학회학술부，1990.）

124. 延世中语中文学会：《中国文史哲研究资料索引：哲学篇》，日善企划，1990年。

（연세중어중문학회：『中國文史哲研究資料索引：哲學篇』，일선기획，1990.）

125. 吴敬梓著，陈起焕译：《儒林外史》（上），明文堂，1990年。

（吳敬梓 저，진기환 역：『유림외사．상』，명문당，1990.）

126. 憨山德清著，吴进卓译：《憨山的庄子解说》，曙光社，1990年。

（감산덕청 저，오진탁 역：『감산의 莊子풀이』，서광사，1990.）

127. 王柏敏：《中国建筑概论》，学研文化社，1990年。

（왕백민：『중국건축개론』，학연문화사，1990.）

128. 外国语研究普及会：《中国语漫语：有趣的汉字》，明志出版社，1990年。

（외국어연구보급회 : 『中國語漫語 : 有趣的漢字』, 명지출판사, 1990.）

129. 龙伯坚：《黄帝内经概论》, 论藏, 1990年。

（용백견 : 『황제내경개론』, 논장, 1990.）

130. 袁行霈著, 姜英顺等译：《中国诗歌艺术研究》, 亚细亚文化社, 1990年。

（원행패 저, 강영순 외역 : 『中國詩歌藝術研究』, 아세아문화사, 1990.）

131. 刘笑敢著, 崔珍锡译：《庄子哲学》, 松树, 1990年。

（유소감 저, 최진석 역 : 『莊子哲學』, 소나무, 1990.）

132. 尹在根：《中国哲学史》, 鸟巢出版, 1990年。

（윤재근 : 『中國哲學史』, 둥지도서출판, 1990.）

133. 李家源：《西域·天山南路》, 韩国中央文化公社, 1990年。

（이가원 : 『西域·天山南路』, 한국중앙문화공사, 1990.）

134. 李康来等：《中语中文学研究：古典文学篇》（1—19）, 学古房, 1990年。

（이강래 외 : 『中語中文學研究 : 古典文學篇 .1-19』, 학고방, 1990.）

135. 李东炫：《中国思想史》, 精神世界社, 1990年。

（이동현 : 『中國思想史』, 정신세계사, 1990.）

136. 李民树译：《老子：道德经》, 惠园出版社, 1990年。

（이민수 역 : 『노자 : 도덕경』, 혜원출판사, 1990.）

137. 李民树译：《法华经》, 弘新文化社, 1990年。

（이민수 역 : 『법화경』, 홍신문화사, 1990.）

138. 李秉喆：《中国佛教的旅途》, 内政新闻社, 1990年。

（이병철 : 『중국불교의 여로』, 내정신문사, 1990.）

139. 李盛平：《中国近现代人名大辞典》, 三贵文化社, 1990年。

（이성평 : 『中國近現代人名大辭典』, 삼귀문화사, 1990.）

140. 李秀雄：《敦煌文学与艺术》, 建国大学出版部, 1990年。

（이수웅 : 『敦煌文學과 藝術』, 건국대학교출판부, 1990.）

141. 李元燮译：《列子·管子》, 玄岩社, 1990年。

（이원섭 역 : 『列子, 管子』, 현암사, 1990.）

142. 李义活、崔义秀：《汉语音韵学通论》, 中文出版社, 1990年。

（최희수, 이의활：『漢語音韻學通論』，중문출판사，1990.）

143．李在祯：《中国人的思维方式》，大韩成功会出版部，1990 年。

（이재정：『中國人의 사유방법』，대한성공회출판부，1990.）

144．李钟允：《中国近代史》，韩国经济新闻社，1990 年。

（이종윤：『中國近代史』，한국경제신문사，1990.）

145．李周洪译：《列国志》，语文阁，1990 年。

（이주홍 역：『列國志』，어문각，1990.）

146．李俊凡译：《西游记》，金星出版社，1990 年。

（이준범 역：『서유기』，금성출판사，1990.）

147．李洪林：《中国的意识形态》，全人，1990 年。

（이홍림：『중국의 이데올로기』，전인，1990.）

148．李洪林：《中国地名人名辞典》，全人，1990 年。

（이홍림：『中國地名人名辭典』，전인，1990.）

149．任继愈编著，全宅元译：《中国哲学史》，喜鹊出版社，1990 年。

（임계유 편저，전택원 역：『中國哲學史』，까치출판사，1990.）

150．任继愈：《中国古迹发掘记》，喜鹊出版社，1990 年。

（임계유：『중국고적발굴기』，까치출판사，1990.）

151．延世科学教育委员会：《中国大陆艺术纪行：中华世界的转变》，延世大学出版部，1990 年。

（자연과학교육위원회：『中國大陸藝術紀行：變轉하는 中華世界의 舞台에서』，연세대학교출판부，1990.）

152．张基槿：《自学汉语入门》（1—2），进明出版社，1990 年。

（장기근：『독학중국어첫걸음.1-2』，진명출판사，1990.）

153．张基槿、李锡浩：《老子・庄子》，三省出版社，1990 年。

（장기근，이석호：『노자.장자』，삼성출판사，1990.）

154．张万荣译：《中国童话集》，启蒙社，1990 年。

（장만영 역：『중국동화집』，계몽사，1990.）

155．张志敏：《80 年代中国优秀作品欣赏》，文学思想社，1990 年。

（장지민：『80 년대 全中國 最高作品賞 수상작품상집』，문학사상사，

1990.）

156．马仲可：《马仲可的中国：侨胞反体制教授的韩中漫笔》，朝鲜日报社，1990年。

（마중가：『馬仲可의 중국：교포반체제 교수의 韓中 漫筆』，조선일보사，1990.）

157．宋斗律：《苏联和中国：社会主义社会中的劳动者、农民和知识阶层》，韩吉社，1990年。

（송두율：『소련과 중국：사회주의 사회에서의 노동자·농민·지식인』，한길사，1990.）

158．全代焕：《孟子》，自由文库，1990年。

（전대환 역：『맹자』，자유문고，1990.）

159．朱伯昆著，全命龙译：《中国古代伦理学》，理论与实践，1990年。

（주백곤 저，전명용 역：『중국고대윤리학』，이론과실천，1990.）

160．全白赞：《中国全史》（上），学民社，1990年。

（전백찬：『中國全史．上』，학민사，1990.）

161．钱存训：《中国近代史》，东文选，1990年。

（전존훈：『중국근대사』，동문선，1990.）

162．淳睦：《中国书院制度》，文音社，1990年。

（淳睦：『中國書院制度』，문음사，1990.）

163．郑用吉：《孟子》，高丽苑，1990年。

（정용길：『맹자』，고려원，1990.）

164．冯友兰著，郑仁在译：《(韩国版)中国哲学史》，萤雪出版社，1990年。

（풍우란 저，정인재 역：『(한글판) 중국철학사』，형설출판사，1990.）

165．劳思光著，郑仁在译：《中国哲学史：汉唐篇》，探求堂，1990年。

（노사광 저，정인재 역：『中國哲學史：漢唐篇』，탐구당，1990.）

166．郑台燮：《关于孔子木铎役割的考察》，岭南大学出版部，1990年。

（정태섭：『孔子의 木鐸役割에 관한 고찰』，영남대학교출판부，1990.）

167．安义运、金光烈译：《(完译)红楼梦》(第1卷)，青年社，1990年。

（안의운，김광렬 역：『(完譯) 紅樓夢．제1권』，청년사，1990.）

168. 安义运、金光烈译：《（完译）红楼梦》（第4卷），青年社，1990年。

（안의운, 김광렬 역：『（完譯）紅樓夢．제4권』，청년사，1990.）

169. 安义运、金光烈译：《（完译）红楼梦》（第7卷），青年社，1990年。

（안의운, 김광렬 역：『（完譯）紅樓夢．제7권』，청년사，1990.）

170. 赵星基：《屈原的诗歌》，韩吉社，1990年。

（조성기：『굴원의 노래』，한길사，1990.）

171. 赵星基：《寻找遗失的心：与孟子对话》，韩吉社，1990年。

（조성기：『잃어버린 마음을 찾아서：맹자와 의대화』，한길사，1990.）

172. 赵矢元、冯兴盛主编，中国史研究会译：《中国近代史》，青年社，1990年。

（趙矢元, 馮興盛 주필, 중국사연구회 역：『중국근대사』，청년사，1990.）

173. 曹良旭：《中国古代易学史》，青翰文化社，1990年。

（조양욱：『中國古代易學史』，청한문화사，1990.）

174. 曹永明：《中国现代史的再照明》，天地，1990年。

（조영명：『中國現代史의 再照明』，온누리，1990.）

175. 周松植：《中国诗歌艺术研究》，青年社，1990年。

（주송식：『中國詩歌藝術研究』，청년사，1990.）

176. 周松植：《汉语通论》，青年社，1990年。

（주송식：『한어통론』，청년사，1990.）

177. 周汝昌：《红楼梦辞典》，法仁文化社，1990年。

（주여창：『紅樓夢辭典』，법인문화사，1990.）

178. 中国建筑史编辑委员会编，梁金石译：《中国建筑概说》，泰林文化社，1990年。

（中國建築史編輯委員會 편, 양근석 역：『中國建築概說』，태림문화사，1990.）

179. 中国科学院考古研究所：《中国建筑概论》，学研文化社，1990年。

（중국과학원고고연구소：『중국건축개론』，학연문화사，1990.）

180. 中国科学院考古研究所：《中国古代遗址调查发掘报告集》，学研文化社，1990年。

（중국과학원고고연구소：『中國古代요址調査發掘報告集』，학연문화사，1990.）

181．景仁文化社：《中国人名大辞典》（1—2），景仁文化社，1990年。

（경인문화사：『中國人名大辭典．1-2』，경인문화사，1990.）

182．中央日报社：《世界旅行之中国篇》，中央日报社，1990年。

（중앙일보사：『세계를 간다·자유중국』，중앙일보사，1990.）

183．中村元著，金智见译：《中国人的思维方法》，喜鹊出版社，1990年。

（中村元 저，김지견 역：『中國人의 사유방법』，까치출판사，1990.）

184．陈光浩：《中国古代社会》，知识产业社，1990年。

（진광호：『중국고대사회』，지식산업사，1990.）

185．陈雄群编，译者不详：《道教神话》，文化新闻社，1990年。

（진웅군 편，역자 미상：『道教神話』，문화신문사，1990.）

186．陈正炎、林其锬著，李成珪译：《中国大同思想研究》，知识产业社，1990年。

（진정염，임기담 저，이성규 역：『中國大同思想研究』，지식산업사，1990.）

187．车相辕、车柱环、张基槿：《中国文学史》，明文堂，1990年。

（차상원，차주환，장기근：『中國文學史』，명문당，1990.）

188．车柱环：《陶渊明诗的特性》，学古房，1990年。

（차주환：『陶淵明詩의 特性』，학고방，1990.）

189．车柱环：《中国大百科全书：考古学》，韩国广播通信大学出版部，1990年。

（차주환：『中國大百科全書：考古學』，한국방송통신대학교출판부，1990.）

190．车柱环：《中国文化概要》，韩国广播通信大学出版部，1990年。

（차주환：『中國文化概觀』，한국방송통신대학교출판부，1990.）

191．赵世杰编，崔龙官译：《阿凡提幽默：中国古典幽默》，未来文化社，1990年。

（趙世杰 편，최룡관 역：『아반티유머：중국고전해학』，미래문화사，1990．）

192．崔炳植：《中国美术大系》，启明文化社，1990 年。

（최병식：『中國美術大系』，계명문화사，1990．）

193．崔炳植：《中国美术大典现》，启明文化社，1990 年。

（최병식：『中國美術大典現』，계명문화사，1990．）

194．崔炳植：《中国全史（现代篇）》，启明文化社，1990 年。

（최병식：『中國全史（현대편）』，계명문화사，1990．）

195．崔炳宇：《中国全史》（上），金宇堂，1990 年。

（최병우：『中國全史．上』，김우당，1990．）

196．崔义逸：《黄山谷诗论研究》，学古房，1990 年。

（최일의：『黃山谷詩論研究』，학고방，1990．）

197．表长民：《中国成语150选》，第一文化社，1990 年。

（표장민：『中國成語150選』，제일문화사，1990．）

198．韩国经济社会研究所：《殷周青铜器通论》，平生教育开发院，1990 年。

（한국경제사회연구소：『殷周青銅器通論』，평생교육개발원，1990．）

199．韩国经济社会研究所：《夏商周考古学论文集》，平生教育开发院，1990 年。

（한국경제사회연구소：『夏商周考古學論文集』，평생교육개발원，1990．）

200．韩国文化艺术振兴院：《周易和中国医学》（中），文化开发研究所，1990 年。

（한국문화예술진흥원：『周易과中國醫學．中』，문화발전연구소，1990．）

201．韩国社会史研究会：《中国、苏联的社会思想》，文学和知性社，1990 年。

（한국사회사연구회：『중국·소련의사회사상』，文學과知性社，1990．）

202．东国大学：《（丝绸之路的学术纪行）中国大陆的文化》（1—5），韩国媒体资料刊行会，1990 年。

（동국대학교：『（실크로드 학술기행）中國大陸의 文化．1-5』，한국언론자료간행회，1990．）

203．陆宝千等著，王寿南编：《中国历代思想家》（第8卷），景仁文化社，1990年。

（陸寶千 외저，王壽南 편：『中國歷代思想家．第8卷』，경인문화사，1990.）

204．韩武熙：《老子·庄子》，富民文化社，1990年。

（한무희：『老子·莊子』，부민문화사，1990.）

205．韩武熙：《先秦两汉考古学论集》，富民文化社，1990年。

（한무희：『先泰兩漢考古學論集』，부민문화사，1990.）

206．韩相甲译：《论语·中庸》，三省出版社，1990年。

（한상갑 역：『논어．중용』，삼성출판사，1990.）

207．韩元硕：《（标准）新中国语教本》，韩中文化出版社，1990年。

（한원석：『（標準）新中國語教本』，한중문화출판사，1990.）

208．韩元硕：《中国古典小说作品选》（上），韩国科学技术振兴财团出版部，1990年。

（한원석：『中國古典小說作品選．上』，한국과학기술진흥재단출판부，1990.）

209．许成道：《陶渊明四言诗考》，国立汉城大学中语中文学会，1990年。

（허성도：『陶淵明四言詩考』，서울대학교중어중문학회，1990.）

210．胡裕树著，许成道译：《现代中国语》，乙酉文化社，1990年。

（胡裕樹 저，허성도 역：『現代中國語』，을유문화사，1990.）

211．法仁文化社：《中国术算大系》（1—9），法仁文化社，1990年。

（법인문화사：『中國術算大係．1-9』，법인문화사，1990.）

三、备注

1. 中国朝鲜语学会和韩国双语协会共同举办的国际双语学术会议是中外朝鲜语学界首次克服意识形态的差别，砥砺琢磨，联合攻关，因此具有特别的历史意义。

2. 90年代后，韩国的学者们从韩国语对汉字词的构词方式、词缀特点等方面对汉字词进行挖掘，对汉字词的研究进行了全方位，多角度的深入研究。

3.2731个可用于户籍申请的人名用字是在教育用汉字1800个字的基础上，追加931个字（其中包括电脑标准字库未收的37个字）而选定的。追加的这931个字，主要参考了李应百的调查资料、1981年版《韩国人名词典》、弘益社会科学院推荐的2710个字，以及回想社（族谱制作专门企业）从电脑标准字库汉字4888个字中选定的不用于人名的汉字836个字。此后经过实践，并听取各界意见，整理同字、俗字、略字并重新调整，于1991年3月公布了2854个字（追加整理1054个字），1994年7月又增加了108个字，这样，韩国现有法定人名用汉字共2962个。

公元 1991 年

一、大事记

1.3月，政府组织确定人名用字2854个。

2.6月，国立汉城大学主办"中国近现代史史料学国际研讨会"。

3.6月1日，中国语言研究会成立。

4.黄修己的《中国现代文学发展史》在韩国翻译出版。

5.10月，徐敬浩编著的《韩国中国语文学研究论著目录》由正一出版社出版。

6.刘丽雅发表博士论文《蔡万植和老舍的比较研究》。

二、书（文）目录

1.郝懿行：《山海经笺疏》，中国书店，1991年。
（학의행：『山海經箋疏』，중국서점，1991.）

2.葛兆光著，郑相弘、任炳权译：《禅宗和中国文化》，东文选出版社，1991年。

（갈조광 저, 정상홍, 임병권 역：『禪宗과中國文化』, 동문선출판사, 1991.）

3. 葛洪：《抱朴子》, 自由文库, 1991年。

（갈홍：『포박자』, 자유문고, 1991.）

4. 黄修己著, 古代中国语文研究会译：《中国现代文学发展史》, 泛友社, 1991年。

（황서기 저, 고대중국어문연구회 역：『中國現代文學發展史』, 범우사, 1991.）

5. 杨书案著, 孔翔喆译：《孔子》, 甘薯, 1991年。

（양서안 저, 공상철 역：『공자』, 고구마, 1991.）

6. 郭沫若著, 赵成乙译：《中国古代思想史》, 喜鹊出版社, 1991年。
（곽말약 저, 조성을 역：『중국고대사상사』, 까치출판사, 1991.）

7. 郭霭春：《黄帝内经素问校注语释》, 一中社, 1991年。

（곽애춘：『黃帝內經素問校注語 譯』, 일중사, 1991.）

8. 邱燮友译：《（韩译）唐诗三百首》, 启明大学出版部, 1991年。

（구섭우 역：『（한역）당시삼백수』, 계명대학출판부, 1991.）

9. 菊逸平：《中国人的处世之道》, 圣心图书, 1991年。

（국일평：『중국인의처세술』, 성심도서, 1991.）

10. 李嬿淑著, 权美淑译：《古潭丛书》, 人世爱, 1991年。

（이연숙 저, 권미숙 역：『古潭叢書』, 인간사랑, 1991.）

11. 牟复礼编, 权美淑译：《中国文明的哲学的基础》, 人世爱, 1991年。

（Mote, Frederick W. 편, 권미숙 역：『중국문명의철학적기초』, 인간사랑, 1991.）

12. 权五炫译：《史记列传》, 一信书籍, 1991年。

（권오현 역：『史記列傳』, 일신서적, 1991.）

13. 权五炫译：《老子》, 一信书籍, 1991年。

（권오현 역：『노자』, 일신서적, 1991.）

14. 藏原惟人著, 金教斌译：《中国古代哲学的世界》, 竹山, 1991年。

（藏原惟人 저, 김교빈 역：『중국고대철학의세계』, 죽산, 1991.）

15．金槿译注：《吕氏春秋（第 1 卷）：十二纪》，民音社，1991 年。

（김근 역주：『呂氏春秋．（제 1 권）：十二紀』，민음사，1991．）

16．金文海译：《孟子》，一信书籍，1991 年。

（김문해 역：『孟子』，일신서적，1991．）

17．张清玄编，金相勋译：《中国古典诗选》，文艺出版社，1991 年。

（장청현 편，김상훈 역：『중국고전시선』，문예출판사，1991．）

18．山田庆儿著，金锡根译：《朱子的自然学》，原木，1991 年。

（山田慶兒 저，김석근 역：『朱子의 자연학』，통나무，1991．）

19．奥修著，金锡焕、申钟炫译《老子与奥修的对话：生活之舞，沉默之舞（改译版）》，喜鹊出版社，1991 年。

（Rajneesh，B. S. 저，김석환，신종현 역：『老子와 라즈니쉬의 대화：삶의 춤，침묵의 춤「개역판」』，까치출판사，1991．）

20．金时俊编著：《中国现代短篇选》，新雅社，1991 年。

（김시준 편저：『中國現代短篇選』，신아사，1991．）

21．金时俊：《中国现代文学作品选读》，韩国广播通信大学出版部，1991 年。

（김시준：『中國現代文學作品選讀』，한국방송통신대학교출판부，1991．）

22．金荣译：《列国志：东周时代中国古典》，培材书馆，1991 年。

（김영 역：『열국지：동주시대중국고전』，배재서관，1991．）

23．金莹洙：《新周易》，自由时代社，1991 年。

（김영수：『새주역』，자유시대사，1991．）

24．论述资料保存会：《中国关系论述资料集：历史·政治·经济（1）》，中央图书，1991 年。

（논설자료보전회：『중국관계논설자료집：역사，정치，경제．1』，중앙도서，1991．）

25．金莹洙：《（为了韩文世代的）小说孟子》，新希望文化社，1991 年。

（김영수：『（한글세대를 위한）소설맹자』，새빛문화사，1991．）

26．李载敦等：《中语中文学研究：语言文学篇》，学古房，1991 年。

（이재돈 외：『中語中文學硏究：言語文學篇』，학고방，1991．）

27．金云松：《道德经诗解释》，一念，1991年。
（김운송：『道德經詩 풀이』，일념，1991．）

28．金在乘：《白乐天诗研究》，明文堂，1991年。
（김재승：『백락천시연구』，명문당，1991．）

29．刘向著，金筌园译：《战国策》，明文堂，1991年。
（유향 저，김전원 역：『戰國策』，명문당，1991．）

30．金筌园：《孔子传：仁和中庸只在远方吗？》，明文堂，1991年。
（김전원：『孔子傳：仁과 中庸이 멀리에만 있는 것이느냐』，명문당，1991．）

31．刘向著，金筌园译：《中国古典精选：战国策》，明文堂，1991年。
（유향 저，김전원 역：『戰國策：中國古典精選』，명문당，1991．）

32．金钟武：《文理平叙孟子新解》，民音社，1991年。
（김종무：『文理平敍孟子新解』，민음사，1991．）

33．金钟秀、崔健：《中国当代文化史：1949—1984》，青年社，1991年。
（김종수，최건：『중국당대문학사：1949-1984』，청년사，1991．）

34．金忠烈：《中国哲学的理解》，外星出版社，1991年。
（김충열：『중국철학의 이해』，외계출판사，1991．）

35．金河林、柳中夏、李周路：《中国现代文学的理解》，韩吉社，1991年。
（김하림，유중하，이주로：『중국 현대문학의 이해』，한길사，1991．）

36．金河中译：《水浒传》（I—II），金星出版社，1991年。
（김하중 역：『水滸傳 .I-II』，금성출판사，1991．）

37．金学主：《中国历代诗歌讲读》，韩国广播通信大学出版部，1991年。
（김학주：『中國歷代詩歌講讀』，한국방송통신대학교출판부，1991．）

38．金学主：《中国古代文学史》，民音社，1991年。
（김학주：『中國古代文學史』，민음사，1991．）

39．金汉成：《庄子：断鹤续凫》，礼智院，1991年。
（김한성：『莊子학의다리를자르지마라』，예지원，1991．）

40．金汉成译：《（小说）三国志》，礼智院，1991年。
（김한성 역：『（小說）三國志』，예지원，1991．）

41．金赫济：《明文汉韩大字典》，明文堂，1991 年。

（김혁제 : 『明文漢韓大字典』, 명문당, 1991.）

42．金孝善、安仁熙、丁熙淑：《东洋教育古典的理解》，梨花女子大学出版部，1991 年。

（김효선, 안인희, 정희숙 : 『동양교육고전의 이해』, 이화여자대학교 출판부, 1991.）

43．南贤植：《中国和中国人》，时事文化社，1991 年。

（남현식 : 『中國, 그리고中國人』, 시사문화사, 1991.）

44．鲁城崔完植先生颂寿论文集刊行委员会：《中国文学研究论丛》，学古房，1991 年。

（魯城崔完植先生頌壽論文集刊行委員會 : 『중국어문학연구논총』, 학고방, 1991.）

45．凌力编，洪熹译：《（中国长篇历史小说）星星草》（第一——二卷），东文选，1991 年。

（릉력 편, 홍희 역 : 『（中國長篇歷史小說）星星草. 제 1 권 – 제 2 권』, 동문선, 1991.）

46．东国大学：《（丝绸之路学术纪行）中国大陆的文化》（1—5），韩国媒体资料刊行会，1991 年。

（동국대학교 : 『（실크로드학술기행）中國大陸의 文化. 1–5』, 한국언론자료간행회, 1991.）

47．邓牛顿：《中国现代美学思想史》，日月书阁，1991 年。

（등우돈 : 『중국현대미학사상사』, 일월서각, 1991.）

48．崔柄煜润色：《（中国古典小说）三国演义》，金星青年出版社，1991 年。

（최병환 윤색 : 『（중국고전소설）삼국연의』, 금성청년출판사, 1991.）

49．刘敦祯：《中国古代建筑史》，景仁文化社，1991 年。

（류돈정 : 『中國古代建築史』, 경인문화사, 1991.）

50．奥修著，柳时和译：《庄子讲道》，艺河，1991 年。

（Rajneesh, B.S. 저, 류시화 역 : 『장자, 도를 말하다』, 예하, 1991.）

51．奥修著，柳时和译：《庄子讲火凤凰》，清河，1991 年。

（Rajneesh，B.S.저，류시화 역：『장자，불사조를 말하다』，청하，1991.）

52．林春城：《中国通史纲要》（2），理论与实践，1991年。

（임춘성：『중국통사강요.2』，이론과실천，1991.）

53．玛格丽特·梅德利著，金英媛译：《中国陶瓷史：从史前时代到清代》，悦话堂，1991年。

（Medley，Margaret 저，김영원 역：『中國陶磁史：先史時代부터 清代까지』，열화당，1991.）

54．木铎出版社：《中国绘画美学史稿》，法仁文化社，1991年。

（목탁출판사：『中國繪畫美學史稿』，법인문화사，1991.）

55．武原著，千圣林译：《中国近代史》，昨日社，1991年。

（무원 저，천성림 역：『중국근대사』，예전사，1991.）

56．朴镜满译：《西游记》，文艺出版社，1991年。

（박경만 역：『서유기』，문예출판사，1991.）

57．朴星柱：《（映像讲义受讲教材）初级中国语》（1），韩国广播通信大学出版部，1991年。

（박성주：『（映像講義受講教材）初級中國語.1』，한국방송통신대학교출판부，1991.）

58．朴秀珍译：《（完译）金瓶梅》，青年社，1991年。

（박수진 역：『（완역）금병매』，청년사，1991.）

59．朴永禄：《现代汉语命令文的统辞构造研究》，成均馆大学出版部，1991年。

（박영록：『現代中國語의'二重主語文'研究』，성균관대학교출판부，1991.）

60．朴永燮：《流水不腐：老子的智慧》，皇帝出版社，1991年。

（박영섭：『흐르는물은두지마라：老子의지혜』，황제출판사，1991.）

61．朴永哲：《周易故事》，明文堂，1991年。

（박영철：『周易이야기』，명문당，1991.）

62．朴钟洙译：《西厢记》，保景文化社，1991年。

（박종수 역：『西廂記』，보경문화사，1991.）

63．朴志勋：《中国女性运动史》（上），韩国女性开发院，1991年。

（박지훈：『중국여성운동사．상』，한국여성개발원，1991．）

64．陈观胜著，朴海铛译：《中国佛教》（上），民族社，1991年。

（Chen, Kenneth K. S. 저，박해당 역：『중국불교．상』，민족사，1991．）

65．朴海铛：《中国佛教历史和发展》，民族社，1991年

（박해당：『중국불교：역사와전개』，민족시，1991．）

66．朴熙浚：《（帛书）道德经：读老子》，喜鹊出版社，1991年。

（박희준：『백서（帛書）도덕경：노자를 읽는다』，까치출판사，1991．）

67．朴学奉：《中国东北民族关系史》，大陆研究所出版部，1991年。

（방학봉：『중국동북민족관계사』，대륙연구소출판부，1991．）

68．郑道传、唐城润色、高士襃、金衹直解：《大明律直解》，保景文化社，1991年。

（정도전、唐城 윤색，高士襃，金衹 직해：『대명률직해』，보경문화사，1991．）

69．普盛出版社编辑部：《中国的鬼：奇妙的中国的鬼故事》，普盛出版社，1991年。

（보성출판사편집부：중국의 귀신：『기기묘묘한 중국의 귀신 설화』，보성출판사，1991．）

70．徐敬浩：《中国古典小说作品选》（2），知识产业社，1991年。

（서경호：『中國古典小說作品選．2』，지식산업사，1991．）

71．徐敬浩：《韩国中国语文学研究论著目录：1945—1990》，正一出版社，1991年。

（서경호：『國內中國語文學硏究論著目錄：1945－1990』，정일출판사，1991．）

72．国立汉城大学：《中国社会文化事典》，国立汉城大学出版部，1991年。

（서울대학교：『中國社會文化事典』，서울대학교출판부，1991．）

73．石仁海：《庄子》，一信书籍，1991年。

（석인해：『莊子』，일신서적，1991．）

74. 成百晓译：《(悬吐完译)论语集注(3篇)》，传统文化研究会，1991年。

(성백효 역：『(懸吐完譯)論語集註/3판』，전통문화연구회，1991.)

75. 孟子著，成百晓译：《(悬吐完译)孟子集注》，一信书籍，1991年。

(맹자 저，성백효 역：『(縣吐完譯)孟子集註』，일신서적，1991.)

76. 成元庆编著：《中国历代后宫秘话》(中)，明文堂，1991年。

(성원경 편저：『中國歷代后宮秘話. 中』，명문당，1991.)

77. 世界史编纂委员会：《成吉思汗和蒙古帝国：中国的宋元社会》，学园出版公社，1991年。

(세계사편찬위원회：『칭기즈칸과 몽고제국：중국의 송·원대사회』，학원출판공사，1991.)

78. 邓福南著，宋龙准译：《现代汉语方法和诸问题》，中文出版社，1991年。

(鄧福南 저，송용준 역：『현대중국어문법의제문제』，중문출판사，1991.)

79. 宋云霞：《(庄子寓言)蝴蝶之梦》，百万人出版社，1991年。

(송운하：『(莊子寓話)나비의꿈』，백만인출판사，1991.)

80. 憨山德清著，宋灿佑译：《庄子禅解》，世界社，1991年。

(감산덕청 저，송찬우 역：『莊子禪解』，세계사，1991.)

81. 宋昌基：《综合中国语讲座：从基础发音到会话、作文、语法、读解》，法文社，1991年。

(송창기：『綜合中國語講座：기초發音에서 會話，作文，文法，讀解까지』，법문사，1991.)

82. 守屋洋：《中国古典一日一言》，PHP研究所，1991年。

(守屋洋：『中國古典一日一言』，PHP研究所，1991.)

83. 诸桥辙次著，沈雨晟译：《孔子·老子·释迦一起看》，民族社，1991年。

(諸橋轍次 저，심우성 역：『공자·노자·석가 한자리에 하시다』，민족사，1991.)

84. 安义运、金光烈译：《中国古典选》，青年社，1991年。

(안의운，김광렬 역：『중국고전선』，청년사，1991.)

85. 杨维杰：《黄帝内经素问(译解)》，一中社，1991年。

（양유걸：『黃帝內經素問（譯解）』，일중사，1991．）

86．梁再赫：《中国近现代哲学史》，日月书阁，1991年。

（양재혁：『中國近現代哲學史』，일월서각，1991．）

87．梁必承：《中国的农业和农民运动》，羽翼，1991年。

（양필승：『중국의 농업과 농민운동』，한나래，1991．）

88．严灵峰：《(无求备斋)墨子集成》（1—46），海东文化社，1991年。

（엄영봉：『(무구비제) 묵자집성．1—46』，해동문화사，1991．）

89．驱井和爱著，译者不详：《中国考古学论丛》，三贵文化社，1991年。

（驅井和愛 저，역자 미상：『中國考古學論叢』，삼귀문화사，1991．）

90．译者不详：《红楼梦》，泰东，1991年。

（역자 미상：『홍루몽』，泰東，1991．）

91．延边大学三国演义翻译组译：《(定本)三国志》，青年社，1991年。

（연변대학삼국연의번역조 역：『(定本)三國志』，청년사，1991．）

92．炎回：《中国的权利构造和政治文化》，国际民间经济协会，1991年。

（염회：『中國의 權力構造와 政治文化』，국제민간경제협의회，1991．）

93．岭南中国语文学会：《现代中国语》，中文出版社，1991年。

（영남중국어문학회：『現代中國語』，중문출판사，1991．）

94．吴淑生：《中国梁织史》，学研文化社，1991年。

（오숙생：『中國梁織史』，학연문화사，1991．）

95．吴在成：《寻找隐秘的历史：中国（25）·史东夷原文》，黎民族史研究会，1991年。

（오재성：『숨겨진 역사를 찾아서：中國．25：史東夷原文』，여민족사연구회，1991．）

96．吴在环：《中国思想史》，新书苑，1991年。

（오재환：『中國思想史』，신서원，1991．）

97．温儒敏著，金寿渊译：《现代中国的现实主义文学史》，文学和知性社，1991年。

（온유민 저,김수연 역：『현대중국의 현실주의 문학사』,文學과知性社，1991．）

98．王克芬著，高胜吉译：《中国舞蹈史》，教保文库，1991年。

（왕극분 저, 고승길 역 :『중국무용사』, 교보문고, 1991.）

99．外语研究宣传会：《中国语熟语辞典》，明志出版社，1991年。

（외국어연구보급회 :『中國語熟語辭典』, 명지출판사, 1991.）

100．禹玄民：《四书五经的名言》，创造社，1991年。

（우현민 :『四書五經의 名言』, 창조사, 1991.）

101．柳已洙：《跟随唐诗走丝绸之路》，新亚出版社，1991年。

（유기수 :『唐詩따라실크로드를간다』, 신아출판사, 1991.）

102．刘梦又：《中国哲学研究》，理性和现实，1991年。

（유몽우 :『중국의 철학연구』, 이성과현실, 1991.）

103．柳晟俊编著：《中国基础古文》，萤雪出版社，1991年。

（유성준 편저 :『中國基礎古文』, 형설출판사, 1991.）

104．尹乃铉：《中国原始时代：以社会性格变迁为中心》，檀国大学出版部，1991年。

（윤내현 :『中國의 原始時代 : 社會性格의 變遷을 中心으로』, 단국대학교출판부, 1991.）

105．尹乃铉：《中国史》，民音社，1991年。

（윤내현 :『중국사』, 민음사, 1991.）

106．尹在根：《论语：人际关系的哲学》，鸟巢，1991年。

（윤재근 :『論語 : 인간관계의철학』, 둥지, 1991.）

107．尹在根：《庄子的哲学寓言》，鸟巢，1991年。

（윤재근 :『莊子의 철학우화』, 둥지, 1991.）

108．杨伯峻著，尹和重译：《中国文言文法》（5），青年社，1991年。

（楊伯峻 저, 윤화중 역 :『中國文言文法 .5』, 청년사, 1991.）

109．高田淳著，李基东译：《周易是什么》，骊江出版社，1991年。

（高田淳 저, 이기동 역 :『周易이란 무엇인가』, 여강출판사, 1991.）

110．李男熙：《东方哲学的理解：以四书五经为中心》，喜鹊出版社，1991年。

（이남희 :『동양철학의이해 : 四書五經을 중심으로』, 까치출판사, 1991.）

111. 李动钟：《中国大陆纪行》，保景文化社，1991 年。

（이동종 : 『中國大陸紀行』, 보경문화사, 1991.）

112. 李明奎：《老子：自然的归者》，宇石，1991 年。

（이명규 : 『노자, 자연으로돌아자』, 우석, 1991.）

113. 卜德著，李命寿译：《中国人是如何思考和生活的》，骊江出版社，1991 年。

（Bodde, Derk 저, 이명수 역 : 『중국인은 무엇을 생각하고 어떻게 살아왔는가』, 여강출판사, 1991.）

114. 李民树译：《千字文》，惠园出版社，1991 年。

（이민수 역 : 『천자문』, 혜원출판사, 1991.）

115. 李炳汉：《高级中国语》（1），韩国广播通信大学出版部，1991 年。

（이병한 : 『高級中國語 . 1』, 한국방송통신대학교출판부, 1991.）

116. 李相玉译：《（新完译）礼记》（下），明文堂，1991 年。

（이상옥 역 : 『（신완역）禮記 . 下』, 명문당, 1991.）

117. 李约瑟著，李锡浩、李铁柱、林祯垈译：《中国的科学和文明》（2），乙酉文化社，1991 年。

（조셉니담 저, 이석호, 이철주, 임정벌 역 : 『中國의 科學과 文明 . 2』, 을유문화사, 1991.）

118. 诸桥辙次著，李淳权译：《孔子·老子·释迦"三圣会谈"》，常青树，1991 年。

（諸橋辙次 저, 이순권 역 : 『공자, 노자, 석가 "三聖회담"』, 늘푸른나무, 1991.）

119. 李英宰：《企者不立，跨者不行：老子的哲学寓言思想》，博友社，1991 年。

（이영재 : 『랑이를 벌리고 황새 걸음으로 걷는 자는 오래 걸을 수 없다 : 老子의 철학우화 사상』, 박우사, 1991.）

120. 李云九：《中国的批判思想》，骊江出版社，1991 年。

（이운구 : 『中國의 批判思想』, 여강출판사, 1991.）

121. 李章佑注释：《中国历代散文选》，新雅社，1991 年。

（이장우 주석：『中國歷代散文選』，신아사，1991.）

122．李宗桂著，李宰锡译：《中国文化概论》，东文选，1991年。
（이종계 저，이재석 역：『中國文化槪論』，동문선，1991.）

123．李宗桂：《中国文学概论》，东文选，1991年。
（이종계：『중국문학개론』，동문선，1991.）

124．守屋洋著，李灿道译：《中国古典的人间学》，乙支书籍，1991年。
（守屋洋 저，이찬도 역：『中國古典의 人間學』，을지서적，1991.）

125．姜启哲等：《中语中文学研究：现代文学篇》，学古房，1991年。
（강계철 외：『中語中文學硏究：現代文學篇』，학고방，1991.）

126．李泽厚著，孙世齐译：《中国现代思想史论》，教保文库，1991年。
（이택후 저，손세제 역：『중국현대사상사론』，교보문고，1991.）

127．吴熊和著，李鸿镇译：《唐宋词通论》，启明大学出版部，1991年。
（오능화 저，이홍진 역：『당송사통론』，계명대학교출판부，1991.）

128．日本东亚研究所：《番邦的中国统治史》，大陆研究所出版部，1991年。
（일본동아연구소：『이민족의중국통치사』，대륙연구소출판부，1991.）

129．林明德：《韩国汉文小说全集》，启明文化社，1991年。
（임명덕：『韓國漢文小說全集』，계명문화사，1991.）

130．葛兆光著，郑相弘、任炳权译：禅宗与中国文化，东文选，1991年。
（갈조광 저，정상홍，임병권 역：『禪宗과 中國文化』，동문선，1991.）

131．林尹著，权宅龙译：《中国文字学概说》，萤雪出版社，1991年。
（임윤 저，권택용 역：『中國文字學槪說』，형설출판사，1991.）

132．林静译：《三国志（演义2）：龙虎争霸》，大元出版，1991年。
（임정 역：『三國志（演義2）：龍虎爭霸』，대원출판，1991.）

133．林静译：《三国志（演义5）：出师表》，大元出版，1991年。
（임정 역：『三國志（演義5）：出師表』，대원출판，1991.）

134．林静译：《三国志（演义6）：谁知止于司马昭》，大元出版，1991年。
（임정 역：『三國志（演義6）：誰知止於司馬昭』，대원출판，1991.）

135．林静译：《三国志（演义3）：孔明出世》，大元出版，1991年。
（임정 역：『三國志（演義3）：孔明出世』，대원출판，1991.）

136. 林静译：《三国志（演义3）：桃园结义》，大元出版，1991年。

（임정 역：『三國志（演義3）：桃園結義』，대원출판，1991.）

137. 林静译：《三国志（演义4）：天下 三分》，大元出版，1991年。

（임정 역：『三國志（演義4）：天下三分』，대원출판，1991.）

138. 诸桥辙次著，林钟三译：《庄子故事：鸭腿短不能续》，文知社，1991年。

（諸橋轍次 저，임종삼 역：『莊子이야기：오리다리 짧다고 이어 줄 수는 없다』，문지사，1991.）

139. 林太乙：《林语堂：生涯和文学世界》，大悟文化社，1991年。

（임태을：『林語堂：그 생애와 문학세계』，대오문화사，1991.）

140. 福永光司著，林宪奎、林正淑译：《乱世哲学：庄子》，民族社，1991年。

（福永光司 저，임헌규，임정숙 역：『난세의 철학：莊子』，민족사，1991.）

141. 张君劢：《从韩愈到朱熹：中国近代儒家哲学》，萤雪出版社，1991年。

（장군매：『한유에서 주희까지：중국근세유철학』，형설출판사，1991.）

142. 张起钧：《中国哲学史》，一志社，1991年。

（장기균：『中國哲學史』，일지사，1991.）

143. 张岱年、方立天：《中华的智慧（上卷）：中国古代哲学思想》，民族社，1991年。

（장대년，방립천：『中華의 智慧．상권：중국고대철학사상』，민족사，1991.）

144. 张玉法：《中国现代政治史论》，高丽苑，1991年。

（장옥법：『중국현대정치사론』，고려원，1991.）

145. 张春申著，李正培译：《天和人是一体的：中国的神学的基石》，分道出版社，1991年。

（장춘신 저，이정배 역：『하늘과 사람은 하나다：中國의 神學의 礎石』，분도출판사，1991.）

146. 张忠培：《中国北方考古文集》，学研文化社，1991年。

（장충배：『中國北方考古文集』，학연문화사，1991.）

147. 丁范镇、李浚植：《大学中国语》，学研社，1991年。

（정범진，이준식：『大學中國語』，학연사，1991.）

148. 宇野哲人著，郑相九译：《中国思想》，内外新书，1991年。

（宇野哲人 저，정상구 역：『中國思想』，내외신서，1991.）

149. 延世中语中文学会：《中国文史哲研究数据索引：语文学篇》，学古房，1991年。

（연세중어중문학회：『中國文史哲研究資料索引：語文學篇』，학고방，1991.）

150. 郑永叔：《中国语发音法：汉语注音符号解说》，陀思妥耶夫斯基，1991年。

（정영숙：『中國語發音法：中國語注音符號解說』，도스토예프스키，1991.）

151. 劳思光著，郑仁在译：《中国哲学史（第1卷）：古代篇》，探求堂，1991年。

（노사광 저，정인재 역：『중국철학사.v.1：古代篇』，탐구당，1991.）

152. 劳思光著，郑仁在译：《中国哲学史（第2卷）：宋明篇》，探求堂，1991年。

（노사광 저，정인재 역：『중국철학사.v.2：宋明篇』，탐구당，1991.）

153. 劳思光著，郑仁在译：《中国哲学史（第3卷）：漢唐篇》，探求堂，1991年。

（노사광 저，정인재 역：『중국철학사.v.3：漢唐篇』，탐구당，1991.）

154. 劳思光著，郑仁在译：《中国哲学史（第4卷）：明清篇》，探求堂，1991年。

（노사광 저，정인재 역：『중국철학사.v.4：明淸篇』，탐구당，1991.）

155. 郑海相：《中国的简体字》，戊辰出版社，1991年。

（정해상：『中國의 簡體字』，무진출판사，1991.）

156. 赵敬姬、金圣东：《人文科学汉语研究》，青年社，1991年。

（조경희，김성동：『인문과학 중국어 연구』，청년사，1991.）

157. 赵观熙：《论语》，菁我出版社，1991年。

（조관희：『논어』，청아출판사，1991.）

158．赵世用：《汉字语系归化语研究》，高丽大学民族文化研究所，1991年。

（조세용：『漢字語系歸化語研究』，고려대학교민족문화연구소，1991.）

159．赵贤淑：《老子道德经》，瑞光寺，1991年。

（조현숙：『노자 도덕경』，서광사，1991.）

160．周大荒著，金汉卿译：《反三国志：倒读三国志（1—3）》，野花世界，1991年。

（주대황 저，김한경 역：『反三國志：뒤집어 읽는 삼국지．1-3』，들꽃세상，1991.）

161．周汝昌：《红楼梦辞典》，法仁文化社，1991年。

（주여창：『紅樓夢辭典』，법인문화사，1991.）

162．朱寨：《中国哲学故事》，圣宇，1991年。

（주채：『중국철학 이야기』，성우，1991.）

163．作者不详：《中国实学思想论文选集》（1—38），弗咸文化社，1991年。

（작자 미상：『中國實學思想論文選集．1-38』，불함출판사，1991.）

164．国家安全企划部：《中国的主要研究所现况》，国家安全企划部，1991年。

（국가안전기획부：『中國의 主要研究所現況』，국가안전기획부，1991.）

165．中国人文科学研究会：《现代中国语》，博英社，1991年。

（중국인문과학연구회：『現代中國語』，박영사，1991.）

166．中国哲学研究会：《中国哲学》，外星出版社，1991年。

（중국철학연구회：『중국철학』，외계출판사，1991.）

167．作者不详：《中国学术名著释义》，海东文化社，1991年。

（작자 미상：『中國學術名著今釋語』，해동문화사，1991.）

168．中华全国妇女联合会编，朴志勋、田东县、车琼爱译：《中国女性运动史》（上），韩国女性开发院，1991年。

（중화전국부녀연합회 편，박지훈，전동현，차경애 역：『중국여성운동사．상』，한국여성개발원，1991.）

169．陈起焕译：《儒林外史》，明文堂，1991年。

（진기환 역：『유림외사』，명문당，1991.）

170. 车柱环译：《（韩文版）孟子》，明文堂，1991 年。

（차주환 역：『（한글판）맹자』，명문당，1991.）

171. 蔡志忠：《西游记：求经的苦行》，斗圣，1991 年。

（채지충：『西遊記：求經의 苦行』，두성，1991.）

172. 蔡志忠：《世说新语：六朝的清谈》，斗圣，1991 年。

（채지충：『世說新語：六朝의 清談』，두성，1991.）

173. 蔡志忠：《水浒传：英雄本色》，斗圣，1991 年。

（채지충：『水滸傳：英雄의 本色』，두성，1991.）

174. 崔承一、崔奉春、张译元译：《儒林外史》（第 1—3 卷），骊江出版社，1991 年。

（최승일，최봉춘，장의원 역：『유림외사. 제 1 권－제 3 권』，여강출판사，1991.）

175. 崔暎海译：《水浒传》，正音社，1991 年。

（최영해 역：『水滸傳』，정음사，1991.）

176. 村松岐夫著，崔外出、李盛焕译：《中国和地方关系论》，大永文化社，1991 年。

（村鬆岐夫 저，이성환，최외출 역：『中國과 地方關係論』，대영문화사，1991.）

177. 冯梦龙、蔡元放著，崔宰宇译：《东周列国志》，骊江出版社，1991 年。

（풍몽릉，채원방 저，최재우 역：『東周列國志』，여강출판사，1991.）

178. 吉冈义丰著，崔俊植译：《中国的道教：不死之路》，民族社，1991 年。

（吉岡義豊 저，최준식 역：『중국의도교：不死의 길』，민족사，1991.）

179. 夏乃儒：《中国哲学问答：如何学习中国哲学》，宇宙学会，1991 年。

（하내유：『중국철학문답：중국 철학을 어떻게 학습할 것인가』，한울아카데미，1991.）

180. 学生书局：《五千年中国历代世系表》，法仁文化社，1991 年。

（학생서국：『五千年中國歷代世系表』，법인문화사，1991.）

181. 学研文化社：《中国人名大辞典》，学研文化社，1991 年。

（학연문화사：『中國人名大辭典』，학연문화사，1991.）

182．韩国广播公社国际广播局编著：《韩语讲座：汉语》，KBS文化事业团，1991年。

（한국방송공사국제방송국 편저：『한국어강좌：중국어』，KBS 문화산업단，1991.）

183．柳晟俊：《中国唐诗选注》，松山出版社，1991年。

（유성준：『中國唐詩選注』，송산출판사，1991.）

184．加纳喜光著，韩国哲学思想研究会气哲学分会译：《中国的哲学和医学》，骊江出版社，1991年。

（加納喜光 저，한국철학사상연구회기철학분회 역：『중국 의학과 철학』，여강출판사，1991.）

185．韩武熙：《高级中国语》，富民文化社，1991年。

（한무희：『高級中國語』，부민문화사，1991.）

186．许龙九：《红楼梦解说研究资料集》（7），艺河，1991年。

（허룡구：『홍루몽 해설 및 연구자료집．7』，예하，1991.）

187．许璧：《自由中国的中国语法研究》，《人文科学》，1991年。

（허벽：「자유중국에서의 중국어법연구」，『인문과학』，1991.）

188．胡裕村著，许成道译：《现代中国语学概论》（83），教保文库，1991年。

（호유수 저，허성도 역：『現代中國語學槪論．83』，교보문고，1991.）

189．许进雄著，洪熹译：《中国古代社会》，东文选，1991年。

（허진웅 저，홍희 역：『중국고대사회』，동문선，1991.）

190．刘丽雅：《蔡万植和老舍的比较研究》（国立汉城大学博士论文），1991年。

[유려아：『채만식과 老舍의 비교 연구』（서울대학교박사논문），1991.]

三、备注

1．中国语言研究会会长由韩国第一个获得现代汉语专业博士学位的许成道担任，会员均是硕士研究生以上人员，是一个以中青年为主的汉语学术团体。

该学会的宗旨是"搞活中国语学研究，为中国语学的体系化及其领域的教育做出贡献"。学会几乎每月定期举办研讨会研究现代汉语，尤其注重语法方面的研究。有代表性的论文如朴钟汉的《名词短语的限制性和汉语主题》、朴德俊的《汉语歧义考》、任炳权的《现代汉语"给"类动词初探》等。其他的还有吴文义的《现代中国语的语音变化考》、李相度的《现代汉语的时期划分》、孟柱亿的《中国的朝汉双语情况和汉语对朝语的影响》等，涉及研究范围较广。学会还公布了《中国语语法术语统一方案》（第三稿），试图解决汉语教学和研究中存在的术语混乱现象。该学会成员大多是各高等院校的骨干教师，既有较丰富的教学经验，又有较高的学术研究水平。

2．翻译出版的黄修己的《中国现代文学发展史》一书，内容丰富，体系完善，历经多次再版，对韩国中国语学界的影响相当大。

3．徐敬浩编著的《韩国中国语文学研究论著目录》收录了1945—1990年间1294位学者的5000多种论著目录，充分证明了建国以后韩国研究中国学的卓越成绩和热潮。

4．"中国近现代史史料学国际研讨会"邀请了中国的章开沉（华中师范大学）、张宪文（南京大学）、骆宾善（广州市社会科学院）三人与韩国学者共同参加。这次学术会议所发表的论文及讨论要旨收在《国立汉城大学东洋史系论集》。

5．博士论文《蔡万植和老舍的比较研究》通过比较两个人的作品，研究其共同的中心思想和叙述方式。博士论文的研究方式跟硕士论文差不多，都是先导出共同的中心思想，但内容比硕士论文研究得更多，比如说，叙述方式的研究、继承传统样式的研究等。

6．汉城中国语学会被定名为中国语言研究会。该学会前身是1989年由国立汉城大学、成均馆大学、延世大学和韩国外国语大学等4所大学的青年学者自发组成的学术沙龙。其宗旨是研究现代汉语，及时翻译海外研究成果，促进（韩国）现代汉语研究。学会聚集了一大批韩国大学具有实力的青年教师和研究生，堪称韩国现代汉语研究领域的"少壮派"。

公元 1992 年

一、大事记

1. 年初，从事中国现代史研究的学者们创立了全国性的学术团体中国现代史研究会。

2. 8月24日，中韩两国建交，研究中国的韩国学者急剧增加。

3. 安秉俊出版《中国现代化和政治经济学》。

4. 韩中文化协会创办《东北亚经济研究》。

5. 90年代以来，韩国国学资料院陆续编辑出版了题为《冲击与调和：东方文学比较研究丛书》的东方文学比较论文集。

6. 9月，中国文学理论学会成立。

二、书（文）目录

1. 崔完植著，刊行委员会译：《中文文学研究论总》，首尔出版社，1992年。
（최완식 저, 간행위원회 역：『중국어문학연구논총』, 서울출판사, 1992.）

2. 郭沫若：《甲骨文合集（第1册：1—1139）》，民昌文化社，1992年。
（곽말약：『갑골문합집, 제1책：1—1139』, 민창문화사, 1992.）

3. 郭沫若：《甲骨文合集（第2册：第1期1140—4974）》，民昌文化社，1992年。
（곽말약：『갑골문합집, 제2책：제1기 1140—4974』, 민창문화사, 1992.）

4. 郭沫若：《甲骨文合集（第3册：第1期 4975—7771）》，民昌文化社，1992年。
（곽말약：『갑골문합집, 제3책：제1기 4975—7771』, 민창문화사, 1992.）

5. 郭沫若：《甲骨文合集（第 4 册：第 1 期 7772—11479）》，民昌文化社，1992 年。

（곽말약：『갑골문합집, 제 4 책 : 제 1 기 7772—11479』, 민창문화사, 1992.）

6. 郭沫若：《甲骨文合集（第 5 册：第 1 期 11480—14821）》，民昌文化社，1992 年。

（곽말약：『갑골문합집, 제 5 책 : 제 1 기 11480—14821』, 민창문화사, 1992.）

7. 郭沫若：《甲骨文合集（第 6 册：第 1 期 14822—19753）》，民昌文化社，1992 年。

（곽말약：『갑골문합집, 제 6 책 : 제 1 기 14822—19753』, 민창문화사, 1992.）

8. 郭沫若：《甲骨文合集（第 7 册：第 2 期 22537—26878）》，民昌文化社，1992 年。

（곽말약：『갑골문합집, 제 7 책 : 제 2 기 22537—26878』, 민창문화사, 1992.）

9. 郭沫若：《甲骨文合集（第 8 册：第 2 期 22537—26878）》，民昌文化社，1992 年。

（곽말약：『갑골문합집, 제 8 책 : 제 2 기 22537—26878』, 민창문화사, 1992.）

10. 郭沫若：《甲骨文合集（第 9 册：第 3 期 26879—29695）》，民昌文化社，1992 年。

（곽말약：『갑골문합집, 제 9 책 : 제 3 기 26879—29695』, 민창문화사, 1992.）

11. 郭沫若：《甲骨文合集（第 10 册：第 3 期 29696—31968，第 4 期 31969—32977）》，民昌文化社，1992 年。

（곽말약：『갑골문합집, 제 10 책 : 제 3 기 29696—31968, 제 4 기 31969—32977』, 민창문화사, 1992.）

12. 郭沫若：《甲骨文合集（第 11 册：第 4 期 32978—35342）》，民昌

文化社，1992 年。

（곽말약：『갑골문합집, 제 11 책：제 4 기 32978—35342』，민창민창문화사，1992.）

13. 郭霭春：《黄帝内经词典》，一中社，1992 年。

（곽애춘：『黃帝內經詞典』，일중사，1992.）

14. 权德周：《中国美学史》，大韩教科书株式会社，1992 年。

（권덕주：『中國美學史』，대한교과서주식회사，1992.）

15. 权哲：《中国现代文学史》，青年社，1992 年。

（권철：『중국현대문학사』，청년사，1992.）

16. 奇世春：《墨子：天下无人》，码头，1992 年。

（기세춘：『墨子：천하에남이란없다』，나루，1992.）

17. 吉田诚夫：《中国文学研究文献要览》，首尔出版社，1992 年。

（吉田誠夫：『중국문학연구문헌요람』，서울출판사，1992.）

18. 金相国：《（新说）楚汉志》，明文堂，1992 年。

（김상국：『（新說）楚漢誌』，명문당，1992.）

19. 金相培：《论语："学而时习之，不亦说乎"》，自由文库，1992 年。

（김상배：『論語："배우고 때때로 익히면 이 또한 즐겁지 아니한가"』，자유문고，1992.）

20. 金星元：《正本论语集注》，明文堂，1992 年。

（김성원：『正本論語集註』，명문당，1992.）

21. 金圣叹译：《水浒传》（第 5 卷），金星出版社，1992 年。

（김성탄 역：『水滸傳．제 5 권』，금성출판사，1992.）

22. 金时俊：《中国现代文学史》，千林文化社，1992 年。

（김시준：『中國現代文學史』，청림문화사，1992.）

23. 金烈圭：《再读大陆文学》，大陆研究所出版部，1992 年。

（김열규：『대륙문학다시읽는다』，대륙연구소출판부，1992.）

24. 金永德：《中国文学史》（上），青年社，1992 年。

（김영덕：『중국문학사．上』，청년사，1992.）

25. 金定庵：《中国文学史》，首尔出版社，1992 年。

（김정암：『중국문학사』，서울출판사，1992.）

26．金八峰译：《水浒志（第8卷）：寂寞江山篇》，语文阁，1992年。

（김팔봉 역：『水滸誌．第8卷：적막산편』，어문각，1992.）

27．金八峰译：《水浒志》（第3卷）：道术对决篇》，语文阁，1992年。

（김팔봉 역：『水滸誌．第3卷：도술대결편』，어문각，1992.）

28．金河中译：《红楼梦》，金星出版社，1992年。

（김학중 역：『紅樓夢』，금성출판사，1992.）

29．金学圭：《中国文学序说》，新雅社，1992年。

（김학규：『中國文學序說』，신아사，1992.）

30．金学主译：《（新完译）老子》，明文堂，1992年。

（김학주 역：『（新完譯）老子』，명문당，1992.）

31．金恒培：《庄子哲学精解》，佛光出版部，1992年。

（김항배：『莊子哲學精解』，불광출판부，1992.）

32．金希映：《解析古典书经新译》，菁我出版社，1992年。

（김희영：『풀어쓴 고전 書經新譯』，청아출판사，1992.）

33．大滨皓：《老子的哲学》，人世爱出版社，1992年。

（大濱皓：『老子의 哲學』，인간사랑，1992.）

34．道原柳承国博士古稀纪念论文集刊行委员会：《东方哲学思想研究：道原柳承国博士古稀纪念论文集》，中央文化社，1992年。

（도원 유승국박사 고희기념논문 집간행위원회：『동방 철학사상 연구：道原柳承國博士古稀紀念論文集』，중앙문화사，1992.）

35．东京大学：《中国思想史》，东方，1992年。

（동경대학：『중국사상사』，동녘，1992.）

36．东京大学文学部中国学研究室：《近代中国的思想和文学》，弗咸文化社，1992年。

（동경대학문학부중국학연구실：『近代中國의 思想와 文學』，불함문화사，1992.）

37．罗光：《中国哲学展望》，首尔出版社，1992年。

（라광：『중국철학적 전망』，서울출판사，1992.）

38. 朴秀珍译：《（完译）金瓶梅》（第3卷），青年社，1992年。

（박수진 역：『완역금병매．제3권』，청년사，1992．）

39. 朴升埍：《素女经》，青松，1992年。

（박승훈：『素女經』，청솔，1992．）

40. 中华全国妇女联合会编，朴志勋、田东县、车琼爱译：《中国女性运动史》（下），韩国女性开发院，1992年。

（중화전국부녀연합회 편，박지훈，전동현，차경애 역：『중국여성운동사．하』，한국여성개발원，1992．）

41. 朴熙秉：《韩国古典人物传研究》，韩吉社，1992年。

（박희병：『韓國古典人物傳研究』，한길사，1992．）

42. 裴永东：《明末清初思想》，民音社，1992年。

（배영동：『明末清初思想』，민음사，1992．）

43. 白煜基：《黄帝内经运气解析：五运六气》，高文社，1992年。

（백윤기：『黃帝內經運氣解析：五運·六氣』，고문사，1992．）

44. 卞麟锡：《中国历史文化纪行：北京、天津、西安、长安为中心》，斗南，1992年。

（변인석：『중국 역사문화 기행：북경，천진，서안，장안을 중심으로』，두남，1992．）

45. 弗咸文化社：《中国思想论文选集》，弗咸文化社，1992年。

（불함문화사：『中國思想論文選集』，불함문화사，1992．）

46. 史记列传读会译：《解析古典：史记列传》（第1—2卷），菁我出版社，1992年。

（사기열전독회 역：『풀어쓴 고전이야기 사기열전．v.1-v.2』，청아출판사，1992．）

47. 李勋钟译：《史记》（1），教文社，1992年。

（이훈종 역：『사기．1』，교문사，1992．）

48. 余英时：《中国哲学思想全集》，刊地不详，1992年。

（서영시：『중국철학사상전집』，발행지 미상，1992．）

49. 国立汉城大学国际问题研究所：《中国社会文化辞典》，国立汉城大学出版部，1992年。

（서울대학교 국제문제연구소：『중국사회문화사전』，서울대학교출판부，1992．）

50．徐一权：《（中国朝鲜族）文学论著·作品目录集》，崇实大学出版部，1992年。

（서일권：『（중국조선족）문학논저·작품목록집』，숭실대학교출판부，1992．）

51．徐廷起：《（为了新世代的）周易》，刊地不详，1992年。

（서정기：『（새시대를 위한）周易』，발행지 미상，1992．）

52．成均馆大学：《儒学原论》，成均馆大学出版部，1992年。

（성균관대학교：『儒學原論』，성균관대학교출판부，1992．）

53．成元庆译：《原文对译史记列传精解》，明文堂，1992年。

（성원경 역：『原文對譯史記列傳精解』，명문당，1992．）

54．小林斗岩：《中国篆刻丛刊（1）：文彭·何震》，美术文化院，1992年。

（小林鬥巖：『中國篆刻叢刊．1：文彭，何震』，미술문화원，1992．）

55．小林斗岩：《中国篆刻丛刊（2）：甘旸·梁秩·梁年》，美术文化院，1992年。

（小林鬥巖：『中國篆刻叢刊．2：甘旸，梁秩，梁年』，미술문화원，1992．）

56．小林斗岩：《中国篆刻丛刊（3）：金一甫·苏宣·何通》，美术文化院，1992年。

（小林鬥巖：『中國篆刻叢刊．3：金一甫，蘇宣，何通』，미술문화원，1992．）

57．小林斗岩：《中国篆刻丛刊（4）：赵宧光·汪关·汪泓》，美术文化院，1992年。

（小林鬥巖：『中國篆刻叢刊．4：趙宧光，汪關，汪泓』，미술문화원，1992．）

58．小林斗岩：《中国篆刻丛刊（5）：邵潜·归昌世·胡日从》，美术文化院，1992年。

（小林鬥巖：『中國篆刻叢刊．5：邵潛，歸昌世，胡日從』，미술문화원，

1992.）

59．小林斗岩：《中国篆刻丛刊（6）：学山堂印谱初》，美术文化院，1992年。

（小林鬥巖：『中國篆刻叢刊．6：學山堂印譜초』，미술문화원，1992.）

60．小林斗岩：《中国篆刻丛刊（7）：程邃·许容·钱桢》，美术文化院，1992年。

（小林鬥巖：『中國篆刻叢刊．7：程邃，許容，錢楨』，미술문화원，1992.）

61．小林斗岩：《中国篆刻丛刊（8）：赖古堂印谱初》，美术文化院，1992年。

（小林鬥巖：『中國篆刻叢刊．8：賴古堂印譜초』，미술문화원，1992.）

62．小林斗岩：《中国篆刻丛刊（9）：林皋·高凤翰·张在》，美术文化院，1992年。

（小林鬥巖：『中國篆刻叢刊．9：林皐，高鳳翰，張在辛』，미술문화원，1992.）

63．小林斗岩：《中国篆刻丛刊（10）：高翔·沈凤·陈鍊》，美术文化院，1992年。

（小林鬥巖：『中國篆刻叢刊．10：高翔，沈鳳，陳煉』，미술문화원，1992.）

64．小林斗岩：《中国篆刻丛刊（11）：周芬·董洵·巴慰组》，美术文化院，1992年。

（小林鬥巖：『中國篆刻叢刊．11：周芬，董洵，巴慰組』，미술문화원，1992.）

65．小林斗岩：《中国篆刻丛刊（12）：飞鸿堂印谱初》，美术文化院，1992年。

（小林鬥巖：『中國篆刻叢刊．12：飛鴻堂印譜초』，미술문화원，1992.）

66．小林斗岩：《中国篆刻丛刊（13）：丁敬》，美术文化院，1992年。

（小林鬥巖：『中國篆刻叢刊．13：丁敬』，미술문화원，1992.）

67．小林斗岩：《中国篆刻丛刊（14）：黄易》，美术文化院，1992年。

（小林鬥巖：『中國篆刻叢刊．14：黃易』，미술문화원，1992.）

68. 小林斗盦：《中国篆刻丛刊（15）：蒋仁·奚冈》，美术文化院，1992 年。

（小林鬥巖：『中國篆刻叢刊．15：蔣仁，奚岡』，미술문화원，1992．）

69. 小林斗盦：《中国篆刻丛刊（16）：陈豫钟·陈鸿寿》，美术文化院，1992 年。

（小林鬥巖：『中國篆刻叢刊．16：陳豫鍾，陳鴻壽』，미술문화원，1992．）

70. 小林斗盦：《中国篆刻丛刊（17）：赵之深》，美术文化院，1992 年。

（小林鬥巖：『中國篆刻叢刊．17：趙之深』，미술문화원，1992．）

71. 小林斗盦：《中国篆刻丛刊（18）：钱松》，美术文化院，1992 年。

（小林鬥巖：『中國篆刻叢刊．18：錢松』，미술문화원，1992．）

72. 小林斗盦：《中国篆刻丛刊（19）：屠倬·赵懿·胡震》，美术文化院，1992 年。

（小林鬥巖：『中國篆刻叢刊．19：屠倬，趙懿，胡震』，미술문화원，1992．）

73. 小林斗盦：《中国篆刻丛刊（20）：张燕昌·桂馥·孙均》，美术文化院，1992 年。

（小林鬥巖：『中國篆刻叢刊．20：張燕昌，桂馥，孫均』，미술문화원，1992．）

74. 小林斗盦：《中国篆刻丛刊（21）：杨海·文鼎·吴咨》，美术文化院，1992 年。

（小林鬥巖：『中國篆刻叢刊．21：楊해，文鼎，吳咨』，미술문화원，1992．）

75. 小林斗盦：《中国篆刻丛刊（22）：邓石如》，美术文化院，1992 年。

（小林鬥巖：『中國篆刻叢刊．22：鄧石如』，미술문화원，1992．）

76. 小林斗盦：《中国篆刻丛刊（23）：吴让之（1）》，美术文化院，1992 年。

（小林鬥巖：『中國篆刻叢刊．23：吳讓之．1』，미술문화원，1992．）

77. 小林斗盦：《中国篆刻丛刊（24）：吴让之（2）》，美术文化院，1992 年。

（小林鬥巖：『中國篆刻叢刊．24：吳讓之．2』，미술문화원，1992．）

78. 小林斗盦：《中国篆刻丛刊（25）：吴让之（3）》，美术文化院，1992 年。

（小林鬥巖：『中國篆刻叢刊．25：吳讓之．3』，미술문화원，1992.）

79．小林斗盦：《中国篆刻丛刊（26）：赵之谦（1）》，美术文化院，1992年。

（小林鬥巖：『中國篆刻叢刊．26：趙之謙．1』，미술문화원，1992.）

80．小林斗盦：《中国篆刻丛刊（27）：赵之谦（2）》，美术文化院，1992年。

（小林鬥巖：『中國篆刻叢刊．27：趙之謙．2』，미술문화원，1992.）

81．小林斗盦：《中国篆刻丛刊（28）：徐三庚（1）》，美术文化院，1992年。

（小林鬥巖：『中國篆刻叢刊．28：徐三庚．1』，미술문화원，1992.）

82．小林斗盦：《中国篆刻丛刊（29）：徐三庚（2）》，美术文化院，1992年。

（小林鬥巖：『中國篆刻叢刊．29：徐三庚．2』，미술문화원，1992.）

83．小林斗盦：《中国篆刻丛刊（30）：严坤·江尊·陈雷》，美术文化院，1992年。

（小林鬥巖：『中國篆刻叢刊．30：嚴坤，江尊，陳雷』，미술문화원，1992.）

84．小林斗盦：《中国篆刻丛刊（31）：何昆玉·胡郭·黄士陵》，美术文化院，1992年。

（小林鬥巖：『中國篆刻叢刊．31：何昆玉，胡郭，黄士陵』，미술문화원，1992.）

85．小林斗盦：《中国篆刻丛刊（32）：吴昌硕（1）》，美术文化院，1992年。

（小林鬥巖：『中國篆刻叢刊．32：吳昌碩．1』，미술문화원，1992.）

86．小林斗盦：《中国篆刻丛刊（33）：吴昌硕（2）》，美术文化院，1992年。

（小林鬥巖：『中國篆刻叢刊．33：吳昌碩．2』，미술문화원，1992.）

87．小林斗盦：《中国篆刻丛刊（34）：吴昌硕（3）》，美术文化院，1992年。

（小林鬥巖：『中國篆刻叢刊．34：吳昌碩．3』，미술문화원，1992.）

88．小林斗盦：《中国篆刻丛刊（35）：吴昌硕（4）》，美术文化院，1992年。

（小林鬥巖：『中國篆刻叢刊．35：吳昌碩．4』，미술문화원，1992.）

89．小林斗盦：《中国篆刻丛刊（36）：吴昌硕（5）》，美术文化院，1992年。

（小林鬥巖：『中國篆刻叢刊．36：吳昌碩．5』，미술문화원，1992.）

90．小林斗盦：《中国篆刻丛刊（37）：齐白石》，美术文化院，1992年。

（小林鬥巖：『中國篆刻叢刊．37：齊白石』，미술문화원，1992.）

91．小林斗岩：《中国篆刻丛刊（39）：钟以敬·童大年·赵时纲》，美术文化院，1992年。

（小林鬥巖：『中國篆刻叢刊.39：鍾以敬，童大年，趙時纲』，미술문화원，1992.）

92．小林斗岩：《中国篆刻丛刊（40）：赵石·钱厓·邓散木》，美术文化院，1992年。

（小林鬥巖：『中國篆刻叢刊.40：趙石，錢厓，鄧散木』，미술문화원，1992.）

93．孙祯秀：《（为了少年儿童的故事）论语（中文版）》，泰西文化社，1992年。

（손정수：『（어린이와 청소년을 위한）이야기 논어（중판）』，태서출판사，1992.）

94．宋荣培：《儒教传统及中国革命：儒教思想、儒教社会及马克思主义思想的中国化》，哲学和现实史，1992年。

（송영배：『유교적 전통과 중국혁명：유교사상，유교적 사회와 마르크스주의의 중국화』，철학과현실사，1992.）

95．寺田隆信、增井经夫著，宋正洙译：《中华帝国的完成：明清史》，文德社，1992年。

（寺田隆信，增井經夫 저，송정수 역：『中華帝國의완성』，문덕사，1992.）

96．宋虎龙：《中国哲学的特质》，刊地不详，1992年。

（송호용：『중국철학의 특질』，출판사 미상，1992.）

97．狩野直喜：《中国哲学史》，乙酉文化社，1992年。

（狩野直喜：『중국철학사』，을유문화사，1992.）

98．新东亚编辑部：《中国古典百选》，东亚日报社，1992年。

（신동아편집부：『중국고전백선』，동아일보사，1992.）

99．辛胜夏：《中国现代史》，大明出版社，1992年。

（신승하：『中國現代史』，대명출판사，1992.）

100．亚洲作家联盟：《（大韩民国／中国台湾）作家会议报告书：亚洲作家大会（1981 年—1990 年）》，冬柏文化财团，1992 年。

（아주작가연맹：『（大韓民國 / 中國臺灣）作家會議報告書：亞洲作家大會（1981 년 -1990 년）』，동백문화재단，1992.）

101. 安义运、金光烈译：《（完译）红楼梦》（第 1—7 卷），青年社，1992 年。

（안의운，김광렬 역：『（완역）紅樓夢 . 제 1-7 권』，청년사，1992.）

102. 杨宽：《中国古代冶铁技术发展史》，大韩教科书株式会社，1992 年。

（양관：『中國古代冶鐵技術發展史』，대한교과서주식회사，1992.）

103. 杨为夫：《中国语会话》，朝银文化社，1992 年。

（양위부：『中國語會話』，조은문화사，1992.）

104. 严文明：《中国的历史和文化：北京大学历史系中国史研讨会》，高丽大学出版部，1992 年。

（엄문명：『中國의 歷史와 文化：北京大學 歷史科 中國史 세미나』，고려대학교출판부，1992.）

105. 毛宗岗批评，饶彬校订，译者不详：《三国演义》，启明文化社，1992 年。

（毛宗崗 비평，饒彬 교정，역자 미상：『三國演義』，계명문화사，1992.）

106. 译者不详：《文心雕龙》（1），乙酉文化社，1992 年。

（역자 미상：『문심조름 . 1』，을유문화사，1992.）

107. 译者不详：《世说新语》（下），学术资料院，1992 年。

（역자 미상：『世說新語 . 下』，학술자료원，1992.）

108. 译者不详：《古文观止》（上、下），国学资料院，1992 年。

（역자 미상：『古文觀止 . 上，下』，국학자료원，1992.）

109. 译者不详：《聊斋志异》，湖山文化，1992 年。

（역자 미상：『聊齋志異』，호산문화，1992.）

110. 木村英一著，译者不详：《中国哲学史的展望和描述》，刊地不详，1992 年。

（木村英一 저，역자미 상：『중국철학사의 전망과 묘책』，발행지 미상，1992.）

111. 延世大学：《中国文学辞典（1）：著作篇》，多民，1992 年。

（연세대학교 : 『中國文學辭典.1 : 著作篇』, 다민, 1992.）

112．延世大学：《中国文学辞典（2）：作家篇》，多民，1992年。

（연세대학교 : 『中國文學辭典.2 : 作家篇』, 다민, 1992.）

113．延世大学：《中国文学辞典（3）：作品篇》，多民，1992年。

（연세대학교 : 『中國文學辭典.3 : 作品篇』, 다민, 1992.）

114．吴庆第编著：《中国常用俗谈凡例》，庆星大学出版部，1992年。

（吳慶第 편저 : 『中國常用俗談凡例』, 경성대학교출판부, 1992.）

115．吴泰：《中国哲学发展史》，首尔出版社，1992年。

（오태 : 『중국철학발전사』, 서울출판사, 1992.）

116．袁珂：《中国神话全集（1）：周秦篇》，民音社，1992年。

（원가 : 『중국신화전설.1 : 周秦篇』, 민음사, 1992.）

117．游国恩：《中国文学史》，首尔出版社，1992年。

（유국은 : 『중국문학사』, 서울출판사, 1992.）

118．柳晟俊译：《楚辞》，惠园出版社，1992年。

（유성준 역 : 『楚辭』, 혜원출판사, 1992.）

119．尹乃铉：《中国史》（2），民音社，1992年。

（윤내현 : 『중국사.2』, 민음사, 1992.）

120．小尾郊一著，尹寿荣译：《中国文学与自然美学》，首尔出版社，1992年。

（小尾郊一 저, 윤수영 역 : 『中國文學과 自然美學』, 서울출판사, 1992.）

121．斯波六郎著，尹寿荣译：《中国文学的孤独感》，东文选，1992年。

（斯波六郎 저, 윤수영 역 : 『中國文學속의 孤獨感』, 동문선, 1992.）

122．尹惠英：《中国现代史研究：北伐前北京政权的内部崩坏过程（1923—1925）》，一潮阁，1992年。

（윤혜영 : 『中國現代史研究 : 北伐前夜 北京政權의 內部的 崩壞過程（1923-1925）』, 일족가, 1992.）

123．李家源：《中国文学思潮史》，一潮阁，1992年。

（이가원 : 『中國文學思潮史』, 일족가, 1992.）

124．李基东：《论语讲说》，成均馆大学出版部，1992年。

（이기동：『論語講說』，성균관대학교출판부，1992.）

125. 李民树：《中国文化史讨论》（3），首尔出版社，1992 年。

（이민수：『중국문화사토론 . 3』，서울출판사，1992.）

126. 李民树译：《（新完译）楚辞》，明文堂，1992 年。

（이민수 역：『（新完譯）楚辭』，명문당，1992.）

127. 李炳汉：《中国古典诗学的理解》，文学和知性社，1992 年。

（이병한：『중국고전시학의 이해』，文學과 知性社，1992.）

128. 李永求：《中国古代短篇小说选》，松山出版社，1992 年。

（이영구：『中國古代短篇小說選』，송산출판사，1992.）

129. 文林士著，李容灿等译：《中国文化·中国精神》，大元出版，1992 年。

（Williams, C.A.S. 저，이용찬 외역：『중국문화 중국정신』，대원출판，1992.）.

130. 李周洪译：《列国志》（1—6），语文阁，1992 年。

（이주홍 역：『列國志 . 1-6』，어문각，1992.）

131. 司马迁、李公麟著，李赞九译：《孔子七十二弟子》，东信，1992 年。

（사마천，李公麟 저，이찬구 역：『72 孔子제자』，동신，1992.）

132. 李勋钟译：《史记：中国历史名著故事精选连环画》（1—4），教文社，1992 年。

（이훈종 역：『史記：중국역사명저 고사 정선 연환화 . 1-4』，교문사，1992.）

133. 张基槿：《一日一句论语名句选》，奖学出版社，1992 年。

（장기근：『1 日 1 句論語名句選』，장학출판사，1992.）

134. 张基槿译：《（韩文版）论语》，明文堂，1992 年。

（장기근 역：『한글판論語』，명문당，1992.）

135. 安秉俊：《中国现代化和政治经济学》，博英社，1992 年。

（안병준：『中國近代化와 政治經濟學』，박영사，1992.）

136. 何耿镛著，赵观熙等译：《经学概说》，菁我出版社，1992 年。

（하경용 저，조관희 외역：『경학개설』，청아출판사，1992.）

137. 张钟元：《道：老子新思维的路》，民族社，1992 年。

（장종원 : 『노자, 새로운 사유의 길 : 道』, 민족사, 1992.）

138．张周天：《宇宙人生与中国文化》，首尔出版社，1992年。

（장주천 : 『우주인생과 중국문화』, 서울출판사, 1992.）

139．镰田茂雄著，章辉玉译：《中国佛教史》（1—3），常胜，1992年。

（鎌田茂雄 저, 장휘옥 역 : 『中國佛敎史 . 1-3』, 장승, 1992.）

140．楮柏思：《中国哲学史》，首尔出版社，1992年。

（저백사 : 『중국철학사』, 서울출판사, 1992.）

141．全世营：《孔子的政治思想：以论语中出现的政治观为中心》，人世爱，1992年。

（전세영 : 『공자의 정치사상 : 論語에 나타난 統治觀을 中心으로』, 인간사랑, 1992.）

142．全寅初：《中国古代小说史》，新雅社，1992 年。

（전인초 : 『中國古代小說史』, 신아사, 1992.）

143．田昌五：《中国原始文化论集：纪念尹达八十诞辰》，书景文化社，1992 年。

（전창오 : 『中國原始文化論集 : 紀念尹達八十誕辰』, 서경문화사, 1992.）

144．奥修著，郑成昊译：《老子——讲述永远的道：若拉满弓》，十人出版社，1992 年。

（Rajneesh, B. S. 저, 정성호 역 : 『老子, 영원한 도를 말하다 : 활을 끝까지 잔뜩 잡아당기면』, 열사람, 1992.）

145．郑英昊：《吕氏春秋十二世纪》（上），自由文库，1992年。

（정영호 : 『여씨춘추 12 기 . 상』, 자유문고, 1992.）

146．劳思光著，郑仁在译：《中国哲学史：古代篇》，探求堂，1992年。

（노사광 저, 정인재 역 : 『중국철학사 : 古代篇』, 탄구방, 1992.）

147．郑长澈：《荀子》，惠园出版社，1992年。

（정장철 : 『荀子』, 혜원출판사, 1992.）

148．赵吉惠：《中国儒学辞典》，弗咸文化社，1992年。

（조길혜 : 『中國儒學辭典』, 불함문화사, 1992.）

149．金谷治等著，赵成乙译：《中国思想史》，理论与实践，1992年。

（김곡치 외저, 조성을 역 : 『중국사상사』, 이론과실천, 1992.）

150. 周桂钿：《（讲座）中国哲学》，艺文书苑，1992年。

（주계전 : 『（강좌）중국철학』, 예문서원, 1992.）

151. 周勋初：《中国文学批评史》，理论与实践，1992年。

（주훈초 : 『중국문학비평사』, 이론과실천, 1992.）

152. 中国哲学研究会：《中国社会的思想》，萤雪出版社，1992年。

（중국철학연구회 : 『중국의 사회사상』, 형설출판사, 1992.）

153. 陈起焕译：《（新译）史记讲读》，明文堂，1992年。

（진기환 역 : 『（新譯）史記講讀』, 명문당, 1992.）

154. 陈东日：《老子的5000字哲学旅行》，文学世界社，1992年。

（진동일 : 『老子의 5000자 철학 여행』, 문학세계사, 1992.）

155. 陈立夫：《中国哲学的人间学的理解》，民知社，1992年。

（진립부 : 『中國哲學의 人間學的理解』, 민지사, 1992.）

156. 陈舜臣：《用故事说中国历史：长河实录中国六千年的野心》，时代精神出版社，1992年。

（진순신 : 『이야기중국사 : 대하실록중국 6천년의 야망』, 시대정신, 1992.）

157. 陈正祥：《中国历史文化地理图册》，首尔出版社，1992年。

（진정상 : 『중국역사·문화지리도책』, 서울출판사, 1992.）

158. 藤堂恭俊、盐入良道著，车次锡译：《中国佛教史：汉民族的佛教·从佛教传来到唐时期》，大圆精舍，1992年。

（藤堂恭俊, 鹽入良道 저, 차차석 역 : 『中國불교사 : 漢민족의불교 : 불교전래부터당시대까지』, 대원정사, 1992.）

159. 蔡恒息：《从易中看现科学：八卦、太极图与电脑》，骊江出版社，1992年。

（채항식 : 『易으로 본 현대과학 : 八卦, 太極圖와 컴퓨터』, 여강출판사, 1992.）

160. 岸边成雄著，千二斗译：《中国女性社会史》，日月书阁，1992年。

（岸邊成雄 著, 천이두 역 : 『중국 여성 사회사』, 일월서각, 1992.）

161．半头大雅、山田邦男著，崔孝先译：《论语与禅》，民族社，1992 年。

（半頭大雅，山田邦男 저，최효선 역：『논어와禪』，민족사，1992．）

162．河瑾灿译：《金瓶梅》（第 1—5 卷），高丽苑，1992 年。

（하근찬 역：『금병매．제 1-5 권』，고려원，1992．）

163．河正玉：《中国古典汉诗人选》（5），首尔出版社，1992 年。

（하정옥：『중국고전 한시인선．5』，서울출판사，1992．）

164．薛爱华著，韩国日报时间生活编辑部译：《古代中国》，韩国日报时间生活，1992 年。

（Schafer, Edward H. 저，한국일보 타임라이프편집부 역：『古代中國』，한국일보 타임라이프，1992．）

165．韩国周易学会：《周易的现代的照明》，泛洋社，1992 年。

（한국주역학회：『周易의 現代的照明』，범양사，1992．）

166．韩国中国学会：《中国学国际学术大会发表论文要旨：第 12 次中国近现代学术和文化》，韩国中国学会，1992 年。

（한국중국학회：『中國學國際學術大會發表論文要旨：第 12 次中國近現代의 學術과 文化』，한국중국학회，1992．）

167．加纳喜光著，韩国哲学思想研究会译：《中国医学和哲学》，骊江出版社，1992 年。

（加納喜光 저，한국철학사상연구회 역：『중국의학과 철학』，여강출판사，1992．）

168．韩昌洙：《高级中国语》（1），韩国广播通信大学出版部，1992 年。

（한창수：『高級中國語．1』，한국방송통신대학교출판부，1992．）

169．许庆晋：《解读古典孟子》，菁我出版社，1992 年。

（허경진：『풀어쓴고전孟子』，청아출판사，1992．）

170．许文纯译：《孙子兵法》，一信书籍，1992 年。

（허문순 역：『孫子兵法』，일신서적，1992．）

171．许世旭：《中国现代诗研究》，明文堂，1992 年。

（허세욱：『中國現代詩研究』，명문당，1992．）

172．许昌武：《中国的文化特征和政治体系》，韩国精神文化研究院，

1992年。

（허창무 : 『中國의 文化特徵과 政治體制』, 한국정신문화 연구원, 1992.）

173．胡适：《中国哲学思想论集》，首尔出版社，1992年。

（호적 : 『중국철학 사상논집』, 서울출판사, 1992.）

174．洪性玹：《中国教会的前期和新中国的神学》，宇宙学会，1992年。

（홍성현 : 『중국교회의 전기와 새로운 중국의 신학』, 한울아카데미, 1992.）

175．洪寅杓译：《孟子》，国立汉城大学出版部，1992年。

（홍인표 역 : 『孟子』, 서울대학교출판부, 1992.）

176．中村昂然著，黄正雄译：《后三国志（第1卷）：亡国恨篇》，明文堂，1992年。

（中邨昂然 저, 황정웅 역 : 『後三國志.（제1권）：망국원한편』, 명문당, 1992.）

177．中村昂然著，黄正雄译：《后三国志（第2卷）：卧薪尝胆篇》，明文堂，1992年。

（中邨昂然 저, 황정웅 역 : 『後三國志.（제2권）：臥薪嘗膽篇』, 명문당, 1992.）

178．中村昂然著，黄正雄译：《后三国志（第3卷）：楚汉复兴篇》，明文堂，1992年。

（中邨昂然 저, 황정웅 역 : 『後三國志.（제3권）：楚漢復興篇』, 명문당, 1992.）

179．中村昂然著，黄正雄译：《后三国志（第4卷）：晋朝灭亡篇》，明文堂，1992年。

（中邨昂然 저, 황정웅 역 : 『後三國志.（제4권）：晉朝滅亡篇』, 명문당, 1992.）

180．中村昂然著，黄正雄译：《后三国志（第5卷）：权势转移篇》，明文堂，1992年。

（中邨昂然 저, 황정웅 역 : 『後三國志.（제5권）：權勢變轉篇』, 명문당, 1992.）

181. 东方文学比较研究院：《冲击与调和》，国学资料院，1992年。
（동방문학비교연구회：『충격과 조화』，국학자료원，1992.）

三、备注

1. 中国现代史研究会中有60余名博士研究生的专门研究人员，并于1995年开始出版其机关刊物《中国现代史研究》，1998年该学会更名为"中国近代史学会"。

2. 中韩两国建交以来，韩国的汉语教学得到进一步发展，而且汉语在韩国逐渐成为一门极重要的外语。在韩国，汉语是在第一次和第二次教学改革期间（1954—1973）与英语、德语、法语一起被列为外语课；第三次教学改革期间（1973—1981），外语课分为英语和第二外语等两类，汉语被列为第二外语；在第六次教学改革期间（1992—1997），为了提高教学效果，一种外语分为两门课（如汉语分为听说与读写），这两门课的侧重点不同，听说是以口头表达能力为主，读写则是以书面表达能力为主。目前适用于韩国正规学校教育的教学课程是起于1997年的第七次教学改革的《汉语教学大纲》。

3. 随着中韩建交出现了"当代中国"这个新概念，使得一直只停留在人文科学范畴的中国学研究范围延伸到了政治、外交、经济、社会等各个领域。中国文学理论学会由国立汉城大学中语中文系教授李炳汉，梨花女子大学中语中文系学教授李纵镇（이종진），梨花女子大学中语中文系教授袁从礼（원종례），汉阳大学中语中文系教授吴秀亨（오수형）等以及国立汉城大学中语中文系的研究生组成。该学会主要研究与中国文学理论领域相关的学术问题，研究领域是中国传统文学的创作批评理论。该学会每学期按月定期举办以中国文学风格用语辨析为主的学术发表会，同时也包括多种其他方面的内容。此后为进一步加强研究，中国文学理论研究会成立。

4. 20世纪90年代，韩国的国学资料院陆续编辑出版了一套题为《冲击与调和：东方文学比较研究丛书》的东方文学比较论文集，主要比较中、韩、日等国在中国古典文学研究方向、研究理论、研究方法之间的相互影响和差异，并列举若干个案进行分析。

公元 1993 年

一、大事记

1. 9月，韩国新闻界、学术界、文化界的50余名人士组成"东洋学100卷后援会"，决定从中国和韩国历史典籍中精选东洋学100卷出版发行。

2. 中国语教育学会成立。

3. 孔在锡的《基础汉字的语源考察》一文，发表在《韩国学研究》杂志上。

二、书（文）目录

1. 作者不详：《（悬吐具解）集注孝经》，学民文化社，1993年。

（작자 미상：『（懸吐具解）集註孝經』，학민문화사，1993.）

2. 姜舞鹤译：《孙子兵法》，集文堂，1993年。

（강무학 역：『孫子兵法』，집문당，1993.）

3. 江苏省社会科学院编，吴淳邦等译：《中国古典小说总目提要》（第1卷），蔚山大学出版部，1993年。

（소성사회과학원 편，오순방 외역：『中國古典小說總目提要 . 第1卷』，울산대학교출판부，1993.）

4. 姜英秀：《黄帝内经》，明书苑，1993年。

（강영수：『황제내경』，명서원，1993.）

5. 高丽大学：《（现代）中韩辞典》，高丽大学民族文化研究所，1993年。

（고려대학교：『（现代）中韓辭典』，고려대학교민족문화연구소，1993.）

6. 高田淳：《周易是什么》，骊江出版社，1993年。

（高田淳：『周易이란무엇인가』，여강출판사，1993.）

7. 邱永汉：《新西游记》（上、中、下），大山，1993年。

（구영한：『신서유기. 상，중，하』，대산，1993.）

8. 国学资料院译：《红楼梦》（1—5），国学资料院，1993年。

（국학자료원 역：『홍루몽. 1–5』，국학자료원，1993.）

9. 权德周译：《中国的儒家与道家》，东亚出版社，1993年。

（권덕주 역：『（중국의）儒家와 道家』，동아출판사，1993.）

10. 权德周译解：《书经》，惠园出版社，1992年。

（권덕주 역해：『書經』，혜원출판사，1992.）

11. 牟复礼著，权美淑译：《中国文明的哲学基础》，人世爱，1993年。

（Mote, Frederick W. 저，권미숙 역：『중국문명의 철학적 기초』，인간사랑，1993.）

12. 权五惇译解：《（新译）礼记》，弘新文化社，1993年。

（권오돈 역해：『（新譯）禮記』，홍신문화사，1993.）

13. 金九镇、金喜营：《故事中国史》，菁我出版社，1993年。

（김구진，김희영：『이야기 중국사』，청아출판사，1993.）

14. 金槿周：《吕氏春秋：十二记》（第3卷），民音社，1993年。

（김근주：『呂氏春秋：十二記. v.3』，민음사，1993.）

15. 金南硕：《（小说漫画）楚汉志（1）：万里长城大同曲》，影像文化社，1993年。

（김남석：『（소설만화）초한지.1: 만리장성의대통곡』，영상문화사，1993.）

16. 金相泰译：《六韬三略》，培材书馆，1993年。

（김상태 역：『六韜三略』，배재서관，1993.）

17. 金锡焕译注：《最久远的文字最新的文字老子道德经》，文字，1993年。

（김석환 역주：『가장 오래된 글 가장 새로운 글 노자 도덕경』，글，1993.）

18. 金星元：《论语新讲义》，明文堂，1993年。

（김성원：『論語新講義』，명문당，1993.）

19. 金莹洙译：《世界思想大全集（7）：诸子百家》，学园出版公社，1993年。

（김영수 역：『世界思想大全集.7：諸子百家』，학원출판공사，1993.）

20. 道森著，金容宪译：《孔子》，知性之泉，1993年。

（Dawson, R. 저, 김용헌 역 : 『공자』, 지성의 샘, 1993.）

21. 宇野精一著，金真玉译：《中国的思想》，烈音社，1993年。

（宇野精一 저, 김진욱 역 : 『중국의 사상』, 열음사, 1993.）

22. 金忠烈译：《资治通鉴》（第1—3卷），三省出版社，1993年。

（김충렬 역 : 『자치통감.v.1-v.3』, 삼성출판사, 1993.）

23. 金波：《中国诗的创作和翻译》，韩国文化社，1993年。

（김파 : 『중국시의 창작과 번역』, 한국문화사, 1993.）

24. 金八峰译：《楚汉志》（2），语文阁，1993年。

（김팔봉 역 : 『楚漢誌.2』, 어문각, 1993.）

25. 金学主译：《（新完译）大学·中庸》，明文堂，1993年。

（김학주 역 : 『（新完譯）大学, 中庸』, 명문당, 1993.）

26. 金学主译：《新完译诗经》，明文堂，1993年。

（김학주 역 : 『新完譯詩經』, 명문당, 1993.）

27. 金学主：《中国文学史》（1），韩国广播通信大学出版部，1993年。

（김학주 : 『중국문학사.1』, 한국방송통신대학교출판부, 1993.）

28. 金学主译：（新译）《墨子》，明文堂，1993年。

（김학주 역 : 『（新譯）墨子』, 명문당, 1993.）

29. 金赫济：《原本备旨孟子集注》（上），明文堂，1993年。

（김혁제 : 『原本備旨孟子集註.上』, 명문당, 1993.）

30. 金慧石：《杨贵妃传：金慧石中国历史小说》，伊谈，1993年。

（김혜석 : 『양귀비뎐 : 김혜석 중국역사소설』, 이담, 1993.）

31. 袁珂著，金喜泳编译：《中国古代神话》，育文社，1993年。

（원가 저, 김희영 편역 : 『中國古代神話』, 육문사, 1993.）

32. 南晚星译：《史记列传》，乙酉文化社，1993年。

（남만성 역 : 『史記列傳』, 을유문화사, 1993.）

33. 大韩民国学术院：《学术总览第48集：中国语文学篇（Ⅰ）（1945—1984）》，大韩民国学术院，1993年。

（대한민국학술원 : 『학술총람제48집 : 중국어문학편.Ⅰ（1945-1984）』,

대한민국학술원，1993.）

    34．东阳古典鉴赏室：《中国古典精选 14 篇》，艺艺园，1993 年。

  （동양고전감상실：『중국고전 14 를 때다』，예예원，1993.）

    35．柳正基译：《四书五经：韩文解说版》，圣文社，1993 年。

  （류정기 역：『四書五經：한글해설판』，성문시，1993.）

    36．李周洪译：《金瓶梅》，语文阁，1993 年。

  （이주홍 역：『金瓶梅』，어문각，1993.）

    37．梦笔生：《（完结篇）金瓶梅（第 1 卷）：还生》，十人出版社，1993 年。

  （몽필생：『（완결편）金瓶梅 .（제 1 권）：환생』，열사람，1993.）

    38．梦笔生：《（完结篇）金瓶梅（第 2 卷）：欲望》，十人出版社，1993 年。

  （몽필생：『（완결편）金瓶梅 .（제 2 권）：욕망』，열사람，1993.）

    39．梦笔生：《（完结篇）金瓶梅（第 3 卷）：业报》，十人出版社，1993 年。

  （몽필생：『（완결편）金瓶梅 .（제 3 권）：업보』，열사람，1993.）

    40．朴健荣、李元揆译：《解析古典韩非子》，菁我出版社，1993 年。

  （박건영，이원규 역：『플어쓴 고전韓非子』，청아출판사，1993.）

    41．朴斗福：《中国的政治和经济》，集文堂，1993 年。

  （박두복：『中國의 政治와 經濟』，집문당，1993.）

    42．朴秀珍译：《（完译）金瓶梅》，青年社，1993 年。

  （박수진 역：『（완역）금병매』，청년사，1993.）

    43．朴宰雨：《中国文化概论：中国历史和文化的理解》（上），韩国外国语大学中国语系，1993 年。

  （박재우：『中國文化槪論：중국역사와 문화의 이해 . 上』，한국외국어대중국어과，1993.）

    44．朴正一译：《水浒志》（1—7），三省出版社，1993 年。

  （박정일 역：『水滸誌 .1-7』，삼성출판사，1993.）

    45．朴钟和译：《三国志》，语文阁，1993 年。

  （박종화 역：『三國志』，어문각，1993.）

    46．徐复观：《中国艺术精神》，东文选，1993 年。

  （徐復觀：『중국예술정신』，동문선，1993.）

47. 宋永右：《韩中关系论》，知永社，1993 年。

（송영우：『韩中关系论』，지영사，1993.）

48. 宋炷宓译注：《孟子集注》，砺山研究所，1993 年。

（송주복 역주：『孟子集註』，여산연구소，1993.）

49. 沈伯俊改编：《西游记》（上、下），有意义的路，1993 年。

（심백준 개편：『서유기．상，하』，뜻이있는길，1993.）

50. 刘复：《宋元以来俗字谱》，亚细亚文化社，1993 年。

（유복：『宋元以來俗字譜』，아세아문화사，1993.）

51. 安吉焕：《孟子传：侍奉百姓那么难吗》，明文堂，1993 年。

（안길환：『孟子傳：백성을 섬기기 그토록 어렵더냐』，명문당，1993.）

52. 安东林：《庄子：重读原典庄子（修订版）》，玄岩社，1993 年。

（안동림：『莊子：다시 읽는 원전 장자（개정판）』，현암사，1993.）

53. 安义运、金光烈译：《红楼梦》（1—7），三省出版社，1993 年。

（안의운，김광렬 역：『紅樓夢．1-7』，삼성출판사，1993.）

54. 安义运译：《西游记》（1—6），三省出版社，1993 年。

（안의운 역：『西遊記．1-6』，삼성출판사，1993.）

55. 安贞爱：《（一卷纵览）中国史 100 场景：从北京猿人到中韩建交》，伽蓝企划，1993 年。

（안정애：『（한권으로 보는）중국사 100 장면：북경원인에서 한중수교까지』，가람기획，1993.）

56. 杨力：《周易和中国医学》（上、下），法仁文化社，1993 年。

（양력：『周易과 中國醫學．上，下』，법인문화사，1993.）

57. 杨宗魁：《中国的文字图案》，移种文化社，1993 年。

（양종괴：『中國의 文字圖案』，이종문화사，1993.）

58. 许进雄著，岭南大学中国文学研究室译：《中国古代社会：立足于文字学与考古学的解释》，知识产业社，1993 年。

（허진웅 저，영남대학교중국문학연구실 역：『중국고대사회：문자학과 고고학적 해석에 입각하여』，지식산업사，1993.）

59. 睿智阁：《(要点)中国文学史》(2)，睿智阁，1993年。

（예지각：『(要點)中國文學史. 2』，예지각，1993.）

60. 吴永石：《中国名句选》，文明社，1993年。

（오영석：『중국명문장선』，문명사，1993.）

61. 吴钟逸：《从尧舜到清：中国思想实地考察体验记》，白文社，1993年。

（오종일：『堯舜에서 淸까지：중국사상기행：현장 답사 체험기』，백문사，1993.）

62. 玉历：《中国古代文化常识》，萤雪出版社，1993年。

（옥력：『중국고대문화상식』，형설출판사，1993.）

63. 温肇桐：《中国绘画批评史》，美真社，1993年。

（온조동：『中國繪畫批評史』，미진사，1993.）

64. 完山李氏序，金德成画，朴在渊编：《中国小说绘模本》，江原大学出版部，1993年。

（완산이씨 서，김덕성 그림，박재연 편：『中國小說繪模本』，강원대학교출판부，1993.）

65. 柳种睦：《苏轼词研究》，中文出版社，1993年。

（류종목：『蘇軾詞研究』，중문출판사，1993.）

66. 尹在根译：《老子》，鸟巢，1993年。

（윤재근 역：『老子』，둥지，1993.）

67. 伊藤道治 著，李瑾明编译：《中国历史》，新书苑，1993年。

（伊藤道治 저，이근명 편역：『中國歷史』，신서원，1993.）

68. 李基东译解：《孟子讲说》，成均馆大学出版部，1993年。

（이기동 역해：『孟子講說』，성균관대학교출판부，1993.）

69. 李文烈译：《三国志》，民音社，1993年。

（이문열 역：『三國志』，민음사，1993.）

70. 李民树译：《老子道德经》，惠园出版社，1993年。

（이민수 역：『老子道德經』，혜원출판사，1993.）

71. 李丙畴：《杜甫：诗与生活》，民音社，1993年。

（이병주：『杜甫：시와 삶』，민음사，1993.）

72．李尚昱：《周易作名法》，明文堂，1993年。

（이상욱：『周易作名法』，명문당，1993．）

73．李成珪译：《史记：中国古代社会的形成》，国立汉城大学出版部，1993年。

（이성규 역：『史記：中國古代社會의 形成』，서울대학교출판부，1993．）

74．李秀雄：《中国文学概论》，大韩教科书株式会社，1993年。

（이수웅：『中國文學概論』，대한교과서주식회서，1993．）

75．李容项：《中国陶瓷史》，美真社，1993年。

（이용욱：『中國陶瓷史』，미진사，1993．）

76．李章佑：《中国文化通论》，中文出版社，1993年。

（이장우：『중국문화통론』，중문출판사，1993．）

77．成元庆：《韩中音韵学论丛》（第1卷），曙光学术资料社，1993年。

（성원경：『韓中音韻學論叢．第1卷』，서광학술자료사，1993．）

78．李宗桂：《中国文学概论》，东文选，1993年。

（이종계：『중국문학개론』，동문선，1993．）

79．李钟学：《（新完译）孙子兵法》，明文堂，1993年。

（이종학：『（新完譯）孫子兵法』，명문당，1993．）

80．李周洪：《中国谐谑小说全集》，东西文化社，1971年。

（이주홍：『中國諧謔小說全集』，동서문화사，1971．）

81．李春植、辛胜夏：《中国通史》，韩国广播通信大学出版部，1993年。

（이춘식，신승하：『中國通史』，한국방송통신대학교출판부，1993．）

82．李泽厚、刘纲纪：《中国美学史》，大韩教科书株式会社，1993年。

（이택후，유강기：『中國美學史』，대한교과서주식회사，1993．）

83．日中民族科学研究所：《中国历代职官辞典》，弗咸文化社，1993年。

（일중민족과학연구소：『中國歷代職官辭典』，불함문화사，1993．）

84．任继愈编，权德周译：《（中国的）儒家和道家》，东亚出版社，1993年。

（임계유 편，권덕주 역：『（중국의）儒家와道家』，동아출판사，1993．）

85．林东锡：《战国策》，高丽苑，1993年。

（임동석：『戰國策』，고려원，1993．）

86. 张桂桃：《虚：空心与空碗：老子的道德经》，皇帝出版社，1993年。

（장계도：『虛：빈 마음과 빈 그릇：노자의 도덕경』，황제출판사，1993.）

87. 张基槿译：《（新完译）论语》，明文堂，1993年。

（장기근 역：『（新完譯）論語』，명문당，1993.）

88. 张基槿译：《李太白》，太宗出版社，1993年。

（장기근 역：『李太白』，태종출판사，1993.）

89. 施舟人著，张元澈译：《老子与道教》，喜鹊出版社，1993年。

（Kaltenmark，Max 저，장원철 역：『노자와 도교』，까치출판사，1993.）

90. 全白赞：《中国全史》（下），学民社，1993年。

（전백찬：『中國全史．下』，학민사，1993.）

91. 田宝玉：《解析古典乐府》，菁我出版社，1993年。

（전보옥：『풀어쓴 고전樂府』，청아출판사，1993.）

92. 郑万隆：《渴望（1—2）：中国文学新起点》，大陆，1993年。

（정만륭：『갈망．1-2：중국문학의 새로운 지평』，대륙，1993.）

93. 奥修著，郑成昊译：《道：永远的大河》，明文堂，1993年。

（Rajneesh，B.S. 저，정성호 역：『道：영원한 大河』，명문당，1993.）

94. 郑英昊：《吕氏春秋：六论》，自由文库，1993年。

（정영호：『여씨춘추：六論』，자유문고，1993.）

95. 郑英昊译：《吕氏春秋：八览》，自由文库，1993年。

（정영호 역：『여씨춘추：八覽』，자유문고，1993.）

96. 丁耀亢：《续金瓶梅（完结篇）：梦笔生中国古典历史小说》，十人出版社，1993年。

（정요항：『續金瓶梅：완결편：夢筆生중국고전대하소설』，열사람，1993.）

97. 冯友兰著，郑仁在译：《中国哲学史：新原道》，萤雪出版社，1993年。

（풍우란 저，정인재 역：『中國哲學史：新原道』，형설출판사，1993.）

98. 郑在书：《山海经》，民音社，1993年。

（정재서：『山海經』，민음사，1993.）

99. 赵观熙：《论语新解》，菁我出版社，1993年。

（조관희：『論語新解』，청아출판사，1993.）

100. 赵纪贞：《时事中国语》，全南大学出版部，1993年。

（조기정：『時事中國語』，전남대학교출판부，1993.）

101. 松岛隆裕等著，赵成乙译：《东亚思想史：中国、韩国和日本思想史的比较研究》，宇宙学会，1991年。

（松島隆裕 외저，조성을 역：『동아시아 사상사：중국，한국，일본 사상사의 비교 연구』，한울아카데미，1991.）

102. 佐久节：《汉诗大观》，美丽出版社，1993年。

（佐久節：『漢詩大觀』，아름출판사，1993.）

103. 朱德发：《中国现代文学史解说》，烈音社，1993年。

（주덕발：『중국 현대문학사 해설』，열음사，1993.）

104. 中国文学理论研究会：《中国诗与诗论》，玄岩社，1993年。

（중국문학이론연구회：『中國詩와 詩論』，현암사，1993.）

105. 中国史研究室：《中国历史》（1—2），新书苑，1993年。

（중국사연구실：『중국역사．1-2』，신서원，1993.）

106. 中国社会科学院：《中国的佛教和佛教文化》，我们出版社，1993年。

（중국사회과학원：『중국불교와 불교문화』，우리출판사，1993.）

107. 中国延边人民出版社翻译部：《（真本）西游记（1—6）：通过古典学到的东方大智慧》，同伴人，1993年。

（중국연변인민출판사번역부：『（眞本）서유기．1-6』：고전을 통해 배우는 동양의 큰 지혜』，동반인，1993.）

108. 曾先之：《（说话）中国的历史：汉族的败北》，韩国出版公社，1993年。

（증선지：『（說話）中國의 歷史：漢民族의 敗北』，한국출판공사，1993.）

109. 陈舜臣、徐石演：《简单有趣的儒教故事：孔子曰·孟子曰》，高丽苑，1993年。

（진순신，서석연：『알기 쉽고 재미있는 유교이야기 공자왈 맹자왈』，고려원，1993.）

110. 车柱环译：《（新完译）孟子》，明文堂，1993年。

（차주환 역：『（新完譯）孟子』，명문당，1993.）

111．蔡志忠：《西游记》，湖山文化，1993年。

（채지충：『서유기』，호산문화，1993.）

112．蔡志忠：《鬼狐仙怪：善良的鬼神》，湖山文化，1993年。

（채지충：『귀호선괴：마음 착한 귀신들』，호산문화，1993.）

113．蔡志忠：《白蛇传：感动人类的白蛇》，湖山文化，1993年。

（채지충：『白蛇传：感动人类的白蛇』，호산문화，1993.）

114．蔡志忠：《封神榜：伟大神话的探险》，湖山文化，1993年。

（채지충：『봉신방：위대한 신화의 탐험』，호산문화，1993.）

115．蔡志忠：《史记：英雄的历史诗》，湖山文化，1993年。

（채지충：『사기：영웅의 역사시』，호산문화，1993.）

116．蔡志忠：《世说新语：无弦之曲》，湖山文化，1993年。

（채지충：『세설신어：현（弦）이 없는 노래』，호산문화，1993.）

117．蔡志忠：《聊斋志异：鬼讲的故事》，湖山文化，1993年。

（채지충：『요재지이：귀신이 들려주는 이야기』，호산문화，1993.）

118．蔡志忠：《中庸：不偏不倚的教诲》，湖山文化，1993年。

（채지충：『중용：치우침이 없는 가르침』，호산문화，1993.）

119．崔圭用：《中国茶文化纪行：寻找中国茶的源流》，培达，1993年。

（최규용：『中國 茶文化 紀行：中國茶의 源流를 찾아서』，배달，1993.）

120．崔南伯：《孔子的论语》，教学社，1993年。

（최남백：『공자의 논어』，교학사，1993.）

121．崔俊夏：《解析古典：大学·中庸》，菁我出版社，1993年。

（최준하：『풀어 쓴 고전：大學，中庸』，청아출판사，1993.）

122．崔俊夏：《解析古典：明心宝鉴》，菁我出版社，1993年。

（최준하：『풀어 쓴 고전：明心寶鑑』，청아출판시，1993.）

123．三石善吉著，崔震奎译：《中国的千年王国》，高丽苑，1993年。

（三石善吉 저，최진규 역：『중국의 천년 왕국』，고려원，1993.）

124．崔贤译：《三国志（下）：天下统一篇》，泛友社，1993年。

（최현 역：『삼국지．하：천하통일편』，범우사，1993.）

125. 崔贤译：《水浒传》（上、中、下），泛友社，1993年。

（최현 역：『수호전．상，중，하』，범우사，1993.）

126. 崔孝先：《舌绽莲花的历史：故事战国策》，东方，1993年。

（최효선：『세치혀로 빚어낸 역사：이야기戰國策』，동녘，1993.）

127. 何炳棣：《中国科举制度的社会史研究》，东国大学出版部，1993年。

（하병체：『中國科擧制度의 社會史的 研究』，동국대학교출판부，1993.）

128. 韩国经济社会研究所：《(中国古典必胜兵法)十八史略的世界》，培材书馆，1993年。

（한국경제사회연구소：『(中國古典必勝兵法) 十八史略의 世界』，배재서관，1993.）

129. 韩国文化财保护财团：《中国丝绸之路学术文化遗迹踏查：北京·乌鲁木齐·吐鲁番·敦煌·兰州·西安·上海》，韩国文化财保护财团，1993年。

（한국문화재보호재단：『中國실크로드學術文化遺蹟踏查：北京，烏魯木齊，吐鲁番，敦煌，蘭州，西安，上海』，한국문화재보호재단，1993.）

130. 韩国周易学会：《周易和科学思想》，韩国周易学会，1993年。

（한국주역학회：『周易과 科學思想』，한국주역학회，1993.）

131. 许璧：《(马氏文通)之后的中国语法研究》，《东方学志》，1993年。

（허벽：「「馬氏文通」이후의 中國語法研究」，『동방학지』，1993.）

132. 洪元植：《黄帝内经素问解释》，高文社，1993年。

（홍원식：『黃帝內經素問解釋』，고문사，1993.）

133. 黄秉国：《老子：爱民如爱己的道德哲学》，文潮社，1993年。

（황병국：『老子：백성의 마음을 지고 자기의 마음으로 삼아라：도덕의 철학』，문조사，1993.）

134. 侯外庐：《宋明理学史》（1），理论与实践，1993年。

（후외려：『송명이학사．1』，이론과실천，1993.）

135. 孔在锡：《基础汉字的语源考察》，《韩国学研究》，1993年。

（공재석：「基礎漢字의 語源 考察」，『한국학연구』，1993.）

136. 董作宾著，李亨求译：《甲骨学60年》，民音社，1993年。

（董作賓 저，이형구 역：『갑골학 60년』，민음사，1993.）

三、备注

1．"东洋学100卷后援会"目前已出版《贞观政要》《诗经》《十八史略》《小学》《大学》《中庸》《论语》等，其中《诗经》《十八史略》《贞观政要》等书的印数都超过1.5万册。

2．韩国的汉语教学长期以来偏重"教"的方面，忽视"学"的方面，在教学实践中往往采用语法翻译法，死板地教学生阅读的方法和有关语法知识，而忽略学生的口语训练，即注重知识传授，轻视技能培养。因此，很多学生大学毕业时还不能进行简单的汉语会话。在这种教学传统的影响下，汉语教师偏重于培养学生的读写能力，因此韩国学生普遍存在读写能力强，听说能力弱的现象。近年来，韩国教育提倡"以学习者为中心"的教育改革，教师的注意力开始转移到"学"的研究，尤其是近年来中韩交流日趋频繁，人们逐渐认识到培养交际能力的迫切性，开始反思过去的教学方法。一些大学和中学的汉语教师为了提高汉语教学的质量和教师的教学能力，于1993年成立了"中国语教育学会"，开展汉语教学的研究和汉语教学法的探讨活动。该学会主要讨论发音教学、语法教学、声调教学、造句偏误分析，以及汉语的规范等题目。

3．《基础汉字的语源考察》一文以精选的详细材料作为出发点，认为汉字的发展轨迹可以由"人"字的演变过程看出。论文洋洋三万余言，从甲骨文、金文的原始形貌出发，并依据《说文》的解释，结合中国古代文献中这些汉字的使用情况，讨论"保、仔、依、企、介、儿、子、军、氏、久、大、来、妖、从、比、北、身、孕"等80个字与"人"字的关系，并提出新见解。文章认为，基础汉字的先后顺序问题与人类的生活条件的发展紧紧相连，汉字从独体字发展到形声字，从单义字发展到多义字，都是由基础汉字"近取诸身，远取诸物"而决定的。这篇论文既体现了乾嘉学派材料确凿、考证严密的治学风格，又体现了现代学人旁征博引、思路开阔的著述作风，同时还反映出作者严谨求实的学术态度，在韩国汉字学界极有影响。

公元 1994 年

一、大事记

1. 现代中国学会成立。

2. 闵斗基教授的《辛亥革命史——中国的共和革命》专著出版，这是一部专门对辛亥革命史进行研究的著作。

二、书（文）目录

1. 葛弘基译：《三国志》，三省出版社，1994 年。

（갈홍기 역：『三國志』，삼성출판사，1994．）

2. 姜永洙：《（有趣的故事）中国史旅行》，艺文堂，1994 年。

（강영수：『（재미있는）이야기 중국사여행』，예문당，1994．）

3. 姜龙圭：《人物中国史》，学民社，1994 年。

（강용규：『인물중국사』，학민사，1994．）

4. 高羽荣：《西游记》，宇石，1994 年。

（고우영：『서유기』，우석，1994．）

5. 古典学习研究会：《中国的神话：世界的神话和传说》，兴信文化社，1994 年。

（고전학습연구회：『중국의 신화：세계의 신화와 전설』，홍신문화사，1994．）

6. 郭绍虞：《中国文学批评史》（第 1 卷），景仁文化社，1994 年。

（곽소우：『中國文學批評史．v.1』，경인문화사，1994．）

7. 邱岚：《中国当代文学史》（1949—1987），高丽苑，1994 年。

（邱嵐：『중국당대문학사．1949-1987』，고려원，1994．）

8. 玄奘著，权德周译：《大唐西域记》，我们出版社，1994 年。

（현장 저，권덕주 역：『大唐西域記』，우리출판사，1994.）

9. 权三允：《五千年的大陆，中国历史纪行十大古都的历史和人们》，朝鲜日报社，1994年。

（권삼윤：『5천년의대륙，중국역사기행 10大고도，역사와 사람들』，조선일보사，1994.）

10. 权五奭译：《(新译)墨子》，弘新文化社，1994年。

（권오석 역：『(新譯)墨子』，홍신문화사，1994.）

11. 权五铉译：《史记列传》，一信书籍，1994年。

（권오현 역：『史記列傳』，일신서적，1994.）

12. 奇世春：《中国历代诗歌选集（第1卷）：诗经·楚辞·乐府诗·南北朝》，石枕，1994年。

（기세춘：『中國歷代詩歌選集．第1卷：시경，초사，악부시，남북조』，돌베개，1994.）

13. 奇世春：《中国历代诗歌选集（第2卷）：唐诗1·初唐·盛唐》，石枕，1994年。

（기세춘：『中國歷代詩歌選集．第2卷：唐詩1，초당，성당』，돌베개，1994.）

14. 奇世春：《中国历代诗歌选集（第3卷）：唐诗2·中唐·晚唐·唐代民歌·五代》，石枕，1994年。

（기세춘：『中國歷代詩歌選集．第3卷：唐詩2，중당만당당대민요오대』，돌베개，1994.）

15. 奇世春：《中国历代诗歌选集（第4卷）：宋代·金朝·元代·明代·清代·近代》，石枕，1994年。

（기세춘：『中國歷代詩歌選集．第4卷：송대금원명대청대근대』，돌베개，1994.）

16. 金观涛：《中国文化的系统解析》，天池，1994年。

（김관도：『중국문화의 시스템론적 해석』，천지，1994.）

17. 金光洲译：《聊斋志异》（上、下），葡萄园，1994年。

（김광주 역：『요재지이．상，하』，포도원，1994.）

18．金九镇、金喜营：《故事中国史》，菁我出版社，1994 年。

（김구진，김희영：『이야기중국사』，청아출판사，1994.）

19．金基镇：《楚汉志》（1—3），语文阁，1994 年。

（김기진：『楚漢誌．1-3』，어문각，1994.）

20．金东吉、许镐九：《朱注孟子：文理领会的捷径》，创知社，1994 年。

（김동길，허호구：『朱注孟子：文理터득의 지름길』，창지사，1994.）

21．金东里：《三国志（5）：历史的顺境》，宇石，1994 年。

（김동리：『삼국지．5：역사의순경』，우석，1994.）

22．金并总等：《（国内作家 12 人简单解说）中国古典小说选》，香室，1994 年。

（김병총 외：『（국내 작가 12 인이 쉽게 풀어쓴）중국 고전소설선』，향실，1994.）

23．金并总：《司马迁的完译史记》，集文堂，1994 年。

（김병총：『사마천의 완역 사기』，집문당，1994.）

24．金硕镇：《大山周易占解》，大有学堂，1994 年。

（김석진：『大山周易占解』，대유학당，1994.）

25．金莹洙译：《论语》，一信书籍，1994 年。

（김영수 역：『論語』，일신서적，1994.）

26．金永镇：《弯腰拾物看天陶醉：司马迁的史记别传》，国家之爱，1994 年。

（김영진：『허리를 굽히면 반드시 줍고 하늘을 보면 반드시 취한다：사마천의 史記別傳』，나라사랑，1994.）

27．金荣焕：《中国古典中的人生智慧》，切利诺，1994 年。

（김영환：『중국 고전에서 배우는 인생의 지혜』，첼리노，1994.）

28．金庸著，张铁夫译：《太虚神僧》，菁我出版社，1994 年。

（김용 저，장철부 역：『太虚神僧』，청마출판사，1994.）

29．金润湜等：《当代的中国文学纪行》，现代文学，1994 年。

（김윤식 외：『（우리시대의）중국문학기행』，현대문학，1994.）

30．金寅浩：《巫和中国文化和中国文学》，中文出版社，1994 年。

（김인호：『巫와中國文化와中國文學』，중문출판사，1994.）

31. 金长焕：《简述中国文学史》，学古房，1994年。

（김장환：『（간추린）중국문학사』，학고방，1994.）

32. 金诤：《中国文化与科举制度》，中文，1994年。

（김쟁：『중국문화와 과거제도』，중문，1994.）

33. 金正浩译：《西游记》（1—3），创作与批评社，1994年。

（김정호 역：『서유기.1-3』，창작과비평사，1994.）

34. 金钟润：《故事庄子：自由的思考，大智慧，新鲜的笑容》，OROM，1994年。

（김종윤：『이야기 장자(莊子)：자유로운사고，큰지혜，신선한웃음』，오름시스템，1994.）

35. 金矿浩译：《孙子兵法》，明文堂，1994年。

（김광호 역：『孫子兵法』，명문당，1994.）

36. 金春城：《中国历史纪行》，南岛，1994年。

（김춘성：『중국역사기행』，남도，1994.）

37. 金忠烈：《孔子思想和21世纪》，东亚日报社，1994年。

（김충렬：『孔子思想과 21 세기』，동아일보사，1994.）

38. 金忠烈：《（金忠烈教授的）中国哲学史（1）：中国哲学的缘由》，艺文书苑，1994年。

（김충렬：『（김충렬교수의）중국철학사.1，중국철학의원류』，예문서원，1994.）

39. 金忠烈：《中国哲学散稿》，天地，1994年。

（김충렬：『中國哲學散稿』，온누리，1994.）

40. 金八峰译：《楚汉志》（1），语文阁，1994年。

（김팔봉 역：『楚漢誌.1』，어문각，1994.）

41. 金学主：《（看漫画学）汉诗（1）：从尧舜到唐诗》，东亚出版社，1994年。

（김학주：『（만화로 배우는）漢詩.1：요순에서 唐詩까지』，동아출판사，1994.）

42. 金学主：《中国古代文学史》，民音社，1994 年。

（김학주 :『中國古代文學史』, 민음사, 1994.）

43. 金学主：《中国古代的歌舞戏：中国戏曲史的新开始》,民音社,1994 年。

（김학주 :『중국고대의 무회 : 중국희극사의 새로운 정립을 위하여』, 민음사, 1994.）

44. 金赫济：《原本孟子集注全》，明文堂，1994 年。

（김혁제 :『原本孟子集註全』, 명문당, 1994.）

45. 金赫济：《悬吐释字具解论语集注》，明文堂，1994 年。

（김혁제 :『懸吐釋字具解論語集註』, 명문당, 1994.）

46. 蔡志忠编绘，金炫辰译：《聊斋志异：故事的奇谭》，斗圣，1994 年。

（채지충 편회, 김현진 역 :『요재지이 : 故事의 奇譚』, 두성, 1994.）

47. 罗贯中：《（原本）三国志（1）：桃园结义篇》，泛友社，1994 年。

（나관중 :『（原本）三國志 . 1 : 도원결의편』, 범우사, 1994.）

48. 罗贯中：《（原本）三国志（2）：英雄的决战篇》，泛友社，1994 年。

（나관중 :『（原本）三國志 . 2 : 영웅들의 결전편』, 범우사, 1994.）

49. 南宫博：《西施》（下），三千里，1994 年。

（남궁박 :『서시 . 下』, 삼천리, 1994.）

50. 南晚星：《老子道德经》，乙酉文化社，1994 年。

（남만성 :『노자도덕경』, 을유문화사, 1994.）

51. 刘泽华著，卢胜贤译：《中国古代政治思想》，艺文书苑，1994 年。

（劉澤華 저, 노승현 역 :『중국 고대정치사상』, 예문서원, 1994.）

52. 卢在昱译：《韩非子》（1—2），自由，1994 年。

（노재욱 역 :『한비자 . 1-2』, 자유, 1994.）

53. 檀国大学：《汉籍目录》，檀国大学栗谷纪念图书馆，1994 年。

（단국대학교 :『漢籍目錄』, 단국대학교 율곡기념도서관, 1994.）

54. 谭其骧：《中国历史地图集：释文汇编·东北卷》，白山资料院，1994 年。

（담기양 :『중국역사지도집 : 석문회편 . 동북권』, 백산자료원, 1994.）

55. 大韩民国文化体育部：《中国的文化艺术政策与制度》，文化体育部，1994 年。

（대한민국 문화체육부：『中國의 文化藝術政策과 制度』，문화체육부，1994.）

56．都珖淳：《神仙思想与道教》，泛友社，1994年。

（도광순：『神仙思想과 道教』，범우사，1994.）

57．东亚出版社：《中国 =China》，东亚出版社，1994年。

（동아출판사：『중국 =China』，동아출판사，1994.）

58．柳潜著，柳承宇、柳承宙、柳永斗译：《泽荠集》，刊地不详，1994年。

（류잠 저，류승우，류승주，류영두 역：『澤薺集』，발행지 미상，1994.）

59．文璇奎：《汉语音韵论集》，新雅社，1994年。

（문선규：『漢語音韻論集』，신아사，1994.）

60．冯友兰著，文贞复译：《中国哲学小史》，以文出版社，1994年。

（풍우란 저，문정복 역：『중국철학소사』，이문출판사，1994.）

61．朴恩熙译：《老子》，高丽苑，1994年。

（박은희 역：『老子』，고려원，1994.）

62．朴在渊：《红风传：清·无名氏选》，朝鲜大学中国语系，1994年。

（박재연：『紅風傳：淸·無名氏選』，조선대학교중국어과，1994.）

63．朴在渊：《删补文苑楂橘》，韩国成和大学，1994年。

（박재연：『删补文苑楂橘』，성화대학，1994.）

64．朴晶洙译：《三国志》，青木文化社，1994年。

（박정수 역：『三國志』，청목문화사，1994.）

65．朴晶洙译：《论语》，青木文化社，1994年。

（박정수 역：『논어』，청목문화사，1994.）

66．朴种赫：《中国学入门》，西海文集，1994年。

（박종혁：『中國學入門』，서해문집，1994.）

67．陈观胜著，朴海铛译：《中国佛教：历史与展开（下）》，民族社，1994年。

（Chen，Kenneth K. S. 저，박해당 역：『중국불교：역사와전개. 하』，민족사，1994.）

68．裴柄均译：《聊斋志异》（上、中、下），真元，1994年。

（배병균 역：『요재지이. 상，중，하』，진원，1994.）

69. 裴秉哲：《（今释）黄帝内经素问》，成辅社，1994年。

（배병철：『（今釋）黃帝內經素問』，성보사，1994.）

70. 裴钟南译：《司马迁》，教学社，1994年。

（배종남 역：『사마천』，교학사，1994.）

71. 裴贤淑：《中国资料探索方法》，民族文化社，1994年。

（배현숙：『中國資料探索方法』，민족문화사，1994.）

72. 白羊出版社：《中国人的智慧》，白羊出版社，1994年。

（백양출판사：『중국인의 지혜』，백양출판사，1994.）

73. 白才娟译：《西厢记》，韩国外国语大学通译研究生院，1994年。

（백재연 역：『西廂記』，한국외국어대학교 통역대학원，1994.）

74. 延边大学三国演义翻译组译：《（定本）三国志》，青年社，1994年。

（연변대학 삼국연의번역조 역：『（定本）三國志』，청년사，1994.）

75. 卞麟锡：《唐代文化史丛说》，宇宙学会，1994年。

（변인석：『唐代文化史叢說』，한울아카데미，1994.）

76. 卞麟锡：《中国古代社会经济史》，宇宙学会，1994年。

（변인석：『중국 고대사회 경제사』，한울아카데미，1994.）

77. 四书三经编纂委员会：《（合本）四书三经：大学·中庸·论语·孟子·诗经·书经·周易》，明文堂，1994年。

（사서삼경 편찬위원회：『（合本）四書三經：大學，中庸，論語，孟子，詩經，書經，周易』，명문당，1994.）

78. 徐敬浩：《中国语文学关系英文资料目录》，中国语言学研究资料室，1994年。

（서경호：『中國語文學關係英文資料目錄』，중국어문학연구자료실，1994.）

79. 国立汉城大学中国语文学系：《大学汉语》，国立汉城大学出版部，1994年。

（서울대학교 중국어중국문학과：『大學漢文』，서울대학교출판부，1994.）

80. 国立汉城大学东洋史学研究室：《古代中国的理解》，知识产业社，

1994 年。

（서울대학교 동양사학연구실：『고대중국의 이해』，지식산업사，1994.）

81．成侃：《（国译）真逸遗稿》，启明大学韩国学研究院，1994 年。

（성간：『（國譯）眞逸遺稿』，계명대학교 한국학연구원，1994.）

82．随玉刚：《简明中国文学史》，宝库社，1994 年。

（수옥강：『簡明中國文學史』，보고사，1994.）

83．施昌东：《中国的美学思想》，燕岩出版社，1994 年。

（시창동：『중국의 미학사상』，연암출판사，1994.）

84．申道熙：《论语：学而时习之，不亦说乎》，嘉林出版社，1994 年。

（신도희：『논어：배우고 때로 익히면 즐겁지 아니한가』，가림출판사，1994.）

85．沈伯俊译：《西游记》（上、下），有意义的路，1994 年。

（심백준 역：『서유기．上，下』，뜻이있는길，1994.）

86．沈在龙：《中国佛教哲学史》，哲学与现实社，1994 年。

（심재룡：『중국불교철학사』，철학과현실사，1994.）

87．安义运、金光烈译：《红楼梦》，三省出版社，1994 年。

（안의운，김광렬 역：『紅樓夢』，삼성출판사，1994.）

88．杨书元：《解读中国：通过文化遗址看中国人的魂与力》，好世界，1994 年。

（양서원：『중국을 읽는다：문화유적으로 보는 중국인의 혼과 힘』，좋은세상，1994.）

89．梁诚之：（国译）《讷斋集》（上、中、下），南原梁氏文襄公波宗会讷斋集，国译编纂委员会，1994 年。

（양성지：『（국역）늘재집．상，중，하』，남원양씨문양공종회눌재집，국역편찬위원회，1994.）

90．梁鹤馨：《周易：新的智慧与自然的神秘》，自由文库，1994 年。

（양학형：『주역（周易）：신의 지혜와 자연의 신비』，자유문고，1994.）

91．梁会锡：《中国戏曲》，民音社，1994 年。

（양회석：『중국희곡』，민음사，1994.）

92. 严灵峰：《（无求备斋）墨子集成》（1—19），三英社，1994 年。

（엄영봉：『（無求備齋）墨子集成.1-19』，삼영사，1994.）

93. 当士正晴著，译者不详：《（通过人物看）中国历史（3）：则天武后与复兴的王朝》，新园文化社，1994 年。

（當士正晴 저，역자 미상：『（인물로 보는）중국역사.（3）：측천무후와 부침하는 왕조』，신원문화사，1994.）

94. 延边大学红楼梦翻译小组译：《红楼梦》（第 1—7 卷），现代小说，1994 年。

（연변대학홍루몽번역소조 역：『홍루몽.v.1-7』，현대소설，1994.）

95. 延边大学红楼梦翻译小组译：《红楼梦》（1—5），艺河，1994 年。

（연변대학홍루몽번역소조 역：『홍루몽.1-5』，예하，1994.）

96. 蒲松龄著，延边人民出版社编辑部译：《民间故事（上）：怪谈篇》，太阳世界，1994 年。

（포송령 저，연변인민출판사편집부 역：『고담야담.上：괴담편』，해누리，1994.）

97. 蒲松龄著，延边人民出版社编辑部译：《民间故事（中）：神怪篇》，太阳世界，1994 年。

（포송령 저，연변인민출판사편집부 역：『고담야담.中：신괴편』，해누리，1994.）

98. 蒲松龄著，延边人民出版社编辑部译：《民间故事（下）：山鬼篇》，太阳世界，1994 年。

（포송령 저，연변인민출판사편집부 역：『고담야담.下：산귀편』，해누리，1994.）

99. 延世大学中国文学辞典编译室：《中国文学辞典（1）：著作编》，多民，1994 年。

（연세대학교 중국문학 사전편역실：『中國文學辭典.1：著作編』，다민，1994.）

100. 延世大学中国文学辞典编译室：《中国文学辞典（2）：作家篇》，多民，

1994年。

（연세대학교 중국문학 사전편역실：『中國文學辭典．2：作家篇』，다민，1994．）

101．延世大学：《原语话剧屈原资料集：延世大学中语中文系创立20周年纪念原语话剧》，延世大学中语中文系学生会，1994年。

（연세대학교：『원어연극굴원자료집：연세대학교 중어중문학과창립20주년기념원어연극』，연세대학교중어중문학과학생회，1994．）

102．岭南大学中国文学研究室：《中国语文学译丛》，岭南大学中国文学研究室，1994年。

（영남대학교중국문학연구실：『中國語文學譯叢』，영남대학교중국문학연구실，1994．）

103．吴根荣：《戴眼镜的龙——中国》，达利，1994年。

（오근영：『안경을 쓴 용，중국』，달리，1994．）

104．吴文英：《（看一遍就能记住的）古事成语熟语大百科》，东亚日报社，1994年。

（오문영：『（한번 보면 외워지는）고사성어 숙어 대백과』，동아일보사，1994．）

105．吴洙烈：《人定胜天：故事古事成语》，日月书阁，1994年。

（오수열：『사람의 힘이 하늘을 이긴다：이야기古事成語』，일월서각，1994．）

106．卧龙生：《中国历代战争史》（2），德诚文化社，1994年。

（와룡생：『중국역대전쟁사．2』，덕성문화사，1994．）

107．王启才译：《吕氏春秋（第2卷）：八览》，民音社，1994年。

（왕계재 역：『吕氏春秋．제2권：八覽』，민음사，1994．）

108．王冰：《（今释）黄帝内经素问》，成辅社，1994年。

（왕빙：『（今釋）黃帝內經素問』，성보사，1994．）

109．王冰：《（新编）黄帝内经素问》，大星文化社，1994年。

（왕빙：『（新編）黃帝內經素問』，대성문화사，1994．）

110．刘勰著，王运熙、周锋译：《文心雕龙》，民音社，1994年。

（유협 저, 왕운희, 주봉 역：『文心雕龍』，민음사，1994.）

111. 廖名春、康学伟、梁韦弦：《周易哲学史》，艺文书苑，1994 年。

（요명춘, 강학위, 양위현：『주역철학사』，예문서원，1994.）

112. 禹玄民：《（老子道德论）怎样生活》，瑞文堂，1994 年。

（우현민：『（老子道德論）어떻게 살 것인가』，서문당，1994.）

113. 袁行霈：《中国诗歌艺术研究》（下），亚细亚文化社，1994 年。

（원행패：『中國詩歌藝術研究. 下』，아세아문화사，1994.）

114. 俞德善：《周易学的散步：韩字世代也能一起看的新解〈古本周易〉》，同伴人，1994 年。

（유덕선：『주역과의 산책：새로운 해설로 한글세대도 함께 보는 "古本周易"』，동반인，1994.）

115. 柳圣泰：《古典讲读》，黎明社，1994 年。

（유성태：『古典講讀』，여명사，1994.）

116. 柳肃：《礼的精神：礼乐文化与政治》，东文选，1994 年。

（유숙：『禮의 정신：禮樂文化와 政治』，동문선，1994.）

117. 刘若愚：《中国文学理论的世界》，明文堂，1994 年。

（유약우：『中國의 文學理論』，명문당，1994.）

118. 柳铎一：《韩国古代小说批评资料集成》，亚细亚文化社，1994 年。

（유탁일：『韓國古小說批評資料集成』，아세아문화사，1994.）

119. 尹乃铉：《商周史》，民音社，1994 年。

（윤내현：『商周史』，민음사，1994.）

120. 李家源：《论语：未知生，焉知死》，新园文化社，1994 年。

（이가원：『논어：삶의 뜻도 아직 모르는데 어찌 죽음을 아랴』，신원문화사，1994.）

121. 李家源：《孟子：安定百姓才能得天下》，新园文化社，1994 年。

（이가원：『孟子：백성이 안정되어야 천하를 얻을 수 있다』，신원문화사，1994.）

122. 李庆雨：《编注译解黄帝内经素问》，骊江出版社，1994 年。

（이경우：『編註譯解黃帝內經素問』，여강출판사，1994.）

123. 李吉具：《新丝绸之路（1）：中国》，秀文出版社，1994年。
（이길구：『新실크로드.1：중국』，수문출판사，1994.）

124. 李敦熙：《教育思想史：东方篇》，学知社，1994年。
（이돈희：『교육사상사.동양편』，학지사，1994.）

125. 李民树：《东洋古典解说》，明文堂，1994年。
（이민수：『東洋古典解說』，명문당，1994.）

126. 李民树译：《庄子（内篇）》，惠园出版社，1994年。
（이민수 역：『莊子（內篇）』，혜원출판사，1994.）

127. 李民树译：《庄子（外篇）》，惠园出版社，1994年。
（이민수 역：『莊子（外篇）』，혜원출판사，1994.）

128. 李民树译：《庄子（杂篇）》，惠园出版社，1994年。
（이민수 역：『莊子（雜篇）』，혜원출판사，1994.）

129. 李民树：《千字文》，乙酉文化社，1994年。
（이민수：『千字文』，을유문화사，1994.）

130. 李班许：《中国人的生活和文化》，金瑛社，1994年。
（이벤허：『중국인의 생활과 문화』，김영사，1994.）

131. 周法高著，李炳官译：《中国言语学论丛》，塔出版社，1994年。
（주법고 저，이병관 역：『中國言語學論叢』，탑출판사，1994.）

132. 李圣浩：《史记·本纪》，喜鹊出版社，1994年。
（이성호：『史記·本紀』，까치출판사，1994.）

133. 李秀雄：《中国文学史》，大韩教科书株式会社，1994年。
（이수웅：『中國文學史』，대한교과서주식회서，1994.）

134. 李元吉译：《（真本）西游记：通过古典学到的东方大智慧》（1—5），同伴人，1994年。
（이원길 역：『(眞本)서유기：고전을 통해 배우는 동양의 큰 지혜.1-5』，동반인，1994.）

135. 李元燮译：《后三国志（第4卷）：清朝灭亡篇》，明文堂，1994年。
（이원섭 역：『後三國志.（제4권）：진조멸망편』，명문당，1994.）

136. 李元燮译：《后三国志（第5卷）：权势变迁篇》，明文堂，1994年。

（이원섭 역：『後三國志.（제5권）：진조 멸망편』，명문당，1994.）

137. 李元燮译：《论语·孟子》，良友堂，1994年。

（이원섭 역：『論語，孟子』，양우당，1994.）

138. 李章佑：《寻找中国文学：论说·解题·说林》，岭南大学出版部，1994年。

（이장우：『中國文學을 찾아서：論說，解題，說林』，영남대학교출판부，1994.）

139. 李载敦：《中国语音韵学》，生活，1994年。

（이재돈：『中國語音韻學』，살림，1994.）

140. 李宗吾：《孔子行记》，一怀，1994年。

（이종오：『孔子 길들이기』，한아름，1994.）

141. 杨海明著，李钟振译：《唐宋词风格论》，新雅社，1994年。

（楊海明 저，이종진 역：『唐宋詞風格論』，신아사，1994.）

142. 李钟浩：《儒教经典的理解》，中和堂，1994年。

（이종호：『유교경전의 이해』，중화당，1994.）

143. 李周洪译：《金瓶梅：中国古典文学》（第1—5卷），语文阁，1994年。

（이주홍 역：『금병매：中國古典文學.v.1-v.5』，어문각，1994.）

144. 李俊凡译：《西游记》，金星出版社，1994年。

（이준범 역：『西游記』，금성출판사，1994.）

145. 李志常：《无路之路：丝绸之路》，平和出版社，1994年。

（이지상：『길없는 길，실크로드』，평화출판사，1994.）

146. 李志清：《（漫话人间）三国志》，弘益研究，1994年。

（이지청：『（만화인간）三國志』，홍익리서치，1994.）

147. 王力著，李鸿镇译：《中国古代文化常识》，萤雪出版社，1994年。

（왕력 저，이홍진 역：『中國古代文化常識』，형설출판사，1994.）

148. 任炳权：《儒教经典浅谈》，中华堂，1994年。

（임병권：『유교경전의 이해』，중화당，1994.）

149. 森三植三郎著，林炳德译：《中国思想史》，天地，1994年。

（森三植三郎 저，임병덕 역：『중국사상사』，온누리，1994.）

150.张基槿译：《陶渊明》，太宗出版社，1994年。

（장기근 역：『陶淵明』，태종출판사，1994.）

151.张秀烈等译：《史记·世家》（上、下），喜鹊出版社，1994年。

（장수렬 외역：『史記.世家.上,下』，까치출판사，1994.）

152.全命龙：《（定本）三十六计》（2），文学世界社，1994年。

（전명용：『（정본）삼십육계.2』，문학세계사，1994.）

153.钱锺书：《围城》（第1—2卷），实录出版社，1994年。

（전종서：『포위된성.v.1-v.2』，실록출판사，1994.）

154.丁奎福：《韩中文学比较研究》，高丽大学出版部，1994年。

（정규복：『韓中文學比較의研究』，고려대학교출판부，1994.）

155.丁范镇译：《史记》，喜鹊出版社，1994年。

（정범진 역：『史記』，까치출판사，1994.）

156.井上靖：《（小说）杨贵妃》，明文堂，1994年。

（井上靖：『（小說）楊貴妃』，명문당，1994.）

157.立间祥介等著，郑成焕编译：《从人物看中国历史（1）：流浪漂泊的六世家和一统天下》，新园文化社，1994年。

（立間祥介 외저，정성환 편역：『인물로보는중국역사（1）：떠도는 유세가와 천하통일』，신원문화사，1994.）

158.丁若镛：《（译注）茶山孟子要义》，现代实学社，1994年。

（정약용：『（譯註）茶山孟子要義』，현대실학사，1994.）

159.郑仁在译：《中国哲学史》，萤雪出版社，1994年。

（정인재 역：『中國哲學史』，형설출판사，1994.）

160.郑钟复：《（现代人的）中国古典名句新解》，世和出版社，1994年。

（정종복：『（현대인을 위한）中國古典名句新解』，세화출판사，1994.）

161.曹广文译：《西游记（1—3）：中国明代的长篇神怪小说》，高丽文学社，1994年。

（조광문 역：『서유기.1-3：중국명대의 장편신괴 소설』，고려문학사，1994.）

162.曹斗铉译：《诗经》，惠园出版社，1994年。

（조두현 역 : 『詩經』，혜원출판사，1994.）

163. 赵炳国译：《唐诗》，青木文化社，1994年。

（조병국 역 : 『당시』，청목문화사，1994.）

164. 曹若冰：《东方神龙：中国历史巨幅小说》，国泰苑，1994年。

（조약빙 : 『동방신룡 : 중국 역사대하 소설』，국태원，1994.）

165. 王德有著，曹亨均译：《老子的神话、史话、智慧》，伯栽文化社，1994年。

（왕덕유 저, 조형균 역 : 『노자의 신화 . 사화 . 지혜』，백재문화사，1994.）

166. 曹淮焕：《中国的实体和政策》，韩国外国语大学出版部，1994年。

（조회환 : 『中國의 實體와 政策』，한국외국어대학교출판부，1994.）

167. 中国古典文学研究会译：《孙子兵法：欲胜则胜》，西海文集，1994年。

（중국고전연구회 역 : 『손빈병법 손자병법 : 승리하고자 하면 승리할 것이다』，서해문집，1994.）

168. 中国文学研究会：《中国古文选读》，学研社，1994年。

（중국문학연구회 : 『中國古文選讀』，학연사，1994.）

169. 北京大学：《中国哲学史（1）：先秦篇》，自作学院，1994年。

（중국북경대교 : 『중국철학사 . 1 : 선진편』，자작아카데미，1994.）

170. 北京大学：《中国哲学史（2）：汉唐篇》，自作学院，1994年。

（중국북경대교 : 『중국철학사 . 2 : 한당편』，자작아카데미，1994.）

171. 中国史研究室：《中国历史》（40—41），新书苑，1994年。

（중국사연구실 : 『中國歷史 . 40-41』，신서원，1994.）

172. 中国语言学研究资料室：《中国语文学关系英文资料目录·中国语文学研究资料实（编）1》，中国语言学研究资料室，1994年。

（중국어문학연구자료실 : 『中國語文學關係英文資料目錄, 中國語文學研究資料實「編」1』，중국어문학연구자료실，1994.）

173. 中国语言学会：《中国语文学志》，中国语言学会，1994年。

（중국어문학회 : 『中國語文學誌』，중국어문학회，1994.）

174. 中国语世界社：《神话传说故事》，中国语世界社，1994年。

（중국어세계사：『神話傳說故事』，중국어세계사，1994.）

175．中国哲学研究会：《中国社会思想》，萤雪出版社，1994年。

（중국철학연구회：『중국의사회사상』，형설출판사，1994.）

176．中国哲学研究会：《从论争中看中国哲学》，艺文书苑，1994年。

（중국철학연구회：『논쟁으로 보는 중국철학』，예문서원，1994.）

177．中央民族学院出版社：《（中国历史地图集）释文编·东北卷》，中央民族学院出版社，1994年。

（중앙민족학원출판사：『（中國歷史地圖集）釋文구편·東北卷』，중앙민족학원출판사，1994.）

178．陈舜臣：《（小说）十八史略》（第1卷），中原文化，1994年。

（진순신：『（소설）십팔사략.제1권』，중원문화，1994.）

179．陈寿：《三国志》，新园文化社，1994年。

（진수：『삼국지』，신원문화사，1994.）

180．陈平原：《中国小说叙事学》，生活，1994年。

（陳平原：『中國小說敍事學』，살림，1994.）

181．车溶柱：《许筠研究》，景仁文化社，1994年。

（차용주：『許筠研究』，경인문화사，1994.）

182．车柱环：《（新解）论语》，乙酉文化社，1994年。

（차주환：『（새로풀이한）논어』，을유문화사，1994.）

183．车柱环译：《孟子》，泛友社，1994年。

（차주환 역：『孟子』，범우사，1994.）

184．蔡仁厚：《孔子的哲学》，艺文书苑，1994年。

（채인후：『공자의 철학』，예문서원，1994.）

185．蔡志忠：《（六朝的清谈）世说新语》，斗圣，1994年。

（채지충：『（六朝의 淸談）世說新語』，두성，1994.）

186．蔡志忠：《东洋古典（16）：西游记求经的苦行（2）》，斗圣，1994年。

（채지충：『東洋古典.16：西遊記求經의 苦行（2）』，두성，1994.）

187．蔡志忠：《西游记》（1—2），湖山文化，1994年。

（채지충：『서유기.1-2』，호산문화，1994.）

188．蔡志忠：《水浒传》（20），湖山文化，1994 年。

（채지충 : 『수호전 . 20』, 호산문화, 1994.）

189．蔡志忠：《蔡志忠古典漫画系列：生活的智慧（第 21 卷）：聊斋志异：鬼讲的故事》，湖山文化，1994 年。

（채지충 : 『채지충 고전만화 시리즈 : 세상사는 지혜 . v.21, 요재지이 : 귀신이 들려주는 이야기』, 호산문화, 1994.）

190．陈蒲清：《中国寓言文学史：超越伊索寓言的中国寓言世界》，松树，1994 年。

（천푸칭 : 『중국 우언 문학사 : 이솝우화를 능가하는 중국우언의 세계』, 소나무, 1994.）

191．立间祥介等著，郑成焕编译：《从人物看中国历史（2）：丝绸之路的开辟和三国英雄》，新园文化社，1994 年。

（立間祥介 외저, 정성환 편역 : 『인물로보는중국역사 . 2 : 비단길개척과삼국의영웅들』, 신원문화사, 1994.）

192．崔英辰：《（通过漫画读）周易》，东亚出版社，1994 年。

（최영진 : 『（만화로 보는）주역』, 동아출판사, 1994.）

193．崔仁勋：《崔仁勋全集（3）：西游记》，文学和知性社，1994 年。

（최인훈 : 『崔仁勳全集 . 3 : 서유기』, 문학과지성사, 1994.）

194．崔贤译：《水浒传》（上），泛友社，1994 年。

（최현 역 : 『수호전 . 상』, 범우사, 1994.）

195．崔孝先译：《庄子》，高丽苑，1994 年。

（최효선 역 : 『莊子』, 고려원, 1994.）

196．毕宝魁：《中国历史上著名的 18 个奸臣》，日月书阁，1994 年。

（필보괴 : 『（중국역사 뽑은）열여덟명의 간신들』, 일월서각, 1994.）

197．何耿镛：《经学概说：中国古典十三经解说》，菁我出版社，1994 年。

（하경용 : 『經學概說 : 중국고전 13 경 해제』, 청아출판사, 1994.）

198．何瑾璨译：《金瓶梅：中国古典长河小说》（1—5），高丽苑，1994 年。

（하근찬 역 : 『금병매 : 中國古典长河小說 . 1-5』, 고려원, 1994.）

199．韩国精神文化研究院：《儒教文化的普遍性和特殊性》，韩国精神文化研究院,1994年。

(한국정신문화 연구원:『儒敎文化의 普遍性과 特殊性』,한국정신문화 연구원,1994.)

200. 韩国中国现代文学学会:《中国现代诗和诗论》,书,1994年。

(한국중국현대문학학회:『中國現代詩와 詩論』,책,1994.)

201. 韩武熙:《高级中国语》,富民文化社,1994年。

(한무희:『高級中國語』,부민문화사,1994.)

202. 韩武熙:《中国文学史》,富民文化社,1994年。

(한무희:『中國文學史』,부민문화사,1994.)

203. 洪思诚:《佛教常识百科》,佛教时代社,1994年。

(홍사성:『佛敎常識百科』,불교시대사,1994.)

204. 方正耀著,洪尚勋译:《中国小说批评史略》,乙酉文化社,1994年。

(方正耀 저,홍상훈 역:『中國小說批評史略』,을유문화사,1994.)

205. 尹在根:《断鹤续凫:庄子的哲学寓言》,鸟巢,1994。

(윤재근:『학의 다리 길다고 자르지 마라:莊子의 철학 우화』,둥지,1994.)

206. 洪成玉译:《孟子》,高丽苑,1994年。

(홍성옥 역:『孟子』,고려원,1994.)

207. 洪树起:《例话孟子》,圣光文化社,1994年。

(홍수기:『예화맹자』,성광문화사,1994.)

208. 洪承稷译:《论语》,高丽苑,1994年。

(홍승직 역:『論語』,고려원,1994 .)

209. 洪永义:《孟子:道在尔而求之远》,嘉林出版社,1994年。

(홍영의:『맹자:가까이 있는데 어찌 먼데서 구하려 하는가』,가림출판사,1994.)

210. 洪元植:《(校勘直译)黄帝内经素问》,传统文化研究会,1994年。

(홍원식:『(校勘直译)黃帝內經素問』,전통문화연구회,1994.)

211. 洪元植:《黄帝内经灵枢解释》,高文社,1994年。

(홍원식:『黃帝內經靈樞解釋』,고문사,1994.)

212. 洪寅杓：《中国的语言政策》，高丽苑，1994年。

（홍인표：『중국의언어정책』，고려원，1994.）

213. 黄秉国译：《（原本）三国志》，泛友社，1994年。

（황병국 역：『（原本）三國志』，범우사，1994.）

214. 黄胤锡：《二斋乱藁》（1），韩国精神文化研究院，1994年。

（황윤석：『이齋亂藁．1』，한국정신문화 연구원，1994.）

215. 闵斗基：《辛亥革命史——中国的共和革命（1903—1913）》，民音社，1994年。

（민두기：『辛亥革命史：중국의 共和革命（1903—1913）』，민음사，1994.）

三、备注

20世纪80年代以后，在闵斗基教授的带领下，中国近代史研究，特别是辛亥革命研究走上正轨。1994年，闵教授的《辛亥革命史——中国的共和革命》专著出版，这是一部专门对辛亥革命史进行研究的著作。作者从总体上把辛亥革命和五四运动作为共和革命的两个阶段来把握，这成为他后来全面系统研究中国近代史的视角。另一方面，闵教授还对辛亥革命在亚洲的地位做了定论。闵斗基的《辛亥革命与韩国的独立运动》一文也持有同样的立场。

公元 1995 年

一、大事记

1. 5月31日，韩国总统教育改革委员会公布了《5·13方案》《新教育体制改革方案》，强调"要培养品德高尚的有能力的教员"。

2. 汉城初级汉字研究会制定出了"小学用汉字"。

3. 韩国外国语大学李相度发表博士论文《崔世珍的汉语教学研究》，以朝鲜著名语言学家崔世珍的几部著作为主考察其汉语研究成果与影响。

4. 成均馆大学开始设立研究所，开设硕、博士班。中国语中国学系设立中国文学研究会，出版《中国文学研究》。

二、书（文）目录

1. 北京语言学院：《现代汉语实用语法：易懂核心汉语语法》，高丽苑，1995年。

（북경언어학원：『현대중국어 실용어법：쉽게 풀이한 핵심 중국어 어법』，고려원，1995.）

2. 姜命相：《（有趣的）中国的异色风俗》，乙酉文化社，1995年。

（강명상：『（재미있는）중국의 이색풍속』，을유문화사，1995.）

3. 高丽大学民族文化研究所中国语大辞典编纂室：《中韩大辞典》，高丽大学民族文化研究所，1995年。

（고려대학교민족문화연구소중국어대사전편찬실：『中韓大辭典』，고려대학교민족문화연구소，1995.）

4. 高亨：《（高亨的）周易：通过文献考证读新周易》，艺文书苑，1995年。

（고형：『（고형의）주역：문헌고증을 통한 새로운 주역 읽기』，예문서원，1995.）

5. 高怀民：《周易哲学的理解》，文艺出版社，1995年。

（고회민：『周易哲學의理解』，문예출판사，1995.）

6. 孔伋：《中庸·大学》，泛友社，1995年。

（공급：『중용．대학』，범우사，1995.）

7. 孔学孺：《三国志历史纪行》，耳目出版，1995年。

（공학유：『三國志歷史紀行』，이목출판，1995.）

8. 邱永汉：《中国人和日本人》，生与梦，1995年。

（구영한：『중국인과 일본인』，삶과꿈，1995.）

9. 爱文编辑部：《秦始皇制和万里长城：古印度与中国》，爱文，1995年。

（글사랑편집부：『진시황제와만리장성：고대인도，중국』，글사랑，1995．）

10．爱文编辑部：《中国神话》，爱文，1995 年。

（글사랑편집부：『중국신화』，글사랑，1995．）

11．金敬琢译：《(新完译)周易》，明文堂，1995 年。

（김경탁 역：『(新完譯)周易』，명문당，1995．）

12．金槿译：《吕氏春秋》（第 1—3 卷），民音社，1995 年。

（김근 역：『呂氏春秋．제 1 권－제 3 권』，민음사，1995．）

13．金洛必：《老庄思想和东洋文化》，亚细亚文化社，1995 年。

（김낙필：『老莊思想과 東洋文化』，아세아문화사，1995．）

14．姬田光义等著，金顺镐译：《20 世纪中国史》，石枕，1995 年。

（姬田光義 외저，김순호 역：『20 세기중국사』，돌베개，1995．）

15．金良洙：《中国新石器文化入门》，蕃茄，1995 年。

（김양수：『중국신시기문학입문』，토마토，1995．）

16．金莹洙、崔仁旭译：《史记列传》，新园文化社，1995 年。

（김영수，최인욱 역：『史記列傳』，신원문화사，1995．）

17．金英植：《中国传统文化和科学》，创作与批评社，1995 年。

（김영식：『중국전통문화와과학』，創作과批評社，1995．）

18．金宇颙：《东冈先生全书（7—10）：续资治通鉴纲目》，晴川书院，1995 年。

（김우옹：『東岡先生全書．7-10：續資治通鑑綱目』，청천서원，1995．）

19．金元中：《宋诗鉴赏大观》，喜鹊出版社，1995 年。

（김원중：『宋詩鑑賞大觀』，까치출판사，1995．）

20．金学主：《中国文学史》（Ⅱ），韩国广播通信大学出版部，1995 年。

（김학주：『中國文學史．Ⅱ』，한국방송통신대학교출판부，1995．）

21．金学主译：《大学》，国立汉城大学出版部，1995 年。

（김학주 역：『대학』，서울대학교출판부，1995．）

22．金汉龙：《孔子与论语》，润进文化社，1995 年。

（김한룡：『공자님과논어』，윤진문화사，1995.）

23．金汉龙：《故事孙子兵法》，润进文化社，1995年。

（김한룡：『이야기손자병법』，윤진문화사，1995.）

24．金铉龙：《（为了国文学）中国文献资料集》，青光文化社，1995年。

（김현룡：『（國文學을 위한）中國文獻資料集』，청광문화사，1995.）

25．劳干：《魏晋南北朝史》，礼文春秋馆，1995年。

（노간：『魏晉南北朝史』，예문청춘관，1995.）

26．东西思想与伦理教材研究会：《东西思想和伦理》，学文社，1995年。

（동서사상과윤리교재연구회：『東西思想과 倫理』，학문사，1995.）

27．藤井省三：《100年间的中国文化》，蕃茄，1995年。

（藤井省三：『100년간의중국문학』，토마토，1995.）

28．孟柱亿：《现代汉语文法》（3），青年社，1995年。

（맹주억：『현대중국어문법．3』，청년사，1995.）

29．明成祖：《永乐琴书集成》，民俗苑，1995年。

（명성조：『永樂琴書集成』，민속원，1995.）

30．闵怪：《中国美术思想史》，齐鲁书社，1995年。

（민괴：『中國美術思想史』，齊魯書社，1995.）

31．朴成勋：《中国古典戏曲十首：元曲与对话反映出的中国人的生活》，高丽苑，1995年。

（박성훈：『중국고전희곡10선：중국의 원대희곡，대화를 통해본 중국인의 삶』，고려원，1995.）

32．朴英兰译：《西游记》，公正社，1995年。

（박영란 역：『서유기』，바른사，1995.）

33．朴永万：《中国大陆历史纪行》，文艺思潮，1995年。

（박영만：『中國大陸歷史紀行』，문예사조，1995.）

34．朴泳善译：《青少年史记列传》，玄岩社，1995年。

（박영선 역：『어린이사기열전』，현암사，1995.）

35．朴一峰：《山海经》，育文社，1995年。

（박일봉：『山海經』，육문사，1995.）

36. 朴一峰译：《庄子》，育文社，1995年。

（박일봉 역：『莊子』，육문사，1995.）

37. 朴钟和译：《三国志》，语文阁，1995年。

（박종화 역：『三國志』，어문각，1995.）

38. 华兹生著，朴惠淑译：《（伟大的史学家）司马迁》，韩路社，1995年。

（Watson, Burton 저，박혜숙 역：『（위대한역사가）사마천』，한길사，1995.）

39. 裴秉哲：《（今释）黄帝内经·灵枢》，成辅社，1995年。

（배병철：『（今釋）黃帝內經·靈樞』，성보사，1995.）

40. 白华译：《古文观止》（上、下），国学资料院，1995年。

（백화 역：『古文觀止．上, 下』，국학자료원，1995.）

41. 佛教传奇文化研究所：《人物中国禅宗史》（上卷），佛教映像会报社，1995年。

（불교전기문화연구소：『인물중국선종사．상권』，불교영상회보사，1995.）

42. 佛教传奇文化研究所：《中国近代翻译文学史研究》，佛教映像会报社，1995年。

（불교전기문화연구소：『中國近代飜譯文學史研究』，불교영상회보사，1995.）

43. 国立汉城大学中国语言研究会：《易懂汉字原理》，二十一世纪，1995年。

（서울대중국어학연구회：『알기 쉬운 한자 원리』，21세기，1995.）

44. 徐贤峰：《中国趣味谋略故事》，博友社，1995年。

（서현봉：『재미있는 전략 이야기』，박우사，1995.）

45. 徐贤峰：《有趣的中国近代人物故事》，博友社，1995年。

（서현봉：『재미있는중국근대인물이야기』，박우사，1995.）

46. 成均馆大学：《教养古籍100篇解读》，成均馆大学出版部，1995年。

（성균관대학교：『교양고전100선해제』，성균관대학교출판부，1995.）

47. 苏利文著，孙贞淑译：《中国美术史》，萤雪出版社，1995年。

（Sullivan, Michael 저，손정숙 역：『中國美術史』，형설출판사，1995.）

48. 宋东浩：《开放的中国史》（1），以来，1995年。

（송동호：『열린중국사.1』，이래，1995.）

49. 宋寅英：《中国的政治和君王》，宇宙学会，1995年。

（송인영：『중국의 정치와 군』，한울아카데미，1995.）

50. 申相振：《中国研究》（第3辑），国防军史研究所，1995年。

（신상진：『中國研究.第3輯』，국방군사연구소，1995.）

51. 林语堂著，慎海珍译：《中国，中国人》，长乐，1995年。

（林語堂 저，신해진 역：『중국，중국인』，장락，1995.）

52. 杨力：《周易与中国医学》，法仁文化社，1995年。

（양력：『周易과 中國醫學』，법인문화사，1995.）

53. 吕基铉：《中国古代乐论》，太学社，1995年。

（여기현：『中國古代樂論』，태학사，1995.）

54. 译者不详：《中国古典学研究（3）：春秋左传》，美丽出版社，1995年。

（역자 미상：『中國古典學研究.3：春秋左傳』，아름출판사，1995.）

55. 作者不详：《（原本）太平广记谚解：灵异录》，大提阁，1995年。

（작자 미상：『（原本）太平廣記諺解：靈異錄』，대제각，1995.）

56. 金达镇译解：《庄子：与禅诗一起》，高丽苑，1995年。

（김달진 역해：『莊子：禪詩와 함께 엮은』，고려원，1995.）

57. 译者不详：《中国古典学研究（1）：论语·大学·中庸·孟子》，美丽出版社，1995年。

（역자 미상：『中國古典學研究.1：論語，大學，中庸，孟子』，아름출판사，1995.）

58. 理雅各：《中国古典学研究（2）：尚书·诗经》，美丽出版社，1995年。

（Legge, James：『中國古典學研究.2：尙書，詩經』，아름출판사，1995.）

59. 松原三郎著，译者不详：《（增订）中国佛教雕刻史研究：以金铜像和石窟造像以外的石像为中心论述》（第1—2卷），弗咸文化社，1995年。

（松原三郎 저，역자 미상：『（增訂）中國佛敎彫刻史研究：特に金銅傳及び石窟造像以外の石傳についての論考.v.1–v.2』，불함문화사，1995.）

60. 马伯乐著，译者不详：《古代中国》，喜鹊出版社，1995 年。

（Maspero, Henri 저, 역자 미상：『古代中國』, 까치출판사, 1995.）

61. 朴文铉、李俊宁译解：《墨子》，自由文库，1995 年。

（박문현, 이준영 역해：『묵자』, 자유문고, 1995.）

62. 金圣叹著，译者不详：《三国志（8）：天下统一篇》，语文阁，1995 年。

（김성탄 저, 역자 미상：『三國志. 8：천하통일편』, 어문각, 1995.）

63. 周谷城编著，译者不详：《中国史学四十年》，三贵文化社，1995 年。

（周谷城 편저, 역자 미상：『中國史學四十年』, 삼귀문화사, 1995.）

64. 包德甫著，译者不详：《中国》（下），文潮社，1995 年。

（Butterfield, Fox 저, 역자 미상：『중국은 있다. 하』, 문조사, 1995.）

65. 徐复观：《中国人性论史（先秦篇）：道家·法家人性论》，乙酉文化社，1995 年。

（徐復觀：『中國人性論史（先秦篇）：도가·법가인성론』, 을유문화사, 1995.）

66. 吴江南译：《道德经》，玄岩社，1995 年。

（오강남 역：『도덕경』, 현암사, 1995.）

67. 吴钟林：《上古中国语的声调体系研究》，国立汉城大学研究生院，1995 年。

（오종림：『上古中國語의 聲調體系研究』, 서울대학교대학원, 1995.）

68. 原百代：《则天武后》，意义出版社，1995 年。

（원백대：『측천무후』, 보람, 1995.）

69. 刘权钟、房俊必编译：《（一起读）中国古典旅行》，士民书阁，1995 年。

（유권종, 방준필 편역：『（함께보는）중국고전여행』, 사민서각, 1995.）

70. 刘敦桢：《中国古代建筑史》，世进社，1995 年。

（유돈정：『中國古代建築史』, 세진사, 1995.）

71. 刘士勤：《时事中国语》，东方媒体，1995 年。

（유사근：『時事中國語』, 동방미디어, 1995.）

72. 佐藤一郎著，郑成焕编译：《从人物看中国历史（4）：豁然打开的文艺复兴》，新园文化社，1995年。

（佐藤一郎 외저，정성환 편역：『인물로보는중국역사．4：활짝핀중국의르네상스』，신원문화사，1995.）

73. 尹乃铉：《中国史》（3），民音社，1995年。

（윤내현：『중국사．3』，민음사，1995.）

74. 小尾郊一著，尹寿荣译：《中国文学和自然美学》，学古房，1995年。

（小尾郊一 저，윤수영 역：『中國文學과 自然美學』，학고방，1995.）

75. 李康洙：《中国哲学概论》，韩国广播通信大学出版部，1995年。

（이강수：『中國哲學概論』，한국방송통신대학교출판부，1995.）

76. 李庆雨：《（编注译解）黄帝内经素问》（1—2），骊江出版社，1995年。

（이경우：『（編注譯解）黃帝內經素問．1-2』，여강출판사，1995.）

77. 梁启超著，李桂柱译：《中国古典学入门》，形成社，1995年。

（양계초 저，이계주 역：『중국고전학 입문』，형성사，1995.）

78. 李钧永：《老子和庄子的国度：李钧永长篇小说》，中央日报社，1995年。

（이균영：『노자와 장자의 나라：이균영 장편소설』，중앙일보사，1995.）

79. 李基东：《东洋三国的朱子学》，成均馆大学出版部，1995年。

（이기동：『동양삼국의 주자학』，성균관대학교출판부，1995.）

80. 李基奭译：《（新译）论语》，弘新文化社，1995年。

（이기석 역：『（新譯）論語』，홍신문화사，1995.）

81. 李炳甲：《中国历史事典》，学民社，1995年。

（이병갑：『中國歷史事典』，학민사，1995.）

82. 李炳汉：《中国古典文学理论批评史》，韩国广播通信大学出版部，1995年。

（이병한：『中國古典文學理論批評史』，한국방송통신대학교출판부，1995.）

83. 李相麒：《（有感觉的）汉语虚词用法辞典》，进明出版社，1995年。

（이상기：『（느낌을 주는）중국어虛詞 쓰임辭典』，진명출판사，1995.）

84. 李相玉：《（新完译）礼记》，明文堂，1995年。

（이상옥：『（新完譯）禮記』，명문당，1995.）

85．李相禹译：《西游记》，大宇，1995 年。

（이상우 역 : 『서유기』, 대우, 1995.）

86．李秀雄：《中国文化的理解》，大韩教科书株式会社，1995 年。

（이수웅 : 『중국문화의 이해』, 대한교과서주식회서, 1995.）

87．李申：《周易：周易的江水流向何处》，人世爱，1995 年。

（이신 : 『周易 : 주역의 강은 어디로 흘러갈 것인가』, 인간사랑, 1995.）

88．李在权：《道家哲学的现代解析：对于中国古代思想语言哲学的探究》，文耕出版社，1995 年。

（이재권 : 『도철학의 현대적 해석 : 중국고대사상에 대한 언어철학적 탐구』, 문경출판사, 1995.）

89．李鼎斋：《中国戏曲选集》，学古房，1995 年。

（이정재 : 『中國戲曲選集』, 학고방, 1995.）

90．李周洪译：《列国志》，语文阁，1995 年。

（이주홍 역 : 『列國志』, 어문각, 1995.）

91．皮锡瑞著，李鸿镇译：《中国经学史》，萤雪出版社，1995 年。

（피석서 저, 이홍진 역 : 『中國經學史』, 형설출판사, 1995.）

92．王力著，李鸿镇译：《中国古代文化常识》，萤雪出版社，1995 年。

（왕력 저, 이홍진 역 : 『中國古代文化常識』, 형설출판사, 1995.）

93．任世权：《去远方的中国》，新书苑，1995 年。

（임세권 : 『中國邊方을 가다』, 신서원, 1995.）

94．任镕淳：《改变历史的统治者们：中国篇》，未来社，1995 年。

（임용순 : 『역사를 바꾼 통치자들 : 중국편』, 미래사, 1995.）

95．王天昌著，任日镐译：《汉语音乐学研究》，成均馆大学出版部，1995 年。

（왕천창 저, 임일호 역 : 『중국어음학연구』, 성균관대학교출판부, 1995.）

96．林春城：《（从小说来看）现代中国》，钟路书籍，1995 年。

（임춘성 : 『（소설로보는）현대중국』, 종로서적, 1995.）

97．子思：《中庸》，国立汉城大学出版部，1995 年。

（자사 : 『중용』, 서울대학교출판, 1995.）

98．张起钧：《中国哲学史》，一志社，1995年。

（장기균：『中國哲學史』，일지사，1995.）

99．劳思光著，郑仁在译：《中国哲学史》，探求堂，1995年。

（노사광 저，정인재 역：『중국철학사』，탐구당，1995.）

100．帝尹新：《（御定）唐宋八子百选》，启明文化社，1995年。

（제윤신：『（御定）唐宋八子百選』，계명문화사，1995.）

101．小林一郎著，赵珉奎译：《中庸·孝经大讲》，古文编文化社，1995年。

（小林一郎 저，조민규 역：『中庸孝經大講』，고문편문화사，1995.）

102．赵羲天：《中国古代名言名句集》，韩国文化社，1995年。

（조희천：『중국고대명언명구집』，한국문화사，1995.）

103．朱寨：《中国哲学故事》，豆芽，1995年。

（주채：『중국철학이야기』，두로，1995.）

104．中国语文研究会：《（简明）中国文学史》，学文社，1995年。

（중국어문연구회：『（簡明）中國文學史』，학문사，1995.）

105．中国语文研究会：《中国语文学论集》，中国语文研究会，1995年。

（중국어문학연구회：『中國語文學論集』，중국어문학연구회，1995.）

106．中国语世界社：《新汉语自学书：解说新汉语》（1—5卷），中国语世界社，1995年。

（중국어세계사：『新中國語자습서：해설 新中國語．1-5권』，중국어세계사，1995.）

107．中国历史研究会：《中国史103个场景》，五常出版社，1995年。

（중국역사연구회：『중국사 103장면』，오상출판사，1995.）

108．曾先之：《十八简史：创业易守成难（2）：东晋—唐朝》，未来社，1995年。

（증선지：『십팔사략：창업은 쉽고 수성은 어렵다．2：동진-당나라시대』，미래사，1995.）

109．陈思和：《20世纪中国文学的理解》，青年社，1995年。

（陳思和：『20세기중국문학의이해』，청년사，1995.）

110．陈舜臣：《（长河历史评说）中国历史》，韩路社，1995年。

（진순신 : 『（대하역사평설）중국의역사』, 한길사, 1995.）

111. 陈舜臣：《中国历史（1）：从神话到历史》，韩路社，1995年。

（진순신 : 『중국의역사 . 1 : 신화에서역사로』, 한길사, 1995.）

112. 陈舜臣：《中国历史（2）：春秋战国时代》，韩路社，1995年。

（진순신 : 『중국의 역사 . 2 : 춘추전국시대』, 한길사, 1995.）

113. 陈舜臣：《中国历史（3）：天下统一》，韩路社，1995年。

（진순신 : 『중국의 역사 . 3 : 천하통일』, 한길사, 1995.）

114. 陈舜臣：《中国历史（4）：汉王朝光与影》，韩路社，1995年。

（진순신 : 『중국의 역사 . 4 : 한왕조의 빛과 그림자』, 한길사, 1995.）

115. 陈舜臣：《中国历史（5）：出师表》，韩路社，1995年。

（진순신 : 『중국의 역사 . 5 : 출사표』, 한길사, 1995.）

116. 陈舜臣：《中国历史（6）：去往长安的路》，韩路社，1995年。

（진순신 : 『중국의 역사 . 6 : 장안으로 가는 길』, 한길사, 1995.）

117. 陈舜臣：《中国历史（7）：大乱》，韩路社，1995年。

（진순신 : 『중국의역사 . 7 : 대란』, 한길사, 1995.）

118. 陈舜臣：《中国历史（8）：草原英雄》，韩路社，1995年。

（진순신 : 『중국의역사 . 8 : 초원의영웅』, 한길사, 1995.）

119. 陈舜臣：《中国历史（9）：紫禁城》，韩路社，1995年。

（진순신 : 『중국의 역사 . 9 : 자금성』, 한길사, 1995.）

120. 陈舜臣：《中国历史（10）：游民》，韩路社，1995年。

（진순신 : 『중국의역사 . 10 : 유민』, 한길사, 1995.）

121. 陈舜臣：《中国历史（11）：太平天国》，韩路社，1995年。

（진순신 : 『중국의역사 . 11 : 태평천국』, 한길사, 1995.）

122. 陈舜臣：《中国历史（12）：革命》，韩路社，1995年。

（진순신 : 『중국의역사 . 12 : 혁명』, 한길사, 1995.）

123. 陈舜臣：《从人物来看中国历史（5）：翻江倒海的近代中国》，新园文化社，1995年。

（진순신 : 『인물로 보는 중국역사 . 5 : 용틀임하는 근대중국』, 신원문화사, 1995.）

124. 车柱环：《中国文化概观》，韩国广播通信大学出版部，1995年。

（차주환：『中國文化概觀』，한국방송통신대학교출판부，1995.）

125. 车柱环：《中国文化史导论 中国文史哲论》，乙酉文化社，1995年。

（차주환：『中國文化史導論 中國文史哲論』，을유문화사，1995.）

126. 车柱环：《中国新文学评论选》，新雅社，1995年。

（차주환：『中國新文學評論選』，신아사，1995.）

127. 蔡志忠：《唐诗：千古名诗》（第32卷），湖山文化，1995年。

（채지충：『당시：천고의명시. v.32』，호산문화，1995.）

128. 崔根德译：《韩文论语》，成均馆，1995年。

（최근덕 역：『한글논어』，성균관，1995.）

129. 崔凡栖译：《故事史记列传》，青松，1995年。

（최범서 역：『이야기 사기열전』，청솔，1995.）

130. 崔玲爱：《汉字学讲义：从甲骨文到现代汉语》，原木，1995年。

（최영애：『漢字學講義：갑골문에서 현대중국어까지』，통나무，1995.）

131. 崔贤译：《水浒传》，平凡社，1995年。

（최현 역：『水滸傳』，평범사，1995.）

132. 韩国民族文化研究院：《易藏：连山易，归藏易，周易，正易，天符经》，书云观，1995年。

（한국민족문화연구원：『易藏：連山易. 歸藏易. 周易. 正易. 天符經』，서운관，1995.）

133. 韩大元：《现代中国法入门》，博英社，1995年。

（한대원：『現代中國法入門』，박영사，1995.）

134. 许世旭：《（中国诗300首）中国历代诗选》，新雅社，1995年。

（허세욱：『（中國詩300首）中國歷代詩選』，신아사，1995.）

135. 许安边：《胡雪岩》（1—6），五里阵，1995年。

（허안변：『호설암. 1-6』，오리진，1995.）

136. 许抗生：《老子哲学与道教》，艺文书苑，1995年。

（허항생：『노자철학과도교』，예문서원，1995.）

137. 姬田光义等著，金顺镐译：《20世纪中国史：了解中国的今天展望未来的历史读本》，石枕，1995年。

（姫田光義 외저, 김순호 역：『20세기중국사 : 중국의 오늘을 알고 내일을 내다보는 역사읽기』, 돌베개, 1995.）

138. 李相度：《崔世珍的汉语教学研究》，韩国外国语大学博士论文，1995年。

（이상도：『崔世珍의 漢語教學에 대한 研究』, 한국외국어대학교 대학원 박사논문, 1995.）

三、备注

1. 中韩建交前后，韩国高校有关中国研究的博士论文呈现急剧上升态势，从1991年到1995年间的总数为223篇。

2. 韩国对各专业的教育课程的教学要求很高。以清州大学汉文教育科中的汉字书法和汉诗论为例，在汉字书法中要求对汉文字进行实技指导，教授书体的发展、书风的变化、书法理论、作品欣赏，以便继承名贤学风，在将来的教学生活中利用这些实技。在汉诗论中则要求观察汉诗的形成、诗体的变迁、各时代诗歌的特色和作品创作等理论体系，以便了解诗歌批评研究的方法论。

3. 根据汉城初级汉字研究会制定的"小学用汉字"标准，翌年出版两种小学汉字认可图书，但是因汉字教育不属于国家教育经费范围，这些书无法免费提供给学生，因此在各学校内得不到普及。

4. 李相度在《崔世珍的汉语教学研究》(韩国外国语大学博士论文,1995)中，以朝鲜著名语言学家崔世珍的几部著作为主，考察其汉语研究成果与影响。他通过《翻译老乞大》《翻译朴通事》《老朴辑览》《四声通解》《训蒙字汇》总结了当时汉语音韵、词汇、文字和应用语言学的内容。他认为崔世珍的著作充分反映了他重视学习外语的原理，并已经认识到汉语教学法的重要性。

公元 1996 年

一、大事记

1. 丁范镇同他的多名学生经过 4 年的努力，完成了中国历史名著《史记》（7 卷）的翻译工作。

2. 2 月，汉城法仁文化社开设了大型中国图书专卖店，专售中国图书。

3. 11 月，国立汉城大学、高丽大学、延世大学、梨花女子大学等 9 所在汉城的大学设立了国际研究生院，并得到国家的大力支持。

4. 东方诗话学会成立。

5. 孟柱亿和朴德俊合作编写韩国外语高中汉语教材《中国语》。

6. 鲜文大学教授李亨求发表《广开土大王碑之新研究》《高句丽的考古文物》（韩国精神文化研究院）。

二、书（文）目录

1. 葛荣晋：《道家文化与现代文明》，法仁文化社，1996 年。

（갈영진：『道家文化와 現代文明』，법인문화사，1996.）

2. 江苏省社会科学院编，吴淳邦等译：《中国古典小说总目提要》（第 2 卷），蔚山大学出版部，1996 年。

（소성사회과학원 편，오순방 외역：『中國古典小說總目提要.第 2 卷』，울산대학교출판부，1996.）

3. 姜信雄：《中国古典的理解》，岭南书院，1996 年。

（강신웅：『中國古典의 理解』，영남서원，1996.）

4. 白浚基译：《菜根谭》，大荣文化社，1996 年。

（백준기 역：『（새로엮은）菜根譚』，대영문화사，1996.）

5. 道端良秀著，戒环译：《中国佛教史》，我们出版社，1996 年。

（道端良秀 저, 계환 역 :『중국불교사』, 우리출판사, 1996.）

6．郭信焕：《（中国哲学源流）诸子百家》，弗咸文化社，1996年。

（곽신환 :『（중국철학의 원류）제자백가』, 불함문화사, 1996.）

7．郭孝文：《中国思想》（1—2），朝明文化社，1996年。

（곽효문 :『中國思想 . 1–2』, 조명문화사, 1996.）

8．国史编纂委员会：《四君子：梅》，国史编纂委员会，1996年。

（국사편찬위원회 :『四君子：梅』, 국사편찬위원회, 1996.）

9．宫崎市定著，林中燅、朴善姬译：《中国中世纪史》，新书苑，1996年。

（宮崎市定 저, 임중혁, 박선희 역 :『중국중세계사』, 신서원, 1996.）

10．权泰旭译：《红楼梦》，快乐与奔跑（FUN&RUN），1996年。

（권태욱 역 :『홍루몽』, 팬앤런북스, 1996.）

11．权泰焕：《世界的民族：中国》，统一院，1996年。

（권태환 :『세계의 한민족：중국』, 통일원, 1996.）

12．金敬琢译：《论语·中庸·大学》，光文出版社，1996年。

（김경탁 역 :『論語·中庸·大學』, 광문출판사, 1996.）

13．金道基：《中国书技法》（1—6），弗咸文化社，1996年。

（김도기 :『中國書技法 . 1–6』, 불함문화사, 1996.）

14．刘颖慧、金都炼：《汉文是什么》，传统文化研究会，1996年。

（유영희, 김도련 :『한문이란 무엇인가』, 전통문화연구회, 1996.）

15．金秉洙：《中国历史和文学》（上、下），学文社，1996年。

（김병수 :『中國歷史와 文學 . 上, 下』, 학문사, 1996.）

16．老子著，金相大译：《道德经讲义》，国学资料院，1996年。

（노자 저, 김상대 역 :『도덕경 강의』, 국학자료원, 1996.）

17．金圣东：《中国哲学漫步》，白山书堂，1996年。

（김성동 :『중국철학 산책』, 백산서당, 1996.）

18．金时準：《中国现代文学作品选读》，韩国广播通信大学出版部，1996年。

（김시준 :『中國現代文學作品選讀』, 한국방송통신대학교출판부, 1996.）

19．金时準：《中国佛教史》，韩国广播通信大学出版部，1996年。

（김시준：『중국불교사』，한국방송통신대학교출판부，1996.）

20．金永德：《中国书技法》（1—5），学文社，1996年。

（김영덕：『中國書技法．1-5』，학문사，1996.）

21．金永德：《中国历史和文学》（上、下），学文社，1996年。

（김영덕：『中國歷史와 文學．上，下』，학문사，1996.）

22．金龙国、金龙云：《中国数学史》，民音社，1996年。

（김용국，김용국：『중국수학사』，민음사，1996.）

23．张君劢著，金容燮、张润守译：《从韩愈到朱熹：中国14—15世纪儒家哲学》，萤雪出版社，1996年。

（장군매 저，김용섭，장윤수 역：『한유에서 주희까지：중국근세유철학』，형설출판사，1996.）

24．金龙云：《明代文学的思想史背景》，东亚大学石堂传统文化研究院，1996年。

（김용운：『明代文學의 思想史的인 背景』，동아대학교 석당전통문화연구원，1996.）

25．金龙云：《中国思想论文选集（17）：道教（1）》，弗咸文化社，1996年。

（김용운：『中國思想論文選集．17：道教．1』，불함문화사，1996.）

26．金龙云：《中国思想论文选集（18）：道教（2）》，弗咸文化社，1996年。

（김용운：『中國思想論文選集．18：道教．2』，불함문화사，1996.）

27．金元中：《〈世说新语〉和人物品评的关联》，建阳大学人文科学研究所，1996年。

（김원중：『世說新語와 인물품평의 관련양상』，건양대학교인문과학연구소，1996.）

28．金正雪：《世界的民族：中国》，韩国文化社，1996年。

（김정설：『세계의 한민족：중국』，한국문화사，1996.）

29．金钟太：《中国绘画史》，一志社，1996年。

（김종태：『中國繪畫史』，일지사，1996.）

30．南德铉：《公安三袁的现实意识和价值取向》，东亚大学石堂传统文化研究院，1996年。

（남덕현：『公安三袁의 현실인식과 가치지향』，동아대학교 석당전통문화연구원，1996.）

31．金忠烈：《（金忠烈教授的）中国哲学史（1）：中国哲学的源流》．艺文书苑，1996年。

（김충렬：『（김충열교수의）．중국철학사．1：중국철학의원류』，예문서원，1996.）

32．加地伸行著，金台俊译：《儒教是什么》，知永社，1996年。

（加地伸行 저，김태준 역：『유교란 무엇인가』，지영사，1996.）

33．金泰贤：《鲁迅诗意识中的传统意义和近代性》，东亚大学石堂传统文化研究院，1996年。

（김태현：『魯迅詩意識에 나타난 傳統의 의미와 近代性』，동아대학교 석당전통문화연구원，1996.）

34．金海明：《漫步中国文学》，白山书堂，1996年。

（김해명：『중국문학산책』，백산서당，1996.）

35．金海洙：《古代汉语》，韩国文化社，1996年。

（김해수：『고대한어』，한국문화사，1996.）

36．金铉龙：《大学·中庸·诗经·书经·春秋》，博而精，1996年。

（김현룡：『大學．中庸．詩經．書經．春秋』，박이정，1996.）

37．金血祚：《汉文讲读》，岭南大学出版部，1996年。

（김혈조：『한문강독』，영남대학교출판부，1996.）

38．金九镇、金喜营：《故事中国史（第一册）：从古代到前汉时期》，菁我出版社，1996年。

（김구진，김희영：『이야기 중국사．（제1권）：고대로부터 전한시대까지』，청아출판사，1996.）

39．金九镇、金喜营：《故事中国史（第二册）：后汉时代开始到宋国》，菁我出版社，1996年。

（김구진，김희영：『이야기 중국사．（제2권）：후한시대부터송나라까지』，청아출판사，1996.）

40．金九镇、金喜营：《故事中国史（第三册）：从元朝到近现代》，菁我出版社，1996 年。）

（김구진, 김희영：『이야기 중국사 . (제 3 권)：원나라시대부터 근현대까지』, 청아출판사, 1996.)

41．范忠信、郑定、詹学农著，李仁哲译：《中国法律探究：情理法和中国人》，一潮阁，1996 年。

（范忠信，鄭定，詹學農 저，이인철 역：『中國法律文化探究：情理法과 中國人』, 일조각, 1996.)

42．史华兹著，罗城译：《中国古代思想的世界》，生活，1996 年。

（Schwartz, Benjamin 저，나성 역：『중국고대사상의 세계』, 살림, 1996.)

43．闵惠兰：《清代〈聊斋志异〉评论》，东亚大学石堂传统文化研究院，1996 年。

（민혜란：『清代의〈聊齋誌異〉評論에 대하여』, 동아대학교 석당전통문화연구원, 1996.)

44．南晚星译：《论语（修订版）》，瑞文堂，1996 年。

（남만성 역：『논어（개정판）』, 서문당, 1996.)

45．堀川哲男著，河世凤译：《亚洲的历史和文化（5）：中国史（近现代）》，新书苑，1996 年。

（堀川哲男 저，하세봉 역：『아시아의 역사와 문화（5）：중국사「근현대」』, 신서원, 1996.)

46．许世旭：《中国近代文学史》，法文社，1996 年。

（허세욱：『中國近代文學史』, 법문사, 1996.)

47．黄秉国译：《菜根谭》（1—2，27—28），大贤出版社，1996 年。

（황병국 역：『菜根譚 .1-2, 27-28』, 대현출판사, 1996.)

48．黄秉国译：《聊斋志异》，大贤出版社，1996 年。

（황병국 역：『聊齋志異』, 대현출판사, 1996.)

49．黄秉国译：《论语》（1—2，7—8），大贤出版社，1996 年。

（황병국 역：『論語 .1-2, 7-8』, 대현출판사, 1996.)

50．黄秉国译：《孟子》，大贤出版社，1996 年。

（황병국 역：『孟子』，대현출판사，1996.）

51. 黄秉国译：《孙子兵法》（36），大贤出版社，1996年。

（황병국 역：『孫子兵法.36』，대현출판사，1996.）

52. 黄秉国译：《西游记》（1—4，23—26），大贤出版社，1996年。

（황병국 역：『西遊記.1-4，23-26』，대현출판사，1996.）

53. 黄秉国译：《小学》（17），大贤出版社，1996年。

（황병국 역：『小學.17』，대현출판사，1996.）

54. 黄秉国译：《中庸》（18），大贤出版社，1996年。

（황병국 역：『中庸.18』，대현출판사，1996.）

55. 卞麟锡：（中国风物志）《中国文化遗迹实地调查》，斗南，1996年。

（변인석：『（中國風物志）중국문화유적답사』，두남，1996.）

56. 弗咸文化社：《清代哲学（4）·近现代哲学（1）》，弗咸文化社，1996年。

（불함문화사편집부：『清代哲學.4，近現代哲學.1』，불함문화사，1996.）

57. 金长焕译：《世说新语》，生活，1996年。

（김장환 역：『世說新語』，살림，1996.）

58. 金汉著，金正浩译：《中国现代小说史：1949—1989》，文学和知性社，1996年。

（김한 저，김정호 역：『중국현대소설사：1949—1989』，문학과지성사，1996.）

59. 蒲松龄著，金基律译：《中国怪谈》，世进社，1996年。

（포송령 저，김기율 역：『중국괴이담』，세진사，1996.）

60. 金荣焕：《在中国古典中学习的人生智慧》，切利诺，1996年。

（김영환：『중국고전에서 배우는 인생의 지혜』，첼리노，1996.）

61. 作者不详：《（保有篇）中国儒学思想论文选集》（第37—64卷），弗咸文化社，1996年。

（작자 미상：『（보유편）중국 유학사상 논문선집.v.37-64』，불함문화사，1996.）

62. 邰红朝等著，具范谟译：《孔子的经济学：儒教与经济成长》，韩世，

1996年。

（태홍조 외저, 구범모 역：『공자의 경제학：유교와 경제성장』, 한세, 1996.）

63. 金龙云：《明代文学思想史的背景》, 东亚大学石堂传统文化研究院, 1996年。

（김용운：『明代文學의 思想史的인 背景』, 동아대학교 석당전통문화연구원, 1996.）

64. 吴昶和：《明清传奇小说中出现的婚俗类型考察》, 东亚大学石堂传统文化研究院, 1996年。

（오창화：『明淸傳奇에 나타난 婚俗類型考』, 동아대학교 석당전통문화 연구원, 1996.）

65. 雷永才：《中国画技法（1）：四君子之梅》, 书林文化社, 1996年。

（뢰영재：『中國畫技法．1：梅：四君子』, 서림문화사, 1996.）

66. 张桂生：《中国画技法（2）：四君子之兰》, 书林文化社, 1996年。

（장계생：『中國畫技法．2：蘭：四君子』, 서림문화사, 1996.）

67. 张晓风：《中国画技法（3）：四君子之竹》, 书林文化社, 1996年。

（장효풍：『中國畫技法．3：竹：四君子』, 서림문화사, 1996.）

68. 刘铁泉、张晓风：《中国画技法（4）：四君子之菊》, 书林文化社, 1996年。

（류철천, 장효풍：『中國畫技法．4：菊：四君子』, 서림문화사, 1996.）

69. 刘铁泉：《中国书技法花鸟画》, 书林文化社, 1996年。

（류철천：『中國畫技法花鳥書』, 서림문화사, 1996.）

70. 温玉成：《中国石窟与文化艺术》, 景仁文化社, 1996年。

（온옥성：『中國石窟과 文化藝術』, 경인문화사, 1996.）

71. 郭信焕等：《中国思想论文选集（1）：中国思想（1）》, 弗咸文化社, 1996年。

（곽신환 외：『中國思想論文選集．1：中國思想．1』, 불함문화사, 1996.）

72. 李敬懋：《中国思想论文选集（2）：中国思想（2）》, 弗咸文化社,

1996 年。

（이경무：『中國思想論文選集 . 2：中國思想 . 2』，불함문화사，1996.）

73．弗咸文化社：《中国思想论文选集（3）：儒学（1）》，弗咸文化社，1996 年。

（불함문화사：『中國思想論文選集 . 3：儒學一般 . 1』，불함문화사，1996.）

74．弗咸文化社：《中国思想论文选集（4）：儒学（2）》，弗咸文化社，1996 年。

（불함문화사：『中國思想論文選集 . 4：儒學 . 2』，불함문화사，1996.）

75．柳承国：《中国思想论文选集（5）：儒学（3）》，弗咸文化社，1996 年。

（유승국：『中國思想論文選集 . 5：儒學 . 3』，불함문화사，1996.）

76．弗咸文化社：《中国思想论文选集（6）：儒学（4）》，弗咸文化社，1996 年。

（불함문화사：『中國思想論文選集 . 6：儒學 . 4』，불함문화사，1996.）

77．弗咸文化社：《中国思想论文选集（7）：大学·中庸·诗经·书经·春秋》，弗咸文化社，1996 年。

（불함문화사：『中國思想論文選集 . 7：大學，中庸，詩經，書經，春秋』，불함문화사，1996.）

78．弗咸文化社：《中国思想论文选集（8）：周易（1）》，弗咸文化社，1996 年。

（불함문화사：『中國思想論文選集 . 8：周易 . 1』，불함문화사，1996.）

79．弗咸文化社：《中国思想论文选集（9）：周易（2）》，弗咸文化社，1996 年。

（불함문화사：『中國思想論文選集 . 9：周易 . 2』，불함문화사，1996.）

80．金道基等：《中国思想论文选集（10）：礼乐》，弗咸文化社，1996 年。

（김도기 외：『中國思想論文選集 . 10：禮樂』，불함문화사，1996.）

81．弗咸文化社：《中国思想论文选集（11）：孔子（1）》，弗咸文化社，1996 年。

（불함문화사：『中國思想論文選集.11：孔子.1』，불함문화사，1996.）

82．白瑊洙等：《中国思想论文选集（12）：孔子（2）》，弗咸文化社，1996年。

（백기수 외：『中國思想論文選集.12：孔子.2』，불함문화사，1996.）

83．李云九：《中国思想论文选集（13）：孔子（3）》，弗咸文化社，1996年。

（이운구：『中國思想論文選集.13：孔子.3』，불함문화사，1996.）

84．弗咸文化社：《中国思想论文选集（14）：孟子（1）》，弗咸文化社，1996年。

（불함문화사：『中國思想論文選集.14：孟子.1』，불함문화사，1996.）

85．赵南旭等：《中国思想论文选集（15）：孟子（2）·荀子（1）》，弗咸文化社，1996年。

（조남욱 외：『中國思想論文選集.15：孟子.2，荀子.1』，불함문화사，1996.）

86．崔道熙等：《中国思想论文选集（16）：荀子（2）·先秦思想比较》，弗咸文化社，1996年。

（최도희 외：『中國思想論文選集.16：荀子.2，先秦思想比較』，불함문화사，1996.）

87．弗咸文化社：《中国思想论文选集（19）：老子》，弗咸文化社，1996年。

（불함문화사：『中國思想論文選集.19：老子』，불함문화사，1996.）

88．弗咸文化社：《中国思想论文选集（20）：庄子（1）》，弗咸文化社，1996年。

（불함문화사：『中國思想論文選集.20：莊子.1』，불함문화사，1996.）

89．弗咸文化社：《中国思想论文选集（21）：庄子（2）》，弗咸文化社，1996年。

（불함문화사：『中國思想論文選集.21：莊子.2』，불함문화사，1996.）

90．弗咸文化社：《中国思想论文选集（22）：诸子百家（1）》，弗咸文化社，1996年。

（불함문화사：『中國思想論文選集.22：諸子百家.1』，불함문화사，1996.）

91．弗咸文化社：《中国思想论文选集（23）：诸子百家（2）》，弗咸文化社，1996年。

（불함문화사：『中國思想論文選集．23：諸子百家．2』，불함문화사，1996．）

92．弗咸文化社：《中国思想论文选集（24）：汉唐哲学》，弗咸文化社，1996年。

（불함문화사：『中國思想論文選集．24：漢唐哲學』，불함문화사，1996．）

93．弗咸文化社：《中国思想论文选集（25）：性理学（1）》，弗咸文化社，1996年。

（불함문화사：『中國思想論文選集．25：性理學．1』，불함문화사，1996．）

94．柳承国：《中国思想论文选集（26）：性理学（2）·宋代哲学（1）》，弗咸文化社，1996年。

（유승국：『中國思想論文選集．26：性理學．2，宋代哲學．1』，불함문화사，1996．）

95．弗咸文化社：《中国思想论文选集（27）：宋代哲学（2）》，弗咸文化社，1996年。

（불함문화사：『中國思想論文選集．27：宋代哲學．2』，불함문화사，1996．）

96．弗咸文化社：《中国思想论文选集（28）：朱子哲学（1）》，弗咸文化社，1996年。

（불함문화사：『中國思想論文選集．28：朱子哲學．1』，불함문화사，1996．）

97．弗咸文化社：《中国思想论文选集（29）：朱子哲学（2）》，弗咸文化社，1996年。

（불함문화사：『中國思想論文選集．29：朱子哲學．2』，불함문화사，1996．）

98．柳仁熙：《中国思想论文选集（30）：朱子哲学（3）》，弗咸文化社，

1996 年。

（유인희：『中國思想論文選集.30：朱子哲學.3』，불함문화사，1996.）

99．李恩奉：《中国思想论文选集（31）：朱子哲学（4）》，弗咸文化社，1996 年。

（이은봉：『中國思想論文選集.31：朱子哲學.4』，불함문화사，1996.）

100．弗咸文化社：《中国思想论文选集 32：阳明学（1）》，弗咸文化社，1996 年。

（불함문화사：『中國思想論文選集.32：陽明學.1』，불함문화사，1996.）

101．弗咸文化社：《中国思想论文选集（33）：阳明学（2）》，弗咸文化社，1996 年。

（불함문화사：『中國思想論文選集.33：陽明學.2』，불함문화사，1996.）

102．韩艺元：《中国思想论文选集（34）：明代朱子学·清代哲学（1）》，弗咸文化社，1996 年。

（한예원：『中國思想論文選集.34：明代朱子學，清代哲學.1』，불함문화사，1996.）

103．弗咸文化社：《中国思想论文选集（35）：清代哲学（2）》，弗咸文化社，1996 年。

（불함문화사：『中國思想論文選集.35：清代哲學.2』，불함문화사，1996.）

104．弗咸文化社：《中国思想论文选集（36）：清代哲学（3）》，弗咸文化社，1996 年。

（불함문화사：『中國思想論文選集.36：清代哲學.3』，불함문화사，1996.）

105．弗咸文化社：《中国思想论文选集（37）：清代哲学（4）·近现代哲学（1）》弗咸文化社，1996 年。

（불함문화사：『中國思想論文選集.37：清代哲學.4，近現代哲學.1』，

불함문화사，1996.）

106．李明洙：《中国思想论文选集（38）：近现代哲学（2）》，弗咸文化社，1996年。

（이명수：『中國思想論文選集．38：近現代哲學．2』，불함문화사，1996.）

107．故事研究会：《中国哲学故事》，汉室媒体，1996年。

（이야기연구회：『이야기중국철학』，한실미디어，1996.）

108．藏原惟人著，金教斌译：《中国古代哲学世界》，宇宙学会，1996年。

（藏原惟人 저，김교빈 역：『중국고대철학의 세계』，한울아카데미，1996.）

109．袁珂：《中国神话传说》（I），民音社，1996年。

（원가：『중국신화전설．I』，민음사，1996.）

110．李明洙：《中国人与爱神》，志成文化社，1996年。

（이명수：『중국인과 에로스』，지성문화사，1996.）

111．金元中：《宋诗鉴赏大观》，喜鹊出版社，1996年。

（김원중：『宋詩鑑賞大觀』，까치출판사，1996.）

112．金时準、朴云锡、金荣九：《中国现代文学作品选读》，韩国广播通信大学出版部，1996年。

（김시준，박운석，김영구：『中國現代文學作品選讀』，한국방송통신대학교출판부，1996.）

113．弗咸文化社：《孟子（2）·荀子（1）》，弗咸文化社．1996年。

（불함문화사：『孟子．2，荀子．1』，불함문화사，1996.）

114．蒙培元著，李尚鲜译：《中国心性论》，法仁文化社，1996年。

（蒙培元 저，이상선 역：『중국심성론』，법인문화사，1996.）

115．永田英正编，朴健柱译：《古代中国史》，新书苑，1996年。

（永田英正 편，박건주 역：『고대중국사』，신서원，1996.）

116．崛川哲男编，河世凤译：《东亚历史与文化（5）：中国史（近现代）》，新书苑，1996年。

（崛川哲男 편，하세봉 역：『아시아歷史와文化（5）：中國史（近現代）』，

신서원，1996.）

117. 蓝棣之：《论中国新诗发展的基本矛盾》，东亚大学石堂传统文化研究院，1996年。

（람체지：『中國新詩發展의 基本矛盾을 論함』，동아대학교 석당전통문화연구원，1996.）

118. 杨义：《20世纪中国小说中的女性文化》，学古房，1996年。

（양의：『이십세기 중국소설 여성문화』，학고방，1996.）

119. 商礼群：《（中国古典文学）古代民谣》，韩国文化社，1996年。

（商禮群：『（중국고전문학）고대민요백수』，한국문화사，1996.）

120. 阿辻哲次著，沈庆昊译：《汉字学：〈说文解字〉的世界》，以会文化社，1996年。

（阿辻哲次 저，심경호 역：『漢字學：〈說文解字〉의 세계』，이회문화사，1996.）

121. 温玉成：《孔子》（1—3），景仁文化社，1996年。

（온옥성：『孔子 . 1-3』，경인문화사，1996.）

122. 金学主、李钟振、金荣九：《中国俗文学概论》，韩国广播通信大学出版部，1996年。

（김학주，이종진，김영구：『中國俗文學概論』，한국방송통신대학교 출판부，1996.）

123. 戒环：《中国华严思想史研究》，佛光出版部，1996年。

（계환：『中國華嚴思想史研究』，불광출판부，1996.）

124. 联合放送报道记者会：《（评论家眼中的）秘境与文化：中国篇》，联合放送报道记者会，1996年。

（연합방송보도기자회：『（言論人이 본）秘境과 文化：中國篇』，연합방송보도기자회，1996.）

125. 译者不详：《（真本）西游记》（5），东方人，1996年。

（역자 미상：『（眞本）서유기 . 5』，동방인，1996.）

126. 蔡志忠：《漫画中国古典（15）：韩非子》，大贤出版社，1998年。

（채지충：『만화중국고전 .15：韓非子』，대현출판사，1998.）

127．译者不详：《列子》（14），大贤出版社，1996年。

（역자 미상：『列子．14』，대현출판사，1996．）

128．弗咸文化社：《清代哲学》（2），弗咸文化社，1996年。

（불함문화사：『淸代哲學．2』，불함문화사，1996．）

129．蔡志忠：《漫画中国古典（39）：十八史略》，大贤出版社，1996年。

（채지충：『만화중국고전．39：十八史略』，대현출판사，1996．）

130．蔡志忠：《漫画中国古典（20）：史记》，大贤出版社，1998年。

（채지충：『만화중국고전．20：史記』，대현출판사，1998．）

131．蔡志忠：《漫画中国古典（1—2，29—30）：世说新语》，大贤出版社，1996年。

（채지충：『만화중국고전．1-2，29-30：世說新語』，대현출판사，1996．）

132．蔡志忠：《漫画中国古典（37）：吴子兵法》，大贤出版社，1996年。

（채지충：『만화중국고전．37：吳子兵法』，대현출판사，1996．）

133．冯友兰著，郑仁在译：《中国哲学史料集》，萤雪出版社，1996年。

（풍우란 저，정인재 역：『中國哲學史料集』，형설출판사，1996．）

134．弗咸文化社：《庄子》（2），弗咸文化社，1996年。

（불함문화사：『莊子．2』，불함문화사，1996．）

135．译者不详：《三国演义》（第1—4卷），韩国文化社，1996年。

（역자 미상：『삼국연의．v.1-v.4』，한국문화사，1996．）

136．刘义庆：《世说新语》（上），生活，1996年。

（유의경：『세설신어．상』，살림，1996．）

137．永田英正编，朴健柱译：《亚洲历史与文化（1）：中国史（古代）》，新书苑，1996年。

（永田英正 편，박건주 역：『아시아 歷史와 文化．1：中國史「古代」』，신서원，1996．）

138．韩国教育部：《中国文化（Ⅰ）：高中》，大韩教科书株式会社，1996年。

（한국교육부：『중국문화．Ⅰ：고등학교』，대한교과서주식회서，1996．）

139．陈起焕：《中国的民间神与神话》，知永社，1996年。

（진기환：『중국의 토속신과 그 신화』，지영사，1996.）

140．北京大学哲学系研究室：《中国哲学史》，自作学院，1996年。

（북경대교철학과연구실：『중국철학사』，자작아카데미，1996.）

141．赵芝薰：《菜根谭》，罗南出版社，1996年。

（조지훈：『채근담』，나남출판사，1996.）

142．守屋洋：《中国古典的人间学》，乙支书籍，1996年。

（守屋洋：『中國古典의 人間學』，을지서적，1996.）

143．闵斗基：《在中国自由主义的实验：胡适（1891—1962）的思想和活动》，知识产业社，1996年。

（민두기：『中國에서의 自由主義의 實驗：胡適（1891—1962）의 사상과 활동』，지식산업사，1996.）

144．闵白圭：《汉字文化和基督思观》，箴言，1996年。

（민백규：『漢字文化와 基督思觀』，잠언，1996.）

145．金泰贤：《鲁迅诗中体现的传统与近代性》，东亚大学石堂传统文化研究院，1996年。

（김태현：『魯迅詩意識에 나타난 傳統의 의미와 近代性』，동아대학교 석당전통문화연구，1996.）

146．朴金奎：《中国汉诗选》，圆光大学出版部，1996年。

（박금규：『中國漢詩選』，원광대학교출판부，1996.）

147．朴完信：《中国书技法（1）：四君子之梅》，地球文化社，1996年。

（박완신：『中國書技法.1：四君子梅』，지구문화사，1996.）

148．金圣叹著，朴钟和译：《三国志》，语文阁，1996年。

（김성탄 저，박종화 역：『三國志』，어문각，1996.）

149．赵钟业：《（修正增补）韩国诗话丛论》，太学社，1996年。

（조종업：『（修正增補）韓國詩話叢論』，태학사，1996.）

150．镰田茂雄著，郑舜日译：《中国佛教史》，经书院，1996年。

（鎌田茂雄 저，정순일 역：『中國佛教史』，경서원，1996.）

151．周桂钿：《（讲座）中国哲学》，艺文书苑，1996年。

（주계전：『（강좌）중국철학』，예문서원，1996.）

152．国立汉城大学：《古代中国的理解》（2），知识产业社，1996年。

（서울대학교：『古代中國의 理解．2』，지식산업사，1996.）

153．宣贞珪：《中国神话研究：从神话看古代中国人的思维世界》，高丽苑，1996年。

（선정규：『중국신화연구：신화로 본 고대 중국인의 사유세계』，고려원，1996.）

154．邵毅平：《中国古典文学论集》，蔚山大学出版部，1996年。

（소의평：『중국 고전문학 논집』，울산대학교출판부，1996.）

155．宋锜燮：《（远观近瞧）故事成语》，自由文库，1996年。

（송기섭：『（돋보기 엿보기）고사성어』，자유문고，1996.）

156．丁范镇等译：《史记》，喜鹊出版社，1996年。

（정범진 외역：『사기』，까치출판사，1996.）

157．陈寿：《（正史）三国志》，新园文化社，1996年。

（진수：『（正史）三國志』，신원문화사，1996.）

158．永田英正：《亚洲历史和文化》，新书苑，1996年。

（永田英正：『아시아 歷史와 文化』，신서원，1996.）

159．申成坤：《中国通史》，韩国广播通信大学出版部，1996年。

（신성곤：『중국통사』，한국방송통신대학교출판부，1996.）

160．沈伯纲：《（听故事学东亚思想）道家：不出门也可拥抱世界》，石笔，1996年。

（심백강：『（이야기로 배우는 동양사상）도가：문밖에 나가지 않고도 천하를 안다』，석필，1996.）

161．蓝棣之：《论中国新诗对古典诗歌传统的继承》，东亚大学石堂传统文化研究院，1996年。

（람체지：『古典詩歌의 傳統에 대한 中國新詩의 繼承을 논함』，동아대학교 석당전통문화연구원，1996.）

162．安秉国：《唐诗概论》，青年社，1996年。

（안병국：『唐詩槪論』，청년사，1996.）

163．安秉旭：《论语人生论：安秉旭随笔》，自由文学社，1996年。

（안병욱：『논어인생론：안병욱에세이』，자유문학사，1996.）

164. 梁忠烈：《明代后期主体意识的形成与个性主义的文学观》，东亚大学石堂传统文化研究院，1996年。

（양충열：『明後期 주체의식의 형성과 개성주의 문학관』，동아대학교 석당전통문화연구원，1996.）

165. 梁钟国：《宋代士大夫社会研究》，三知院，1996年。

（양종국：『宋代士大夫社會研究』，삼지원，1996.）

166. 梁忠烈：《孔子》（1），东亚大学石堂传统文化研究院，1996年。

（양충열：『孔子．1』，동아대학교석당전통문화연구원，1996.）

167. 梁会锡译：《西厢记》，真园，1996年。

（양회석 역：『서상기』，진원，1996.）

168. 严基元译：《西游记》，国民书馆，1996年。

（엄기원 역：『서유기』，국민서관，1996.）

169. 金进暎：《王士禛的作诗倾向》，东亚大学石堂传统文化研究院，1996年。

（김진영：『王士禛의 作詩傾向』，동아대학교 석당전통문화연구원，1996.）

170. 温玉成：《中国石窟与文化艺术》（下），景仁文化社，1996年。

（온옥성：『中國石窟과 文化藝術．下』，경인문화사，1996.）

171. 洼德忠：《中国宗教史》，宇宙学会，1996年。

（와덕충：『중국종교사』，한울아카데，1996.）

172. 禹玄民译：《庄子（第2版）》，博英社，1996年。

（우현민 역：『莊子（第2版）』，박영사，1996.）

173. 禹玄民译：《老子》（第2版），博英社，1996年。

（우현민 역：『老子（第2版）』，박영사，1996.）

174. 元可：《中国历史与文化：中国文学论》，民音社，1996年。

（원가：『중국역사와 문화：중국문학론』，민음사，1996.）

175. 柳美耕：《八大山人》，鼎谈，1996年。

（유미경：『八大山人』，정담，1996.）

176. 柳晟俊：《（中国语阅读）中国古文》，新雅社，1996年。

（유성준：『（中國語로 읽는）中國古文』，신아사，1996.）

177. 刘义庆：《中国旅行之两书院朝圣》，生活，1996年。

（유의경：『中國여행：양서원의순례기』，살림，1996.）

178. 柳哲天：《方东美先生全集》（1），书林文化社，1996年。

（유철천：『方東美先生全集.1』，서림문화사，1996.）

179. 柳哲天：《朱子与比较哲学》，书林文化社，1996年。

（유철천：『朱子와 比較朱子哲學』，서림문화사，1996.）

180. 刘向：《列女传：中国古代106个女人的故事》，艺文书苑，1996年。

（유향：『열녀전：중국고대의 106 여인이야기』，예문서원，1996.）

181. 尹乃铉：《中国史》（1），民音社，1996年。

（윤내현：『중국사.1』，민음사，1996.）

182. 尹天根：《儒学的哲学问题》，法仁文化社，1996年。

（윤천근：『유학의 철학적 문제들』，법인문화사，1996.）

183. 尹河炳：《（译注）古典小说太平广记作品选》，韩国文化社，1996年。

（윤하병：『（譯註）古典小說太平廣記作品選』，한국문화사，1996.）

184. 伊藤道治著，李根命译：《中国历史》（上），新书苑，1996年。

（伊藤道治 저，이근명 역：『中國歷史.상』，신서원，1996.）

185. 李基奭译：《菜根谭》，弘新文化社，1996年。

（이기석 역：『채근담』，홍신문화사，1996.）

186. 李明洙：《汉唐哲学》，知性文化社，1996年。

（이명수：『漢·唐哲學』，지성문화사，1996.）

187. 李文烈：《水浒传》，民音社，1996年。

（이문열：『수호지』，민음사，1996.）

188. 李文烈：《论语、孟子和行政学》，罗南出版社，1996年。

（이문열：『논어，맹자와 행정학』，나남출판사，1996.）

189. 李民树译：《新译诸子百家》，弘新文化社，1996年。

（이민수 역：『新譯諸子百家』，홍신문화사，1996.）

190. 李昉：《（译注）古典小说太平广记作品选》，国学资料院，1996年。

(이방:『(譯註)古典小說太平廣記作品選』,국학자료원,1996.)

191. 李炳浩:《孙膑兵法》,弘益出版社,1996年。

(이병호:『孫臏兵法』,홍익,1996.)

192. 李祥昊:《论语和商业世界》,成均馆,1996年。

(이상호:『논어와 비즈니스의 세계』,성균관,1996.)

193. 黄秉国:《世说新语》,大贤出版社,1996年。

(황병국 역:『世說新語』,대현출판사,1996.)

194. 李元燮:《唐诗(修订初版)》,玄岩社,1996年。

(이원섭:『唐詩(개정초판)』,현암사,1996.)

195. 李载敦:《中国二十五史与清史稿中记录的朝鲜历史:东夷传》,常绿树,1996年。

(이재돈:『東夷傳中國25史와 清史稿에 있는 우리나라歷史』,상록수,1996.)

196. 梨花女子大学:《儒教文化中的婚姻与家族:中韩女性比较研究》,梨花女子大学韩国女性研究院,1996年。

(이화여자대학교:『儒教文化 속의 결혼과 가족:韓·中여성 비교연구』,이화여자대학교한국여성연구원,1996.)

197. 宫崎市定著,林中赫、朴善姬译:《中国中世纪史》,新书苑,1996年。

(궁기시정 저,임중혁,박선희 역:『중국중세사』,신서원,1996.)

198. 张基槿:《(新完译)论语》,明文堂,1996年。

(장기근:『(新完譯)論語』,명문당,1996.)

199. 张基槿译:《庄子》(1—2),明文堂,1996年。

(장기근 역:『莊子.1-2』,명문당,1996.)

200. 张无尽:《老子》,大星文化社,1996年。

(장무진:『老子』,대성문화사,1996.)

201. 张世厚:《朱子诗研究》(岭南大学博士论文),1996年。

[장세후:『주희시 연구』(영남대학교박사논문),1996.]

202. 张友鹤:《(中国古典哲学)唐宋早期选集》,韩国文化社,1996年。

(장우학:『(중국고전문학)당송전기선』,한국문화사,1996.)

203. 藏原惟人：《宋代哲学》，宇宙学会，1996年。

（藏原惟人：『宋代哲學』，한울아카데미，1996.）

204. 钱穆：《孟子·荀子》，以文出版社，1996年。

（전목：『孟子荀子』，이문출판사，1996.）

205. 钱穆：《朱子学的世界》，以文出版社，1996年。

（전목：『주자학의 세계』，이문출판사，1996.）

206. 全炯俊：《解读现代中国文学》，文学和知性社，1996年。

（전형준：『현대 중국문학의 이해』，문학과지성사，1996.）

207. 郑尧一：《汉文和汉文学》，仁荷大学出版部，1996年。

（정요일：『漢文과 漢文學』，인하대학교출판부，1996.）

208. 郑在书：《山海经》，民音社，1996年。

（정재서：『山海經』，민음사，1996.）

209. 郑镇一：《（中国哲学的源流）诸子百家》，朝鲜大学出版部，1996年。

（정진일：『（중국철학의 원류）제자백가』，조선대학교출판국，1996.）

210. 郑镇一：《孟子选读》，朝鲜大学出版部，1996年。

（정진일：『대진의 맹자읽기』，조선대학교출판국，1996.）

211. 郑镇一：《中国哲学史》（2），朝鲜大学出版部，1996年。

（정진일：『중국철학사．2』，조선대학교출판국，1996.）

212. 赵纪彬著，赵南浩、申正根译：《反论语：孔子的论语，孔丘的论语》，艺文书苑，1996年。

（조기빈 저，조남호，신정근 역：『反논어：孔子의 論語，孔丘의 論語』，예문서원，1996.）

213. 赵斌福：《中国东北新石器文化》，集文堂，1996年。

（조빈복：『中國東北新石器文化』，집문당，1996.）

214. 赵芝薰译：《菜根谭》，玄岩社，1996年。

（조지훈 역：『채근담』，현암사，1996.）

215. 周振甫：《文心雕龙注释》，刊地不详，1996年。

（주진보：『문심조룡주석』，발행지 미상，1996.）

216. 北京大学哲学系研究室：《荀子先秦思想比较》，自作学院，1996年。

（북경대학교철학과연구실：『荀子先秦思想比較』，자작아카데미，1996.）

217. 作者不详：《中国史：古代》，新书苑，1996 年。

（작자 미상：『중국사：고대』，신서원，1996.）

218. 中国历史研究会：《简话中国史》，五常出版社，1996 年。

（중국역사연구회：『(알기 쉽게 이야기로 꾸민)중국사』，오상출판사，1996.）

219. 中国哲学研究会：《中国的社会思想》，萤雪出版社，1996 年。

（중국철학연구회：『중국의 사회사상』，형설출판사，1996.）

220. 陈奇瑜：《(四君子)兰》，高丽苑，1996 年。

（진기유：『(四君子)蘭』，고려원，1996.）

221. 陈奇瑜：《吕氏春秋》，高丽苑，1996 年。

（진기유：『呂氏春秋』，고려원，1996.）

222. 陈起焕：《中国的民间神以及神话》，知永社，1996 年。

（진기환：『중국의 토속신과 그 신화』，지영사，1996.）

223. 车柱环：《中国文化概观》，韩国广播通信大学出版部，1996 年。

（차주환：『中國文化槪觀』，한국방송통신대학교출판부，1996.）

224. 车柱环：《中国文学的飨宴》，国立汉城大学出版部，1996 年。

（차주환：『中國文學의 饗宴』，서울대학교출판부，1996.）

225. 车柱环：《(韩文版)孟子》，明文堂，1996 年。

（차주환 역：『(한글판)孟子』，명문당，1996.）

226. 蔡志忠：《漫话中国经典》，大贤出版社，1996 年。

（채지충：『만화중국고전』，대현출판사，1996.）

227. 崔相哲：《朱子学的世界》，庆南大学出版部，1996 年。

（최상철：『주자학의 세계』，경남대학교출판부，1996.）

228. 崔辰圭译：《史记》，高丽苑，1996 年。

（최진규 역：『史記』，고려원，1996.）

229. 崔贤译：《三国志》（上），汎友社，1996 年。

（최현역 역：『삼국지．상』，범우사，1996.）

230. 彭久松：《朱子哲学》（2），瑞文文化社，1996年。

（팽구송：『朱子哲學．2』，瑞文文化社，1996.）

231. 何进：《实用汉文》，世宗出版社，1996年。

（하진：『實用漢文』，세종출판사，1996.）

232. 韩国文化社：《〈李朝实录〉中的中国史料》，韩国文化社，1996年。

（한국문화사：『朝鮮李朝實錄中的中國史料』，한국문화사，1996.）

233. 韩国广播人俱乐部：《中国石窟与文化艺术》，韩国广播人俱乐部，1996年。

（한국방송인클럽：『中國石窟과 文化藝術』，한국방송인클럽，1996.）

234. 韩奎盛：《关于周易的46个问题和回答》，东方出版社，1996年。

（한규성：『주역에 대한 46가지 질문과 대답』，동녘출판사，1996.）

235. 韩武熙：《道家文化与现代文明》，富民文化社，1996年。

（한무희：『道家文化와 現代文明』，부민문화사，1996.）

236. 韩武熙译：《（新完译）论语》，富民文化社，1996年。

（한무희 역：『（新完譯）論語』，부민문화사，1996.）

237. 许龙九：《（中国古典文化）古代民谣百首》，韩国文化社，1996年。

（허룡구：『（중국고전문학）고대민요백수』，한국문화사，1996.）

238. 许世旭：《中国近代文学史》，泛文社，1996年。

（허세욱：『中國近代文學史』，범문사，1996.）

239. 许世旭：《中国现实主义文学论》，泛文社，1996年。

（허세욱：『中國現實主義文學論』，범문사，1996.）

240. 许崇德：《中国语学入门》，东玄出版社，1996年。

（허숭덕：『中國語學入門』，도현출판사，1996.）

241. 查理·霍尔：《中国儒学思想论文选集》，拉风箱，1996年。

（Hore, Charlie：『（보유편）중국유학사상 논문선집』，풀무질，1996.）

242. 洪景儿：《中国古代悲剧》，韩国外国语大学通译研究生院，1996年。

（홍경아：『中國古代悲劇』，한국외국어대학교 통역대학원，1996.）

243. 洪承稷译：《吕氏春秋》，高丽苑，1996年。

（홍승직 역：『呂氏春秋』，고려원，1996.）

244．黄秉国译：《老子》（1—2，10—11），大贤出版社，1996 年。
（황병국 역：『老子．1-2，10-11』，대현출판사，1996．）

三、备注

1．韩国各大学研究生院的中国学系设置了许多课程，其中政治、经济类的课程最多；其次为文化、区域研究、语言、历史等课程。在 11 所研究生院中只有 4 所将区域研究的方法论设为必修课，可见研究生院的中国学课程更强调实用教育。

2．丁范镇时任成均馆大学校长，他在该年度出版的《史记》译著中指出："《史记》已超出史书的范围，而囊括哲学、文学、地理、天文、神话传说等，是中国思想和文化的宝库。"

3．与学术专著不同，博士论文中人文科学领域的论文多于社会科学领域的论文。从 1996 年开始，在社会科学方面有关经济和商业内容的博士论文总数超过了研究政治问题的博士论文总数。

4．汉城法仁文化社开设的大型中国图书专卖店上架的中国图书达 1 万多种，10 多万册，包括中国文学、汉文学、文献学、史学、考古学、哲学、金石学、中医学等。可见，相通的古代文明和文化积淀里蕴藏着中韩文化交流的巨大潜力。

5．东方诗话学会由中、韩、日三国学者组成，该学会组织国际学术发表会，并出版《诗话学》论文集。

6．孟柱亿和朴德俊合作编写的韩国外语高中汉语教材《中国语》，后来也被人文系高中（普通高中）采用，成为有史以来销量最大的汉语教材。这套教材的突出特点是一改以往用繁体字印刷汉语教科书的传统，第一次采用简体字排版印刷。教材的出版发行，推动了简化汉字的教学，扩大了简化汉字的应用领域，在某种意义上也真正实现了汉语教学由汉学到汉语的格局变化。

7．鲜文大学教授李亨求曾经接受过系统的中国历史学和考古学教育，在中国历史学和考古学研究中也重视朝鲜半岛与中国的文化联系，并注重关于青铜器文化之起源与箕子朝鲜之疆域的研究以及高句丽好太王碑等研究。他著有《广开土大王碑之新研究》《高句丽的考古文物》等，译有《新中国甲骨学六十年》等。

公元 1997 年

一、大事记

1. 徐镇英出版《现代中国政治论》。

2. 据《韩国中语中文学会会员名单》统计，四年制大学与专门大学内设立的中国语系共约有 100 所。

3. 韩国教育部属下的学术振兴财团开始大力开展海外区域研究。

4. 在 1991 年人名用字 2854 字的基础上添加非人名用字及人名汉字的俗字、略字等 100 多个字，同年 7 月韩国政府决定必要时公文上可以并用汉字及其他外语。

5. 亚太研究中心创办《中苏研究》。

6. 由中国学者王汝海和韩国学者朴在渊共同主编的《韩国藏中国稀见珍本小说》出版，汇编了现存于韩国各大藏书机构的 10 种中国古代小说稀本或孤本。

7. 李钟九在《古汉语言研究》上发表《翻译〈老乞大〉〈朴通事〉里反映的汉语声调调值》。

8. 1997 年以后，KBS 韩国放送事业团、《朝鲜日报》等大型媒体开始用原音来表记中国的人名和地名。由此，汉语外来词也开始采用原音表记。

二、书（文）目录

1. 江苏省社会科学院编，吴淳邦等译：《中国古典小说总目提要》（第 3 卷），蔚山大学出版部，1997 年。

（소성사회과학원 편，오순방 외역：『中國古典小說總目提要. 第 3 卷』，울산대학교출판부，1997.）

2. 高永根：《孙子兵法和思想研究》，釜山外国语大学出版部，1997 年。

（고영근：『孫子의 兵法과 思想研究』，부산외국어대학교출판부，1997.）

3. 高羽荣：《漫话十八史略（4）：秦始皇天下统一》，斗山东亚，1997年。

（고우영 : 『만화십팔사략 . 4 : 시황제의천하통일』，두산동아，1997.）

4. 权諰：《炭翁文集》（上），道山学术研究院，1997年。

（권시 : 『炭翁文集 . 上』，도산학술연구원，1997.）

5. 琴教英：《中国的神话：开天辟地和三皇五帝》，谈论社，1997年。

（금교영 : 『중국의 신화 : 천지개벽과 삼황오제』，담론사，1997.）

6. 琴章泰：《儒教思想和宗教文化》，国立汉城大学出版部，1997年。

（금장태 : 『儒教思想과 宗教文化』，서울대학교출판부，1997.）

7. 金敬琢译：《（新完译）周易》，明文堂，1997年。

（김경탁 역 : 『（新完譯）周易』，명문당，1997.）

8. 金敬琢：《中国大连考古研究》，明文堂，1997年。

（김경탁 : 『中國大連考古研究』，명문당，1997.）

9. 金观海译：《中国的神话世界：各民族的创世神话和信仰》（上、下），宝库社，1997年。

（김관해 역 : 『중국적 신화세계，하 : 각 민족적 창세신화 및 신앙 . 상，하』，보고사，1997.）

10. 金光植：《中国儒学史》（1卷），草色，1997年。

（김광식 : 『中國儒學史 . 1 권』，풀빛，1997.）

11. 金明：《中国儒学史》（3卷），博英社，1997年。

（김명 : 『中國儒學史 . 3 권』，박영사，1997.）

12. 金起东：《孙子兵法与思想研究》，云岩社，1997年。

（김기동 : 『孫子의 兵法과 思想研究』，운암사，1997.）

13. 金岭宗：《中国儒学史》，法文社，1997年。

（김령종 : 『中國儒學史』，법문사，1997.）

14. 金秉洙：《中国历史与文学》（下），学文社，1997年。

（김병수 : 『中國歷史와 文學 . 下』，학문사，1997.）

15. 金炳宗：《中国绘画研究》，国立汉城大学出版部，1997年。

（김병종 : 『中國繪畫研究』，서울대학교출판부，1997.）

16. 金秉骏：《中国古代地域文化与郡县支配》，一潮阁，1997年。

（김병준：『中國古代地域文化와 郡縣支配』，일조각，1997.）

17. 金秉骏：《中国古代地域文化和郡县支配：以四川地区的巴蜀文化为中心》，三信文化社，1997年。

（김병준：『中國古代地域文化와 郡縣支配：四川地域의 邑蜀文化를 中心으로』，삼신문화사，1997.）

18. 金秉夏：《中国哲学史（4）：近代篇》，三贵文化社，1997年。

（김병하：『중국철학사．4：근대편』，삼귀문화사，1997.）

19. 金圣叹：《读第六才子书：西厢记读法》，岭南大学中国文学研究室，1997年。

（김성탄：『제6 재자서：서상기를 읽는 법』，영남대학교중국문학연구실，1997.）

20. 金英德：《中国南北朝历史研究：以朝贡交聘关系为中心》，学文社，1997年。

（김영덕：『中國南北朝史研究：朝貢．交聘關係를 중심으로』，학문사，1997.）

21. 金英德：《中国历史与文学》（上、中），学文社，1997年。

（김영덕：『中國歷史와 文學．上，中』，학문사，1997.）

22. 金元景：《基础中国语》，民族文化社，1997年。

（김원경：『基礎中國語』，민족문화사，1997.）

23. 金元景：《漫步诗的中国历史（2）：与黄河共观赏与思考》，民族文化社，1997年。

（김원경：『詩있는 中國歷史散策．2：黃河와 함께 바라보며，생각하며』，민족문화사，1997.）

24. 金仁焕：《周易》，罗南出版社，1997年。

（김인환：『주역』，나남출판사，1997.）

25. 金钟元：《中国近代史研究入门》，宇宙学会，1997年。

（김종원：『중국 근대사연구 입문』，한울아카데미，1997.）

26. 郭璞著，金宗润译：《山海经·穆天子传》，弘益斋，1997年。

（곽박 저，김종윤 역：『山海經，穆天子傳』，홍익재，1997.）

27．金镇京：《中国》，汉城文化社，1997年。

（김진경 : 『중국』, 서울문화사, 1997.）

28．金学主：《中国历代诗歌讲读》，韩国广播大学出版部，1997年。

（김학주 : 『中國歷代詩歌講讀』, 한국방송대학교출판부, 1997.）

29．金韩权：《中国哲学史》（1—3），一缕，1997年。

（김한권 : 『중국철학사 . 1-3』, 한줄기, 1997.）

30．金浩基：《中国近现代文化运动史》，乙酉文化社，1997年。

（김호기 : 『중국 근현대 문학운동사』, 을유문화사, 1997.）

31．金洪信译：《水浒传》，大山，1997年。

（김홍신 역 : 『수호지』, 대산, 1997.）

32．卞圭龙：《莱布尼兹的哲学和中国思想论考：比较思想的一个方法论的接近》，省谷学术文化财团，1997年。

（卞圭龍：「라이프니쯔의 哲學과 中國思想論考：비교사상의 한 方法論的 接近」, 성곡학술문화재단, 1997.）

33．徐镇英：《现代中国政治论》，罗南出版社，1997年。

（서진영 : 『현대중국정치론 : 변화와 개혁의 중국정치』, 나남출판사, 1997.）

34．罗彩勋：《三国志新闻》，实践文学社，1997年。

（나채훈 : 『삼국지신문』, 실천문학사, 1997.）

35．南相浩：《中国哲学方法史》，江原大学出版部，1997年。

（남상호 : 『중국철학방법사』, 강원대학교출판부, 1997.）

36．南怀瑾：《周易讲义》，文艺出版社，1997年。

（남회근 : 『주역의』, 문예출판사, 1997.）

37．王力著，朴德俊等译：《汉语语法发展史》，人与书，1997年。

（왕력 저, 박덕준 외역 : 『중국어 어법 발전사』, 사람과 책, 1997.）

38．李钟九：《翻译〈老乞大〉〈朴通事〉里反映的汉语声调调值》，古汉语言研究，1997年。

（이종구 : 「『번역노걸대박통사(飜譯老乞大朴通事)』중국음의 (中國音) 성격」, 중국언어연구, 1997.）

39. 金长焕译：《世说新语》，生活，1997 年。

（김장환 역：『世說新語』，살림，1997.）

40. 元灯萧德著，金敬琢译：《（新完译）周易》，内外文化，1997 年。

（元燈蕭德 저，김경탁 역：『新完譯周易』，내외문화，1997.）

41. 大秦大学五年史编纂委员会：《世说新话》，大秦大学，1997 年。

（대진대학교 5년사편찬위원회：『世說新話』，대진대학교，1997.）

42. 洌上古典研究会译：《红楼梦新译》，平民社，1997 年。

（열상고전연구회 역：『紅樓夢新譯』，평민사，1997.）

43. 孙隆基：《中国文化的深层结构》，教文社，1997 年。

（孫隆基：『중국문화의 심층구조』，교문사，1997.）

44. 袁珂：《中国的古代神话》，文艺出版社，1997 年。

（원가：『中國의 古代神話』，문예출판사，1997.）

45. 马华：《中国隐士文化》，东文选，1997 年。

（馬華：『中國隱士文化』，동문선，1997.）

46. 滕基龙：《封神演义》（3—5），阿拉丁，1997 年。

（등기용：『봉신연의 . 3-5』，알라딘，1997.）

47. 朱德熙著，许成道译：《现代汉语语法论》，人和书，1997 年。

（朱德熙 저，허성도 역：『현대 중국어 어법론』，사람과책，1997.）

48. 陈鼓应：《老庄新论：老子、庄子哲学的新解读》，松树，1997 年。

（진고응：『老莊新論：노자, 장자철학의 새로운 이해』，소나무，1997.）

49. 柳晟俊：《中国现代史的理解》，韩国外国语大学出版部，1997 年。

（유성준：『중국현대시의 이해』，한국외국어대학교출판부，1997.）

50. 刘向：《列女传：中国古代的 106 名巾帼演义》，艺文书苑，1997 年。

（유향：『열녀전：중국고대의 106 여인이야기』，예문서원，1997.）

51. 萧素秋：《针对韩国儿童的中国语教育方案研究：以初级班为中心》，檀国大学出版部，1997 年。

（소소추：『韓國 어린이를 위한 中國語教育方案研究：初級班을 中心으로』，단국대학교출판부，1997.）

52.《文化日报》中国采访组：《中国与东亚》，《文化日报》，1997年。

（문화일보중국취재팀：「중국과 동아시아 세계」，『문화일보』，1997.）

53. 朴安秀：《陶潜列传：晋书》（九十四卷），岭南大学中国文学研究室，1997年。

（박안수：『陶潛列傳：晉書. 卷九十四』，영남대학교중국문학연구실，1997.）

54．朴一钟：《山海经》，六文社，1997年。

（박일종：『산해경』，육문사，1997.）

55. 朴宰雨：《石人韩武熙博士花甲纪念中国语文论丛》，石人韩武熙博士花甲纪念中国语文论丛刊行委员会，1997年。

（박재우：『石人韓武熙博士華甲紀念中國語文論叢』，石人韓武熙博士華甲紀念中國語文論叢刊行委員會，1997.）

56. 朴宰雨：《中国史序说》，韩国外国语大学中国语系，1997年。

（박재우：『中國史序說』，한국외국어대학교중국어과，1997.）

57. 金圣叹著，朴钟和编译：《三国志》（1—7），语文阁，1997年。

（김성탄 저，박종화 편역：『三國志. 1-7』，어문각，1997.）

58. 方立天：《从问题看中国哲学：宇宙本源的问题》，艺文书苑，1997年。

（방립천：『문제로 보는 중국철학：우주, 본체의 문제』，예문서원，1997.）

59．方立天：《从问题看中国哲学：本体的问题》，艺文书苑，1997年。

（방립천：『문제로 보는 중국철학：인식의 문제』，예문서원，1997.）

60．方立天：《中国哲学和认识的问题》，艺文书苑，1997年。

（방립천：『중국철학과 인식의 문제』，예문서원，1997.）

61．边慧贞：《生活教养汉文》，檀国大学出版部，1997年。

（변혜정：『生活教養漢文』，단국대학교출판부，1997.）

62. 劳思光著，译者不详：《（新讲·缩译）八十华严经》（1），探求堂，1997年。

（노사광 저，역자 미상：『（新講·縮譯）八十華嚴經. 1』，탐구당，1997.）

63. 译者不详：《三新的中国》，檀国大学出版部，1997年。

（역자 미상：『三新의 中國』，단국대학교출판부，1997.）

64. 刊行委员会著，译者不详：《韩中文学比较研究》，国学资料院，1997年。

（간행위원회 저，역자 미상：『韓中文學比較研究』，국학자료원，1997.）

65. 译者不详：《中国的理解》，韩国精神文化研究院，1997年。

（역자 미상：『중국의 이해』，한국정신문화 연구원，1997.）

66. 译者不详：《简明中国文化》，松园先生伞寿纪念论文集刊行会，1997年。

（역자 미상：『(간추린) 중국문화』，松園先生傘壽 記念論文集刊行會，1997.）

67. 刘鹗著，译者不详：《老残游记》，松出版社，1997年。

（유악 저，역자 미상：『라오찬 여행기』，솔출판사，1997.）

68. 高田穰著，译者不详：《韩非子帝王学》，濊貊社，1997年。

（高田穰 저，역자 미상：『韓非子帝王學』，예맥사，1997.）

69. 井波律子著，译者不详：《奢侈享乐的中国史》，太阳文化社，1997年。

（井波律子 저，역자 미상：『사치향락의 중국사』，태양문화사，1997.）

70. 佐藤一郎著，译者不详：《从人物看中国历史（4）：豁然打开的文艺复兴》，新元文化社，1997年。

（佐藤一郎 저，역자 미상：『인물로 보는 중국역사.4：활짝핀 중국의 르네상스』，신원문화사，1997.）

71. 译者不详：《中国文化的深层构造》，汉城文化社，1997年。

（역자 미상：『중국문화의 심층구조』，서울문화사，1997.）

72. 宇野哲人著，译者不详：《中国的思想》，大元出版，1997年。

（宇野哲人 저，역자 미상：『중국의사상』，대원출판，1997.）

73. 李恩奉著，译者不详：《关于中国形而上学的几种综合性格》，大韩商工会议所，1997年。

（이은봉 저，역자 미상：『중국형이상학의 몇가지 종합적 성격에 관하여』，대한상공회의소，1997.）

74．徐珍洙：《汉文的香气》，太学社，1997年。

（서진수：『漢文의 香氣』，태학사，1997.）

75．成范重：《重视名号的孔子》，蔚山大学出版部，1997年。

（성범중：『공자도 명함을 썼다』，울산대학교출판부，1997.）

76．萧统：《陶渊明集序》，岭南大学中国文学研究室，1997年。

（소통：『陶淵明集序』，영남대학교중국문학연구실，1997.）

77．宋应星著，崔炷注释：《天工开物》，传统文化社，1997年。

（송응성 저，최주 역：『天工開物』，전통문화사，1997.）

78．沈约：《谢灵运传论》，岭南大学中国文学研究室，1997年。

（심약：『謝靈運傳論』，영남대학교중국문학연구실，1997.）

79．安金愧：《中国考古（史前时代篇）》，白山资料院，1997年。

（안금괴：『中國考古（先史時代篇）』，백산자료원，1997.）

80．安基行：《小说姜太公》（第1卷），一门，1997年。

（안기행：『소설태공．제1권』，일문，1997.）

81．安吉焕：《（简单理解）中国经典16选》，造书坊，1997年。

（안길환：『（쉽게읽는）중국고전 16 선』，책만드는집，1997.）

82．安吉焕：《水浒传》，造书坊，1997年。

（안길환：『수호지』，책만드는집，1997.）

83．张岱年著，梁再赫、赵贤淑、崔允秀译：《中国哲学史方法论》，理论与实践，1997年。

（장대년 저，양재혁，조현숙，최윤수 역：『중국 철학사 방법론』，이론과실천，1997.）

84．严学窘：《广韵导读》，岭南大学中国文学研究室，1997年。

（엄학군：『廣韻導讀』，영남대학교중국문학연구실，1997.）

85．余英时：《中国传统价值体系的现代意义：东亚文化和现代生活》，全州大学出版部，1997年。

（여영시：『중국 전통적 가치체계의 현대적 의의：동양문화와 현대생활』，전주대학교출판부，1997.）

86．睿智阁编辑部：《（要点）中国文化概论：中文（3）》，睿智阁，1997年。

（예지각 편집부：『（요점）중국철학개론：중문.3』，예지각，1997.）

87．睿智阁编辑部：《漫步诗的中国历史》，睿智阁，1997 年。

（예지각 편집부：『詩있는 中國歷史散策』，예지각，1997.）

88．吴金成：《中国古代史的发展》，一潮阁，1997 年。

（오금성：『中國古代史의 展開』，일조각，1997.）

89．蓝泰之：《古典诗歌的传统与中国新诗的继承》，东亚大学石堂传统文化研究院，1997 年。

（남태지：『古典詩歌의 傳統에 대한 中國新詩의 繼承을 논함』，동아대학교 석당전통문화연구원，1997.）

90．吴在成：《中国历史序论》，里民族史研究会，1997 年。

（오재성：『中國史序說』，리민족사연구회，1997.）

91．吴昌勋：《中国人的生活方式》，日新阁，1997 年。

（오창훈：『중국인의 라이프 스타일』，일신각，1997.）

92．王富仁：《中国哲学史方法论》，世宗出版社，1997 年。

（왕부인：『중국 철학사 방법론』，세종출판사，1997.）

93．禹在镐：《元稹列传：新唐书》（卷 107），岭南大学中国文学研究室，1997 年。

（우재호：『원진열전：（新唐書）.卷一百七』，영남대학교중국문학연구실，1997.）

94．元大然：《中国文化的理解：中国历史和文化艺术》，加号文化社，1997 年。

（원대연：『中國文化의 理解：중국역사와 문학예술』，플러스문화사，1997.）

95．刘炳容：《中国现代哲学 50 年历史》，集文堂，1997 年。

（유병용：『중국현대철학 50 년사』，집문당，1997.）

96．柳晟俊：《中国诗歌研究》，新雅社，1997 年。

（유성준：『中國詩歌研究』，신아사，1997.）

97．刘义庆：《世说新语》，生活，1997 年。

（유의경：『세설신어』，살림，1997.）

98. 柳钟根：《中国道家的音乐思想》，世训，1997年。

（유종근：『중국 道家의 음악사상』, 세훈, 1997.）

99. 刘俊龙：《学者和社会改革：中国现代大众教育运动》，学研文化社，1997年。

（유준용：『知識人과 社會改革：中國現代大衆教育運動』, 학연문화사, 1997.）

100. 刘和秀：《（轻松理解）中国思想》，韩国文化社，1997年。

（유화수：『（쉽게읽는）중국사상』, 한국문화사, 1997.）

101. 尹白贤：《山海经·穆天子传》，弘益斋，1997年。

（윤백현：『山海經·穆天子傳』, 홍익재, 1997.）

102. 尹定铉：《中国历代文选》，文音社，1997年。

（윤정현：『中國歷代文選』, 문음사, 1997.）

103. 李洙：《老子和庄子：无为和逍遥的哲学》，路，1997年。

（이수：『노자와 장자：무위와 소요의 철학』, 길, 1997.）

104. 李庆雨：《（编著译解）黄帝内经素问》（3），骊江出版社，1997年。

（이경우：『（編著譯解）黃帝內經素問.3』, 여강출판사, 1997.）

105. 李敬一：《中国近代社会经济史研究：明代绅工层的形成和社会经济的作用》，创文阁，1997年。

（이경일：『中國近世社會經濟史研究：明代紳工層의 形成과 社會經濟의 役割』, 창문각, 1997.）

106. 李冠淑：《基督教和中国文化的冲突》，昆兰出版社，1997年。

（이관숙：『기독교와 중국문화의 충돌』, 쿰란출판사, 1997.）

107. 李冠淑：《中国基督教史》，昆兰出版社，1997年。

（이관숙：『중국기독교사』, 쿰란출판사, 1997.）

108. 李根明：《教养汉文》，新书苑，1997年。

（이근명：『敎養漢文』, 신서원, 1997.）

109. 李基东译：《（新完译）周易》，东人书院，1997年。

（이기동 역：『（新完譯）周易』, 동인서원, 1997.）

110. 李基白：《中国民族的婚俗》，一潮阁，1997年。

（이기백：『중국 종족들의 혼속』, 일조각, 1997.）

111. 李基奭译：《(新译) 菜根谭》, 兴新出版社, 1997年。

（이기석 역：『(新譯) 茱根譚』, 홍신문화사, 1997.）

112. 李基铎：《中国哲学方法论》, 博英社, 1997年。

（이기탁：『중국철학방법사』, 박영사, 1997.）

113. 李东硕：《教养汉文》, 国立汉城大学出版部, 1997年。

（이동석：『敎養漢文』, 서울대학교출판부, 1997.）

114. 李昉：《(译注)古典小说〈太平广记〉作品选》, 国学资料院, 1997年。

（이방：『(譯註)古典小說「太平廣記」作品選』, 국학자료원, 1997.）

115. 李炳甲：《中国历史事典》, 学民社, 1997年。

（이병갑：『中國歷史事典』, 학민사, 1997.）

116. 李丙畴：《中国哲学史：宋明篇》, 岭南大学出版部, 1997年。

（이병주：『中國哲學史：宋明篇』, 영남대학교출판부, 1997.）

117. 李尚基：《中国政治思想入门》, 艺家, 1997年。

（이상기：『중국 정치사상 입문』, 예가, 1997.）

118. 康寔镇：《进明中韩辞典》, 进明出版社, 1997年。

（강식진：『進明中韓辭典』, 진명출판사, 1997.）

119. 李尚道：《汉语语法》, 东方媒体, 1997年。

（이상도：『중국어문법』, 동방미디어, 1997.）

120. 李尚业：《李商隐列传：新唐书》（卷203）, 刊地不详, 1997年。

（이상엽：『李商隱列傳：新唐書卷．卷203』, 발행지 미상, 1997.）

121. 李寿凤译：《中国的神话世界：各民族的创世神话及信仰》（上、下）, 景仁文化社, 1997年。

（이수봉 역：『중국적 신화세계：각 민족적 창세신화 및 신앙．상, 하』, 경인문화사, 1997.）

122. 李新魁：《中国声韵学概论》, 大光文化社, 1997年。

（이신괴：『中國聲韻學槪論』, 대광문화사, 1997.）

123. 李连福：《大明律直解》, 三宝企划, 1997年。

（이연복：『大明律直解』，삼보기획，1997.）

124. 李玩斋：《东方哲学研究方法》，小康，1997年。

（이완재：『동양철학을 하는 방법』，소강，1997.）

125. 李在承：《汉文的理解》，庆南大学出版部，1997年。

（이재승：『汉文的理解』，경남대학교출판부，1997.）

126. 李正一：《中国文化的理解：中国历史和文化艺术》，科学技术政策管理研究所，1997年。

（이정일：『中國文化의 理解：중국역사와 문학예술』，과학기술정책관리연구소，1997.）

127. 李宗桂：《中国文化概论》，东文选，1997年。

（이종계：『中國文化概論』，동문선，1997.）

128. 李钟永：《中国学入门》（1—12），庆北大学出版部，1997年。

（이종영：『中國學入門．1-12』，북대학교출판부，1997.）

129. 李周洪：《中国的民谈》，东西文化社，1997年。

（이주홍：『中國의 民譚』，동서문화사，1997.）

130. 李春植：《中国古代史的展开》，新书苑，1997年。

（이춘식：『中國古代史의 展開』，신서원，1997.）

131. 李春植：《中国史序说》，教保文库，1997年。

（이춘식：『中國史序說』，교보문고，1997.）

132. 李春植：《明心宝鉴》，教保文库，1997年。

（이춘식：『明心寶鑑』，교보문고，1997.）

133. 一评赵南权先生七疾松寿论总刊行委员会：《（要点）中国文化概论：中文（2）》，多云泉，1997年。

（일평 조남권 선생 칠질송수 논총간행위원회：『（요점）중국문화개관：중문．2』，다운샘，1997.）

134. 林东锡：《晏子春秋》，东文选，1997年。

（임동석：『晏子春秋』，동문선，1997.）

135. 王力著，朴德俊、宋龙准、吴文义、吴英植等译：《中国语语法发展史》，人与书，1997年。

（王力 저，박덕준，송용준，오문의，오영식 외역：『중국어 어법 발전사』，사람과 책，1997.）

136. 林春城：《中国现代文化运动史》，一路社，1997年。

（임춘성：『중국현대문학운동사』，한길사，1997.）

137. 张健：《中国的女性研究》，梨花女子大学亚洲女性学中心，1997年。

（장건：『중국의 여성연구』，이화여자대학교아시아여성학센터，1997.）

138. 张基槿：《中国的神话：天地开辟与三皇五帝》，泛友社，1997年。

（장기근：『중국의 신화：천지개벽과 삼황오제』，범우사，1997.）

139. 张基槿：《中国哲学简史截止到1997年》，泛友社，1997年。

（장기근：『중국철학소사—1997』，범우사，1997.）

140. 张基槿：《陶渊明》，书院，1997年。

（장기근：『도연명』，서원，1997.）

141. 全国经济人联合会：《中国文化的深层构造》，全国经济人联合会，1997年。

（전국경제인연합회：『중국 문화의 심층구조』，全國經濟人聯合會，1997.）

142. 全洪锡：《周易讲义》，松山出版社，1997年。

（전홍석：『주역강의』，송산출판사，1997.）

143. 郑求福：《中国近代截止到1952年》，韩国精神文化研究院，1997年。

（정구복：『中國近代—52』，한국정신문화 연구원，1997.）

144. 郑道传：《中国的思想》，松出版社，1997年。

（정도전：『중국의 사상』，솔출판사，1997.）

145. 丁范镇：《中国南北朝史研究：以朝贡、和亲关系为中心》，成均馆大学出版部，1997年。

（정범진：『中國南北朝史研究：朝貢，交聘關係를 중심으로』，성균관대학교출판부，1997.）

146. 郑允武：《中国现代哲学50年历史》，景仁文化社，1997年。

（정윤무：『중국 현대철학 50 년사』，경인문화사，1997.）

147. 郑义重：《中国古代小说的流派》，岭南大学中国文学研究室，1997年。

（정의중：『中國古代小說의 流派』，영남대학교중국문학연구실，1997.）

148. 劳思光著，郑仁载译：《中国哲学史：古代篇》，探求堂，1997年。

（노사광 저, 정인재 역：『中國哲學史：古代篇』，탐구당，1997.）

149. 郑禧泳：《故事中国历史》，山，1997年。

（정희영：『（이야기로 풀어보는）중국 모둠 역사서』，산，1997.）

150. 赵吉惠：《中国儒学史》（第1卷），信元文化社，1997年。

（조길혜：『中國儒學史．1권』，신원문화사，1997.）

151. 曹玟焕：《中国哲学和艺术精神》，艺文书院，1997年。

（조민환：『중국철학과 예술정신』，예문서원，1997.）

152. 赵星基：《红楼梦》，民音社，1997年。

（조성기：『홍루몽』，민음사，1997.）

153. 曹永禄：《中国》，国学资料院，1997年。

（조영록：『중국』，국학자료원，1997.）

154. 赵亨润：《中国文化概观》，民族社，1997年。

（조홍윤：『中國文化槪觀』，민족사，1997.）

155. 朱寨：《中国哲学故事》，豆芽，1997年。

（주채：『중국철학이야기』，두로，1997.）

156. 北京大学哲学系研究室：《中国哲学史（3）：宋明清篇》，自作学院，1997年。

（북경대학교철학과연구실：『중국철학사．3：송，명，청（宋，明，淸）편』，자작아카데미，1997.）

157. 北京大学哲学系研究室：《中国哲学史（4）：近代篇》，自作学院，1997年。

（북경대학교철학과연구실：『중국철학사．4：근대편』，자작아카데미，1997.）

158. 韩国中国现代文学学会：《中国现代文化的世界》，玄岩社，1997年。

（한국중국현대문학학회：『중국현대문학의세계』，현암사，1997.）

159. 陈起焕：《仙：中国的仙化文化给予我们的人生智慧》，文化战士，

1997 年。

（진기환：『仙：중국 선화문학이 주는 삶의 지혜』，문화전사，1997.）

160. 全基焕译：《聊斋志异》，泛友社，1997 年。

（진기환 역：『요재지이』，범우사，1997.）

161. 刘义庆著，金长焕译注：《世说新语》（中），生活，1997 年。

（유의경 저，김장환 역주：『세설신어．中』，살림，1997.）

162. 蔡芳鹿：《华夏圣学——儒学与中国文化》，传统与现代化，曙光社，1997 年。

（채방록：『전통과 현대하』，서광사，1997.）

163. 蔡洙明：《发掘中国古迹》，日出，1997 年。

（채수명：『중국 고적 발굴기』，해돋이，1997.）

164. 蔡志忠：《（漫话中国经典）西游记》，大贤出版社，1997 年。

（채지충：『（만화중국고전）서유기』，대현출판사，1997.）

165. 楚勋、徐敬宇教授花甲纪念论文集刊行委员会：《中国哲学史》，罗南出版社，1997 年。

（초훈 서정우 교수 화갑기념 논문집간행위원회：『中國哲學史』，나남출판사，1997.）

166. 崔梦龙：《中国道家的音乐思想》，国立汉城大学出版部，1997 年。

（최몽룡：『중국도가의 음악사상』，서울대학교출판부，1997.）

167. 崔茂藏：《中国小学史》，学研文化社，1997 年。

（최무장：『中國小學史』，학연문화사，1997.）

168. 崔韶子：《明清时期中韩关系史研究》，梨花女子大学，1997 年。

（최소자：『明淸時代中韓關係史硏究』，이화여자대학교，1997.）

169. 崔云植：《雄起的中国人　变化的中国土地》，宝库社，1997 年。

（최운식：『바람난중국인변하는중국땅』，보고사，1997.）

170. 艾伯华著，崔孝先译：《中国的历史》，文艺出版社，1997 年。

（Eberhard, Wolfram 저，최효선 역：『中國의 歷史』，문예출판사，1997.）

171. 奥克塔夫·布里耶尔著，杓政勋译：《中国现代哲学 50 年史》，蕃茄，

1997年。

（Briere，Octave 저，표정훈 역：『중국 현대철학 50 년사』，토마토，1997.）

172. 韩东洙：《中国古建筑：园林鉴赏入门》，世进社，1997年。

（한동수：『중국 고건축 원림 감상 입문』，세진사，1997.）

173. 韩武熙：《中国历史与文学》（上），富民文化社，1997年。

（한무희：『中國歷史와 文學. 上』，부민문화사，1997.）

174. 韩弘燮：《中国道家的音乐思想》，曙光社，1997年。

（한홍섭：『중국도가（道家）의 음악사상』，서광사，1997.）

175. 咸亨俊：《中国历史和文学》（上），古诗研究院，1997年。

（함형준：『中國歷史와 文學. 上』，고시연구원，1997.）

176. 许世旭：《中国古典文学史》（上、下），法文社，1997年

（허세욱：『中國古典文學史. 上，下』，법문사，1997.）

177. 胡起光：《中国历史（下）》，东文选，1997年。

（호기광：『中國歷史. 하』，동문선，1997.）

178. 黄仁宇著，洪光熏、洪淳道译：《宏观中国史》，喜鹊出版社，1997年。

（黃仁宇 저，홍광훈，홍순도 역：『거시중국사』，까치출판사，1997.）

179. 弘益斋：《山海经笺疏覆校穆天子传》，弘益斋，1997年。

（홍익재：『山海經箋疏覆校穆天子傳』，홍익재，1997.）

180. 严翼相：《韩国古化汉字为中国上古音说》，《语言研究》，1997年。

（嚴翼相：「韓國古化漢字為中國上古音說」，『어언연구』，1997.）

181. 闵斗基：《中国初期革命运动的研究》，国立汉城大学出版部，1997年。

（민두기：『中國初期革命運動의 研究』，서울대학교출판부，1997.）

三、备注

1. 财团为从事中国研究的研究人员提供更多的机会和研究经费，极大地鼓舞了中国研究事业。

2. 人们普遍认为徐孝的《司马温公等韵图经》（1606）是反映17世纪北京话的资料，而李钟九在《翻译〈老乞大〉〈朴通事〉里反映的汉语声调调值》中指出，《等韵图经》的入声派入大势与元曲、北京话一致，而崔世珍的入声派入大势跟《等韵图经》等反映北京话的资料相一致。显然，这不可能是偶然的巧合，因此崔世珍的标注不可能是主观的，而是以当时的北京话的实际考察为基础的，进而指出：“如果谈及崔世珍对中国音韵学的贡献，那么恐怕对16世纪汉语声调描写和真实记载就是他首要的贡献。”

公元1998年

一、大事记

1. 2月中旬，主张韩汉混用的韩国语文会理事长李应百向国会递交请愿书和建议书要求废止韩文专用法，并主张从小学起就实行汉字教育。

2. 韩文学会会长许雄于2月末，向韩国总统金大中递交了《强化韩文专用，反对在小学变相进行汉字教育》的建议书，并号召在全国范围内广泛开展韩文专用运动。

3. 韩国学者开始统计韩国汉文教育所需汉字的使用频率及汉字的数量。

4. 11月，韩国成立"超越宗教、超越政党、超越地域"的全国汉字教育推进总联合会。

5. 韩国发现了元代古本《老乞大》。

二、书（文）目录

1. 姜文浩：《容易掌握的中国历史：秦汉魏晋南北朝篇》，三协综合出版部，1998年。

（강문호：『알기 쉬운 중국역사 : 秦漢魏晉南北朝篇』，삼협종합출판부，

1998.）

2. 姜春花：《当代中国学入门》，朴荣律出版社，1998年。

（강춘화：『당대 중국학 입문』，박영률출판사，1998.）

3. 作者不详：《古代中国人故事：中国古代生活史》，文化观光部，1998年。

（작자 미상：『고대 중국인 이야기：중국 고대생활사』，문화관광부，1998.）

4. 高丽大学：《基础汉文》，高丽大学出版部，1998年。

（고려대학교：『基礎漢文』，고려대학교출판부，1998.）

5. 高在云译：《（小说）西游记》（1—3），JS，1998年。

（고재운 역：『（소설）서유기.1-3』，제이에스，1998.）

6. 高济哲：《中国哲学发展史》，松源文化事业促进委员会，1998年。

（고제철：『中國哲學發展史』，송원문화사업추진위원회，1998.）

7. 郭志梁：《中华思想》，中国语文化院，1998年。

（곽지량：『中華思想』，중국어문화원，1998.）

8. 魁大慎：《中国民俗学》，白山资料院，1998年。

（괴대신：『중국민속학』，백산자료원，1998.）

9. 国民文化研究所50年史刊行委员会：《中国哲学和艺术精神》，国民文化研究所，1998年。

（국민문화연구소 50년사간행위원회：『중국철학과 예술정신』，국민문화연구소，1998.）

10. 权重达：《中国近世思想史研究》，中央大学出版部，1998年。

（권중달：『中國近世思想史研究』，중앙대학교출판부，1998.）

11. 金芳汉：《高级大学中国语》，国立汉城大学出版部，1998年。

（김방한：『高級大學中國語』，서울대학교출판부，1998.）

12. 张岱年著，金白熙译：《中国哲学大纲：中国哲学问题史》（上、下），喜鹊出版社，1998年。

（장대년 저，김백희 역：『中國哲學大綱：中國哲學問題史.상，하』，까치출판사，1998.）

13. 金秉宽：《中国的军事思想（古代和现代的比较）：以韩国战争时出

现的孙子兵法的影响为中心》，京畿大学，1998年。

（김병관：『中國의 軍事思想：古代와 現代의 비교：韓國戰爭時 나타난 孫子兵法의 영향을 中心으로』，경기대학교，1998.）

14．金秉哲：《中国哲学史》，乙酉文化社，1998年。

（김병철：『中國哲學史』，을유문화사，1998.）

15．金松达：《中国哲学和认识的问题》，过滤，1998年。

（김송달：『중국철학과 인식의 문제』，거름，1998.）

16．金舜基：《中国文化大展》，良书阁，1998年。

（김순기：『中國文化大展』，양서각，1998.）

17．金镛：《东方的生命观：以中国道家哲学为中心》，文化艺术出版社，1998年。

（김용：「東洋의 生命觀：중국 도철학을 중심으로」，문화예술출판사，1998.）

18．金元中：《中国文化的理解》，乙酉文化社，1998年。

（김원중：『중국문화의 이해』，을유문화사，1998.）

19．金一根译：《太平广记谚解：觅南本》，博而精，1998年。

（김일근 역：『太平廣記諺解：覓南本』，박이정，1998.）

20．金一根译：《太平广记谚解：乐善斋本》，博而精，1998年。

（김일근 역：『太平廣記諺解：樂善齋本』，박이정，1998.）

21．金钟浩：《现代汉语语法》，新雅社，1998年。

（김종호：『현대중국어문법』，신아사，1998.）

22．金泰成：《中国史的背后》，实践文学社，1998年。

（김태성：『중국사 뒷이야기』，실천문학사，1998.）

23．金禧宝：《中国的名诗》，钟路书籍，1998年。

（김희보：『中國의 名詩』，종로서적，1998.）

24．董明：《中国私学史》（下），东洋文库，1998年。

（동명：『중국사학사．하』，동양문고，1998.）

25．洪京镐：《（小说）肉蒲团：五百年禁书中国最高性经（2）》，虚拟网络（Cybernet），1998年。

（홍경호：『（소설）육포단：오백년 금서 중국 최고 性經 . 2』，사이버네트，1998.）

26. 敏泽著，刘炳礼等译：《中国文学理论批评史先秦篇》，诚信女子大学出版部，1998年。

（敏澤 저，유명례 외역：『中國文學理論批評史先秦篇』，성신여자대학교출판부，1998.）

27. 朴文洙：《儒学与现代世界》，波林，1998年。

（박문수：『유학과 현대세계』，바오로딸，1998.）

28. 朴成镇：《中国政治思想史》，艺门馆，1998年。

（박성진：『中國政治思想史』，藝門館，1998.）

29. 钱光培、向远著，朴云锡译：《中国现代诗的理解》，中文出版社，1998年。

（錢光培，向遠 저，박운석 역：『중국현대시의이해』，중문출판사，1998.）

30. 小岛普治、丸山松幸著，朴元浩译：《中国近现代史》，知识产业社，1998年。

（小島普治，丸山松幸 저，박원호 역：『中國近現代史』，지식산업사，1998.）

31. 朴银华：《（简明）中国美术的历史》，时空社，1998年。

（박은화：『（간추린）중국미술의역사』，시공사，1998.）

32. 朴浚圭：《汉文学概论》，全南大学出版部，1998年。

（박준규：『漢文學槪論』，전남대학교출판부，1998.）

33. 白西海：《中国文化的理解》，正民媒体，1998年。

（백서해：『중국문화의 이해』，정민미디어，1998.）

34. 傅乐成：《中国通史》（下），知永社，1998年。

（부낙성：『중국통사 . 하』，지영사，1998.）

35. 上虚安炳周教授退休纪念论文集刊行委员会：《不死的孔子智慧（3）：经营哲学》，亚细亚文化社，1998年。

（상허 안병주교수 정년기념 논문집간행위원회：『세상을 사는 공자의

지혜.3：경영철학』，아세아문화사，1998.）

36. 上虛安炳周教授退休纪念论文集刊行委员会：《（池教宪纪行随笔）滚滚长江：东洋哲学家眼中的中国文化》，亚细亚文化社，1998年。

（상허 안병주교수 정년퇴임기념 논문집간행위원회：『（지교헌 기행수필）長江은 흐른다：동양철학자 본 중국문화』，아세아문화사，1998.）

37. 徐惟元：《中国创世神话》，亚细亚文化社，1998年。

（서유원：『중국창세신화』，아세아문화사，1998.）

38. 宋敏：《中国书艺美学》，东文选，1998年。

（송민：『中國書藝美學』，동문선，1998.）

39. 宋永右：《中国学》，建国大学出版部，1998年。

（송영우：『중국학』，건국대학교출판부，1998.）

40. 慎相宰译：《（新完译）孟子》（上），中央大学出版部，1998年。

（신상재 역：『（新完譯）孟子．上』，중앙대학교출판부，1998.）

41. 辛胜夏、任相范、金泰丞：《20世纪的中国》，国立汉城大学出版部，1998年。

（신승하，임상범，김태승：『20세기의 중국』，서울대학교출판부，1998.）

42. 申进镐：《中国文学史的理解》，知永社，1998年。

（신진호：『중국문학사의 이해』，지영사，1998.）

43. 小川环树著，沈庆昊译：《唐诗概说》，梨花文化社，1998年。

（小川環樹 저，심경호 역：『당시개설，이화문화사，1998.）

44. 吉川幸次郎著，沈庆昊译：《读唐诗（改定版）》，创作与批评社，1998年。

（吉川幸次郎 저，심경호 역：『唐詩읽기（개정판）』，창작과비평사，1998.）

45. 沈柄吉：《梁柱东全集（11）：评论·翻译》，博英社，1998年。

（심병길：『梁柱東全集．11：論評，飜译』，박영사，1998.）

46. 韩武熙译：《三国志》，一信书籍，1998年。

（한무희 역：『三國志』，일신서적，1998.）

47. 杨浦李尚泽教授花甲纪念论文总刊行委员会：《北京汉语40基础合本解读》，集文堂，1998年。

（양포 이상택교수 환력기념 논총간행위원회 :『베이징 중국어 40 기초 합본 해설』, 집문당, 1998.）

48. 历史之谜研究会：《中国史：趣味概览》，松出版社，1998年。

（역사노미연구회 :『중국사 : 재미있게 들여다보기』, 솔출판사, 1998.）

49. 历史之谜研究会：《中国哲学大纲：中国哲学问题史》（上、下），松出版社，1998年。

（역사노미연구회 :『中國哲學大綱 : 中國哲學問題史 . 상, 하』, 솔출판사, 1998.）

50. 译者不详：《孔子》，韩国法制研究院，1998年。

（역자 미상 :『공자』, 한국법제연구원, 1998.）

51. 大前研一著，译者不详：《中国》，软战略经营研究院，1998年。

（大前硏一 저, 역자 미상 :『중국』, 소프트전략경영연구원, 1998.）

52. 赵正镐著，译者不详：《明源漫笔》，银河出版社，1998年。

（조정호 저, 역자 미상 :『明源漫筆』, 은하출판사, 1998.）

53. 金寿天著，译者不详：《书艺文化史（1）：中国古代书艺的变迁》，圆光大学出版局，1998年。

（金壽天 저, 역자 미상 :『書藝文化史 . 1 : 中國古代書藝의 變遷』, 원광대학교출판국, 1998.）

54. 译者不详：《西游记》，教员，1998年。

（역자 미상 :『서유기』, 교원, 1998.）

55. 译者不详：《中国历代小说序跋译注》，广播文化事业团，1998年。

（역자 미상 :『中國歷代小說序跋译註』, 방송문화사업단, 1998.）

56. 译者不详：《中国人的文学观念：先秦篇》，诚信女子大学出版部，1998年。

（역자 미상 :『中國人의 文學觀念 : 先秦篇』, 성신여자대학교출판부, 1998.）

57. 赵永新著，译者不详：《现代汉语语法》，庆南大学出版部，1998 年。

（조영신 저, 역자 미상：『현대중국어문법』, 경남대학교출판부, 1998.）

58. 吴楚材译：《古文观止》，知永社，1998 年。

（오초재 역：『古文觀止』, 지영사, 1998.）

59. 渡边华山译：《墨子》（上），韩国人文科学院，1998 年。

（渡邊華山 역：『墨子.上』, 한국인문과학원, 1998.）

60. 外交通商部：中国概况，外交通商部，1998 年。

（외교통상부：『中國槪況』, 외교통상부, 1998.）

61. 柳晟俊：《中国唐诗选注》，松山出版社，1998 年。

（유성준：『中國唐詩選注』, 송산출판사, 1998.）

62. 刘逸生、边成圭：《唐诗的韵味》，教学研究社，1998 年。

（유일생, 변성규：『唐詩의 자미』, 교학연구사, 1998.）

63. 尹寿荣：《元代散曲选》（11），新雅社，1998 年。

（윤수영：『元代散曲選.11』, 신아사, 1998.）

64. 李玹：《〈文心雕龙〉中的诗缘情说研究》，中部大学人文社会科学研究，1998 年。

（이현：『「文心雕龍」에 나타난 詩緣情說 研究』, 중부대학교인문사회과학연구, 1998.）

65. 李基东译：《论语中得到的智慧》，东人书院，1998 年。

（이기동 역：『논어에서 얻는 지혜』, 동인서원, 1998.）

66. 李基东译：《庄子中得到的智慧》，东人书院，1998 年。

（이기동 역：『장자에서 얻는 지혜』, 동인서원, 1998.）

67. 张景岳著，南九译：《（悬吐注释）张氏类经》（上），法仁文化社，1998 年。

（張景岳 저, 남구 역：『（懸吐註釋）張氏類經.上』, 법인문화사, 1998.）

68. 李南钟译：《黄帝内经灵枢素问要论》，诚术医学社，1998 年。

（이남종 역：『黃帝內經 靈樞素問 要論』, 성술의학사, 1998.）

69. 李文烈译：《三国志（第 10 卷）：五丈原禳星》，民音社，1998 年。
（이문열 역 : 『三國志 . 제 10 권 : 오장원에 지는 별』, 민음사, 1998.）

70. 李文助：《中国民俗学》，韩国政治发展研究院，1998 年。
（이문조 : 『중국민속학』, 한국정치발전연구원, 1998.）

71. 李敏埴：《中国文化大展》，慧眼，1998 年。
（이민식 : 『中國文化大展』, 혜안, 1998.）

72. 李炳汉、李永朱：《唐诗选》，国立汉城大学出版部，1998 年。
（이병한, 이영주 : 『唐詩選』, 서울대학교출판부, 1998.）

73. 李炳汉：《中国诗与诗人唐代篇》，人与书，1998 年。
（이병한 : 『중국시와 시인 : 당대편』, 사람과 책, 1998.）

74. 李三悦：《文化汉语》（1），开放文化，1998 年。
（이삼열 : 『문화중국어 . 1』, 열린문화, 1998.）

75. 李相殷：《李相殷先生全集：中国哲学》，艺文书苑，1998 年。
（이상은 : 『李相殷先生全集 : 中國哲學』, 예문서원, 1998.）

76. 李性求：《中国文化概说》，训民正音研究所，1998 年。
（이성구 : 『중국문화개설』, 훈민정음연구소, 1998.）

77. 李圣浩：《中国历代小说序跋译注》，乙酉文化社，1998 年。
（이성호 : 『中國歷代小說序跋譯注』, 을유문화사, 1998.）

78. 李容泰：《中国古典文学的精髓》，中文出版社，1998 年。
（이용태 : 『中國古典文學精髓』, 중문출판사, 1998.）

79. 李元揆：《中国的智慧》，知性社，1998 年。
（이원규 : 『중국의 지혜』, 지성사, 1998.）

80. 李章佑：《唐代文人列传》（上），中文出版社，1998 年。
（이장우 : 『唐代文人列傳 . 上』, 중문출판사, 1998.）

81. 李在祯：《趣看中国史：3 小时读完中国历史》，松出版社，1998 年。
（이재정 : 『중국사 재미있게 들여다보기 : 3 시간만에 읽는 중국역사』, 솔출판사, 1998.）

82. 李钟灿：《中国近现代史》，梨花文化社，1998 年。
（이종찬 : 『中國近現代史』, 이화문화사, 1998.）

83. 李昌周：《中国通史》（上），明知大学出版部，1998 年。

（이창주：『中國通史．상』，명지대학교출판부，1998.）

84. 李春植：《人物中国禅宗史》（下），教保文库，1998 年。

（이춘식：『인물중국선종사．하』，교보문고，1998.）

85. 李必道：《中国游记·文化汉语》，韩国保健社会研究院，1998 年。

（이필도：『중국 탐방여행 문화 중국어』，한국보건사회연구소，1998.）

86. 李恒老：《朱子大全答疑辑补》，韩国人文科学院，1998 年。

（이항노：『朱子大全答疑輯補』，한국인문과학원，1998.）

87. 林东锡译：《晏子春秋》，东文选，1998 年。

（임동석 역：『안자춘추』，동문선，1998.）

88. 林秉铉：《中国哲学大纲：中国哲学问题史》，我们之声，1998 年。

（임병현：『中國哲學大綱：中國哲學問題史』，우리소리，1998.）

89. 林洸钲：《关于中国语教育课程基本语汇的研究：以与现代安于频率词典的比较为中心》，韩国外国语大学出版部，1998 年。

（임광정：『中國語教育課程의 基本語彙에 관한 研究：現代漢語 頻率詞典과의 비교를 중심으로』，한국외국어대학교출판부，1998.）

90. 任仲敏：《元代散曲选》，新雅社，1998 年。

（임중민：『元代散曲選』，신아사，1998.）

91. 张岱年：《中国文化大展》，喜鹊出版社，1998 年。

（장대년：『中國文化大展』，까치출판사，1998.）

92. 田溶敏译：《黄帝内经素问》，大星文化社，1998 年。

（전용민 역：『黃帝內經素問』，대성문화사，1998.）

93. 全一焕译：《孟子》，自由文库，1998 年。

（전일환 역：『맹자』，자유문고，1998.）

94. 郑恩珠：《现行高中中文教科书的文化内容分析和改善方案》，庆熙大学出版部，1998 年。

（정은주：『현행고등학교중국어교과서의문화내용분석과개선방안』，경희대학교출판부，1998.）

95. 郑益骏：《杜诗和杜诗言解研究》，萤雪出版社，1998 年。

（정익준 : 『杜詩와 杜詩言解硏究』, 형설출판사, 1998.）

96. 郑晋锡：《九章算术：东洋最优秀的数学书》，上南言论财团，1998年。

（정진석 : 『구장산술（九章算術）：동양최고의수학서』, 상남언론재단, 1998.）

97. 曹溪宗、布教院：《趣看中国史》，曹溪宗，1998年。

（조계종, 포교원 : 『중국사：재미있게 들여다보기』, 조계종, 1998.）

98. 赵亘浩：《儒学心理学：孟子荀子篇》，罗南出版社，1998年。

（조긍호 : 『유학심리학：맹자, 순자 篇』, 나남출판사, 1998.）

99. 赵东一：《中国文化大典》，国立汉城大学出版部，1998年。

（조동일 : 『중국문화대전』, 서울대학교출판부, 1998.）

100. 曹玟焕：《中国哲学史和艺术精神》，艺文书苑，1998年。

（조민환 : 『중국철학과 예술정신』, 예문서원, 1998.）

101. 车柱环：《孔子：神话般闪闪发光》，松出版社，1998年。

（차주환 : 『공자：그신화를 밝힌다』, 솔출판사, 1998.）

102. 蔡志忠：《漫话中国经典（23）：西游记Ⅰ—Ⅲ》，大贤出版社，1998年。

（채지충 : 『만화중국고전．23：西遊記．Ⅰ-Ⅲ』, 대현출판사, 1998.）

103. 西田松尾泰一郎著，千震昊、林大熙、全英燮译：《中国宪法史研究》，新书苑，1998年。

（西田松尾泰一郎 저, 천진호, 임대희, 전영섭 역 : 『중국형법사연구』, 신서원, 1998.）

104. 崔大林译：《（新译）庄子：长篇》，弘新文化社，1998年。

（최대림 역 : 『（新譯）莊子：잡편』, 홍신문화사, 1998.）

105. 崔秉圭：《以风流精神来看中国文化史》，艺文书苑，1998年。

（최병규 : 『풍류정신으로보는중국문학사』, 예문서원, 1998.）

106. 崔凤元：《中国历代小说序跋译注》，乙酉文化社，1998年。

（최봉원 : 『中國歷代小說序跋譯註』, 을유문화사, 1998.）

107. 崔淳美编著：《中国人的处世故事：知人处世》，甲进出版社，1998年。

（최순미 편저 : 『중국인의 처세이야기：인간을 모르고 어찌 세상을 논하라』, 갑진출판사, 1998.）

108. 崔昌镐：《中国小说史略》，法仁文化社，1998年。

（최창호：『중국소설사략』， 법인문화사，1998.）

109. 崔台镐：《汉文》（2），银河出版社，1998年。

（최태호：『한문.2』，은하출판사，1998.）

110. 退耕堂权相老博士全书刊行委员会：《退耕堂全书》（卷4），退耕堂权相老博士全书刊行委员会，1998年。

（퇴경당 권상노 박사 전서간행위원회：『退耕堂全書.卷4』，퇴경당 권상노 박사 전서간행위원회，1998.）

111. 韩国近现代史研究会：《文化汉语》（1—2），宇宙学会，1998年。

（한국근현대사연구회：『문화중국어.1-2』，한울아카데미，1998.）

112. 韩国史教材编纂委员会：《解读中国文学史》，书院，1998年。

（한국사교재편찬위원회：『중국문학사의 이해』，서원，1998.）

113. 韩国人文科学院编辑委员会：《简明中国美术史》，韩国人文科学院，1998年。

（한국인문과학원 편집위원회：『(간추린) 중국미술의 역사』， 한국인문과학원，1998.）

114. 韩国人文科学院编辑委员会：《汉诗大观（3）：杜少陵诗集王右丞诗集韩昌黎诗集》，韩国人文科学院，1998年。

（한국인문과학원 편집위원회：『漢詩大觀.3:杜少陵詩集·王右丞詩集·韓昌黎詩集』，한국인문과학원，1998.）

115. 韩国人文科学院编辑委员会：《汉诗大观（4）：白乐天诗集》，韩国人文科学院，1998年。

（한국인문과학원 편집위원회：『漢詩大觀.4:白樂天詩集』，한국인문과학원，1998.）

116. 韩国人文科学院编辑委员会：《汉诗大观（5）：苏东坡诗集》，韩国人文科学院，1998年。

（한국인문과학원 편집위원회：『漢詩大觀.5:蘇東坡詩集』，韓國人文科學院，1998.）

117. 韩国人文科学院编辑委员会：《中国文化概观》，韓國人文科學院，

1998年。

（한국인문과학원 편집위원회：『中國文化槪觀』，한국인문과학원，1998.）

118. 韩国精神文化研究院人文研究室：《杜诗和杜诗言解研究》，太学社，1998年。

（한국정신문화 연구원 인문연구실：『杜詩와 杜詩言解 研究』，태학사，1998.）

119. 闵宽东：《中国古典小说在韩国之传播》，中国上海学林出版社，1998年。

（민관동：『中國古典小說在韓國之傳播』，중국상해학림출판사，1998.）

120. 许世旭：《中国古典文学史（下）：先秦·秦·汉·魏晋·南北朝·隋·唐》，泛友社，1998年。

（허세욱：『中國古典文學史．下：先秦·秦·漢·魏晋·南北朝·隋·唐』，법문사，1998.）

121. 周桂钿：（讲座）《中国哲学》，艺文书苑，1998年。

（주계전：『（강좌）중국철학』，예문서원，1998.）

三、备注

1. 全国汉字教育推进总联合会在"韩文与汉字是鸟之双翼、车之双轮"的旗帜下，主张从小学开始彻底进行汉字教育。

2. 韩国发现一件迄今所知《老乞大》最早的版本，经郑光教授和南权熙先生等人合作研究认为，此本内容多记元代史实，应为元代本，约刊行于朝鲜世宗朝（1418—1450），因此称之为"原本《老乞大》"。

该书都是地道的元代北方口语，证实元人用汉语说话，元人语是汉语，对研究元代汉语和社会具有重要价值。进入中原的北方游牧民族，都普遍使用了汉语，这种阿尔泰化的"北语"历史上被称为"汉儿言语"。《老乞大》中还记有"过的义州，汉儿田地里来，都是汉儿言语"。

3. 国立汉城大学中语中文系许成道对 9,428,388 字的材料进行了调查，统计出韩国汉文教育所需汉字的使用频率及汉字的数量。高丽大学国语国文专业金兴圭对 500 万字的材料进行了统计，统计出了韩国语的国语用汉字的频率。根据统计结果，在韩国综合材料的记录中，所需的汉字数量及其覆盖率分别是：500 个汉字的覆盖率为 72.59%，1000 个汉字的覆盖率为 88.53%，1500 个汉字的覆盖率为 92.59%，2000 个汉字的覆盖率为 95.59%，2500 个汉字的覆盖率为 97.24%，3000 个汉字的覆盖率为 98.24%，4000 个汉字的覆盖率为 99.22%，4500 个汉字的覆盖率为 99.47%，5000 个汉字的覆盖率为 99.84%。

公元 1999 年

一、大事记

1. 2 月 9 日，韩国总统金大中签署总统令，批准了文化厅与旅游厅的一项计划，颁布《汉字并用推进案》，决定在政府公文和道路标牌上采取中、英文并用的标记，打破了韩国近 50 年来汉字使用的禁令。

2. 2 月 10 日，韩国政府发表韩汉并用政策。

3. 7 月，韩国忠南大学召开"东方诗话第一次国际学术发表大会"。

4. 文化观光部为了促进"汉字并用"方针的执行，向教育部提议调整教育用基础汉字，并根据汉字的使用频度提出了调整方案。

二、书（文）目录

1. 峰屋邦夫著，韩睿元译：《所谓的中国思想是什么》，学古斋，1999 年。（峰屋邦夫 저, 한예원 역：『중국사상이란 무엇인가』, 학고재, 1999.）

2. 韩兴燮：《庄子的艺术精神》，曙光社，1999 年。

（한흥섭：『莊子의 예술정신』，서광사，1999.）

3. 许璧：《中国语法学史》，延世大学出版部，1999年。

（허벽：『中國語法學史』，연세대학교출판부，1999.）

4. 金镇阙著，加平君译：《中国佛教文化史》，佛教通信教育院，1999年。

（김진궐 저，가평군 역：『中國佛教文化史』，불교통신교육원，1999.）

5. 高义生：《汉语音韵学入门：汉语音韵学的基本知识》，学考房，1999年。

（고의생：『漢語音韻學入門：漢語音韻學의 基本知識』，학고방，1999.）

6. 高宗：《六典条例》，奎章阁，1999年。

（고종：『六典條例』，규장각，1999.）

7. 金公七：《论语、庄子、老子拔萃》，史草，1999年。

（김공칠：『論語莊子老子拔萃』，사초，1999.）

8. 金光洙译：《孙子兵法》，书世界，1999年。

（김광수 역：『손자병법』，책세상，1999.）

9. 金教斌：《中国哲学概论》，韩国广播通信大学，1999年。

（김교빈：『중국철학개론』，한국방송통신대학교，1999.）

10. 金达镇译：《庄子》，文学村，1999年。

（김달진 역：『장자』，문학동네，1999.）

11. 蔡芳鹿著，金奉建译：《儒学：传统与现代化》，曙光社，1999年。

（채방록 저，김봉건 역：『유학：전통과현대화』，서광사，1999.）

12. 金相洪：《中国唐诗的盛宴》，博而精，1999年。

（김상홍：『중국명시의 향연』，박이정，1999.）

13. 金星焕：《中国历代散文选》（上），全州大学出版部，1999年。

（김성환：『中國歷代散文選．上』，전주대학교출판부，1999.）

14. 守屋洋著，金胜一译：《读经典看世界：从中国经典学习生活的智慧》，泛友社，1999年。

（守屋洋 저，김승일 역：『고전을 보고 세상을 읽는다：중국고전에서 배우는 삶의 지혜』，범우사，1999.）

15. 金莹洙：《用智慧读史记》，绿林，1999年。

（김영수：『지혜로 읽는 史記』，푸른숲，1999.）

16. 金容沃：《老子和21世纪》，原木，1999年。

（김용옥：『老子와 21 세기』，통나무，1999.）

17. 金元中译：《史记列传》（上、下），乙酉文化社，1999年。

（김원중 역：『사기열전．상，하』，을유문화사，1999.）

18. 金仁喆：《中国古典小说选》，新雅社，1999年。

（김인철：『中國古典小說選』，신아사，1999.）

19. 马伯乐著，金泰完译：《道教》，喜鹊出版社，1999年。

（Maspero, Henri 저，김태완 역：『도교』，까치출판사，1999.）

20. 金学奎：《中国文学概论（1999）》，新雅社，1999年。

（김학규：『중국문학개론（1999）』，신아사，1999.）

21. 金学周：《（改订）中国文学序说》，新雅社，1999年。

（김학주：『（改訂）中國文學序說』，신아사，1999.）

22. 刘向著，林东锡译：《书信：188 篇历史小故事承载中国的古代智慧》，艺文书苑，1999年。

（유향 저，임동석 역：『중국고대의 지혜 담긴 188 편의 짧은 역사 이야기：임동석역』，예문서원，1999.）

23. 杨孝溁著，高在旭译：《中国社会思想史》，江原大学出版部，1999年。

（楊孝溁 저，고재욱 역：『中國社會思想史』，강원대학교출판부，1999.）

24. 许仲琳译：《（小说）封神演义》，松江，1999年。

（허종림 역：『（소설）봉신연의』，송강，1999.）

25. 许世旭：《许世旭的中国文学论》，法文社，1999年。

（허세욱：『許世旭의 中國文學論』，법문사，1999.）

26. 能无译：《封神演义》，松出版社，1999年。

（능무 역：『봉신연의』，솔출판사，1999.）

27. 金学主：《中国的文化与语言：纪念二不金学主教授退休论文集》（I—III），新雅社，1999年。

（김학주：『중국의 문학과 언어：纪念二不 金學主教授 정년기념논문집．I－III』，신아사，1999.）

28．大滨皓：《老子哲学研究》，清溪，1999 年。

（大濱皓：『노자철학연구』，청계，1999.）

29．东国大学：《大唐西域记外》，东国大学董安国译经院，1999 年。

（동국대학교：『大唐西域記外』，동국대학교동안국역경원，1999.）

30．王玉枝：《中国之魂：对传统文化本质的理解》，全南大学出版部，1999 年。

（王玉枝：『중국의 혼：傳統文化 本質의 이해』，전남대학교출판부，1999.）

31．冯友兰著，朴性圭译：《中国哲学史》（上、下），喜鹊出版社，1999 年。

（풍우란 저，박성규 역：『중국철학사．상，하』，까치출판사，1999.）

32．朴载范译：《墨子》，弘益出版社，1999 年。

（박재범 역：『묵자』，홍익출판사，1999.）

33．裴秉哲：《（今释）黄帝内经素问》，成辅社，1999 年。

（배병철：『（今釋）黃帝內經素問』，성보사，1999.）

34．傅晓航：《中国戏曲理论史》，中文出版社，1999 年。

（부효항：『中國戲曲理論史』，중문출판사，1999.）

35．成百晓译：《（悬吐完译）周易传羲》，传统文化研究会，1999 年。

（성백효 역：『（懸吐完譯）周易傳義』，전통문화연구회，1999.）

36．宋复：《东方的价值是什么：论语的世界》，未来人力研究中心，1999 年。

（송복：『동양적 가치란 무엇인가：論語의 세계』，미래인력연구센터，1999.）

37．申成坤：《中国通史》，韩国广播通信大学，1999 年。

（신성곤：『중국통사』，한국방송통신대학교，1999.）

38．沈庆昊：《（朝鲜时期）汉文学和诗经论》，一志社，1999 年。

（심경호：『（조선시대）漢文學과詩經論』，일지사，1999.）

39．颜之推译：《颜氏家训：经历过困难时代的老者留下的人生指南》，弘益出版社，1999 年。

（안지추 역：『안씨가훈（顏氏家訓）：어려운 시대를 살았던 한아버

지 남겨준 인생 지침서』, 홍익출판사, 1999.)

40. 梁熙龙译解：《三字经》，惠园出版社，1999 年。

（梁熙龍 역해 :『三字經』, 혜원출판사, 1999.）

41. 吴江南译：《庄子》，玄岩社，1999 年。

（오강남 역 :『장자』, 현암사, 1999.）

42. 艾兰著，吴满重译：《孔子和老子：他们在水里看见了什么》，艺文书苑，1999 年。

（Allan, Sarah 저, 오만종 역 :『공자와 노자 : 그들은 물에서 무엇을 보았느냐』, 예문서원, 1999.）

43. 江苏省社会科学院编，吴淳邦等译：《中国古典小说总目提要》（第 4 卷），蔚山大学出版部，1999 年。

（소성사회과학원 편, 오순방 외역 :『中國古典小說總目提要. 第 4 卷』, 울산대학교출판부, 1999.）

44. 江苏省社会科学院编，吴淳邦等译：《中国古典小说总目提要（第 5 卷）》，蔚山大学出版部，1999 年。

（소성사회과학원 편, 오순방 외역 :『中國古典小說總目提要. 第 5 卷』, 울산대학교출판부, 1999.）

45. 柳已洙：《中国历代名诗选》，韩神大学出版部，1999 年。

（유기수 :『中國歷代名詩選』, 한신대학교출판부, 1999.）

46. 尹武学：《中国哲学方法论：古代哲学的名实论的启示》，宇宙学会，1999 年。

（윤무학 :『中國哲學方法論 : 古代哲學의 名實論의 照明』, 한울아카데미, 1999.）

47. 李康洙：《中国古代哲学的理解》，知识产业社，1999 年。

（이강수 :『중국고대철학의 이해』, 지식산업사, 1999.）

48. 傅晓航著，李龙镇译：《中国戏曲理论史：中国戏曲理论史述要》，中文出版社，1999 年。

（부효항 저, 이룡진 역 :『中國戲曲理論史 : 中國戲曲理論史述要』, 중문출판사, 1999.）

49. 李文烈译：《三国志（第9卷）：出师表·忠臣之魂·高风亮节》，民音社，1999年。

（이문열 역：『三國志．제9권：출사표, 드높아라 충신의 매운 얼이여』, 민음사, 1999.）

50. 玄奘著，李美怜、朴龙吉、金庆集译：《大唐西域记》，东国译经院，1999年。

（현장 저, 이미령, 박용길, 김경집 역：『大唐西域記』, 동국역경원, 1999.）

51. 李炳官：《中国言语学史》（上、下），宝盛，1999年。

（이병관：『中國言語學史．上，下』, 寶盛, 1999.）

52. 李丙畴：《杜甫与李白》，起源，1999年。

（이병주：『杜甫와 李白』, 아르케, 1999.）

53. 李石亨、李永朱、朴锡、金万源、金星坤：《杜甫初期诗译解》，松出版社，1999年。

（이석형, 이영주, 박석, 김만원, 김성곤：『두보：초기시 역해』, 솔출판사, 1999.）

54. 李秀泰：《论语的发现》，思想之树，1999年。

（이수태：『논어의 발견』, 생각의나무, 1999.）

55. 李秀泰译：《（新译）论语》，思想之树，1999年。

（이수태 역：『（새번역）논어』, 생각의나무, 1999.）

56. 李植：《中国历代战争史》（1），民族文化推进会，1999年。

（이식：『중국 역대 전쟁사．1』, 민족문화추진회, 1999.）

57. 李英九：《中国古代短篇小说选》，松山出版社，1999年。

（이영구：『中國古代短篇小說選』, 송산출판사, 1999.）

58. 李在祯：《中国人是如何生活的》，知永社，1999年。

（이재정：『중국사람들은 어떻게 살았을까』, 지영사, 1999.）

59. 守屋洋著，李赞道译：《中国经典的人类学：中国经典24选中的现代指导者论》，乙支书籍，1999年。

（守屋洋 저, 이찬도 역：『중국 고전의 인간학：중국 고전 24 선에 담

겨있는 현대의 지도자론』, 을지서적, 1999.)

60. 任法融译:《道德经释义》, 骊江出版社, 1999 年。

（임법융 역 : 『道德經釋義』, 여강출판사, 1999.）

61. 林宜善:《无才可补夫 : 红楼梦读书研究》, 文津, 1999 年。

（임의선 : 『無才可補夫 : 紅樓夢讀書研究』, 문진, 1999.）

62. 任昌淳:《唐诗解读》, 松树, 1999 年。

（임창순 : 『唐詩解讀』, 소나무, 1999.）

63. 任昌淳:《唐诗精解（增补新版）》, 松树, 1999 年。

（임창순 : 『唐詩精解 / 增補新版』, 소나무, 1999.）

64. 张公子:《现代中国论》, 韩国广播通信大学出版部, 1999 年。

（장공자 : 『現代中國論』, 한국방송통신대학교출판부, 1999.）

65. 张基槿:《中国的神话（后篇）: 世袭、篡夺等虐政主人公们》, 泛友社, 1999 年。

（장기근 : 『중국의신하 . 후편, 세습의 찬탈 및 학정의 주인공들』, 범우사, 1999.）

66. 张岱年:《中国的智慧 : 从孔子到范缜》, 清溪, 1999 年。

（장대년 : 『중국의 지혜 : 孔子에서 范縝까지』, 청계, 1999.）

67. 张钒星:《现代中国的生活文化（翰林大学亚洲文化研究所）》, 翰林大学出版部, 1999 年。

（장범성 : 『현대중국의 생활문화・한림대학교아시아문화연구소』, 한림대학교출판부, 1999.）

68. 袁珂著, 全寅初、金宣子译:《中国神话传说》（1—2）, 民音社, 1999 年。

（원가 저, 전인초, 김선자 역 : 『중국신화전설 . 1-2』, 민음사, 1999.）

69. 郑龟河:《中国思想史方法论》, 新知书院, 1999 年。

（정귀하 : 『中國思想史方法論』, 신지서원, 1999.）

70. 丁仲焕:《宋元以来俗字谱》, 三贵文化社, 1999 年。

（정중환 : 『宋元以來俗字譜』, 삼귀문화사, 1999.）

71. 周主日:《传统中国政治思想史》, 新知书院, 1999 年。

（주일요：『傳統中國政治思想史』，신지서원，1999.）

72．中国历史研究会：《一本书轻松了解中国历史》，五常出版社，1999年。

（중국역사연구회：『알기 쉽게 한권으로 엮은 중국사』，오상출판사，1999.）

73．崔庆昌译：《（完译）三唐诗》，太学社，1999年。

（최경창 역：『（完譯）三唐詩』，태학사，1999.）

74．黄秉国译：《（原本）三国志》，泛友社，1999年。

（황병국 역：『（原本）三國志』，범우사，1999.）

75．洪成玉译：《孟子》，高丽苑，1999年。

（홍성옥 역：『孟子』，고려원，1999.）

76．闵宽东译：《中国通俗小说总目提要》（第4—5卷），蔚山大学出版部，1999年。

（민관동 역：『中國通俗小說總目提要．第4-5卷』，울산대학교출판부，1999.）

三、备注

1．11月17日，汉城曾有1500名学者集会，要求恢复汉字的使用地位，认为这些年取消汉字导致年轻人不认识汉字、不了解韩国过去的弊端。新一届韩国政府认为，汉字的使用将有助于改善人民对传统文化的了解，促进韩国与使用汉字的国家和地区之间的交流，也有利于融进东亚汉字文化的圈子里，实现东亚经济的相互补充和共同繁荣。韩国政府支持恢复汉字的另一个重要原因是加强韩国的旅游业，因为有便利条件到韩国旅游的中国、日本、东南亚诸国和地区的人，大都是用汉字，至少是识汉字的。正像金大中总统所说的那样："如果无视汉字，将难以理解我们的古典文化和传统。有必要实行韩、汉两种文字并用。"从根本上说，恢复汉字有利于韩国在东亚汉字文化圈里加强信息交流和感情沟通，这是面向儒家文化、面向亚洲政治传统的一种回归，也是适应21世纪东方文化时代潮流的一个新举措。

2．现在韩国人的词汇系统可以分成4种：固有语、汉字语、外来语和混合语。其中汉字语占57.12%，在韩语词汇中占的比重最大。比如，《韩语小词典》共收入词语62,948条，其中汉字词语有33030条，约占52.47%；《朝鲜语词典》共收入词语85,000条，其中汉字词语有50,000条，约占58.82%；在《朝鲜语大辞典》中，汉字词语也收录了81,362条，约占总词数的58%；而据《韩语词汇使用频率调查》的统计，在所调查的56,096个词语中，有39,563个是汉字词语，约占总数的70.53%。

3. 韩国忠南大学召开"东方诗话第一次国际学术发表大会"，专门针对"诗话"的概念、范畴和定义展开研讨比较。

公元 2000 年

一、大事记

1. 2000年以来在韩国出版的有关中国经济的各种书籍达827种之多，韩国对中国经济的关注程度可见一斑。

2. 韩国中国学会创办了《国际中国学研究》杂志。

3. 韩中社会科学研究会创办《韩中社会科学研究会月报》。

4. 12月30日，教育部颁布了调整后的1800字新方案，并宣布从2001学年开始执行。

5. 本年，在华韩国留学生人数首次超过日本，位居第一。

6. 禹强植发表《金庸〈天龙八部〉研究》，展开了对香港文学的研究。

二、书（文）目录

1. 姜信雄：《中国古典的理解》，中文出版社，2000年。

（강신웅：『中國古典의 理解』，중문출판사，2000.）

2. 康泰权：《金瓶梅研究》，中国图书文化中心，2000年。

（강태권：『金瓶梅研究』，중국도서문화중심，2000.）

3. 康泰权：《中国古典文学的理解》，国民大学出版部，2000年。

（강태권：『중국・고전문학의이해』，국민대학교출판부，2000.）

4. 姜孝锡：《(新完译)大同奇闻》，明文堂，2000年。

（강효석：『(新完譯)대동기문』，명문당，2000.）

5. 高丽大学民族文化研究所中国语大辞典编纂室：《中韩辞典》，高丽大学校民族文化研究所，2000年。

（고려대학교민족문화연구소중국어대사전편찬실：『中韓辭典』，고려대학교민족문화연구소，2000.）

6. 高成中：《道家名言：老子、庄子、列子、淮南子的名言和寓言》，韩国文化社，2000年。

（고성중：『도의명언：노자，장자，열자，회남자의 명언과 우화』，한국문화사，2000.）

7. 高洋：《西太后实录小说（1）：热河对决》，明文堂，2000年。

（고양：『西太后實錄小說．1：열하의 대결』，명문당，2000.）

8. 具良根：《中国历代白话小说选》，中国语文化院，2000年。

（구양근：『중국역대백화소설선』，중국어문화원，2000.）

9. 具滋亿：《中国传统教育思想的理解》，文音社，2000年。

（구자억：『중국전통교육사상의 이해』，문음사，2000.）

10. 金东英：《黄帝内经素问研究》（4），书苑堂，2000年。

（김동영：『黃帝內經素問研究．4』，서원당，2000.）

11. 金得满、张允洙：《解读中国哲学》，艺文书苑，2000年。

（김득만，장윤수：『중국철학의 이해』，예문서원，2000.）

12. 金时俊：《中国现代文学作品选读》，韩国广播通信大学出版部，2000年。

（김시준：『中國現代文學作品選讀』，한국방송통신대학교출판부，2000.）

13. 金容沃：《梼杌说论语》，原木，2000年。

（김용옥：『도올論語』，통나무，2000.）

14. 金元中：《中国文学理论的世界》，乙酉文化社，2000 年。

（김원중 : 『중국 문학이론의 세계』, 을유문화사, 2000.）

15. 金长焕译：《世说新语》，生活，2000 年。

（김장환 역 : 『世說新語』, 살림, 2000.）

16. 金在龟：《中国传统伦理思想史》，世宗，2000 年。

（김재구 : 『중국 전통 윤리사상사』, 세종, 2000.）

17. 金定圭：《中国戏曲总论》，明知大学出版部，2000 年。

（김정규 : 『中國戲曲總論』, 명지대학출판부, 2000.）

18. 冰心著，金泰晚译：《图解中国文化五千年》，艺潭，2000 年。

（冰心 저, 김태만 역 : 『그림으로 읽는 중국문학 오천년』, 예담, 2000.）

19. 金学主：《朝鲜时代刊行中国文化文书研究》，国立汉城大学出版部，2000 年。

（김학주 : 『조선시대 간행 중국문학 관계서 연구』, 서울대학교출판부, 2000.）

20. 金学主：《中国古代文学史》，新雅社，2000 年。

（김학주 : 『중국고대문학사』, 신아사, 2000.）

21. 金学主译：《老子》，乙酉文化社，2000 年。

（김학주 역 : 『노자』, 을유문화사, 2000.）

22. 金学主译：《庄子》，乙酉文化社，2000 年。

（김학주 역 : 『장자』, 을유문화사, 2000.）

23. 金翰奎：《西藏和中国：对于历史关系的研究史的理解》，松树，2000 年。

（김한규 : 『티베트와 중국 : 그 역사적 관계에 대한 연구 사적 이해』, 소나무, 2000.）

24. 金海龙：《中国历代小说序跋译注》，韩国文化社，2000 年。

（김해룡 : 『中國歷代小說序跋譯註』, 한국문화사, 2000.）

25. 李晓虹著，金慧俊译：《中国现代散文论：1949—1996》，泛友社，2000 年。

（리샤오홍 저, 김혜준 역 : 『중국 현대 산문론 : 1949-1996』, 범우사, 2000.）

26. 陈振濂著，金洪哲译：《中国书法发展史》，清州大学出版部，2000年。
（전진렴 저, 김홍철 역 : 『中國 書法 發展史』, 청주대학교출판부, 2000.）

27. 卢长时：《欧阳修散文的世界》，中文出版社，2000年。
（노장시 : 『歐陽修 散文의 世界』, 중문출판사, 2000.）

28. 唐作藩：《中国音韵学》，教育科学社，2000年。
（당작번 : 『중국음운학』, 교육과학사, 2000.）

29. 柳成泰：《中国哲学史》，圆光大学出版局，2000年。
（류성태 : 『중국철학사』, 원광대학교출판국, 2000.）

30. 柳种睦：《从语法角度探求论语》，文学和知性社，2000年。
（류종목 : 『논어의 문법적 이해』, 문학과지성사, 2000.）

31. 皇甫谧：《故事传：中国古代的隐君子》，艺文书苑，2000年。
（황보밀 : 『고사전 : 중국고대의 隱君子인의 이야기』, 예문서원, 2000.）

32. 黄熙景：《（陪伴执着于生活的人）论语》，时空社，2000年。
（황희경 : 『（삶에 집착하는 사람과 함께하는）논어』, 시공사, 2000.）

33. 牧隐研究会：《韩中牧隐李穑研究：牧隐李穑思想韩中学术大会论文集》，刊地不详，2000年。
（목은연구회 : 『韓中牧隱李穡研究 : 牧隱李穡思想韓中學術大會論文集』, 발행지 미상, 2000.）

34. 朴基凤：《（教养用）论语》，比峰出版社，2000年。
（박기봉 : 『（교양으로 읽는）논어』, 비봉출판사, 2000.）

35. 袁阳著，朴美罗译：《中国的宗教文化》，路，2000年。
（袁陽 저, 박미라 역 : 『중국의종교문화』, 길, 2000.）

36. 朴峰性译：《三国志》，雄步，2000年。
（박봉성 역 : 『삼국지』, 웅보, 2000.）

37. 朴日峰译：《中国思想史》，育文社，2000年。
（박일봉 역 : 『中國思想史』, 육문사, 2000.）

38. 洪子城著，朴正熙译：《中国当代文化史：1949—现代》，比峰出版社，

2000 年。

（홍즈청 저, 박정희 역：『중국당대문학사：1949- 현재』，비봉출판사，2000.）

39．禹强植：《金庸〈天龙八部〉研究》，庆北大学，2000 年。

（우강식：『김용의「천룡팔부」연구』，경북대학교，2000.）

40．朴致贞：《金瓶梅》（中），三京文化社，2000 年。

（박치정：『金瓶梅.中』，삼경문화사，2000.）

41．裴奎河：《中国书法艺术史》（下），梨花文化社，2000 年。

（배규하：『中國書法藝術史.下』，이화문화사，2000.）

42．裴秉哲：《（国译）黄帝内经：素问·灵枢》，成辅社，2000 年。

（배병철：『（國譯）황제내경：素問·靈樞』，성보사，2000.）

43．伊佩霞著，裴淑姬译：《中国女性的结婚和生活：以宋代女性为中心》，三知院，2000 年。

（Ebrey, Patricia Buckley 저，배숙희 역：『중국여성의 결혼과 생활：송대 여성을 중심으로』，삼지원，2000.）

44．白煜基：《黄帝内经运气解析：五运·六气》，高文社，2000 年。

（백윤기：『黃帝內經運氣解析：五運，六氣』，고문사，2000.）

45．徐扬杰：《中国家族制度史》，茜草，2000 年。

（서양걸：『중국가족제도사』，아카넷，2000.）

46．徐元字：《金黄色花蕊：寻找中国茶文化》，生与梦，2000 年。

（서원자：『꽃술은 황금빛 노랑：중국 茶文化를 찾아서』，삶과꿈，2000.）

47．昔氏：《大唐内典录》，东国译经院，2000 年。

（석씨：『大唐內典錄』，동국역경원，2000.）

48．宣贞圭：《长江英魂：屈原评传》，新书苑，2000 年。

（선정규：『장을 떠도는 영혼：굴원평전』，신서원，2000.）

49．成均馆大学：《儒教人类学》，成均馆大学出版部，2000 年。

（성균관대학교：『유학주임교수실：유교 인간학』，성균관대학교출판부，2000.）

50. 苏炳：《老子和性》，文学村，2000年。

（소병：『노자와 性』，문학동네，2000.）

51. 宋哲珪：《中国古典故事（第一卷）：先秦时代开始到唐代》，组合共同体，松树，2000年。

（송철규：『중국고전이야기. 첫째권：선진시대부터 당대까지』，조합공동체，소나무，2000.）

52. 宋哲珪：《中国古典故事：叩响新千年的三千年智慧》（1—2），松树，2000年。

（송철규：『중국고전이야기：새천년을 여는 삼천년의 지혜.1-2』，소나무，2000.）

53. 施天宏：《诸子百家》，松出版社，2000年。

（시천굉：『제자백가』，솔출판사，2000.）

54. 申锡华译：《故事成语与中国历史纪行》，书立，2000年。

（신석화 역：『고사성어와 떠나는 중국역사 기행』，북앤드，2000.）

55. 辛胜夏：《中国史学史》，高丽大学出版部，2000年。

（신승하：『중국사학사』，고려대학교출판부，2000.）

56. 辛勇旻：《汉代木椁墓研究》，学研文化社，2000年。

（서용민：『漢代木椁墓研究』，학연문화사，2000.）

57. 刘节著，申泰甲译：《中国史学史讲义》，新书苑，2000年。

（유절 저，신태갑 역：『中國史學史講義』，신서원，2000.）

58. 杨旭、李倩、林大根：《（通过中国文化学习）汉语会话》，茶楼院，2000年。

（양서，이천，임대근：『（중국문화로 배우는）중국어회화』，다락원，2000.）

59. 杨世旭：《古代中国语造语法研究》，国立汉城大学出版部，2000年。

（양세욱：『古代中國語造語法硏究』，서울대학교출판부，2000.）

60. 译者不详：《水浒传》，伊纸书，2000年。

（역자 미상：『水滸傳』，이지북，2000.）

61. 元钟民译：《（新）水浒传》（上），中国语文化院，2000年。

（원종민 역：『（新）수호지．상』，중국어문화원，2000．）

62．刘达临：《中国的性文化》，泛友社，2000 年。

（유달림：『중국의 성문화』，범우사，2000．）

63．刘涛：《中国书艺术五千年史》，多云泉，2000 年。

（유도：『中國書藝術五千年史』，다운샘，2000．）

64．刘明钟：《汉唐哲学史》，景仁文化社，2000 年。

（유명종：『漢唐哲學史』，경인문화사，2000．）

65．刘笑敢、金容燮：《老子哲学：老子的共同考证和原文分析》，清溪，2000 年。

（유소감, 김용섭：『노자철학：노자의 연대고증과 텍스트 분석』，청계，2000．）

66．余秋雨著，柳素英、沈圭浩译：《文化苦旅》，未来 M&B，2000 年。

（위츄위 저, 유소영, 심규호 역：『중국문화 답사기』，미래 M&B，2000．）

67．岳南、商城勇著，柳素英、沈圭浩译：《法门寺的秘密：解读中国唐代历史》，日光，2000 年。

（웨난, 상청융 저, 유소영, 심규호 역：『법문사의 비밀：중국당나라 역사를 읽는다』，일빛，2000．）

68．岳南著，柳素英译：《皇陵的秘密：解读中国明代历史》，日光，2000 年。

（웨난 저,『유소영 역：황릉의비밀：중국명나라 역사를 읽는다』，일빛，2000．）

69．秦晖、金雁著，柳龙泰译：《田园诗与狂想曲：从农民学看中国的历史与现实社会批判》，梨山，2000 年。

（친후이, 진옌 저, 유용태 역：『전원시와 광시곡：농민학에서 본 중국의 역사와 현실사회 비판』，이산，2000．）

70．刘节著，申泰甲译：《中国史学史讲义》，新书苑，2000 年。

（유절 저, 신태갑 역：『中國史學史講義』，신서원，2000．）

71．尹顺姬：《中国文化入门》，东洋文库，2000 年。

（윤순희：『중국문화입문』，동양문고，2000．）

72．李庆雨：《（编注译解）黄帝内经灵枢》，骊江出版社，2000年。
（이경우：『（編注譯解）黃帝內經靈樞』，여강출판사，2000.）

73．李庚宰：《非的诗学：老子和西方思想》，茶山书房，2000年。
（이경재：『非의 詩學：노자와 서양사상』，다산글방，2000.）

74．李圭泰译：《世说新话》，信元文化社，2000年。
（이규태 역：『世說新話』，신원문화사，2000.）

75．伊藤清司：《神异的中国的神话和传说》，纽带，2000年。
（伊藤清司：『神異의 나라 중국의 신화와 전설』，넥서스，2000.）

76．李文奎：《古代中国人眼中的天上世界》，文学和知性社，2000年。
（이문규：『고대중국인이 바라본 하늘의 세계』，문학과지성사，2000.）

77．李昉：《太平广记》，学古房，2000年。
（이방：『태평광기』，학고방，2000.）

78．李复圭：《大学汉文》，西京大学出版部，2000年。
（이복규：『大學漢文』，서경대학교출판부，2000.）

79．李彦浩译：《论语故事》，大房，2000年。
（이언호 역：『이야기논어』，큰방，2000.）

80．李彦浩译：《（一本读懂）小说史记列传》，大房，2000年。
（이언호 역：『（한권으로 보는）소설 사기열전』，큰방，2000.）

81．李永晖：《汉文的理解》，梨花文化社，2000年。
（이영휘：『漢文의 理解』，이화문화사，2000.）

82．李镕默：《（民众）精华中国语辞典》，民众书林，2000年。
（이용묵：『（民衆）엣센스 中國語辭典』，民衆書林，2000.）

83．李容泰：《中国文学精解》，中文出版社，2000年。
（이용태：『中國文學精解』，중문출판사，2000.）

84．李允华、李相海：《中国古典建筑的原理》，时空社，2000年。
（이윤화，이상해：『중국 고전건축의 원리』，시공사，2000.）

85．李仁泽：《中国神话的世界》，草色，2000年。
（이인택：『중국 신화의 세계』，풀빛，2000.）

86. 李贞玉：《中国服饰史》，萤雪出版社，2000年。

（이정옥：『中國服飾史』，형설출판사，2000.）

87. 李济元：《(揭秘)论语》，草色，2000年。

（이제원：『(퍼즐로 풀어보는)논어』，풀빛，2000.）

88. 李中梓译：《山海经》（上、下），亚细亚文化社，2000年。

（이중재 역：『山海經.上，下』，아세아문화사，2000.）

89. 华剑横著，李哲承译：《毛泽东思想与中国哲学》，艺文书苑，2000年。

（畢劍橫 저，이철승 역：『모택동사상과 중국철학』，예문서원，2000.）

90. 李泰洙：《古本，谚解本〈老乞大〉里方位词的特殊功能》，《语文研究》，2000年。

（이태수：「고본，언해본〈노걸대〉의 방위사의 특수기능」，『어문연구』，2000.）

91. 李平：《新千年的中国现代文化》，韩国文化社，2000年。

（이평：『새천년의 중국현대문학』，한국문화사，2000.）

92. 张少康著，李鸿镇译：《中国古典文学创作论》，法仁文化社，2000年。

（張少康 저，이홍진 역：『中國古典文學創作論』，법인문화사，2000.）

93. 林睦君：《戴震：清代中国的高层知识分子哲学家（1724—1777）》，成均馆大学出版部，2000年。

（임목균：『대진：청대 중국의 고층학자이자 철학자（1724-1777）』，성균관대학교출판부，2000.）

94. 林裕镇：《(中国)历史故事幽默：中国历史中的权术》，未来文化社，2000年。

（임유진：『(중국)역사이야기유머：중국역사에 얽힌 권모술수』，미래문화사，2000.）

95. 张钒星：《中国学概论》，翰林大学出版部，2000年。

（장범성：『중국학개론』，한림대학교출판부，2000.）

96. 李泽厚著，张泰镇译：《中国美学入门》，中文出版社，2000年。

（이택후 저，장태진 역：『중국미학입문』，중문출판사，2000.）

97. 全命龙：《（实用主题）中国文化》，学古房，2000年。

（전명용：『（실용테마）중국문화』，학고방，2000.）

98. 全寅初：《唐代小说研究》，延世大学出版部，2000年。

（전인초：『唐代小説研究』，연세대학교출판부，2000.）

99. 全寅初：《三国年间历史纪实》，学古斋，2000年。

（전인초：『삼국연의 역사 기행』，학고재，2000.）

100. 郑珉：《（李德懋的清言小品）以汉书为被　以论语为屏》，开放园，2000年。

（정민：『（이덕무청언소품）한서이불과 논어병풍』，열림원，2000.）

101. 郑炳连：《中国哲学研究》（1），景仁文化社，2000年。

（정병련：『中國哲學研究．1』，경인문화사，2000.）

102. 郑小文译：《三国志：古本完译》，远景，2000年。

（정소문 역：『三國志：古本完譯』，원경，2000.）

103. 郑淑京：《中国新文学大系》（第7卷），NEXUS，2000年。

（정숙경：『中國新文學大系．v.7』，넥서스，2000.）

104. 郑远基：《三国志评话》，青阳，2000年。

（정원기：『삼국지평화』，청양，2000.）

105. 郑骏：《乘气而来的老子》，亚细亚文化社，2000年。

（정준：『氣를 타고 온 老子』，아세아문화사，2000.）

106. 郑畅泳译：《道德经》，时空社，2000年。

（정창영 역：『도덕경』，시공사，2000.）

107. 陈舜臣著，郑泰元译：《从诗歌图片中看中国纪行》，艺潭，2000年。

（진순신 저，정태원 역：『（시와 사진으로 보는）중국기행』，예담，2000.）

108. 郑汉德：《中国考古学研究：中国考古学的先导》，学研文化社，2000年。

（정한덕：『中國考古學研究：중국 고고학의 길잡이』，학연문화사，2000.）

109. 郑浩敬：《神父读〈庄子〉》，阳光出版社，2000年。

（정호경：『신부의 장자「莊子」읽기』，햇빛출판사，2000.）

110．郑后洙：《（朱熹集注）论语》，长乐，2000 年。

（정후수：『（주희집주한）논어』，장락，2000．）

111．赵观熙：《与时代的不和：〈儒林外史〉的研究》，中国图书文化中心，2000 年。

（조관희：『시대와의 불화：「儒林外史」研究』，중국도서문화중심，2000．）

112．曹成焕：《韩国的中国语文学研究家词典》（2），中国学，2000 年。

（조성환：『韓國의 中國語文學研究家事典．2』，시놀로지，2000．）

113．曹正文：《中国文学的女性》，中国学，2000 年。

（조정문：『중국문학과 여성』，시놀리지，2000．）

114．中国史学会：《中国历史中的法则与习惯》，中国史学会，2000 年。

（중국사학회：『中國史에서의 法과 慣習』，중국사학회，2000．）

115．中国语言学研究会：《中国文化的理解》，学古房，2000 年。

（중국어문학연구회：『중국문화의 이해』，학고방，2000．）

116．中国史学会：《中国哲学的异教徒们》，艺文书苑，2000 年。

（중국사학회：『중국철학의 이단자들』，예문서원，2000．）

117．池载熙：《（韩文论语）朽木不可雕也》，自由文库，2000 年。

（지재희：『（한글논어）썩은 나무에는 조각할 수 없고』，자유문고，2000．）

118．车容俊：《传统文化的理解（第 4 卷）：儒教佛教道教文化篇》，全州大学出版部，2000 年。

（차용준：『전통문화의 이해．제 4 권：유교 불교 도교 문화편』，전주대학교출판부，2000．）

119．车宗千：《九章算术周髀算经》，泛洋社，2000 年。

（차종천：『九章算術周髀算經』，범양사，2000．）

120．蔡尚思：《中国礼教思想史》，法仁文化社，2000 年。

（채상사：『中國禮教思想史』，법인문화사，2000．）

121．蔡仁厚：《孔子的哲学》，艺文书苑，2000 年。

（채인후：『공자의 철학』，예문서원，2000．）

122. 蔡仁厚：《荀子的哲学》，艺文书苑，2000 年。

（채인후 : 『순자의 철학』, 예문서원, 2000.）

123. 蔡志忠：《孝经》，大贤出版社，2000 年。

（채지충 : 『효경』, 대현출판사, 2000.）

124. 藤崎龙著，优胜者（Champ）编辑部译：《封神演义》，大元出版，2000 年。

（藤崎龍 저, 챔프편집부 역 : 『봉신연의』, 대원출판, 2000.）

125. 崔英爱：《中国语音韵学》，原木，2000 年。

（최영애, 『中國語音韻學』, 통나무, 2000.）

126. 王燕均、王一平著，崔宗世译：《中国智者五人精选古典 200 篇》，艺文书苑，2000 年。

（王燕均, 王一平 저, 최종세 역 : 『중국의 지성 5인이 뽑은 고전 200』, 예문서원, 2000.）

127. 崔桓：《现代中国的理解》，岭南大学出版部，2000 年。

（최환 : 『현대중국의 이해』, 영남대학교출판부, 2000.）

128. 秋渊植：《以东北亚统合考古学为方向：中国学术杂志情报》，西京文化社，2000 年。

（추연식 : 『東北아시아 統合 考古學을 향하여 : 中國學術雜誌情報』, 서경문화사, 2000.）

129. 韩国中国散文学会：《中国古典散文阅读》，中国语文化院，2000 年。

（한국중국산문학회 : 『중국고전산문 바로 읽기』, 중국어문화원, 2000.）

130. 韩国中国语文学会：《中国文学》（34），韩国中国语文学会，2000 年。

（한국중국어문학회 : 『中國文學．34』, 한국중국어문학회, 2000.）

131. 韩国现代中国研究会：《韩中言语文化研究》，韩国现代中国研究会，2000 年。

（한국현대중국연구회 : 『韓中言語文化研究』, 한국현대중국연구회, 2000.）

132. 余秋雨著，韩正铉、金明鹤译：《中国文化答辞记》（上、下），明知社，2000年。

（위츄위 저，한정현，김명학 역：『중국문화답사기．상，하』，명지사，2000.）

133．许成道：《孔子也有不懂的东西，庄子也有后悔的时候：从中国古典中学到的生活智慧》（1—2），人与书，2000年。

（허성도：『공자도 모르는 게 있고 장자도 후회할 때 있다：중국고전에서 배우는 삶의 지혜．1-2』，사람과 책，2000.）

134．许世旭：《和许世旭教授一起读中国古典散文83篇》，学古斋，2000年。

（허세욱：『배는 그만 두고 멧목을 타지：허세욱교수와 함께 읽는 중국 고전산문83편』，학고재，2000.）

135．许世旭：《中国文学纪行》，学古斋，2000年。

（허세욱：『중국문학기행』，학고재，2000.）

136．洪硕杓：《与中国的近代的文学意识形成相关的研究：以胡适的白话文运动和鲁迅的小说创作为中心》，中国图书文化中心，2000年。

（홍석표：『中國의 근대의 文學意識 形成 관한에 硏究：胡適의 白話文 運動 과 鲁迅의 소설 창작을 중심으로』，중국도서문화중심，2000.）

137．洪子诚：《中国当代文学史》，比峰出版社，2000年。

（洪子誠：『중국당대문학사』，비봉출판사，2000.）

138．华政博物馆学艺研究室：《中国美术宝藏》（第1—2册），韩光文化财团，2000年。

（화정박물관 학예연구실：『중국미술소장품．제1-2권』，한빛문화재단，2000.）

三、备注

1.《汉文教育用基础汉字》自1972年制定后直到2000年都没有做过调整，随着社会的发展变化，有些字已渐渐不适合当下的情况。1999年，文化观光部为了促进"汉字并用"方针的执行，向教育部提议调整教育用基础汉字，并根据汉字的使用频率提出了调整方案。经过一年半的研究讨论,提出1800字新方案。

2. 2000年韩国开设中文系(不含公共汉语选修课)的大中专院校131所,其中大专15所;学生数17,720人,其中大专学生1655人;教师695人,其中大专教师215人。另外,2000年韩国大学研究生院开设中文系的院校有45所,硕士生311人,博士生126人。(以上数据摘自中国驻韩国大使馆教育处网页统计资料)

3. 1980—2000年韩国的中国学博士论文总数为416篇,其中以政治(外交、军事、行政)为主题的论文96篇(23.1%),以汉语和经济为主题的论文各89篇(21.4%),以历史文化为主题的论文61篇(14.7%),以社会(新闻、教育、女性、劳动、家庭)为主题的论文46篇(11%),以哲学为主题的论文15篇(3.6%),其他主题的论文20篇(4.8%)。

表1 韩国的中国学与中国的韩国学学术论文研究主题按时期比较

单位:篇

主题	1989年以前 韩国	1989年以前 中国	20世纪90年代 韩国	20世纪90年代 中国	2000年至今 韩国	2000年至今 中国
总论	37	0	29	0	26	0
思想、哲学	91	78	160	69	351	192
宗教	71	10	119	22	228	80
政治	1142	224	2679	319	5949	774
经济	592	816	1903	1427	6576	1601
文化、教育	371	63	557	308	2062	997
语言、文学	390	188	672	254	2342	1151
艺术	73	12	104	15	242	43
历史、地理	174	515	405	334	1403	806
科学、医学	141	25	273	22	508	99
总计	3082	1931	6901	2770	19687	5743

表2 韩国的中国学与中国的韩国学硕博士论文成果按时期、主题比较

单位：篇

主题	1989年以前 韩国	1989年以前 中国	20世纪90年代 韩国	20世纪90年代 中国	2000年至今 韩国	2000年至今 中国
总论	0	0	2	0	4	0
思想、哲学	19	0	20	1	25	18
宗教	17	0	71	0	205	3
政治	113	0	491	5	967	148
经济	74	0	526	43	2146	445
文化、教育	49	0	176	3	658	132
语言、文学	60	0	152	3	1453	282
艺术	25	0	32	1	110	75
历史、地理	32	0	70	1	125	43
科学、医学	10	0	28	3	104	29
总计	399	0	1568	60	5797	1176

表3 韩国国际交流财团"滞韩研究学金"资助现状

年度	国家（个）	资助人员（人）	中国学者（人）	中国学者所占比例（%）
1992	26	62	7	11.29
1993	24	71	16	25.81
1994	24	69	19	30.65
1995	26	75	19	30.65
1996	26	70	22	35.48
1997	23	66	18	29.03
1998	30	59	10	16.13
1999	17	31	7	11.29
2000	16	30	5	8.06

续表

年度	国家（个）	资助人员（人）	中国学者（人）	中国学者所占比例（%）
2001	16	31	8	12.90
2002	17	38	8	12.90
2003	17	34	7	11.29
2004	21	50	13	20.97
2005	22	40	10	16.13
2006	26	56	18	29.03
2007	21	55	16	25.81
2008	24	57	17	27.42
2009	17	43	14	22.58
总计	74	937	234	24.97

资料来源："韩国国际交流财团"提供统计数据。

专名索引（以拼音字母排序）

A

爱文编辑部（글사랑편집부）　323，324

B

白民（백민）　50–52
白羊出版社（백양출판사）　186，190，310
普盛出版社编辑部（보성출판사편집부）　262
保景文化社（보경문화사）　245，248，261，262，266
北京图书馆金石组（북경도서관금석조）　227
北京大学（중국북경대학교）　24，27，233，318，349，354，371
北京大学朝鲜文化研究所（중국북경대학교조선문화연구소）　233
北京大学哲学系研究室（중국북경대학교철학과연구실）　349，354，371
北京语言学院（북경언어학원）　245，246，323
北京语言学院中国文学家词典编委会（북경언어학원 중국문학가사전편위회）　246
博文书馆（박문서관）　2，5，6，8，14，21，22，24，34，39

C

优胜者（Champ）编辑部（챔프편집부）　405

朝鲜古书刊行会（조선고서간행회）　10，13

朝鲜光文会（조선광문회）　14

《朝鲜日报》（조선일보）　23，24，29–34，358

朝鲜书馆（조선서관）　14–16

朝鲜图书株式会社（조선도서주식회서）　15，21，25

朝鲜文学（조선문학）　35，36

朝鲜总督府（조선총독부）　11–13，15，22，30–32，38，41，120

朝宗岩保存会（조종암보존회）　220

成均馆大学（성균관대학교）　37，51，58，59，61，72，73，76，100，106，138，145，152，160，175，178，216，223，232，261，273，279，285，297，323，326，329，330，357，370，398，402

D

大昌书院（대창서원）　26

大潮出版文化社（대조출판문화사）　50

大韩民国文化体育部（대한민국 문화체육부）　308

大韩民国学术院（대한민국학술원）　244，294

大陆文化研究会（대록문화연구회）　233

大学学士考试研究会（대학학사고시연구회）　244

地下铁文库编辑部（지하철문고편집부）　153

东昌书屋（동창서옥）　18

东国大学（동국대학교）　13，143，147，161，170，209，244，254，260，302，389

东国文化社（동국문화사）　52，57–59，63，65–67

东和堂书店（동화당서점）　48

东京大学（동경대학）　120，277

东京大学文学部中国学研究室（동경대학문학부중국학연구실）　277

东京大学中国哲学教室（동경대학 중국철학교실） 120

东西思想与伦理教材研究会（동서사상과윤리교재연구회） 325

东亚出版社（동아출판사） 82，110，195，220，230，293，298，307，309，320

《东亚日报》（동아일보） 22，30，31，32，34

东亚日报社（동아일보사）37，142，144，151，283，307，313

东阳古典鉴赏室（동양고전감상실） 295

东洋书院（동양서원） 16

东洋学研究所（동양학연구소） 178

对北法学事务所（대북법학사무조） 35

F

泛学图书（범학도서） 91，104，111，113，114，117，118，122，125-127，128，132，135，147

佛教传奇文化研究所（불교전기문화연구소） 326

佛教新闻社（불교신문사） 227

弗咸文化社（불함문화사） 132，136，227，270，277，278，287，298，327，336，337，340-346，348

G

高丽大学（고려대학교） 33，46，58，63-65，73，76，95，97，100，101，105，145，146，155，173，197，203，208，222，223，236，238，270，284，292，317，323，335，375，386，395，399

高丽大学民族文化研究所（고려대학교족문화연구소） 97，101，203，223，236，238，270，292，323，395

高丽大学文科学院中国语文学系教授室（고려대학교 문과대학 중국어문학과 교수실） 173

古代中国语文研究会（고대중국어문연구회） 257

古典刊行会（고전간행회） 33，137

古典学习研究会（고전학습연구회） 304

故事研究会（이야기연구회） 346

光东书局（광동서국） 19

光学社（광학사） 233

归章图局（귀장도국） 30

桂洞玄公廉（계동현공렴） 9

国家安全企划部（국가안전기획부） 270

国立汉城大学（서울대학교） 37，46，47，57，58，60，67，69，70，72，73，75，77-79，81，82，86，88，91，100，101，112，113，118，133，134，140，141，145，146，149，156，157，162，168，178-180，182，187，193，197，204，208，212，224，227，234，237-240，246，255，256，262，272，273，278，290，291，298，310，324，326，328，330，335，350，355，359，368，372，373，375，378，381，383，386，396，399

国立汉城大学东洋史学研究室（서울대학교 동양사학연구실） 227，311

国立汉城大学国际问题研究所（서울대학교 국제문제연구소） 278

国立汉城大学人文学院中语中文系（서울대학교 인문대학 중어중문학과） 168

国立汉城大学中国语文学系（서울대학교 중국어문학과） 69，75，113，118，145，149，187，197，246，310

国立汉城大学文理学院中国语文学系语文研究会（서울대학교 문리과대학 중국어 문학과 어문연구회） 60，67，69

国立首尔大学（서울대학교） 7，24，26，47

国民出版公社（국민출판공사） 138，183，202

国民文库（국민서고） 22

国史编纂委员会（국사편찬위원회） 133，194，204，336

国土开发研究院（국토개발연구원） 164

国学资料院（국학자료원） 176，274，284，291，293，326，336，352，364，368，371

H

韩国出版公社编辑部（한국출판공사편집부） 233–235

韩国地方行政研究院（한국지방행정연구원） 235

韩国广播通信大学出版部（한국방송통신대학출판부） 184, 190, 192, 196, 199, 202, 205, 206, 208, 210, 211, 213, 218, 219, 224, 226, 240, 242, 253, 258, 259, 261, 266, 289, 294, 298, 324, 329, 333, 336, 346, 347, 350, 355, 388, 392, 395

韩国教育部（한국교육부） 95, 237, 348, 358

韩国近现代史研究会（한국근현대사연구회） 384

韩国经济社会研究所（한국경제사회연구소） 202, 210, 211, 254, 302

韩国精神文化研究院（한국정신문화 연구원） 233, 289, 320, 322, 335, 364, 370

韩国精神文化研究院人文研究室（한국정신문화 연구원 인문연구실） 211, 385

韩国媒体资料刊行会（한국언론자료간행회） 244, 254, 260

韩国民族美术研究所（한국민족미술연구소） 94, 127, 192

韩国民族文化研究院（한국민족문화연구원） 333

韩国人文科学院编辑委员会（한국인문과학원 편집위원회） 384

韩国日报时间生活编辑部（한국일보 타임라이프편집부） 289

韩国社会史研究会（한국사회사연구회） 254

韩国史教材编纂委员会（한국사교재편찬위원회） 384

韩国外国语大学（한국외국어대학교） 46, 57–59, 95, 100, 104, 130, 134, 193, 273, 295, 310, 318, 323, 334, 356, 362, 363, 382

韩国外国语大学中国问题研究所（한국외국어대학교 중국문제연구소） 95, 100, 104, 130

韩国外国语会话社编辑部（한국외국어회화사편집부） 179

韩国文化财保护财团（한국문화재보호재단） 302

韩国文化社（한국문화사） 294, 331, 337, 338, 347, 348, 352,

353，356，367，395，396，402

 韩国文化艺术振兴院（한국문화예술진흥원）　162，254

 韩国现代中国研究会（한국현대중국연구회）　223，405

 韩国学研究会（한국학연구회）　211

 韩国广播公社国际广播局（한국방송공사국제방송국）　272

 韩国广播人俱乐部（한국방송인클럽）　356

 韩国哲学思想研究会（한국철학사상연구회）　272，289

 韩国中国散文学会（한국중국산문학회）　405

 韩国中国现代文学学会（한국중국현대문학학회）　180，193，321，371

 韩国中国学会（한국중국학회）　59，61，66，72-74，100，117，166，172，173，237，289，394

 韩国中国语文学会（한국중국어문학회）　134，140，145，405

 韩国中国语学会（한국중국어학회）　71，180

 韩国周易学会（한국주역학회）　289，302

 韩国自由教养推进会（한국자유교양추진회）　60，117，205

 韩中文化研究会（한중문화연구회）　221

 汉城出版社（한성출판사）　46，47，139

 汉城书馆（한성서관）　17

 汉城图书株式会社（한성독서주식회사）　38，42

 汉城雅文阁（한성아문각）　47

 汉京文化事业公社（한경문화사업공사）　168

 汉阳大学附设国学研究院（한양대학교 부설국학연구원）　111

 翰南书林（한남서림）　19，20

 弘益斋（홍익재）　360，367，373

 华政博物馆学艺研究室（화정박물관학예연구실）　406

 徽文馆（휘문관）　10

 徽文出版社（휘문출판사）　84，97，98，105，108，132，137，150，151，176，198

 汇东书馆（회동서관）　15，16，20，22，30

J

鸡林社（계림사） 52

集贤殿编辑部（집현전편집부편） 191

江苏省社会科学院（강소성사회과학원） 292，335，358，390

教育图书（교육도서） 224

教育周报社（교육주보사） 114，119

槿友社（근우사） 48，57，65，67

京城帝国大学法文学部（경성제국대학법무학부） 26，27，42

京城唯一书馆（경성유일서관） 15，17–19

京城文化社（경성문화사） 194

京畿大学（경기대학교） 238，376

菁我出版社（청아출판사） 181，195，219，221，224，239，242，269，277，278，286，289，293，295，299，301，306，320，338

景仁文化社（경인문화사） 97，103，107，115，119，121，126，129，135，156–158，160–164，168，169，182，194，196–198，200，204，206，207，223，228，229，232，233，239，253，254，260，304，319，341，347，351，368，370，400，403

K

开辟社（개벽사） 29

康美文化社编辑部（강미문화사편집부） 147

KBS 韩国放送事业団（KBS 한국방송사업단） 170，183，204，215

奎章阁（규장각） 6，7，9，13，30，31，73，77，78，95，100，101，146，157，204，212，387

L

梨花女子大学（이화여자대학교） 260，291，335，353，370，372

历史教育研究会（역사교육연구회） 228

历史之谜研究会（역사노미연구회） 379

联合放送报道记者会（연합방송보도기자회） 347

良友堂（양우당） 165-167，169，170，172，182，183，185，189，190，192，199，216，316

洌上古典研究会（열상고전연구회） 362

岭南大学（영남중국교） 6，10，18，20，59，119，124，159，171，206，228，244，246，251，296，313，316，338，353，360，363，365，366，368，370，405，417

岭南大学中国文学研究室（영남대학교중국문학연구실） 296，313，360，363，365，366，370

论述资料保存会（논설자료보전회） 91，94，98，99，105，110，111，258

M

美丽出版社（아름출판사） 300，327

美术文化院（미술문화원） 167，177，188，279，280-283

民昌文化社（민창문화사） 83，86，90，274，275

民晶社编辑部（민정사편집부） 136

民族文化推进会（민족문화추진회） 74，86，121，128，152，159，391

明文堂（명문당） 84，88-90，92，103，118，126，130，152，163，165，174，178，181，182，184-186，189-191，199，203，205，208，214，222，227，248，253，259，260，261，263，266，270，271，276，277，279，286，288-290，293，294，296，298-300，307，308，310，314，315，317，324，329，353，355，359，395

明知大学出版部（명지대학출판부） 97，99，114，115，130，137，143，157，175，183，185，247，382，396

木铎出版社（목탁출판사） 261

牧隐研究会（목은연구회） 397

P

平凡社（평범사） 119, 122, 123, 137, 138, 144, 154, 208, 333

普成书馆（보성서관） 38

Q

琴川新刊（금천신간） 8

青年社（청년사） 49, 224, 227–231, 234, 240, 243, 248, 251, 252, 259, 261, 263–265, 269, 276, 278, 284, 295, 310, 325, 331, 350

青鸟社（청조사） 35

清州大学附设中国文化研究所（청주대학중국문화연구소） 135

全国经济人联合会（전국경제인연합회） 370

权相老笔耕（권상노필경） 37

R

仁川大学民族文化研究所（인천대학교민족문화연구소） 164, 171, 177

日本东亚研究所（일본동아연구소） 267

日建设计大阪事务所（일건설계대판사무소） 219

日中民族科学研究所（일중민족과학연구소） 298

瑞文堂（서문당） 102, 109, 114, 115, 119, 121, 122, 124, 127, 135, 137, 158, 164, 165, 169, 176, 221, 235, 314, 339

睿智阁（예지각） 297, 365, 366

S

三贯文化社编辑部（삼관문화사편집부） 215

三省出版社（삼성출판사） 92, 93, 107, 117, 119, 120, 123, 126, 130, 136, 149, 156, 160, 162, 163, 169, 186, 189, 200, 205, 242, 245, 247, 250, 255, 294–296, 304, 311

十人出版社（열사람） 33, 287, 295, 299

史记列传读会（사기열전독회） 278

世昌书馆（세창서관） 36，56，71，77

世界史编纂委员会（세계사편찬위원회） 263

首尔出版社（서울출판사） 47，274，276，277，285-290

淑明女子大学中国文化研究所（숙명여자대학교중국문화연구소） 168，197

淑明女子大学校中国语文学系（숙명여자대학교 중국어중문학과） 128

四书三经编纂委员会（사서삼경편찬위원회） 310

苏联教育科学院（소련교육과학원） 227

T

檀国大学（단국대학교） 95，106，108，308

檀国大学中国文学系（단국대학교중국어중국문학과） 108

通文馆（통문관） 16，33，65，71，109，112，176，188，189，192

W

外国语学普及会（외국어학보급회） 80，103

外国语研究普及会（외국어연구보급회） 229，248

外交通商部（외교통상부） 380

《文学批评》（문학비평） 47

文言社（문언사） 32，33，37

武汉大学中文系中国古代文学理论研究室（우한대학교 중국어학과 중국고대문학이론연구실） 245

X

新东亚编辑部（신동아편집부） 283

新旧书林（신구서림） 17，23，28，35

新文馆（신문관） 11，18

新雅社（신아사） 37，67，71，103，104，116，123，124，126，129，132，138，166，171-173，175，194，195，204，205，211，213，220，225，

242, 258, 266, 277, 287, 309, 316, 333, 352, 366, 376, 380, 382, 388, 396

玄岩社（현암사） 55, 67, 73, 77, 78, 83, 84, 88, 89, 92, 94, 102-104, 108-110, 115-117, 121, 125-128, 132, 138, 142, 143, 159, 167, 168, 174, 175, 177, 183, 188, 192, 195-197, 199, 216, 239, 249, 296, 300, 325, 328, 353, 354, 371, 390

学生书局（학생서국） 271

学艺社（학예사） 38

Y

延边大学（연변대학교） 243, 248, 264, 310, 312

延世大学（연세대학교） 49, 58, 84, 86, 99, 102, 105, 112, 117, 124, 127, 136, 145, 162, 178, 179, 184, 185, 190, 193, 250, 273, 284, 285, 312, 313, 335, 387, 403

延世大学中国文学辞典编译室（연세대학교중국문학사전편역실） 312

延世大学中国语教材编纂委员会（연세대학교 중국어교재편찬위원회） 184

延世中语中文学会（연세중어중문학회） 248, 269

一潮阁（일조각） 66, 67, 84, 88, 91, 92, 103, 115, 135, 143, 151, 152, 157, 176, 186, 189, 198, 203, 285, 339, 359, 366, 367

一信书籍（일신서적） 67, 245, 257, 258, 262, 263, 289, 305, 306, 378

乙酉文化社（을유문화사） 50, 62, 69, 70, 73, 76, 80, 86, 89, 91-93, 98, 104, 107, 110, 111, 117-125, 127-129, 138, 139, 153-156, 159, 162, 176, 178, 184, 198, 224, 232, 242, 255, 266, 283, 284, 294, 308, 315, 319, 321, 323, 328, 333, 361, 376, 381, 383, 388, 396

艺文编辑部（예문편집부） 207

永和出版社（영화출판사） 55

有朋堂书店（유붕당서점） 21

宇钟社（우종사）　60, 63, 67, 74, 82, 108, 160, 184, 190, 226

语文阁（어문각）　75, 77, 80-82, 84, 86, 96, 97, 108, 114, 119, 125, 135, 142, 147, 174, 175, 187, 196, 214, 215, 219, 242, 250, 277, 286, 294, 295, 306, 307, 316, 326, 328, 330, 349, 363

育文社编辑部（육문사편집부）　218

Z

浙江杭州大方伯省立图书馆四库目略发行处（절강항주대방백성립도서관사고목략발행처）　29

真诚堂（진성당）　54

正韩出版社（정한출판사）　115, 117, 123

正音社（정음사）　33, 50, 52, 54, 56-58, 60, 62, 63, 66, 68-71, 74-76, 78, 82, 83, 87, 89, 90, 93, 94, 96, 99, 102, 107, 109-111, 116, 121, 122, 125, 126, 128-130, 133, 135, 136, 139, 147, 148, 153, 154, 165, 169, 171, 172, 174, 178, 190, 198, 199, 201, 207, 208, 214, 271

中国大百科全书出版社编辑部（中國大百科全書出版社編輯部）　201

中国古代史研究会（국고대사연구회）　191

中国古典研究会（중국고전연구회）　233

中国建筑史编辑委员会（中國建築史編輯委員會）　252

中国科学院考古研究所（중국과학원고고연구소）　252

中国历代战争史编纂委员会（중국역대전쟁사편찬위원회）　209

中国历史研究会（중국역사연구회）　227, 331, 355, 393

中国青年出版社（중국청년출판사）　235

中国人民大学书报资料社（중국인민대학교 서보자료사）　232

中国社会科学院（중국사회과학원）　300

中国史学会（중국사학회）　404

中国史研究室（중국사연구실）　300, 318

中国文化大学中华学术院（중국문화대학중화학술원）　153

中国文化研究会（중국문학연구회） 178

中国文学理论研究会（중국문학이론연구회） 291, 300

中国文学研究会（중국문학연구회） 61, 146, 173, 318, 323

中国延边人民出版社翻译部（중국연변인민출판사번역부） 300

中国语大辞典编纂室（중국어대사전편찬실） 223, 323, 395

中国语世界社（중국어세계사） 178, 318, 331

中国语文教材研究会（중국어문교재연구회） 151, 153, 161

中国语文学研究会（중국어문학연구회） 73, 105, 212, 222

中国语言学研究资料室（중국어문학연구자료실） 310, 318

中国语文研究会（중국어문연구회） 105, 161, 220, 331

中国哲学研究会（중국철학연구회） 191, 270, 288, 319, 355

中华全国妇女联合会（중화전국부녀연합회） 270, 278

中华文化复兴运动推行委员会（中華文化復興運動推行委員會） 209, 210

中山大学中文系资料室（중산대학교 중국어학과 자료실） 201

中央民族学院出版社（중앙민족학원출판사） 319

中央日报社（중앙일보사） 139, 144, 189, 223, 224, 229, 236, 253, 329

自由评论社编辑部（자유평론사편집부） 227

人名索引（以拼音字母排序）

A

安炳周（안병주）　77，97，120，126，136，150，162，175，188，245，377，378

安东林（안동림）　103，126，128，143，168，175，188，197，216，296

安光济（안광제）　168，228

安吉焕（안길환）　296，365

安义运（안의운）　251，252，263，284，296，311

岸边成雄（岸邊成雄）　188，288

奥修（Rajneesh, B. S.）　156，231，258，260，287，299

B

白乐天（백낙천）　42，116，129，152，165，207，259，384

白南薰（백남훈）　58，62

白煜基（백윤기）　115，278，398

包德甫（Butterfield, Fox）　192，328

柏杨（백양）　127，194

贝冢茂树（貝塚茂樹）　70，144，224，230

卞麟锡（변인석） 278, 310, 340

表文台（표문태） 77, 192

卜德（Bodde, Derk） 147, 266

C

蔡芳鹿（채방록） 372, 387

蔡仁厚（채인후） 319, 404, 405

蔡元培（채원배） 162, 198, 241

蔡志忠（채지충） 80, 221, 234, 271, 301, 308, 319, 320, 333, 347, 348, 355, 372, 383, 405

藏原惟人（藏原惟人） 257, 346, 354

曹操（조초） 166, 215, 232

曹斗铉（조두현） 124, 317

曹玟焕（조민환） 371, 383

曹雪芹（조설근） 33, 38, 83

曹永禄（조영록） 209, 371

曾先之（증선지） 99, 153, 174, 178, 233, 234, 235, 300, 331

车俊会（차준회） 98, 137, 151, 198

车培根（차배근） 178, 184, 191, 212

车琼爱（차경애） 270, 278

车溶柱（차용주） 162, 319

车相辕（차상원） 26, 46, 57, 65, 66, 67, 82, 89, 96, 111, 117, 130, 139, 172, 191, 253

车柱环（차주환） 46, 59, 63, 64, 65, 66, 68, 72, 73, 76, 82, 87, 90, 99, 111, 117, 124, 130, 145, 153, 162, 172, 178, 184, 190, 192, 202, 220, 234, 253, 271, 300, 319, 333, 355, 383

陈观胜（Chen, Kenneth K. S.） 262, 309

陈起焕（진기환） 248, 270, 288, 348, 355, 371

陈寿（진수） 129, 319, 350

陈舜臣（진순신） 124, 201, 207, 210, 220, 234, 246, 288, 300, 319, 331, 332, 403

陈泰夏（진태하） 117, 131, 133, 193

成百晓（성백효） 246, 263, 389

成宜济（성의제） 59, 128, 227

成元庆（성원경） 131, 137, 143, 168, 197, 263, 279, 298

池荣在（지영재） 59, 104, 111, 117, 145, 153, 172, 220

传乐成（전낙성） 160, 190

崔炳植（최병식） 192, 254

崔根德（최근덕） 210, 333

崔茂藏（최무장） 162, 234, 372

崔仁旭（최인욱） 80, 133, 139, 172, 192, 324

崔世珍（최세진） 42, 178, 185, 323, 334, 374

崔完植（최완식） 99, 172, 210, 260, 274

崔贤（최현） 202, 210, 301, 302, 320, 333, 355

崔孝先（최효선） 289, 302, 320, 372

崔信浩（최신호） 117

崔要安（최요안） 103, 192

崔一范（최일범） 230, 234

崔暎海（최영해） 56, 68, 71, 78, 82, 87, 89, 90, 94, 99, 111, 129, 130, 139, 153, 154, 172, 178, 271

崔允秀（최윤수） 216, 247, 365

崔珍钰（최진옥） 184, 206

崔正善（최정선） 145, 202

D

大滨皓（大濱皓） 277, 389

丁范镇（정범진） 61, 75, 104, 114, 149, 152, 153, 160, 199, 206, 219, 232, 268, 317, 335, 350, 357, 370

丁九燮（정구섭） 5, 6

丁奎福（정규복） 208, 317

丁来东（정래동） 26, 28–31, 33–37, 44, 45, 47, 49–52, 75, 93

丁若镛（정약용） 236, 317

丁泰镇（정태진） 46, 47

都珖淳（도광순） 108, 127, 131, 136, 196, 309

杜甫（두보） 42, 116, 129, 133, 144, 152, 177, 200, 208, 219, 297, 391

渡边卓（渡邊卓） 167, 196

F

范善均（범선균） 121, 136, 215

方东美（방동미） 167, 175, 226, 352

方基焕（방기환） 142, 149, 182, 187

方立天（방입천） 226, 268, 363

冯梦龙（풍몽룡） 239, 271

冯友兰（풍우란） 115, 121, 129, 139, 147, 150, 153, 161, 172, 181, 185, 186, 191, 201, 235, 251, 299, 309, 348, 389

傅乐成（부낙성） 108, 184, 226, 377

傅晓航（부효항） 389, 390

G

高怀民（고회민） 238, 323

高田淳（高田淳） 265, 292

高羽荣（고우영） 304, 359

高在旭（고재욱） 204, 216, 231, 388

高宗（고종） 7, 387

葛弘基（갈홍기） 147, 151, 304

葛荣晋（갈영진） 244, 335

葛兆光（갈조광） 256，267

郭霭春（곽애춘） 257，276

郭绍虞（곽소우） 156，304

郭信焕（곽신환） 181，336，341

H

憨山德清（감산덕청） 237，246，248，263

韩昌洙（한창수） 208，213，289

韩非子（韓非子） 96，98，120，126，136，137，142，149，151，162，166，167，183，198，245，295，308，347，364

韩龙云（한용운） 2，16，18，104，139

韩武熙（한무희） 61，99，162，192，211，255，272，321，356，363，373，378

何耿镛（하경용） 286，320

贺凯（Hucker，Charles） 187，306

河世凤（하세봉） 339，346

河正玉（하정옥） 46，152，160，179，289

洪成玉（홍성옥） 321，393

洪承稷（홍승직） 321，356

洪硕辅（홍석보） 105，130，163

洪熹（홍희） 225，260，272

洪寅杓（홍인표） 118，290，322

洪应明（홍응명） 15，124

洪元植（홍원식） 94，99，105，111，118，154，179，192，302，321

胡适（호적） 20，21，23，24，64，73，84，100，290，349，406

胡云翼（호운익） 71，110，172，222

黄秉国（황병국） 203，211，213，216，222，235，236，302，322，339，340，353，357，393

黄坚（황견） 64，66，112，179，203

黄修己（황수기）　256, 257, 273
黄元九（황원구）　84, 124, 179

J

姬田光义（姬田光義）　324, 333
加纳喜光（加納喜光）　272, 289
姜启哲（강계철）　194, 246, 267
姜信雄（강신웅）　335, 394
姜在伦（강재륜）　147, 185
金八峰（김팔봉）　82, 96, 114, 174, 214, 242, 277, 294, 307
金秉骏（김병준）　359, 360
金秉洙（김병수）　239, 240, 336, 359
金炳宗（김병종）　224, 359
金长焕（김장환）　307, 340, 362, 372, 396
金春城（김춘성）　181, 307
金达镇（김달진）　165, 185, 205, 327, 387
金道基（김도기）　336, 342
金得洙（김득수）　185, 239
金东成（김동성）　62, 69, 70, 73, 119, 120, 125
金东里（김동리）　92, 107, 306
金谷治（김곡치）　201, 287
金冠植（김관식）　156, 181
金光烈（김광렬）　251, 252, 263, 284, 296, 311
金光洲（김광주）　31, 34, 45–47, 51, 77, 81, 89, 90, 96, 99, 102, 107, 114, 119, 125, 127, 135, 147, 165, 174, 181, 305
金圭升（김규승）　58, 60
金贵达（김귀달）　107, 185
金汉龙（김한룡）　214, 324, 325
金翰奎（김한규）　157, 396

金浩成（김호성） 114, 165

金河中（김하중） 148, 185, 242, 259, 277

金赫济（김혁제） 260, 294, 308

金恒培（김항배） 182, 277

金吉焕（김길환） 97, 98, 137, 150, 151, 198

金教斌（김교빈） 257, 346, 387

金槿（김근） 258, 324

金井镇（김정진） 181, 241

金敬琢（김경탁） 59, 69, 77, 79, 84, 91, 92, 96, 107, 114, 125, 127, 135, 147, 174, 185, 195, 205, 239, 324, 336, 359, 362

金九镇（김구진） 181, 195, 205, 239, 242, 293, 306, 338

金俊烨（김준엽） 59, 63, 64, 70, 72-74, 81-83, 92, 103

金龙济（김용제） 33, 54, 57, 60-65, 69, 79, 90, 96, 136, 148, 165, 174

金龙云（김용운） 337, 341

金能根（김능근） 75, 102, 174

金丘庸（김구용） 60, 74, 75, 77, 81, 102, 107, 119, 125, 135, 141, 147, 148, 174, 239

金容沃（김용옥） 225, 388, 395

金容燮（김용섭） 107, 214, 241, 337, 400

金荣焕（김영환） 306, 340

金荣九（김영구） 183, 205, 346, 347

金圣东（김성동） 269, 336

金圣叹（김성탄） 3, 6, 15, 17, 165, 240, 276, 328, 349, 360, 363

金时俊（김시준） 46, 103, 120, 148, 195, 204, 205, 211, 213, 224, 240, 258, 276, 395

金顺镐（김순호） 324, 333

金顺任（김순임） 60, 86, 96, 114

金台俊（김태준） 26, 30, 31, 38, 61, 338

金泰贤（김태현） 338，349

金锡根（김석근） 70，224，258

金锡焕（김석환） 156，258，293

金喜泳（김희영） 181，294

金夏中（김하중） 131，166，181，195

金庠基（김상기） 50，59，102

金星元（김성원） 276，293

金炫辰（김현진） 225，308

金铉龙（김현룡） 325，338

金学奎（김학규） 103，388

金学主（김학주） 37，46，81，82，84，92，96，106，107，112，114，120，126，130，131，136，142，148，149，156，157，162，166，174，175，182，185，195，205，206，214，225，242，245，259，277，294，307，308，324，347，361，388，396

金一根（김일근） 241，376

金英媛（김영원） 195，261

金瑛（김영） 240，315

金莹洙（김영수） 92，125，133，135，136，165，213，258，293，306，324，387

金庸（김용） 306，394，398

金镛（김용） 224，225，240，241，376

金永德（김영덕） 240，276，337

金永律（김성율） 205，224

金永寿（김영수） 56，67，70，73，86，90，107，114，120，133

金元中（김원중） 241，324，337，346，376，388，396

金在乘（김재승） 165，259

金喆洙（김철수） 61，91，114，118，166

金正浩（김정호） 307，340

金忠烈（김충렬） 126，127，205，214，242，259，294，307，338

金钟顺（김종순） 225, 241

金钟太（김종태） 225, 337

金钟武（김종무） 56, 126, 131, 259

金周园（김주원） 142, 148, 181

井上靖（井上靖） 186, 190, 317

居尚元（거상원） 58, 88, 100, 107, 113, 119, 164, 181

具本明（구본명） 156, 212

具良根（구양근） 212, 395

具素青（구소청） 113, 147

具锡逢（구석봉） 147, 184

瞿佑（구우） 54, 92, 122

K

孔在锡（공재석） 46, 78, 102, 112, 125, 134, 140, 147, 164, 173, 179, 180, 182, 292, 302

孔子（孔子／공자） 82, 96, 100, 117, 131, 152, 167, 170, 182, 191, 201, 217, 240, 247, 251, 257, 259, 263, 266, 286, 287, 294, 300, 301, 307, 316, 319, 324, 340, 342, 343, 347, 351, 354, 365, 377, 379, 383, 390, 392, 404, 406

堀川哲男（굴천철남） 339

L

蓝棣之（람체지） 347, 350

劳思光（노사광） 201, 209, 251, 269, 287, 331, 363, 371

老舍（라오서） 193, 229, 256, 272, 273

老子（老子／노자） 27, 89, 96, 114, 120, 123, 125, 131, 132, 143, 156, 157, 160, 163, 170, 174, 178, 182, 195, 196, 200, 201, 203, 205, 214–216, 218, 223–225, 234, 235, 237, 239, 243, 245, 246, 249, 250, 255, 257, 258, 261–263, 266, 270, 277, 286–288, 293, 297,

299, 302, 308, 309, 314, 318, 329, 333, 336, 343, 351, 353, 357, 362, 367, 387–390, 395, 396, 399–401, 403

李丙畴（이병주） 65, 67, 77, 80, 89, 98, 109, 122, 138, 152, 159, 176, 189, 208, 297, 368, 391

李炳甲（이병갑） 329, 368

李炳汉（이병한） 46, 84, 98, 99, 104, 106, 109, 112, 115, 122, 170, 172, 176, 189, 199, 218, 219, 266, 286, 291, 329, 381

李灿道（이찬도） 230, 244, 267

李昌龙（이창룡） 177, 190

李成珪（이성규） 134, 141, 145, 146, 176, 208, 253, 298

李充阳（이충양） 204, 211, 223, 236

李春植（이춘식） 199, 211, 231, 298, 369, 382

李东欢（이동환） 77, 122, 187

李东三（이동삼） 183, 213

李东乡（이동향） 122, 188, 195

李动钟（이동종） 160, 266

李恩奉（이은봉） 345, 364

李范圭（이범규） 32, 33, 37

李昉（이방） 150, 159, 352, 368, 401

李桂柱（이계주） 103, 109, 176, 329

李汉祚（이한조） 116, 138, 144

李鸿镇（이홍진） 138, 171, 231, 267, 316, 330, 402

李华珍（이화진） 97, 150

李徽教（이휘교） 46, 171

李基东（이기동） 265, 285, 297, 329, 367, 380

李基奭（이기석） 122, 123, 143, 152, 159, 230, 329, 352, 368

李家源（이가원） 59, 61, 66, 67, 69, 75, 76, 84, 106, 109, 112, 115, 121, 137, 151, 198, 199, 207, 249, 285, 314

李俊凡（이준범） 250, 316

李康洙（이강수） 199, 329, 390

李陆史（이육사） 23, 24

李民树（이민수） 57, 103, 109, 115, 122, 128, 137, 138, 159, 176, 189, 199, 208, 230, 249, 266, 286, 297, 315, 352

李明花（이명화） 187, 206

李明洙（이명수） 346, 352

李庆善（이경선） 122, 132

李庆雨（이경우） 314, 329, 367, 401

李容灿（이용찬） 189, 286

李容泰（이용태） 381, 401

李商隐（이상은） 122, 192, 368

李圣浩（이성호） 315, 381

李盛平（이성평） 189, 249

李太白（이태백） 42, 93, 116, 129, 152, 219, 299

李文烈（이문열） 297, 352, 381, 391

李文周（이문주） 230, 231, 234

李锡浩（이석호） 82, 91, 93, 98, 109, 123, 152, 159, 160, 170, 184, 189, 200, 250, 266

李相殷（이상은） 39, 59, 64, 72, 73, 87, 381

李相玉（이상옥） 184, 199, 208, 266, 329

李新魁（이신괴） 245, 368

李秀雄（이수웅） 199, 208, 249, 298, 315, 330

李勋钟（이훈종） 160, 278, 286

李英茂（이영무） 104, 184, 199

李永朱（이영주） 183, 210, 218, 381, 391

李元揆（이원규） 295, 381

李元寿（이원수） 104, 183

李元燮（이원섭） 89, 96, 98, 104, 109, 110, 115, 116, 123, 126, 127, 132, 138, 144, 152, 159, 170, 171, 177, 189, 190, 196, 199, 249,

315，316，353

　　李约瑟（Needham, Joseph）　184，266

　　李云九（이운구）　266，343

　　李允中（이윤중）　103，116，183

　　李在承（이재승）　199，369

　　李在祯（이재정）　250，381，391

　　李载敦（이재돈）　258，316，353

　　李泽厚（이택후）　267，298，402

　　李章佑（이장우）　46，116，133，138，159，171，177，179，184，190，
220，266，298，316，381

　　李钟灿（이종찬）　110，133，171，381

　　李钟九（이종구）　358，361，374

　　李钟烈（이종렬）　57，60，67

　　李钟麟（이종린）　15，16

　　李钟学（이종학）　110，298

　　李钟振（이종진）　171，213，316，347

　　李周洪（이주홍）　80，93，110，116，123，128，129，138，144，152，
159，177，183，190，219，250，286，295，298，316，330，369

　　李宗桂（이종계）　267，298，369

　　镰田茂雄（鎌田茂雄）　195，287，349

　　梁白华（양백화）　20–22，26，29，30

　　梁东淑（양동숙）　132，207

　　梁会锡（양회석）　311，351

　　梁启超（양계초）　10，29，99，103，109，122，139，170，172，176，
216，217，228，329

　　梁羽生（양우생）　206，247

　　梁再赫（양재혁）　216，247，264，365

　　梁柱东（양주동）　42，121，378

　　列子（列子／열자）　93，96，97，107，110，114，116，150，166，185，

196, 205, 219, 223, 249, 348, 395

林炳德（임병덕）　200, 316

林春城（임춘성）　261, 330, 370

林东锡（임동석）　177, 190, 199, 200, 230, 298, 369, 382, 388

林静（임정）　267, 268

林莽（林莽）　114, 118

林语堂（林語堂）　53, 60, 63, 84, 98, 109, 124, 153, 268, 327

刘春花（유춘화）　160, 218

刘鹗（유악）　69, 364

刘节（유절）　399, 400

刘明钟（유명종）　169, 400

刘若愚（유약우）　132, 143, 151, 177, 314

刘向（유향）　190, 259, 352, 362, 388

刘笑敢（유소감）　249, 400

刘勰（유협）　179, 313

刘义庆（유의경）　9, 13, 176, 348, 352, 366, 372

柳承国（유승국）　277, 342, 344

柳七鲁（유칠노）　97, 150

柳仁熙（유인희）　143, 344

柳晟俊（유성준）　151, 229, 265, 272, 285, 352, 362, 366, 380

柳已洙（유기수）　265, 390

柳正基（류정기）　218, 295

柳种睦（류종목）　151, 297, 397

卢东善（노동선）　59, 84, 91, 96, 157, 167

卢谥焕（노익환）　28, 35

卢台俊（노태준）　108, 120, 142, 196

鲁迅（노신 / 루쉰）　27, 44–48, 49, 51, 68, 75, 107, 173, 179, 180, 193, 195, 206, 224, 338, 349, 406

陆羽（육우）　142, 159

M

马伯乐（Henri, Maspero） 328, 388

玛格丽特·梅德利（Medley, Margaret） 195, 261

孟柱亿（맹주억） 206, 214, 273, 325, 335, 357

孟子（孟子 / 맹자） 37, 57, 76, 77, 90, 96, 97, 100, 109, 111, 114, 121–123, 136, 144, 149, 150, 156, 162, 163, 170, 175, 176, 178, 186, 188, 197, 198, 215, 218, 221, 223, 234, 240, 242, 251, 252, 258, 259, 263, 271, 289, 290, 294, 296, 297, 300, 301, 306, 308, 310, 314, 316, 317, 319, 321, 327, 339, 340, 343, 346, 352, 354, 355, 378, 382, 383, 393

梦笔生（몽필생） 33, 127, 295, 299

闵斗基（민두기） 95, 100, 101, 103, 106, 112, 121, 134, 141, 145, 146, 149, 167, 175, 185–187, 304, 322, 349, 373

闵宽东（민관동） 385, 393

闵泳珪（민영규） 84, 86, 136

牟复礼（Mote, Frederick W.） 257, 293

牟宗三（모종삼） 136, 137, 142, 149, 167, 168, 186

N

南晚星（남만성） 182, 183, 294, 308, 339

P

裴秉哲（배병철） 310, 326, 389, 398

皮锡瑞（피석서） 145, 179, 330

朴德俊（박덕준） 273, 335, 357, 361, 369

朴堤千（박제천） 196, 215

朴定绪（박정서） 83, 85

朴光壹（박광일） 225, 226

朴海铛（박해당） 262, 309

朴惠淑（박혜숙）　215，218，326

朴健柱（박건주）　346，348

朴鲁胎（박노태）　51，68，71

朴善姬（박선희）　336，353

朴泰远（박태원）　50，52，54

朴秀珍（박수진）　261，278，295

朴一峰（박일봉）　108，136，149，167，325，326

朴银华（박은화）　187，206，377

朴云锡（박운석）　206，346，377

朴宰雨（박재우）　295，363

朴在渊（박재연）　183，204，220，297，309，358

朴芝薰（박지훈）　187，206

朴钟浩（박종호）　187，245

朴钟和（박종화）　42，80，82，84，92，97，108，114，142，149，175，187，196，215，295，326，349，363

蒲松龄（포송령）　80，312，340

Q

奇世春（기세춘）　276，305

奇宇万（기우만）　31，50，62

千世旭（천세욱）　99，117

钱穆（전목）　64，68，99，108，110，117，127，133，178，208，354

琴章泰（금장태）　359

青木正儿（青木正兒）　21，206

丘处机（구처기）　58，59，67

邱永汉（구영한）　79，102，141，292，323

秋宪树（추헌수）　99，117，127

全白赞（전백찬）　251，299

权丙勋（권병훈）　40，164，239

权德周（권덕주） 46，74，114，119，156，164，174，192，194，204，213，238，276，293，298，304

全海宗（전해종） 139，152

权浩渊（권호연） 84，96，157，165，167，194，205，213

权美淑（권미숙） 257，293

全命龙（전명용） 208，218，251，317，403

权五惇（권오돈） 204，293

权熙哲（권희철） 77，107

权相老（권상노） 37，384

全寅初（전인초） 123，133，139，152，190，208，287，392，403

权哲（권철） 224，276

权重达（권중달） 208，375

R

任炳权（임병권） 256，267，273，316

任昌淳（임창순） 60，63，392

任继愈（임계유） 230，231，234，235，250，298

任时先（임시선） 200，231

S

善永（선용） 103，115，197，227

申成坤（신성곤） 350，389

申东昊（신동호） 97，150

沈伯俊（심백준） 291，311

沈庆昊（심경호） 347，378，389

施耐庵（시내암） 14

释智贤（석지현） 121，157

守屋洋（守屋洋） 230，244，263，267，349，387，391

狩野直喜（狩野直喜） 198，283

司马光（사마광）　127, 205

司马迁（사마천）　104, 143, 177, 215, 218, 286, 306, 310, 326

松丸道雄（松丸道雄）　232, 246

宋灿佑（송찬우）　246, 263

宋昌基（송창기）　216, 263

宋河璟（송하경）　175, 231

宋恒龙（송홍용）　137, 168

宋荣培（송영배）　197, 283

宋天镐（송천호）　61, 216

宋宪奭（송헌석）　22, 38, 39

宋永右（송영우）　296, 378

宋云霞（송운하）　246, 263

宋在禄（송재록）　82, 115, 132, 175

宋贞姬（송정희）　97, 115, 137, 143, 157, 175, 183

孙晋泰（손진태）　50, 150

孙诒让（손이양）　132, 227

孙子（孫子 / 손자）　58, 60, 62, 86, 89, 92, 96, 98, 103, 109, 110, 126, 137, 148, 149, 151, 166, 167, 183, 185, 196, 198, 214, 215, 223, 232, 289, 292, 298, 307, 318, 325, 340, 358, 359, 376, 387

T

陶渊明（도연명）　46, 67, 108, 115, 116, 120, 121, 137, 175, 200, 240, 253, 255, 317, 365, 370

田东县（전동현）　270, 278

W

王冰（왕빙）　128, 313

王力（왕력）　171, 231, 316, 330, 361, 369

王梦鸥（왕몽구）　133, 138, 158

王孙公（왕손공） 147，151

王育民（왕육민） 228，229

王云五（왕운오） 198，229

王治心（왕치심） 208，218

温玉成（온옥성） 341，347，351

温肇桐（온조동） 229，297

文林士（Williams, C.A.S.） 189，286

文世荣（문세영） 38，48

文璇奎（문선규） 46，70，71，97，108，126，127，136，142，155，186，206，245，309

文一平（문일평） 39，157

吴承恩（오승은） 14，240

吴淳邦（오순방） 292，335，358，390

吴海镇（오해진） 132，198

吴江南（오강남） 328，390

吴金成（오금성） 134，141，145，146，198，366

吴怡（오이） 175，231

吴英（오영） 90，158，198

吴永石（오영석） 143，150，297

吴在成（오재성） 264，366

吴赞植（오찬식） 143，148，150

吴钟逸（오종일） 175，231，297

X

鲜于日（선우일） 18，21

小林斗岩（小林鬥巖） 279-283

小尾郊一（小尾郊一） 218，285，329

笑笑生（소소생） 93

辛胜夏（신승하） 108，160，184，199，247，283，298，378，399

辛夕汀（신석정） 93，121

徐复观（徐復觀） 246，295，328

徐敬浩（서경호） 154，246，256，262，273，310

徐贤峰（서현봉） 127，326

徐镇英（서진영） 197，358，361

许璧（허벽） 139，221，272，302，387

许成道（허성도） 255，272，362，386，406

许进雄（허진웅） 272，296

许龙九（허룡구） 240，272，356

许世旭（허세욱） 46，59，94，97，99，105，111，154，155，163，173，193，203，211，289，333，339，356，373，385，388，406

许文纯（허문순） 185，289

宣贞珪（선정규） 350，398

玄公廉（현공렴） 26

玄奘（현장） 164，238，304，391

薛爱华（Schafer, Edward H.） 157，289

荀子（荀子 / 순자） 86，89，93，96–98，120，121，126，136，137，151，162，166，169，182，188，198，223，238，240，242，245，287，343，346，354，383，405

Y

杨伯峻（楊伯峻） 230，265

杨力（양력） 296，327

杨维杰（양유걸） 143，247，263

杨孝溁（楊孝溁） 204，216，388

伊藤道治（伊藤道治） 230，297，352

义净（의정） 143，170

尹鼓钟（윤고종） 48，57

尹和重（윤화중） 207，230，265

尹乃铉（윤내현） 265, 285, 314, 329, 352

尹寿荣（윤수영） 218, 285, 329, 380

尹五荣（윤오영） 121, 128, 169, 182, 188

尹永春（윤영춘） 49-53, 58, 60, 63, 68, 77, 98, 109, 132, 137, 151, 176, 198, 211

尹在根（윤재근） 249, 265, 297, 321

永田英正（永田英正） 346, 348, 350

余秋雨（위츄위） 400, 405

俞剑方（유검방） 158, 198

宇野哲人（宇野哲人） 269, 364

禹玄民（우현민） 109, 115, 121, 128, 132, 137, 143, 158, 169, 229, 265, 314, 351

禹政夏（우정하） 158, 160

袁珂（원가） 207, 208, 285, 294, 346, 362, 392

袁行霈（원행패） 249, 314

Z

张岱年（장대년） 216, 247, 268, 365, 375, 382, 392

张钒星（장범성） 392, 402

张公子（장공자） 208, 392

张基槿（장기근） 46, 51, 63, 65, 66, 67, 68, 71, 82, 89, 93, 98, 104, 110, 116, 123, 129, 130, 133, 137, 144, 152, 160, 166, 172, 189, 190, 200, 208, 219, 245, 250, 253, 286, 299, 317, 353, 370, 392

张君劢（장군매） 268, 337

张其昀（장기윤） 152, 177

张起钧（장기균） 175, 177, 231, 268, 331

张世禄（장세록） 160, 200

张万荣（장만영） 58, 67, 73, 93, 250

张志渊（장지연） 10, 139

章辉玉（장휘옥） 231, 287
赵成乙（조성을） 201, 209, 232, 246, 257, 287, 300
赵观熙（조관희） 219, 232, 269, 286, 299, 404
赵吉惠（조길혜） 287, 371
赵贤淑（조현숙） 216, 247, 270, 365
赵星基（조성기） 133, 252, 371
赵永基（조영기） 124, 153
赵芝薰（조지훈） 55, 67, 73, 78, 83, 88, 110, 117, 161, 172, 209, 232, 349, 354
赵钟业（조종업） 117, 161, 209, 349
郑澈（정철） 76, 129, 139
郑成昊（정성호） 287, 299
郑成焕（정성환） 80, 110, 186, 317, 320, 328
郑道传（정도전） 262, 370
郑海相（정해상） 186, 219, 269
郑南水（정남수） 110, 129, 133, 139
郑仁在（정인재） 129, 139, 153, 161, 167, 172, 186, 191, 201, 209, 251, 269, 287, 299, 317, 331, 348
郑世铉（정세현） 125, 130, 161
郑舜日（정순일） 232, 349
郑相弘（정상홍） 256, 267
郑英昊（정영호） 287, 299
郑元容（정원용） 13, 74
郑在书（정재서） 191, 299, 354
郑镇一（정진일） 123, 354
郑钟复（정종복） 116, 129, 144, 161, 186, 317
周法高（주법고） 220, 315
周桂钿（주계전） 288, 349, 385
周汝昌（주여창） 252, 270

周勋初（주훈초） 191, 288

朱德发（주덕발） 232, 300

朱熹（주희） 19, 163, 176, 186, 245, 268, 337, 404

朱寨（주채） 194, 270, 331, 371

诸桥辙次（諸橋辙次） 263, 266, 268

庄子（莊子 / 장자） 80, 96, 103, 105, 115, 128, 143, 160, 163, 165, 167, 168, 170, 175, 185, 187, 188, 197, 200, 215, 216, 219, 222, 223, 232, 241, 242, 248, 249, 250, 255, 259, 260, 262, 263, 265, 268, 277, 296, 307, 315, 320, 321, 326, 327, 329, 343, 348, 351, 353, 362, 367, 380, 383, 386, 387, 390, 395, 396, 403, 406

佐藤一郎（佐藤一郎） 328, 364

参考文献

[1] [韩]全寅初. 韩国所藏中国汉籍总目·凡例[M]. 首尔：学古房，2005.

[2] [韩]李丙畴. 韩国的汉文学（第一卷）：总论[M]. 首尔：民音社，1996：34-35.

[3] [韩]赵润济. 韩国文学史[M]. 首尔：探求堂，1984：1.

[4] [韩]潘美月. 韩国收藏中国古籍的现况[J]. 新世纪图书馆，2006（1）：10-14.

[5] 傅德华. 新发现的韩国所藏数种珍稀汉籍[J]. 上海高校图书情报工作研究，2009（1）：57-59.

附　录

韩国国立中央图书馆网站：http://www.nl.go.krnl/index.jsp[2017-06-14]
韩国国家电子图书馆网站：http://www.library.go.kr/cyber/index.do[2017-06-14]
韩国国会图书馆网站：http://www.nanet.go.kr/main.do[2017-06-14]
奎章阁网站：http://www.kyujanggak.snu.ac.kr/home/main.do?site Cd=KYu[2017-06-14]
韩国学中央研究院网站：http://www.aks.ac.kr/home/index.do[2017-06-14]
韩国学中央研究院藏书阁电子图书馆网站：http://lib.asks.ac.kr/index.ax[2017-06-14]
国立首尔大学图书馆网站：http://library.snu.ac.kr[2017-06-14]
高丽大学图书馆网站：http://library.korea.ac.kr[2017-06-14]
成均馆大学尊经阁网站：http://east.skku.ac.kr[2017-06-14]
东国大学中央图书馆网站：http://lib.dgu.ac.kr[2017-06-14]
梨花女子大学中央图书馆网址：http://lib.ewha.ac.kr[2017-06-14]

后　记

《20世纪中国古代文化经典在韩国的传播编年》卷终于脱稿了。本卷是张西平教授主持的教育部哲学社会科学研究重大课题攻关项目"20世纪中国古代文化经典在域外的传播与影响"的编年系列子项目之一，从筹划、汇编到成册历时八年之久。回顾其间的辛苦和收获，可谓回味无穷。

由于特殊的地理位置，中韩两国在历史上文化渊源甚深，从古至今韩国历朝历代都对中国文化的传播和汉语教育格外重视，做出过极大努力并取得诸多有效的成果。20世纪对于韩国的汉学发展研究和中国古代文化经典在韩国的传播来说，是一个极其重要且极具历史意义的时代。20世纪初期韩国经历了特殊的历史阶段，这曾给韩国的汉学研究和中国古代文化经典在韩国的传播与发展带来几乎致命的打击和伤害。但是到了20世纪中后期，尤以中韩建交为契机，韩国的汉学研究和中国古代文化经典在韩国的传播迎来迅猛发展与成长壮大的动力和机会，韩国学界对中国文化经典和汉学教育的研究成果呈爆炸式的增长。采集和梳理的编年资料，大致反映出20世纪中国古代文化经典在韩国的传播情况和韩国学者对其研究的现状，是研究和把握韩国的汉学研究和中国古代文化经典在域外传播难得的基础资料。

然而，目前藏于韩国的中国古代文化典籍究竟有多少，中国古代文化经典在韩国是如何传播的，韩国学者又是如何进行汉学研究的，这些资料都缺乏一个整体的呈现。我们通过各种渠道了解到韩国各大图书馆的目录都对中国文化典籍有所著录，但过于庞杂分散，连韩国国内也还没有完整的 20 世纪中国古代文化经典在韩国传播和研究的编年资料。因此，本卷的出版，将弥补这方面的缺憾和不足。

本卷旨在通过对从 1900 年至 2000 年百年间中国古代文化经典在韩国传播的梳理，尽可能掌握中国文化在韩国传播的轨迹，力争向中韩学者展现 20 世纪中国古代文化经典在韩国传播的全貌，为今后学界进一步展开中国文化传播史研究奠定资料研究的基础。在编写方式上，本卷以年代为主线，从"大事记""书（文）目录""备注"三个部分逐年分类编目，内容尽量囊括 20 世纪在韩国传播的与中国古代文化经典相关的大事、著作、重要文章等。本卷编写分工：苗春梅负责"导论"和"大事记"部分；周晓蕾负责"书（文）目录"部分；王光明和苗春梅负责"备注"部分。

由于本卷的编写及数次修改完善经历了漫长的过程，项目经费又极其有限，编写工作遇到过许多困难。首先，人员的缺乏导致对编年所需的所有基础资料的采集整理、编写、修改、完善等基本都需要编者们亲自处理；其次，经费有限，编者们出国收集资料的活动受到很大限制，只能利用去韩国参加学术活动之机，抽出时间到韩国中央图书馆、国会图书馆以及部分大学图书馆去查阅；再次，中韩文化渊源甚深，虽然是针对 20 世纪中国古代文化经典在韩国传播的编年资料，实则囊括古今，数量繁多，极其庞杂，难以做到全面采集和一一核实梳理；最后，由于编年卷的篇幅所限，难免会出现漏录、缺失部分资料的现象，可能难以全面反映中国古代文化经典在韩国传播和韩国汉学研究的总体情况。在如此诸多不利的因素下，编者们依然坚持认真完成了本卷的编写任务，为中华文化的弘扬和传承贡献绵薄之力。

我们衷心感谢项目负责人张西平教授的认真指导，没有张西平教授的时时督导，或许无法完成本卷的编写。感谢项目相关的中、韩专家给予的大力支持和热情帮助，特别感谢韩国高丽大学的崔溶澈教授，从资料的采集、编写到书稿的修改、审阅都给予了支持和肯定，对完成本卷的编写起了重要的作用，编者从中收获颇丰。衷心感谢本卷的每位编者，感谢你们付出的心血和辛劳。同时，我们还要感谢北京外国语大学韩语系曾参与过本卷采集、整理、校对的每位研究生和本科生，感谢为本卷的编写和出版热情服务的每位同人和出版社的编辑们。

因编者水平和经验有限，本卷肯定存在许多瑕疵，敬请读者批评指正。虽然本卷仍有很多不足，但相信仍不失为中韩学术界提供了值得参考的一份文献，并希望其成为今后中韩学界编年研究的最基础资料。

苗春梅

新英汉汉英词典

唐文辞书编委会 编

新版

A NEW ENGLISH-CHINESE CHINESE-ENGLISH DICTIONARY

湖南教育出版社

新英汉汉英词典 新版

湖南教育出版社

以中小学生为读者对象，以英语教材为基础，以英语课程标准为指导收词立目。

英汉和汉英两部分，英汉单词收录英语单词5000条，汉字收汉字词条6000余个，词条20000条。

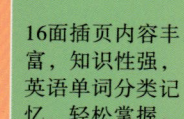

新版 新英汉汉英词典

常用单词下设置"常用短语"，是学生学习单词用法、拓展词汇量的好帮手。

16面彩页内容丰富，知识性强，英语单词分类记忆，轻松掌握。

ISBN 978-7-5539-5012-9

读者服务热线: 0355-5882268

定价: 12.50元

唐文辞书官网: www.tangwen100.com
唐文图书专营店: tangwents.tmall.com